子平粹言

제2권

국립중앙도서관 출판예정도서목록(CIP)

子平粹言. 제2권 / 지은이: 서락오 ; 옮긴이: 김학목, 이진훈, 김규승, 오청식. -- 서울 : 어은, 2016

  p. 512 ; 2.5cm

원저자명: 徐樂吾

중국어 원작을 한국어로 번역 ; 본문은 한국어, 중국어가 혼합 수록됨

ISBN 979-11-955408-2-2 94180 : ₩25000
ISBN 979-11-955408-1-5 (세트) 94180

명리학[命理學]

188.5-KDC6

133.3-DDC23   CIP2016011077

子平粹言

제2권

東海 서락오 지음
김학목 | 이진훈 | 김규승 | 오청식 옮김

도서출판 어은

::저자 소개::

東海 서락오 徐樂吾

민국民國 초년의 대표적인 명리학자로 음력 1886년 4월 6일에 출생하여 1948년에 63세로 사망하였다. 그의 저술로는 『자평진전평주子平眞詮評註』, 『적천수징의滴天髓徵義』, 『적천수보주滴天髓補註』, 궁통보감평주『窮通寶鑑評註』, 『조화원약평주造化元鑰評註』 등으로 명리학의 고전을 정리한 것이 있고, 또 고금의 유명한 인물들의 사주를 풀이한 『고금명인명감古今名人命鑑』과 명리학의 연원을 설명한 『명리심원命理尋原』과 처음 명리를 배우는 자들을 위한 『명리입문命理入門』 등이 있다. 그의 대표적 저서는 이 모든 것이 종합·정리된 『자평수언子平粹言』이다.

『자평수언』의 서문[子平粹言序]

余久不執筆屬文, 老友徐子樂吾持所著子平粹言來屬序於余. 蓋以數年來, 同棲海濱, 朝夕相聚, 每見輒互以命理相切嗟, 反覆辯難, 恆至宵分晷移而不覺. 富貴窮通, 有天末浮雲之感, 雖不能樂天知命, 而中懷蕭曠, 超然于塵溘之表.

　나는 오랫동안 글을 쓰지 않았는데 내 친구 서락오가 자신이 지은 『자평수언』을 가지고 와서 나에게 「서문」을 부탁했다. 몇 년 동안 바닷가에서 함께 살면서 아침저녁으로 서로 만났고 그때마다 명리命理로 서로 절차탁마하고 반복해서 논박하고 질문하다가 항상 밤이 깊어지는 것을 알지 못했다. 부유함과 귀함, 곤궁과 출세가 먼 하늘 끝에 바람 따라 흘러가는 구름과 같은 느낌이니, 비록 천명을 기꺼이 알 수는 없을지라도 마음을 비우고 속세에 구애되지 않았다.

吾二人固別有會心, 實不足爲外人道也. 余性尤疎嬾, 不受羈勒, 讀書不求甚解, 略知大意而已. 樂吾則沈潛好深思, 終日手不停批抵輒忘寢饋, 十年以來, 所撰述之命理書籍甚夥. 均已先後刊印行世, 網羅放失, 補缺拾遺, 有功於斯道, 誠非淺鮮.

우리 두 사람은 유달리 깨친 것이 있었지만 실로 바깥사람들에게 말할 정도는 되지 못하였다. 내 성격은 더욱 거칠고 게으르며 구속을 당하지 않아 책을 읽어도 깊이 이해하지 않고 대충 큰 뜻만 아는 정도이다. 그런데 서락오는 푹 빠져 깊이 생각하는 것을 좋아하여 종일토록 손에 책을 놓지 않고 침식을 잊을 정도여서 10년 이래로 찬술한 명리서적이 매우 많다. 모두 앞뒤로 간행하여 세상에 내놓으면서 망실된 것을 망라하고, 빠뜨린 것을 보충하였으니, 명리학에 공이 있는 것이 실로 적지 않다.

今又以斯編行世, 薈萃各家精義, 作一有系統之編述. 由淺入深, 秩序井然, 綱擧目張. 有條不紊. 俾後之學者, 以津梁寶符, 不致有歧路亡羊之惑, 其功可謂偉矣. 余每嘆世之談命理者, 非失之膚淺, 卽失之穿鑿.

지금 또 이 책을 세상에 내놓으면서도 여러 학자들의 정밀한 뜻을 모아 체계적으로 저술하였다. 얕은 곳에서 깊은 곳으로 들어감에 질서정연하고, 강목綱目이 드러나고 펼쳐짐에 조리가 있고 문란하지 않다. 그리하여 후세의 학자들이 안내와 증거를 가지고 갈림길에서 양을 잃어버리는 잘못을 저지르지 않게 했으니 그 공이 크다고 평가해야 한다. 내가 매번 세상에서 명리를 말하는 자들에게 탄식했던 것은 겉만 얕게 훑는 데에 잘못이 있기 때문이 아니라 천착하는 데에 잘못이 있기 때문이다.

樂吾披荊斬棘, 獨往獨來, 康莊日闢, 彼岸可登, 其苦心孤詣, 非庸流所可企. 嗟乎, 士生斯世, 破國亡家, 決頸短脰, 其遭遇之慘痛, 爲有史以來所罕遘. 然冥冥之中, 若有數存焉, 欲窮其數, 則命學之于今日, 誠一堪研究之學術, 則斯編之出, 實可應時代之要求者矣. 用贅數言, 以當喤引云爾.

그런데 서락오는 가시밭길을 헤치고 나가 혼자서 왕래하며 사통팔달의 큰 길을 날마다 열어 저 암벽에 올라 갈 수 있었으니, 그가 고심하며 혼자 이른 경지는 범인들이 바라볼 수 있는 것이 아니다. 아! 선비가 세상에 태어났는데 국가가 망하여 목이 잘리니, 그들이 겪는 비통함은 유사 이래로 드물다. 그러나 아득히 망망한 가운데 수(數)가 있는 것 같아 그 수를 궁리하려고 하면, 명리학은 오늘날 진실로 한 번 연구할 만한 학술이니, 이 책이 나옴으로 실로 시대적 요구에 부응할 수 있을 것이다. 쓸데없이 몇 마디를 시끄럽게 가져와서 말했을 뿐이다.

民國念七年淸明日, 桐城方重審, 序於海上之小忘憂館.
민국 7년 청명일에 동성동성 방중심方重審이 짧게나마 근심을 잊고 있는 바닷가 객사에서 서문을 쓰다.

자서[自序]

我國星相卜筮之術, 皆始於易. 易之體爲儒術, 而其用則在奇門, 散爲星相卜筮, 皆奇門之一枝一節. 星命者, 摘取奇門中星象之關於人事者, 演繹而成, 故非精於推步者, 不能言命.

중국의 성명상술星命相術과 복서卜筮의 술수는 모두『역』으로부터 시작되었다. 역의 본체는 유가의 학술인데 그 쓰임이 기문奇門에서 성명상술과 복서로 흩어졌으니, 모두 기문의 한 줄기와 한 절이다. 성명星命이란 기문 가운데에서 별자리가 인간의 일과 관련된 것을 가려 뽑아 연역하여 이루어진 것이기 때문에 추보推步1)에 정통하지 않으면 명命을 말할 수가 없다.

迨唐李虛中, 以年月日時五行盛衰生死論祿命, 始與推步分而爲二. 然納音神煞未離星法, 格局名詞, 猶仍舊貫. (詳下古法論命) 自五代徐子平, 乃盡革之, 專從氣化立論, 以日爲主, 屛棄神煞納音, 而以五行生尅爲論理根據, 乃命理之一大轉變. 及後徐道洪輩繼起, 代有發明, 薈

---

1) 추보推步: 별자리와 책력을 추산하는 것이다. 옛 사람들은 해와 달이 하늘에서 회전하는 것이 사람의 행보와 같으니, 추산하여 알 수 있다고 생각했다.

然成一家言.

 당나라의 이허중(李虛中)에 와서야 연년 · 월月 · 일日 · 시時와 오행五行의 성성盛 · 쇠衰와 생生 · 사死로 '사람의 타고난 운명[祿命]'을 논하니, 비로소 추보推步와 나뉘어져 둘이 되었다. 그러나 납음納音과 신살神煞은 성명법星命法에서 분리되지 않았고, 격국格局의 이름은 여전히 그대로였다. (아래 옛날의 명을 논하는 법에서 자세히 설명함.) 오대五代[2]의 서자평徐子平이 모두 바꾸어 오로지 기의 변화로 입론하여 날日을 위주로 하면서부터 신살과 납음을 모두 버리고 오행의 상생상극을 논리의 근거로 하니, 그제야 명리학을 한 번 크게 변혁하였다. 후에 서도홍徐道洪 등이 일어나 대를 이어 밝힘으로써 성대하게 한 학파의 학설을 이루었다.

 後之人宗法子平, 而又不明神煞之用. 拾星家之糟粕, 以眩流俗. 於是, 信之者, 目爲神祕, 不信者, 嗤爲迷信. 究之子平學理, 曷嘗有絲毫神祕迷信之意味, 存乎其間哉. 專門學術, 非流浴所能解. 而從來談命之書, 星平雜糅, 初學之士, 難分涇渭, 歧路多端, 是誠不能免也, 嘻奇門遠矣.

 후대 사람들은 자평子平을 종법으로 삼아 또 신살神煞의 쓰임에 밝지 못하였으니, 성명가들의 조잡한 것들을 모아 속세를 현혹하였

---

2) 오대:五代. 중국中國의 동진東晉이 망한 뒤부터 당唐나라 이전以前까지의 198년 동안에 번갈아 가며 흥망興亡한 다섯 왕조王朝.

다. 이에 믿는 자들은 신비하게 보았고, 믿지 않는 자들은 미신이라고 비웃었다. 자평의 명리를 탐구하는 데에 어찌 조금이라도 신비하고 미신적인 의미가 그 사이에 끼어들겠는가? 전문 학술은 세속이 이해할 수 있는 것이 아니고, 종래의 명을 논하는 책에는 성명과 자평이 뒤섞여 있어 처음 배우는 자들은 청탁을 구별하기 어려워 여러 가지로 헷갈리는 것을 실로 면할 수가 없으니, 아! 기문奇門까지는 갈 길이 멀다.

今之談星命者, 旣不解淮步之術, 遵照成法, 依樣一膚. 而不知歲差所積, 日積月累, 已有毫厘千里之差. 況民國以來, 台曆絕版, (七政四餘時憲書) 推衍失其根據, 遑論星命餘緒之古法矣. 惟有子平之術, 專談氣化, 五運六氣, 人所共喩, 察人生之秉賦, 推一世之窮通. 貧富貴賤壽夭以及環境變幻, 咸見之於八箇字中. 雖不及奇門之精奧微妙, 而社會上千差萬別之人類, 胥不能出其範圍, 斯亦奇矣.

지금 성명星命을 논하는 자는 모두 추보推步의 술수를 이해하지 못하여 기존의 방법을 따라 모방하는 것이 천박하고, 세차歲差가 쌓여 해와 날에 누적되는 것을 알지 못해 벌써 털끝만한 차이가 천리처럼 변해 버렸다. 게다가 민국 이후로 태력台曆(칠성사여시헌서七政四餘時憲書)이 절판되어 미루어 부연하는 데에 근거가 없으니, 성명星命과 관계된 옛 방법들을 무슨 말인지 알아들을 수 없게 설명한다. 자평의 술수만이 오로지 기의 변화를 논함에 오운육기五運六氣를 사람들이 함께 깨달아 인생의 선천적 자질[秉賦]을 살피고 한 세대의 곤궁과 출세를 추론하니, 빈부·귀천·요수와 환경변화를 모두 팔자 八字 가운데에서 알게 되었다. 기문의 정밀함과 미묘함에는 미치지 못하지만 사회에서 천차만별한 인간들이 모두 그 범위에서 벗어날 수 없으니, 이것이 또한 기이하다.

僕讀書無成, 壯不能用, 老而無聞, 病沒世而名不稱也. 爰不揣簡陋, 徧集命理術數之書, 撮取子平學說, 重爲編次. 三易寒暑, 屢更稿本, 方始成書. 名之曰子平粹言. 語雖異乎流俗, 義皆本於舊籍. 復以古法一編附於後, 以見淵源, 雖未敢儕於科學, 庶冀後之學者易於入門, 不爲歧路所惑. 或能精益求精, 發揚光大, 進而入於科學之林, 亦我國學術之光也. 是爲序.

내가 책을 읽고 성취한 것이 없어 장년에는 과거에 등용되지 못하였고 노년에는 명성이 없어 죽어서도 이름이 알려지지 않는 것에 가슴이 아팠다. 이에 미천함을 헤아리지 않고서 명리와 술수에 대한 책들을 두루 모아놓고는 주로 자평의 학설을 택해 거듭 순서대로 정리했다. 추위와 더위가 세 번 바뀌는 가운데 다시 원고를 고쳐 비로소 책을 만들고는 『자평수언』이라고 이름을 붙였다. 세상에서 쓰는 표현과 다를지라도 그 의미들은 모두 옛 서적에 뿌리를 둔 것이다. 다시 옛 방법 한 편을 뒤에 덧붙인 것은 그 연원을 드러냈으니, 비록 감히 과학의 배열에 끼지 못할지라도 후대에 배우는 자들이 쉽게 입문하고, 이상한 길로 빠지지 않기를 바란다. 혹 더 깊이 연마하고 광대하게 드러내 과학의 영역으로 나아가 들어간다면, 또한 우리나라 학술의 찬란함일 것이다. 이것으로 서문을 대신한다.

民國念七年歲次戊寅仲春, 東海徐樂吾序於海上寓次.

민국 7년 세차歲次 무인년戊寅年 중춘仲春에 동해東海 서락오徐樂吾가 바닷가 집에서 서문을 쓰다.

추천하는 말

여흥의 씨앗

신명神明을 통한 위로가 시작되었다.

예술적 놀이를 통한 흥[樂]!
철학적 가설을 통한 황홀恍惚!
역학적 사유를 통한 사실事實!

그들은 특이성을 가지고 있다.

사람을 존중하기에 예술을 통하여 놀이하고, 놀이는 배려가 되어 사람들을 위로한다. 사람이 아프기에 철학적 가설을 통하여 황홀한 삶을 제시한다. 사실은 사람에 의하여 전하여왔고 전하여야 하니 역학적 사유를 통하여 자연이 부여한 삶을 인정하게 한다.

그들이 서로의 흥을 내어 놓는다.

한 자리에 모여 힘겨운 삶에 흥과 황홀 그리고 사실을 일러주고자 합일하였다. 자신을 위한 삶은 잠시 쉬어가자 하면서 사람을 위로할 신명을 내었다. 김학목 박사와 오청식 박사는 가설을 만들고 그들의 신명은 황홀을 내어놓는다. 김규승 선생은 예술놀이를 하면서 그의 신명은 흥을 내어놓는다. 이진훈 선생은 하늘과 경經을 번갈아 공경하면서 그의 신명은 사실을 내어놓는다.

그들은 이제부터 싹이다.

벼가 창고를 나와 볍씨가 되고 못자리에 도착하여 논에 갈 때까지 90일이 걸린다. 벼는 논에서 먼저 하늘을 우러러 본 후에 고개를 숙여 땅을 바라보고, 창고에 도착할 때까지 90일이 걸린다. 이제 그들은 논의 싹이다. 자신들을 만들고 사람을 위로하고자 나타난 논의 싹이 된 것이다. 머지않아 독자들의 창고를 가득 채울 것이고 밥상 위의 밥이 될 것이니 그들의 황홀과 흥과 사실을 맛있게 드시면 될 것이다.

Homo Ludens가 시작되었다.

2015 을미년 4월 계룡산 향선각에서
창광 김성태 두 손 모음

역자를 대표하는 말

『자평수언』 1권이 2015년 9월 20일에 출간되었는데, 2016년 4월 중순이 지난 지금에야 2권의 원고 편집이 마무리되고 있다. 1권의 내용은 명리 기초에 대한 것들이라 사실 독자들은 용신과 격국에 대한 서락오의 정교하고 치밀한 설명을 빨리 보고 싶었을 것으로 짐작된다. 2권에는 용신에 대한 설명을 위주로 격국에 대한 논의가 진행되고 있으니, 독자들의 갈증이 다소 풀릴 것으로 보인다.

격국에 대한 설명은 3권에도 계속 이어지는데, 이것에 대한 번역은 거의 끝났다. 그런데 2권의 원고를 지난겨울에 출판사로 넘겼음에도 이제야 편집이 마무리되는 것으로 볼 때, 3권은 빠르면 여름쯤에 늦으면 가을쯤에는 출간될 것으로 판단된다. 그리고 4권에는 고법 명리에 대한 것이 자세히 언급되고 있는데, 그 분량이 적고 번역도 다소 끝난 상태라 늦어도 올 겨울까지는 출간할 수 있을 것으로 본다. 사실 역자들에게 집안의 우환을 비롯하여 여러 가지 복잡한 사정들이 생겨 그렇게 될 수밖에 없었으니, 죄송하지만 독자들께서 이해해 주시고 느긋이 기다려 주셨으면 한다.

역자 대표 김학목 본인은 그동안 10년 이상 강의와 임상을 통해 명리학에 대한 것들을 정리하여 지난 3월에 (주) 민음인의 브랜드 판미동에서 『명리명강』을 출간하였다. 명리에 관심 있는 분들이라면 누구나 읽을 수 있게 기초에서부터 고급 간명까지 설명하려고 노력하였다. 『명리명강』에 대한 것은 여전히 인사동 건국빌딩 1호동 402호실에서 강의를 하고 있으니, 『자평수언』의 독자들께서도 관심을 가져 주시고 명리에 관심 있는 주변의 분들께 권해 주시길 부탁드린다.

2016 병신년 4월 23일
계양산 서북 기슭 검암동에서
역사 대표 해송 김학목이 2권 서문을 씀

역자의 말

　명리학에서『연해자평淵海子平』을 제외하고 3대보고라 일컫는『자평진전子平眞詮』,『적천수適天髓』,『난강망欄江網』에 대해 평주評註를 쓴 서락오徐樂吾는 우리나라 명리학사命理學史에서 언제나 뜨거운 논쟁의 중심에 서 있다. 명리학을 공부하신 분들은 자신들이 원하던 원하지 않던 간에 서락오에게 직간접적으로 많은 영향을 받고 있다. 그 이유는 용신用神개념·음생양사陰生陽死-음양동생동사陰陽同生同死, 야자시夜子時, 조자시早子時 등에 대해 수많은 사람들이 현재까지 끊임없이 논쟁하고, 또한『자평진전평주』에서 알 수 있듯이 원전의 의도를 무시하고 서락오 자신이 의도대로 실명했다고 하는 의견이 명리학을 공부하는 많은 사람들에게 지금까지 끊임없이 지적 되고 있기 때문이다.

　그동안『자평수언』은 대학이나 재야에서 강의 교재로 부분적으로 번역하여 발표한 적은 있으나 아직까지 전체의 번역이 시도된 적은 없었으니, 명리를 하는 분들께는 이번의 번역·출간이 단비와 같은 일이 아닐 수 없다. 서락오가 고전의 의도를 그대로 드러낸 것은 아닐지라도 말년에 나름대로 명리학 3대 고전의 핵심을 『자평수언子平粹言』에 집대성했다는 점에서 이번의 번역·출간은 서락오의 명리체계를 파악하는 데 지극히 중요한 역할을 할 수 있다. 그러니 이 책의 출간 후에 나머지도 빠른 시간 내에 이어서 계속 출간해 나가겠다. 이것은 명리학을 공부하는 한 사람으로서 학문을 하는 자세이고 또한 선각과 선배에 대한 예의라고 본다.

그간의 명리서들은 대부분 번역본 분량이 많음에도 장서용으로 제본되어 실질적으로 가지고 다니면서 공부하는 데는 불편함이 많기 때문에 전철이나 버스에서도 쉽게 볼 수 있도록 책을 나누어 편집하기로 하였다. 책은 책장에 꽂혀있는 장식용이 아니고, 읽혀지면 과감히 던져 버릴 수 있어야한다. 저자나 역자, 그리고 출판사의 입장이 아닌 독자의 입장에서 쉽게 소지할 수 있도록 책을 나누었다. 고전이라는 형식의 권위와 무게를 과감히 벗어던지고 오로지 독자의 편리성과 현실성에 초점을 맞추도록 노력했는데, 독자들의 입장에서는 어떨지 모르겠으니, 책의 형식이나 번역 등에 대해 아낌없는 조언을 부탁드린다.

명리의 인구가 100만을 향하는 시대다. 명리에 대한 관심이 계속

늘어나면서 이에 대한 공부도 질적으로나 양적으로나 깊어지고 확산되고 있다. 40대 장년층은 물론 젊은 대학생에서부터 퇴직을 하신 60-70대의 노년층에 이르기까지 명리학에 대한 관심이 고루 분포하고 있다. 60년대에 한의학이 제도권내로 들어와서 발전해 온 것처럼, 21세기를 맞이하여 명리학도 제도권내로 들어오려는 움직임이 있다. 그러니 이에 발맞춰 명리 고전에 대한 깊이 있는 번역뿐만 아니라 명리학에 대한 체계적인 저술이 절대적으로 간절히 필요한 시기다.

현재 우리나라의 명리학 수준도 크게 발전해 왔다. 독자의 입장에 맞추어 그동안 목말라왔던 『자평수언』의 번역·출간을 계기로 학계에 계신 분들이나 재야의 숨은 고수 분들의 견해나 의견을 존중·수렴하여 『자평수언』에 대한 연구와 비판을 준비할 계획이다. 곧 책의 의미를 한 방향의 일반적 전달이 아닌 명리 연구자들은 물론 그 독자들까지의 의견을 반영함으로써 살아있는 책을 만들려고 쥬비하는 중이니, 녹자 여러분들께서 온 오프라인을 통해 적극적으로 소통을 해주시길 부탁드린다.

2015 을미년 4월 3일
분당 운중동에서 어은 김규승이 서문을 보탬

::목차::

- 『자평수언』의 서문 5
- 자서 8
- 추천하는 말 13
- 역자를 대표하는 말 15
- 역자의 말 17

제4편 몸체를 밝혀 용신을 세움 상 27

1. 몸체와 용신의 구분 29
2. 몸체의 특성 33
   1) 사계에서 목 몸체의 특성 34
   2) 사계에서 화 몸체의 특성 37
   3) 사계에서 토 몸체의 특성 40
   4) 사계에서 금 몸체의 특성 42
   5) 사계에서 수 몸체의 특성 45
   6) 덧붙인 해석 48
      (1) 정관격 49
         재자약살격 50
      (2) 편관격 50
      (3) 정편재격 52
      (4) 정편인격에 인수 용신 54
      (5) 식상격 56
      (6) 녹인격 58

제5편   몸체를 밝혀 용신을 세움 중   61

1. 용신   63
   1) 용신의 정의   64
      (1) 사계에서 목의 마땅함과 꺼림   64
          갑목과 을목에 대한 성질의 구별   79
          갑의 여섯 가지 조화   84
          을의 여섯 가지 조화   86

      (2) 사계에서 화의 마땅함과 꺼림   89
          병화와 정화에 대한 성질의 구별   101
          병의 여섯 가지 조화   104
          정의 여섯 가지 조화   106

      (3) 사계에서 토의 마땅함과 꺼림   108
          무토와 기토에 대한 성질의 구별   116
          네 계절 마지막 달의 토에 대한 성질의 구별   119
          무의 여섯 가지 조화   121
          기의 여섯 가지 조화   123

      (4) 사계에서 금의 마땅함과 꺼림   126
          경금과 신금에 대한 성질의 구별   136
          경의 여섯 가지 조화   140
          신의 여섯 가지 조화   142

      (5) 사계에서 수의 마땅함과 꺼림   145
          임수와 계수에 대한 성질의 구별   153
          임의 여섯 가지 조화   158
          계의 여섯 가지 조화   160

제6편 몸체를 밝혀 용신을 세움 중 165

1. 10간의 선용법 167

   1) 갑목 선용법 168
      (1) 정월의 갑목(초춘) 168
      (2) 2월의 갑목(중춘) 170
      (3) 3월의 갑목(모춘) 173
      (4) 4월의 갑목 176
      (5) 5·6월의 갑목 178
      (6) 7월의 갑목 182
      (7) 8월의 갑목 185
      (8) 9월의 갑목 187
      (9) 10월의 갑목 189
      (10) 11월의 갑목 191
      (11) 12월의 갑목 192

   2) 을목 선용법 193
      (1) 정월의 을목 193
      (2) 2월의 을목 196
      (3) 3월의 을목 197
      (4) 4월의 을목 199
      (5) 5월의 을목 200
      (6) 6월의 을목 201
      (7) 7월의 을목 203
      (8) 8월의 을목 205
      (9) 9월의 을목 207
      (10) 10월의 을목 208
      (11) 11월의 을목 210
      (12) 12월의 을목 213

3) 병화 선용법 **214**
   (1) 정월의 병화 **215**
   (2) 2월의 병화 **218**
   (3) 3월의 병화 **221**
   (4) 4월의 병화 **223**
   (5) 5월의 병화 **227**
   (6) 6월의 병화 **229**
   (7) 7월의 병화 **231**
   (8) 8월의 병화 **233**
   (9) 9월의 병화 **234**
   (10) 10월의 병화 **236**
   (11) 11월의 병화 **239**
   (12) 12월의 병화 **240**

4) 정화 선용법 **243**
   (2) 2월의 정화 **248**
   (3) 3월의 정화 **250**
   (4) 4월의 정화 **252**
   (5) 5월의 정화 **254**
   (6) 6월의 정화 **257**
   (7) 삼추 정화의 일률적인 예 **259**
   (8) 삼동 정화의 일률적인 예 **264**

5) 무토 선용법 **267**
   (1) 정월·2월·3월 무토의 일률적인 예 **267**
   (2) 4월의 무토 **274**
   (3) 5월의 무토 **277**
   (4) 6월의 무토 **279**
   (5) 7월의 무토 **281**
   (6) 8월의 무토 **283**
   (7) 9월의 무토 **284**
   (8) 삼동 무토의 일률적인 예 **286**

6) 기토 선용법 **290**
    (1) 정월의 기토 **290**
    (2) 2월의 기토 **293**
    (3) 3월의 기토 **295**
    (4) 4월·5월·6유월 기토의 일률적인 예 **297**
    (5) 7월·8월·9월 기토의 일률적인 예 **300**
    (6) 10월·11월·12월 기토의 일률적인 예 **304**

7) 경금 선용법 **307**
    (1) 정월의 경금 **307**
    (2) 2월의 경금 **309**
    (3) 3월의 경금 **311**
    (4) 4월의 경금 **313**
    (5) 5월의 경금 **315**
    (6) 6월의 경금 **318**
    (7) 7월의 경금 **319**
    (8) 8월의 경금 **321**
    (9) 9월의 경금 **323**
    (10) 10월의 경금 **325**
    (11) 11월의 경금 **327**
    (12) 12월의 경금 **329**

8) 신금 선용법 **330**
    (1) 정월의 신금 **330**
    (2) 2월의 신금 **333**
    (3) 3월의 신금 **336**
    (4) 4월의 신금 **338**
    (5) 5월의 신금 **340**
    (6) 6월의 신금 **342**
    (7) 7월의 신금 **345**
    (8) 8월의 신금 **346**
    (9) 9월의 신금 **351**

(10) 10월의 신금　355
(11) 11월의 신금　360
(12) 12월의 신금　362

9) 임수 선용법　365
　(1) 정월의 임수　365
　(2) 2월의 임수　368
　(3) 3월의 임수　370
　(4) 4월의 임수　372
　(5) 5월의 임수　376
　(6) 6월의 임수　377
　(7) 7월의 임수　379
　(8) 8월의 임수　381
　(9) 9월의 임수　383
　(10) 10월의 임수　385
　(11) 11월의 임수　387
　(12) 12월의 임수　389

10) 계수 선용법　390
　(1) 정월의 계수　390
　(2) 2월의 계수　393
　(3) 3월의 계수　394
　(4) 4월의 계수　397
　(5) 5월의 계수　400
　(6) 6월의 계수　402
　(7) 7월의 계수　404
　(8) 8월의 계수　406
　(9) 9월의 계수　407
　(10) 10월의 계수　409
　(11) 11월의 계수　411
　(12) 12월의 계수　413

제7편 몸체를 밝혀 용신을 세움 중 417

1. 일원의 도움·억제함으로 용신을 취하는 방법 419
   1) 일원을 도움으로 용신을 취하는 방법 420
   2) 일원을 억제함으로 용신을 취하는 방법 424
2. 도움·억제함으로 용신을 취하는 방법 427
   1) 도움으로 용신을 취하는 방법 428
   2) 억제함으로 용신을 취하는 방법 431
3. 통관으로 용신을 취하는 방법 437
4. 병에 약을 용신으로 취하는 방법 442
5. 조후로 용신을 취하는 방법 446

제8편 몸체를 밝혀 용신을 세움 하 451

1. 몸체와 용신의 변화 453
   1) 전왕 454
      (1) 곡직인수격 456
      (2) 염상격 460
      (3) 가색격 463
      (4) 종혁격 466
      (5) 윤하격 468
   2) 종왕 471
      (1) 종살격 476
      (2) 종재격 477
      (3) 종아격(자식이 왕성하여 어미가 쇠약해짐) 484
      (4) 모왕자쇠 492
   3) 합화 494

제4편

몸체를 밝혀 용신을 세움 상
[明體立用 上]

『궁통보감평주』 혹 『조화원약평주) 참고
[參考窮通寶鑑評註(或造化元鑰評註)]

1. 몸체와 용신의 구분[辨體用]

　　用神者, 命理之樞紐也. 八個字中, 除日元爲主外, 其餘七字天元地元人元, 雜然並陳, 何者最重要而爲全局之樞紐, 此一至難解決之問, 初學肄習在此. 升堂入室所硏討, 亦不能出此範圍. 用從體出, 不明其體, 焉知其用. 舊式命書, 皆以六格爲提綱.

　　용신은 명리의 핵심이다. 여덟 글자 중에서 일간을 제외하고 그 나머지 일곱 자의 천원과 지원과 인원이 뒤섞여 함께 있으면, 어떤 것이 아주 중요해서 전체 원국의 핵심이 되는지 이것은 아주 해결하기 어려운 문제로 처음 공부하는 자들은 익힐 것이 여기에 있다. 일정한 경지에 올라 토론하는 것들조차도 여기의 범위를 벗어나지 않는다. 용신은 몸체에서 나오니, 그 몸체에 대해 밝지 않으면 어떻게 용신에 대해 알겠는가? 예전 방식의 명리학 책에서는 모두 6격을 줄거리로 한다.

　　六格者, 正官, 偏官, 正偏才, 正偏印, 食傷, 祿刃, 是也. 或分爲八格.

格局乃用神之先決問題而非用. 格局從月令出, 如甲木日元而言正官格, 則知其必生於八月, 丙火日元而言正官格, 則知其必生於十一月. 格局有定而用神無定. 從來以格局用神混爲一談自亂體例, 宜乎混淆難明矣. 茲以六格分列如下.

正官格	甲木八月, 乙木七月, 丙火拾一月, 丁火拾月, 戊土二月, 己土正月, 庚金午月, 辛金四月, 壬水未丑月, 癸水辰戌月.
偏官格	甲木七月, 乙木八月, 丙火拾月, 丁火十一月, 戊土正月, 己土二月, 庚金四月, 辛金五月, 壬水辰戌月, 癸水未丑月.
正偏才格	甲乙四季月, 丙丁七八月, 戊己十十一月, 庚辛正二月, 壬癸四五月.
正偏印格	甲乙十一月, 丙丁正二月, 戊己四五月. 庚辛四季月, 壬癸七八月.
食傷格	甲乙四五月, 丙丁四季月, 戊己七八月. 庚辛拾十一月, 壬癸正二月.
祿刃格	甲乙正二月, 丙丁四五月, 戊己四季月. 庚辛七八月, 壬癸拾十一月.

6격은 정관正官, 편관偏官, 정편재正偏才, 정편인正偏印, 식상食傷, 녹인祿刃이 여기에 해당한다. 8격으로 나누기도 함. 격국은 용신의 선결문제이지만 용신은 아니다. 격국은 월령에서 나오니, 이를테면 갑목 일간인데 정관격이라고 한다면 그가 반드시 8월에 태어났음을 알 수 있고, 병화 일간인데 정관격이라고 한다면 그가 반드시 11월에 태어났음을 알 수 있다. 격국에는 일정함이 있으나 용신에는 일정함

이 없다. 이전까지는 격국과 용신을 하나로 섞어 말함으로 체제를 스스로 혼란스럽게 했으니, 당연히 뒤섞인 것을 밝히기 어려웠다. 그러니 여기에서는 다음처럼 6격으로 나눈다.

정관격	갑목 8월, 을목 7월, 병화 11월, 정화 10월, 무토 2월, 기토 1월, 경금 5월, 신금 4월, 임수 미·축월, 계수 진·술월.
편관격	갑목 7월, 을목 8월, 병화 10월, 정화 11월, 무토 1월, 기토 2월, 경금 4월 신금 5월, 임수 진·술월, 계수 미·축월.
정편재격	갑을 축·진·미·술월, 병정 7·8월, 무기 10·11월, 경신 1·2월, 임계 4·5월.
정편인격	갑을 10·11월, 병정 1·2월, 무기 4·5월, 경신 축·진·미·술월, 임계 7·8월.
식상격	갑을 4·5월, 병정 축·진·미·술월, 무기 7·8월, 경신 10·11월, 임계 1·2월.
녹인격	갑을 1·2월, 병정 4·5월, 무기 축·진·미·술월, 경신 7·8월, 임계 10·11월.

由是觀之, 格局者, 日干與時令氣候之交織, 卽體也. 格局限於月令, 而用神不限於月令. 若月令之神, 卽是用神, 名眞神得用. 論命之法, 取貴之道非一, 而用神得時, 亦爲取貴之一端, 非命造皆可以月令爲用也. (詳下論格局高低篇.)

이렇게 본다면 격국은 일간과 절기 기후의 짜임으로 바로 몸체이니, 격국은 월령에 제한을 받지만 용신은 월령에 제한을 받지 않는다. 월령의 신이 곧 용신이라면 진신眞神이 용신을 얻었다고 명명한다. 명조를 논하는 방법에 귀함을 취하는 법이 하나가 아닌데, 용신이 때를 얻었다면 또한 귀함을 취하는 하나의 실마리이나 명조에서 모두 월령을 용신으로 할 수 있는 것은 아니다. (아래의 격국의 고저를 논하는 편에서 자세히 설명하겠음.)

2. 몸체의 특성[體性]

　子平眞詮曰, 八字用神專求月令, 以日干配月令地支, 而生尅不同, 格局分焉. 詞句含混, 專求月令者, 言察月令之氣, 而占其宜忌, 格局分而後, 可以定用神. 明通賦云, 以月支爲首, 分四時而提起五行消息. 言提起言消息可見從月令, 推測用神, 並非月令之支, 卽是用神. 譬如甲木生於酉月, 秋金當旺, 爲正官格, 秋木爲體. 木被金尅, 以才生官, 抑以印化官, 才與印乃是用神. 乙木生於酉月, 偏官格, 以食傷制煞, 抑用印化煞, 食傷與印, 乃是用神. 體者, 一成不變, 用者移步換形, 體有定而用無定, 先辨其體, 方可言其用.

　『자평진전』에서 "팔자의 용신은 오로지 월령에서 구하고 일간을 월령의 지지에 짝 지움에 생극이 같지 않으면 격국이 나눠진다"라고 하였다. 말하는 구절이 뒤섞여 있으나 오로지 월령에서 구한다는 것은 월령의 기운을 살피고 마땅함과 꺼림을 점쳐서 격국이 나눠진 다음에 용신을 정할 수 있다는 말이다. 『명통부明通賦』에서 "월지를 우선으로 사시를 나눠 오행의 소식을 제기한다"라고 하였다. 제기한다고 말하고 소식을 말한 것으로 월령에서 용신을 추측하고 아울러 월령의 지지가 곧 용신이 아님을 알 수 있다. 비유하자면 갑목甲木이 유월酉月에 태어났다면 가을의 금이 당연히 왕성하여 정관격으로 가을의 목이 몸체이다. 목이 금의 극을 당하면, 재才로 관을 생하거나 인印으로 관官을 조화롭게 하니, 재와 인이 바로 용신이다. 을목乙木이 유월酉月에 태어났다면, 편관격으로 식상으로 관살을 제압하거나 인印으로 관살을 조화롭게 하니, 식상과 인수가 바로 용신이다. 몸체는 한 번 이루어지면 변하지 않으나 용신은 옮겨가며 형체를 바꿔 몸체에는 일정함이 있으나 용신에는 일정함이 없으니, 먼저 그 몸체를 구분해야 그 용신에 대해 말할 수 있다.

1) 사계에서 목 몸체의 특성[四時之木體性]

月令	日元	體	格局	參 考
正月	甲木 乙木	春木	建祿	正月建寅, 寅中丙火長生, 如支見午戌會局, 干透丙丁, 爲春木火旺, 取用法詳下用神節.
二月	甲木 乙木	春木	陽刃 建祿	二月春分之前, 猶是甲木司令, 春分之後, (卯正)方是乙木主旺.
三月	甲木 乙木	春木	偏才 正才	清明十二日內, 猶是乙木餘氣, 十二日後, 土旺用事, 支無申子會局, 只作土論.
四月	甲木 乙木	夏木	食神 傷官	己宮丙火得祿, 卽使支見酉丑會局, 火之用仍在.

五月	甲木 乙木	夏木	傷官 食神	夏至之前, 丙火司令, 夏至之後, (午正) 方 是丁火主旺.
六月	甲木 乙木	夏木	正財 偏財	小暑後十二日內, 丁火餘氣, 十二日後, 土旺 用事, 支無亥卯, 只作土論.
七月	甲木 乙木	秋木	偏官 正官	申宮壬水長生, 亦作煞印相生論. 支見子辰會 局, 干透壬癸, 水氣勝金, 只以水論.
八月	甲木 乙木	秋木	正官 偏官	秋分前, 庚金司令, 秋分之後, (酉正)辛金主 旺.
九月	甲木 乙木	秋木	偏才 正財	寒露後十二日內, 辛金餘氣, 十二日後, 土旺 用事, 支無寅午, 只作土論.
十月	甲木 乙木	冬木	偏印 正印	亥宮壬水得祿, 甲木長生, 支無卯未, 只作水 論. 有卯未會局, 水之用仍在.
十一 月	甲木 乙木	冬木	正印 偏印	冬至之前, 壬水司令, 冬至(子正)之後, 癸水 生旺, 雖月令印綬, 凍木不旺.
十二 月	甲木 乙木	冬木	正財 偏才	小寒前十二日, 癸水餘氣, 十二日之後, 土旺 主事, 支無己酉, 只作土論.

월령	일간	몸체	격국	참 고
1월	갑목 을목	춘목	건록	북두칠성의 자루가 정월에는 인寅의 방향을 가리키고, 인寅에서는 병화가 장생하니, 지지에 오午와 술戌이 국을 이루고 천간에 병화와 정화가 투간되어 있으면 춘목으로 화가 왕성한 것이다. 용신을 취하는 법은 아래의 용신절에서 자세히 설명하겠다.

2월	갑목 을목	춘목	양인 건록	2월의 춘분 전에는 여전히 갑목이 사령이고, 춘분(묘정卯正)의 뒤에야 을목이 왕성함을 주관한다.
3월	갑목 을목	춘목	편재 정재	청명 12일 안에는 여전히 을목의 남은 기운이다. 12일 뒤에는 토의 왕성함이 권력을 장악하니, 지지에 신申과 자子가 국을 이루지 않았다면 단지 토로 논할 뿐이다.
4월	갑목 을목	하목	식신 상관	사巳궁에서 병화가 록을 얻었다면, 지지에 유酉와 축丑이 국을 이룬 것을 볼지라도 화의 작용은 그대로 있다.
5월	갑목 을목	하목	상관 식신	하지 전에는 병화가 사령이고, 하지 후(오정午正)에는 정화가 왕성함을 주관한다.
6월	갑목 을목	하목	정재 편재	소서 후 12일 안에는 정화의 남은 기운이다. 12일 후에는 토의 왕성함이 권력을 장악하니, 지지에 해亥와 묘卯가 없다면 토로 논할 뿐이다.
7월	갑목 을목	추목	편관 정관	신申궁에서 임수가 장생하는 것도 살인상생煞印相生으로 논한다. 지지에 자子와 진辰이 국을 이루고 천간에 임과 계가 있다면, 수기水氣가 금金보다 우세하여 수水로 논할 뿐이다.
8월	갑목 을목	추목	정관 편관	추분 전에는 경금이 사령이고, 추분 후(유정酉正)에는 신금辛金이 왕성함을 주관한다.
9월	갑목 을목	추목	편재 정재	한로 후 12일 안에는 신금辛金의 여기이다. 12일 후에는 토의 왕성함이 권력을 장악하니, 지지에 인寅과 오午가 없다면 토土로 논할 뿐이다.

10월	갑목 을목	동목	편인 정인	해亥궁의 임수가 록을 얻었고 갑목이 장생한다. 지지에 묘卯와 미未가 없다면 수로 논할 뿐이고, 묘卯와 미未가 국을 이루어도 수의 작용은 그대로 있다.
11월	갑목 을목	동목	정인 편인	동지의 전에는 임수가 사령이고 동지(자정子正)이 뒤에는 계수가 왕성함을 주관하니, 월령이 인수일지라도 동목은 왕성하지 않다.
12월	갑목 을목	동목	정재 편재	소한 전 12일에는 계수의 남아 있는 기운이고, 12일 후에는 토의 왕성함이 권력을 장악하니, 지지에 사巳와 유酉가 없다면 토로 논할 뿐이다.

2) 사계에서 화 몸체의 특성[四時之火體性]

月令	日元	體	格局	參考
正月	丙火 丁火	春火	偏印 正印	寅宮有臨官之木, 母旺子相, 故春火旺而不烈.
二月	丙火 丁火	春火	正印 偏印	以下各月, 已見四時之木參考, 不贅.
三月	丙火 丁火	春火	食神 傷官	三月雖見子申會局, 而火值向旺之時●, 並有餘氣之木生之, 不爲無氣.
四月	丙火 丁火	夏火	建祿	
五月	丙火 丁火	夏火	陽刃 建祿	夏至之前, 雖月令陽刃, 猶同建祿, 夏至之後, 方是眞陽刃, 參閱二五月之木.

六月	丙火 丁火	夏火	傷官 食神	
七月	丙火 丁火	秋火	偏才 正財	申宮壬水長生, 又有臨官之金生之, 亦作才官格. 如見子辰會, 壬癸透, 以煞論.
八月	丙火 丁火	秋火	正財 偏才	
九月	丙火 丁火	秋火	食神 傷官	秋火如日落西山, 氣勢衰歇, 支無寅午會 局, 同作弱論.
十月	丙火 丁火	冬火	偏官 正官	亥宮雖甲木長, 若無己土混壬, 甲木不能生 火, 或卯未會局, 甲乙出干, 亦作煞印相生.
十一月	丙火 丁火	冬火	正官 偏官	十一月之正官, 與偏官無殊.
十二月	丙火 丁火	冬火	食神 傷官	十二月之土, 雖爲食傷, 然以氣候寒凍之故, 仍以水爲重.

월령	일간	몸체	격국	참 고
1월	병화 정화	춘화	편인 정인	인寅궁에는 임관의 목이 있어 어미는 왕성함을 자식이 돕기 때문에 춘화는 왕성할지라도 매섭지 않다.
2월	병화 정화	춘화	정인 편인	이하의 매 월은 이미 사계의 목에서 드러낸 것을 참고하라. 군더더기를 덧붙이지 않겠다.
3월	병화 정화	춘화	식신 상관	3월에는 자子와 신申이 국을 이룬 것을 볼지라도 화가 왕성함을 향하는 때를 만나고 남아있는 기운의 목이 나오니, 기운이 없는 것이 되지 않는다.

4월	병화 정화	하화	건록	
5월	병화 정화	하화	양인 건록	하지 전에는 월령이 양인일지라도 건록과 여전히 같으니, 하지 후에야 참으로 양인 이다. 2월과 5월의 목을 참고하라.
6월	병화 정화	하화	상관 식신	
7월	병화 정화	추화	편재 정재	신申궁에서 임수가 장생하고 또 임관의 금 이 나오니, 또한 재관격이 된다. 자子와 진辰을 모여 있고 임계수가 있는 것을 보 면 관살로 논한다.
8월	병화 정화	추화	정재 편재	
9월	병화 정화	추화	식신 상관	추화는 해가 서산으로 넘어가는 것처럼 기 세가 쇠진하니, 지지에 인寅과 오午가 국 을 이루지 않았다면 동일하게 약한 것으로 논한다.
10월	병화 정화	동화	편관 정관	해亥궁에 갑목이 장생할지라도 기토기 임 수를 혼탁하게 하지 않는다면 갑목이 화를 생할 수 없다. 혹 묘卯와 미未가 국을 이 루고 갑과 을이 천간에 있다면 또한 살인 상생煞印相生이 된다.
11월	병화 정화	동화	정관 편관	11월의 정관은 편관과 다름이 없다.
12월	병화 정화	동화	식신 상관	12월의 토는 식상이 될지라도 기후가 차갑 게 얼었기 때문에 여전히 수로 중함을 삼 는다.

3) 사계에서 토 몸체의 특성[四時之土體性]

月令	日元	體	格局	參 考
正月	戊土 己土	春土	偏官 正官	戊土雖寄生于寅, 然木旺土死, 不作旺論, 喜丙火長生, 可作煞印相生格.
二月	戊土 己土	春土	正官 偏官	
三月	戊土 己土	春土		辰宮土旺秉令, 如支見四庫, 干透比劫, 可作專旺論. 否則, 春土氣虛, 不作旺論也.
四月	戊土 己土	夏土	建祿	火土同臨官在己, 土得火生, 極旺.
五月	戊土 己土	夏土	陽刃 建祿	土旺於夏, 夏至之後, 己土主旺義同丁火, 參閱五月之木.
六月	戊土 己土	夏土		戊己至未月, 均有刃之義. 土至五月極旺, 未月又值專旺, 陰干有刃, 僅己土未月也.
七月	戊土 己土	秋土	食神 傷官	申宮壬水長生, 食傷自然生財, 惟土之氣 虛, 雖長生而弱, 不得生扶, 難任其財也.
八月	戊土 己土	秋土	傷官 食神	秋令金旺土虛, 非原局有生扶, 不能用食傷也.
九月	戊土 己土	秋土		戌宮火墓, 土得火而實, 故九月之土, 自然旺盛.
十月	戊土 己土	冬土	偏才 正財	拾月水旺土蕩, 又有甲木長生, 才暗生官, 土氣虛寒, 非得生扶不可.

十一月	戊土 己土	冬土	正財 偏才	소上
十二月	戊土 己土	冬土		丑宮雖是季土專旺之地, 暗藏金水, 無火溫暖, 難作旺論.

월령	일간	몸체	격국	참 고
1월	무토 기토	춘토	편관 정관	무토가 인寅에 의탁해 나왔을지라도 목이 왕성하면 토가 죽어 왕성한 것으로 논하지 않는다. 병화가 장생하는 것을 반기니, 살인상생煞印相生격이 된다고 할 수 있다.
2월	무토 기토	춘토	정관 편관	
3월	무토 기토	춘토		진辰궁에 토가 왕성하여 월령을 잡았다. 지지에 사고四庫가 있고 천간에 비겁이 있다면 전왕專旺으로 논할 수 있다. 그렇지 않다면 춘토는 기운이 허결하여 왕旺으로 논할 수 없다.
4월	무토 기토	하토	건록	화와 토가 동일하게 사巳에서 임관하는데, 토는 화의 생함을 얻으니 극도로 왕성하다.
5월	무토 기토	하토	양인 건록	토는 여름에 왕성한데, 하지의 뒤에는 기토가 왕성함을 주관하니, 의미는 정화와 같다. 5월의 목을 참고하라.
6월	무토 기토	하토		무와 기는 미월이 되면 모두 인刃의 의미가 있다. 토는 5월이 되면 극히 왕성하고, 미월이 되면 또 전왕專旺이 된다. 음간에 인刃이 있는 것은 겨우 기토의 미월이다.

月	體	格局	參 考
7월	무토 기토	추토	식신 상관	신申궁에 임수가 장생하니 식상이 저절로 재를 낳는다. 다만 토의 기운이 허결하여 장생할지라도 약하여 낳고 도울 수 없으니, 그 재를 마음대로 하기 어렵다.
8월	무토 기토	추토	상관 식신	가을의 월령에 금이 왕성하고 토가 허결하니 원국에 낳고 돕는 것이 있지 않다면 식상을 쓸 수 없다.
9월	무토 기토	추토		술戌궁은 화의 묘지이다. 토는 화를 얻어 열매를 맺기 때문에 9월의 토는 저절로 왕성하다.
10월	무토 기토	동토	편재 정재	10월에는 수가 왕성하고 토가 쇠락한데, 또 갑목이 장생하여 재가 암암리에 관을 낳으니 토의 기운은 허결하고 차다. 낳고 돕는 것을 얻지 않으면 안된다.
11월	무토 기토	동토	정재 편재	위와 같다.
12월	무토 기토	동토		축丑궁은 계토季土로 전왕專旺의 곳일지라도 암암리에 금과 수를 감추고 있으니, 화의 따뜻함이 없다면 왕성함으로 논하기 어렵다.

4) 사계에서 금 몸체의 특성[四時之金體性]

月令	日元	體	格局	參 考
正月	庚金 辛金	春金	偏才 正財	春夏之金, 體質最弱, 木旺土虛, 母子同病. 夏土火旺, 亦不能生金, 雖有財, 不能任也.

二月	庚金 辛金	春金	正財 偏才	仝上
三月	庚金 辛金	春金	偏印 正印	辰宮濕土能生金, 然土旺又懼埋金, 因金氣太弱故也.
四月	庚金 辛金	夏金	偏官 正官	巳宮庚金長生, 然火土無生金之理, 支無酉丑會局, 雖得比助亦弱, 見水剛功成反生.
五月	庚金 辛金	夏金	正官 偏官	仝上
六月	庚金 辛金	夏金	正印 偏印	大暑之後, 金水進氣, 方作旺論, 大暑前同五月.
七月	庚金 辛金	秋金	建祿	申宮壬水長生, 可作食傷格看.
八月	庚金 辛金	秋金	陽刃 建祿	秋分前, 刃與祿同, 庚金司令故也, 秋分後, 辛金主旺, 方是眞陽刃.
九月	庚金 辛金	秋金	偏印 正印	
十月	庚金 辛金	冬金	食神 傷官	金水澄清, 喜火溫暖, 食神傷官同論.
十一月	庚金 辛金	冬金	傷官 食神	金寒水冷, 不能無火.
十二月	庚金 辛金	冬金	正印 偏印	丑宮水有餘氣, 見壬癸, 同十一月, 作金水傷官論, 即使無水, 亦宜火溫暖調候.

월령	일간	몸체	격국	참 고
1월	경금 신금	춘금	편재 정재	봄과 여름의 금은 체질이 최고로 약하다. 목이 왕성하면 토는 허결하니 어미와 자식이 동일하게 병이 든다. 여름의 토는 화가 왕성하여 또한 금을 낳을 수 없으니, 재가 있을지라도 마음대로 할 수 없다.
2월	경금 신금	춘금	정재 편재	위와 같다.
3월	경금 신금	춘금	편인 정인	진辰궁의 습토는 금을 낳을 수 있으나 토가 왕성하여 또한 금을 묻을까 두려우니, 금의 기운이 아주 약하기 때문이다.
4월	경금 신금	하금	편관 정관	사巳궁에서 경금이 장생할지라도 화토火土가 금을 낳을 이유가 없다. 지지에 유와 축이 국을 이룬 것이 없다면 비견의 도움을 받을지라도 약하다. 수를 보면 공을 이뤄 도리어 낳는다.
5월	경금 신금	하금	정관 편관	위와 같다.
6월	경금 신금	하금	정인 편인	대서의 뒤에 금수의 나아가는 기운이니 왕성한 것으로 논한다. 대서 전에는 5월과 같다.
7월	경금 신금	추금	건록	신申궁에서 임수가 장생하니, 식상격으로 볼 수 있다.
8월	경금 신금	추금	양인 건록	추분 전에는 인刃과 녹祿이 같으니, 경금이 사령이기 때문이다. 추분 후에는 신금이 왕성함을 주관하니 진실로 양인이다.

9월	경금 신금	추금	편인 정인	
10월	경금 신금	동금	식신 상관	금수가 맑고 깨끗하고 화의 따뜻함을 반긴다. 식신과 상관은 동일하게 논한다.
11월	경금 신금	동금	상관 식신	금과 수가 차가워 화를 무시할 수 없다.
12월	경금 신금	동금	정인 편인	축丑궁의 수는 남아 있는 기운으로 있어 임계를 보면 11월과 같으니, 금수상관으로 논한다. 수가 없을지라도 화의 따뜻함으로 기후를 조절해야 한다.

5) 사계에서 수 몸체의 특성[四時之水體性]

月令	日元	體	格局	參考
正月	壬水 癸水	春水	食神 傷官	春水體弱無源, 不勝旺木洩氣, 非金生不可.
二月	壬水 癸水	春水	傷官 食神	소上
三月	壬水 癸水	春水	偏官 正官	辰宮水墓, 戊土不透, 難作官煞格論. 壬癸之水, 反較正二月爲有根也.
四月	壬水 癸水	夏水	偏才 正財	夏水氣絶, 己官庚金不能生水, 有火旺水干之象, 如庚辛出干, 丑酉會局, 爲劫印化晉格, 大貴.
五月	壬水 癸水	夏水	正財 偏才	火旺水干, 有金生之, 猶懼火旺鎔金, 必須比劫爲助, 與四月同論.

六月	壬水癸水	夏水	正官偏官	大暑之後, 金水進氣, 方可用官煞, 大暑前與五月同論.
七月	壬水癸水	秋水	偏印正印	申宮水長生, 又得臨官之金生之, 名秋水通源. 戊不出干, 不足以阻之.
八月	壬水癸水	秋水	正印偏印	金白水清.
九月	壬水癸水	秋水	偏官正官	九月土重, 如再見土出干, 非有甲木不可, 官煞同論.
十月	壬水癸水	冬水	建祿	亥宮水祿木生, 如見卯未會局, 甲乙出干, 則洩水氣.
十一月	壬水癸水	冬水	陽刃建祿	冬至之後, 癸水主旺, 方是眞陽刃, 冬至之前, 與祿同看.
十二月	壬水癸水	冬水	正官偏官	冬水喜丙丁調候, 官煞無用, 如丑宮己辛出干, 見丁火, 名雪夜粉光格, 夜生者貴.

월령	일간	몸체	격국	참 고
1월	임수계수	춘수	식신상관	봄의 물은 몸체가 약하고 근원이 없어 왕성한 목이 설기하는 것을 감당할 수 없다. 금의 생조가 아니면 안된다.
2월	임수계수	춘수	상관식신	위와 같다.
3월	임수계수	춘수	편관정관	진辰궁은 수의 묘지여서 무토가 천간에 없으면 관살격으로 논하기 어렵다. 임계수가 도리어 1월과 2월에 뿌리가 있는 것과 비교된다.

4월	임수 계수	하수	편재 정재	하수는 기운이 끊어져 사巳궁의 경금이 수를 생할 수 없으니, 화가 왕성하고 수가 마른 상이 있다. 경庚과 신辛이 천간에 있고 축丑과 유酉가 국을 이루었다면 겁인화진劫印化晋격으로 크게 귀하다.
5월	임수 계수	하수	정재 편재	화가 왕성하여 수가 말라 있는데 금이 생조한다면, 오히려 화의 왕성함이 금을 녹일까 두려우니, 반드시 비겁으로 보조해야 한다. 4월과 동일하게 논한다.
6월	임수 계수	하수	정관 편관	대서 후에는 금과 수의 나아가는 기운이니, 관살을 쓸 수 있다. 대서 전에는 5월과 동일하게 논한다.
7월	임수 계수	추수	편인 정인	신申궁에서는 수가 장생하는데다가 또 임관의 금이 낳아주어 추수통원秋水通源이라고 명명하니, 무戊가 천간에 없으면 그것을 막을 수 없다.
8월	임수 계수	추수	정인 편인	금은 희고 수는 맑다.
9월	임수 계수	추수	편관 정관	9월은 토가 중첩되어 토를 천간에서 거듭 보는 것과 같으니 갑목이 있지 않으면 안 된다. 관살과 같이 논한다.
10월	임수 계수	동수	건록	해亥궁은 수의 녹祿이어서 목이 나오니, 묘卯와 미未가 국을 이룬 것을 보는 것과 같다. 갑과 을이 천간에 있으면 수기를 누설한다.

월				
11월	임수 계수	동수	양인 건록	동지 후에는 계수가 왕성함을 주관하니 진실로 양인이다. 동지 전에는 녹祿과 동일하게 본다.
12월	임수 계수	동수	정관 편관	겨울의 수는 병과 정이 기후를 조절해 주는 것을 반겨 관살은 쓸 곳이 없으니, 축丑궁의 기己와 신辛이 천간에 있고 정화를 본다면 설야등광雪夜燈光격이라고 명명한다. 밤에 태어난 자는 귀하게 된다.

格用不分, 相沿已久, 玆爲會通起見, 附釋于下.

격국과 용신을 구분하지 않고 그대로 받아들여 따른 세월이 이미 오래 되었으니, 이제 쉽게 해석할 수 있도록 아래에 해석을 덧붙인다.

6) 덧붙인 해석[附釋]

古人論命, 以八格爲經, 而緯以用, 八格無單用之法, 必輔以用神. 故體用劃分, 爲至困難之問題, 且其所言八格宜忌, 皆以陽干爲主, 不能 包括 陰干. 玆分述如下,

옛사람들이 명조를 논할 때에는 8격을 기준으로 용신을 사용했다. 8격은 단순하게 사용하는 법이 없어 반드시 용신으로 보완했기 때문에 몸체와 용신을 나눠 구분하는 것은 아주 어려운 문제였다. 또 그들이 말한 8격에서 마땅함과 꺼림은 모두 양간을 위주로 하여 음간을 포괄할 수 없었으니, 이제 다음처럼 나눠 기술하겠다.

一. 正官格: 又名祿神, 分才官格官印格兩種, 正官爲格, 才印爲 用也, 才官印三者俱全者名三奇格. 而用亦分才官, 或官印兩路, 官星必須生旺, 不宜剋抑. 替如甲木見 辛金爲正官, 辛向衰之金不能剋向旺之甲, 故宜才生. 忌見丁火傷官, 用 印化官, 不如才生之爲美. 若乙木見庚金, 卽不能以此論. 乙庚雖有相合 之情, 而庚金旺者, 宜見丁火制之, 或用印化之, 若見才生, 必致木被金 傷, 同一正官用法不同也.

(1) 정관격正官格: 또 녹신祿神으로도 명명하는데, 재관격과 관인격으로 두 종류로 나누니, 정관은 격이고 재才와 인印은 용신이다. 재·관·인 세 가지가 모두 온전한 것을 삼기三奇격이라고 명명하는데 용신도 재와 관 또는 관과 인 두 갈래로 나눈다. 관성이 반드시 생왕生旺하다면 극하고 억제할 필요가 없으니, 비유하자면 갑목이 정관인 신금辛金을 봤다면 쇠약해지려는 금이라 왕성해지려는 목을 극할 수 없기 때문에 재가 생해주는 것이 마땅하고 정화 상관을 보는 것을 꺼린다. 인수를 사용하여 관을 조화롭게 하는 것은 재가 생해주는 아름다움만 못하다. 을목이 경금庚金을 봤다면 이렇게 논할 수 없다. 을과 경이 서로 합하는 정이 있지만 왕성한 경금은 정화로 제압하거나 인수로 조화롭게 해야 한다. 만약 재가 생해준다면 반드시 목이 금의 피해를 입게 된다. 동일하게 정관이지만 사용하는 법은 같지 않다.

才滋弱煞格: 煞輕者名偏官, 不名爲煞, 故才滋弱煞卽是才官, 與 才官格同論, 書云, 官多同煞(重官卽是煞論.)煞淺卽官, 又官煞混雜 者以煞論, 正以陰陽干性質不同, 不能不爲此說以補救也.

재자약살격才滋弱煞格: 살煞이 가벼운 경우에 편관偏官이라고 명명하고 살이라고 명명하지 않는다. 그러므로 재자약살才滋弱煞은 바로 재관이니, 재관격과 동일하게 논한다. 책에서 "관이 많으면 살과 같다(거듭된 관은 살로 논함)"고 했으니, 살이 약하면 관이다. 또 관과 살이 혼잡한 경우에 살로 논하는 것은 바로 음간과 양간의 성질이 같지 않아 이렇게 설명하는 것으로 보호하고 구제해 주어야 하기 때문이다.

二. 偏官格: 又名七煞 (天干相距七位則剋, 地支相距七位則冲.) 有食神制煞及印化煞兩格, 不論其是否月令偏官, 一例同推.

(2) **편관격偏官格**: 또 칠살이라고 명명하는데(천간이 서로 일곱 자리를 떨어져 있으면 극剋하고, 지지가 서로 일곱 자리를 떨어져 있으면 충冲함) 식신이 관살을 제압하고 인수가 살을 조화롭게 하는 두 가지 격이 있다. 월령이 편관인지 아닌지를 막론하고 한 가지 사례로 동일하게 추측한다.

七煞喜制, 亦是指陽干而言. 陽見陽, 彼此皆生旺之氣, 身旺煞高 而有制, 自是上格. 若陰干, 卽非此論, 陰干以不宜用煞者爲多. 如見煞 旺, 多取印化, 宜忌各異, 殊難以同一方式槪括之也.

칠살이 제압을 반기는 것도 양간을 가리켜 말한 것이다. 양이 양을 보고 피차가 모두 생왕生旺한 기운이면 자신이 왕성하고 살이 높아 제압함이 있으니 본래 상격이다. 음간이라면 곧 이렇게 논하지 않는다. 음간은 살을 용신으로 하지 않는 경우가 대부분이니 왕성한 살을 본다면 대부분 인수를 취해 조화롭게 한다. 마땅함과 꺼림이 각기 달라 동일한 방식으로 포괄하기가 아주 어렵다.

再者七煞喜制, 乃指身旺而言, 若見弱, 則須雙方兼顧. 食制不如印 化, 陰干固以用印化煞爲多, 然其本性衰竭, 卽使剋抑稍過, 亦無妨礙, 仍可用食制. 若陽干而身弱, 非用印生扶不可. 萬不能用食制, 卽使身煞 兩停亦宜用印化煞滋身. 蓋方生之氣, 不能稍見摧殘也.

거듭된 것이 칠살이라 제압을 반기는 것은 바로 자신이 왕성한 것을 가리켜 말한 것이다. 약함이 드러난다면 반드시 식신으로 제압하는 것이 인수로 조화롭게 하는 것보다 못한지를 양쪽으로 함께 돌아봐야 한다. 음간은 인수를 용신으로 살을 조화롭게 하는 것이 대부분이다. 그러나 살의 본성이 쇠약하다면 극하거나 억제하는 것이 조금 지나칠지라도 무방하니 그대로 식신으로 제압할 수 있다. 양간인데 자신이 쇠약하다면 인수로 생조하는 것이 아니라면 안된다. 어떤 경우에도 식신을 사용할 수 없다. 자신과 살煞 둘이 있어도 인수로 살을 조화롭게 하여 자신을 돕게 해야 하니, 막 나오는 기운은 조금도 꺾이려고 하지 않기 때문이다.

官煞混雜者大都用印, 滴天髓所謂同流同止是也.
관살이 혼잡한 경우는 대개 인수를 사용하니 『적천수』에서 말한 "같이 흘러가고 같이 머문다"는 것이 여기에 해당한다.

此外通關用官或調候用官, 其分別皆不在偏正, 詳下用神節.
이렇게 하는 것 이외에 통관通關으로 관을 사용하거나 조후調候로 관을 사용하니, 그 분별은 모두 편정偏正에 있지 않다. 아래의 용신절에서 자세히 설명하겠다.

三, 正偏才格: 書云, 正財爲自己之財, 非他人所能分奪, 偏才爲衆人之財, 人皆有份. 此亦指陽干而言, 蓋陽干見財則相合, 相合則聯結, 非他人所能分奪. 如甲見己, 丙見辛, 戊見癸庚見乙壬見丁, 皆相合也. 陰干非此論, 如乙見戊丁見庚己見壬辛見甲癸見丙, 雖爲正財, 其力不足以剋之, 用與偏才同. 陽剋陽陰剋陰爲偏才, 無情相剋, 氣不專屬, 用亦分散, 故云衆人財也.

(3) 정편재격正偏才格: 책에서 "정재는 자신의 재財여서 다른 사람

이 빼앗아갈 수 없고, 편재는 여러 사람의 재財여서 사람들이 모두 일부분을 차지할 수 있다"고 했으니, 이 구절도 양간을 가리켜서 말한 것이다. 양간은 재를 보면 서로 합을 한다. 그렇게 하면 잇달아 결합해서 다른 사람들이 빼앗을 수 있는 것이 아니다. 갑이 기를, 병이 신을, 무가 계를, 경이 을을, 임이 정을 보면 서로 합한다. 음간은 이렇게 논할 것이 아니다. 을이 무를, 정이 경을, 기가 임을, 신이 갑을, 계가 병을 보면 정재일지라도 그 힘이 그것을 극하기에 부족하니 쓰임이 편재와 같다. 양이 양을 극하고 음이 음을 극하는 것은 편재로 무정하여 서로 극한다. 기운이 오로지 이어지지 않아 쓰임도 분산되기 때문에 여러 사람들의 재라고 하는 것이다.

用財必須身旺, 否則不論正偏, 皆難爲用. 如身旺比劫多, 慮其分奪 財星, 取官制劫護財, 爲財格用官. 財星太旺取官洩財之氣, 爲財旺暗生 官格. 食傷太旺, 取財洩食神之氣, 爲食傷生財格. (食傷格用財.) 印綬 太旺, 取才破印, 爲印格用財, (印旺爲病, 財爲藥.) 官傷並見, 取財化 傷生官, 爲通關用才, 更有才印並用者, 如丁火日干, 取庚金劈甲引丁, 庚爲財, 甲爲印, 相濟爲用. 此則因地制宜, 不能一槪論矣.

재를 용신으로 하려면 반드시 자신이 왕성해야 한다. 그렇지 않다면 정재나 편재를 막론하고 모두 용신으로 하기 어렵다. 자신이 왕성하고 비겁이 많다면, 그 재성을 빼앗길 것을 염려하여 관성을 취하여 겁재를 제압함으로 재를 보호하니, 재격으로 관을 용신으로 하는 것이다. 재가 너무 왕성하여 관으로 재의 기운을 누설하는 것은 왕성한 재가 암암리에 관을 낳는 격이다. 식상이 너무 왕성하여 재로 식상의 기운을 누설하는 것은 식상이 재를 낳는 격(식상격에 재를 용신으로 하는 것)이다. 인수가 너무 왕성하여 재로 인수를 깨뜨리는 것은 인수격에 재를 용신으로 하는 것이다. (인수가 왕성하여 병인 것은 재가 약임) 관과 상관이 함께 있으면 재로 상관을 조화롭게 하여 관을 낳으니, 통관通關으로 재를 용신으로 한 것이다. 다시 재와 인수를 함께 용신으로 하는 경우는 이를테면 정화 일간에 경금으로 갑목을 쪼개 정화를 끌어당기는 것이니, 경금인 재와 갑목이 인성이 서로 구제하여 용신으로 한 것이다. 이것은 실정에 따라 적절하게 대응한 것이니 일률적으로 논할 수 없다.

四. **正偏印格**用印必緣身弱, 而身弱有種種原因, 或因官煞太旺, 或 因食傷太旺, 或財太旺, 皆可用印. (財旺用印必兼取比劫, 不能單用印.) 然此乃是別格取印爲用神, 而非印格眞正印格. 無以印爲用者, 如丙火生于正月, 母旺子相. 干透戊土卽取食神爲用爲印格用食. 干透壬水卽取七煞爲用爲印格用煞. 或干透庚金取財爲用, 爲棄印就財, 或取財破印, 凡爲印格, 皆取他神爲用也.

(4) 정편인격에 인수를 용신으로 하는 것은 반드시 자신이 약하기

때문인데, 자신이 약한 것은 종종 관살이 너무 왕성하거나 식상이 너무 왕성하기 때문으로 모두 인성을 용신으로 해야 한다. (재가 왕성하여 인성을 용신으로 함에는 반드시 비겁을 함께 취하고 인성만을 용신으로 할 수 없음) 그런데 이것은 그야말로 특별히 인성으로 용신을 삼았으나 인성격이 진실로 인성격은 아니다. 인성으로 용신을 삼는 경우가 없는 것은 이를테면 병화가 정월에 태어나 어미가 왕성하고 자식이 도와 천간에 무토가 투간되어 있으면 바로 식신으로 용신을 삼으니, 인성격에 식신을 용신으로 한 것이고, 천간에 임수가 투간되어 있으면 칠살로 용신을 삼으니, 인성격에 칠살을 용신으로 한 것이다. 혹 천간에 경금이 투간되어 있으면 재로 용신을 삼아 인성을 버리고 재를 따르거나 재로 인성을 깨뜨린다. 그러니 일반적으로 인성격은 모두 다른 신으로 용신을 삼는다.

書云, 印制傷, 梟奪食, 此乃陰陽干相制之關系也. 譬如丙見戊土爲 食, 見甲梟印則剋而去之, 見乙正印, 雖有相剋之情, 而無其力, 丙見己 土爲 傷官, 見甲木, 則相合有情. 剋而不盡其力, 見乙木則剋去之矣. 陰干同論.

책에서 "인성이 상관을 제압하고 효신梟神으로 식신을 빼앗는다"고 했으니, 이것이야말로 음간과 양간이 서로 제압하는 관계이다. 비유하자면 병화가 무토 식신을 보았는데, 갑목 효인梟印을 봤다면 그것이 극하여 없애버리고, 을목 정인을 봤다면 극하려는 마음은 있으나 그 힘이 없다. 병화가 기토 상관을 보았는데, 갑목을 봤다면 유정으로 서로 합해 극함에 그 힘을 다하지 않고, 을목을 봤다면 극하여 없애 버린다. 음간도 동일하게 논한다.

　五. 食傷格: 食神傷官, 同爲一格, 大致與官煞同. 輕者爲食神, 重者爲傷官, 食神宜其生旺, 傷官宜其裁抑. 食神只宜單見其一, 若二三重見, 以傷官論. 傷官而僅見其一, 其用亦同食神. 六格之中, 惟食傷有單用者, 如滿槃比劫, 單見一食或傷官, 即用此一神, 名一神一用, 最爲親切.

　(5) 식상격. 식신상관은 동일하게 하나의 격이니, 대체로 관살과 동일하다. 가벼운 것은 식신이고 무거운 것은 상관이니, 식신은 생조해서 왕성해야 하고, 상관은 제재해서 눌러야 한다. 식신은 하나만 있어야 하니, 이중삼중으로 있다면 상관으로 논한다. 상관인데 하나만 있다면 그 쓰임은 또한 식신과 같다. 6격에서 식상을 동일하게 용신으로 하는 것은 이를테면 온통 비겁인데 하나의 식신이나 상관이 있다면, 바로 하나 있는 것을 용신으로 하니, 하나의 것을 하나의 용신으로 한 것이라고 명명하는 것은 아주 친근한 것이다.

　食傷用財, 如食傷多, 必取財星, 洩食傷之氣, 名食傷生財格. 財星遇劫, 必取食傷爲救, 表而雖同爲食傷生才, 而此系食傷爲用, 與食傷生才之以才爲用有不同也.

식상에 재를 용신으로 하는 것은 이를테면 식상이 많아 반드시 재로 식상의 기운을 누설하니, 식상생재격으로 명명한다. 재성이 비겁을 만나면 반드시 식상으로 구원하니, 겉으로는 비록 동일하게 식상이 재를 낳을지라도 이것은 식상과 연계해서 용신으로 한 것이기에 식상생재에서 재로 용신을 삼는 것과는 같지 않다.

食傷佩印有二, (一)病藥佩印, 如水生于春, 旺木洩氣, 必須用金; 土生于秋, 旺金洩氣, 必須用火, 此以佩印爲救也. (二)調候用印, 如 木生于夏, 木火眞傷官, 必須用水, 此以調候用印也. 食傷用官, 如金生 于冬, 金水眞傷官, 必須用火, 此以調候用官也.

식상에 인성이 있는 것에는 두 가지 종류가 있다. 첫째, 인성이 있는 것이 병病에 약藥인 경우이다. 이를테면 수가 봄에 나와 왕성한 목이 기운을 누설한다면 금을 용신으로 해야 하고, 토가 가을에 나와 왕성한 금이 기운을 누설한다면 반드시 화를 용신으로 해야 하니, 이것은 인성이 있는 것으로 구원을 삼는 것이다. 둘째, 조후로 인성을 용신으로 하는 경우이다. 이를테면 목이 여름에 나와 목화가 진실로 상관격이라면 반드시 수로 용신을 해야 하니, 이것은 조후로 인성을 용신으로 한 것이다.

식상이 관을 용신으로 한다. 금이 겨울에 태어나 금수가 진실로 상관이라면 반드시 화를 용신으로 하니 이것은 조후로 관을 용신으로 한 것이다.

　　此外因調候而用食傷者, 如木生于冬, 寒木向陽, 必須用火, 此以調候用食傷也. 凡五行生于冬夏者, 皆以調候爲重. 用官用印用食傷, 無一定之法, 其意在于調候, 不論所用者爲何神也.

　　이외에 조후 때문에 식상을 용신으로 하는 것은 이를테면 목이 겨울에 태어나 차가운 목이 태양을 향하고 있다면 반드시 화를 용신으로 하니, 이것은 조후로 식상을 용신으로 한 것이다. 오행이 겨울이나 여름에 태어난 경우는 모두 조후를 중요하게 여긴다. 관을 용신으로, 인성을 용신으로, 식상을 용신으로 하는 데 일정한 법이 없이 그 의미가 조후에 있으면 용신을 무엇으로 하든 거론할 것이 없다.

　　六. 祿刃格: 祿與刃同爲一格, 用令建祿或陽刃, 日干得時乘旺, 其用必在官煞或食傷. 官煞宜才生, 食傷亦宜生財, 一定之理, 如煞刃相停, 勢均力敵, 則用印以解之. 故祿刃格最簡單也.

　　(6) 녹인격祿刃格. 녹祿과 인刃은 동일하게 하나의 격이다. 월령인 건록이나 양인을 용신으로 하는 것은 일간이 때를 얻어 왕성한 것으로 그 용신은 반드시 관살이나 식상에 있다. 관살이 당연히 재로 생하고 식상도 당연히 재를 생하는 것은 일정한 이치이다. 살煞과 인刃이 함께 있어 세력이 균등하다면 인성을 용신으로 풀어야 하기 때문

에 녹인격은 간단한 것이다.

　復次以祿刃爲用者, 必因財旺, 祿刃卽比劫也. 財星太旺, 印無會늘 爲力, 非用比劫不可, 否則, 無用此劫之法也. (食傷旺亦可用比劫, 然不如用印爲美. 若官煞旺則非印不可, 此劫無能爲力.)

　또 녹인으로 용신을 삼는 경우는 반드시 재가 왕성하기 때문이니, 녹인은 곧 비겁이다. 재성이 너무 왕성하면 인성은 힘을 쓸 수 없으니, 비겁을 용신으로 하지 않아서는 안된다. 그렇지 않다면 이렇게 겁재를 쓰는 법이 없다. (식상관이 왕성해도 비겁을 용신으로 하지만 인성을 용신으로 하는 것만 못함. 관살이 왕성하다면 인성이 아니면 안되니, 이것은 겁재가 힘을 쓸 수 없기 때문임)

　煞刃格有二, 月令陽刃而別柱見官煞, 則宜用才以生煞, 蓋日元乘旺官煞必値休囚也. 若月令七煞日時見刃, 則宜用印以解之. 七煞當旺, 日元必休囚也. 上 爲陽刃格見煞用才下爲七煞格見刃用印.

　살인격煞刃格에는 두 가지 종류가 있다. 월령이 양인인데 다른 곳에 관살이 있으면, 재를 용신으로 하여 관살을 생해 주어야 하니, 일간이 왕성하면 관살은 반드시 휴수休囚이기 때문이다. 월령이 칠살이고 일시에 양인이 있으면 인성으로 용신으로 하여 풀어주어야 하니, 칠살이 왕성하면 반드시 일간이 휴수休囚이기 때문이다. 앞의 것은 양인격에 칠살이 있어 재를 용신으로 한 것이고, 뒤의 것은 칠살격에 양인이 있어 인성을 용신으로 한 것이다.

제 5 편

몸체를 밝혀 용신을 세움 중
[明體立用中]

1. 용신[用神]

　　日元爲主, 配合月令而成體性. 體性以中和爲貴, 過强過弱, 皆非所 宜. 于是有輔佐體性俾歸于中和者, 斯爲全局之樞紐, 卽用神之義也. 故用神者, 我所需要之物而爲我所用之神也. 何者爲我所需要, 必須察體 性之宜忌及十干之性情, 方能知之. 玆分述于下, (甲)用神之定義, (乙)十干選用法, (丙)取用之程式.

　　일간을 위주로 월령을 배합하여 몸체의 특성을 이루고, 몸체의 특성은 중화中和를 귀하게 여긴다. 지나치게 강하고 지나치게 약한 것은 모두 마땅하지 않다. 이 때문에 몸체의 특성을 도와 중화로 돌아가게 하는 것이 바로 원국을 온전하게 하는 핵심 곧 용신의 의미이다. 그러므로 용신은 나에게 필요한 것이고 나에게 쓰이는 신이다. 어떤 것이 나에게 필요한가 하면, 반드시 몸체의 특성에 마땅하고 꺼리는 것과 10간의 성정性情을 살펴야 알 수 있다. 이에 다음처럼 '(갑) 용신의 정의, (을) 10간에서 용신을 고르는 법, (병) 용신을 택하는 정식'으로 나눠 설명하겠다.

1) 용신의 정의[用神之定義]

取用方法, 察五行之宜忌及十干之性情, 則用神自有一定, 前已言之窮通寶鑒之論四時宜忌, 及滴天髓之論十干性情最爲精審, 加 以注釋以實吾編.

용신을 택하는 방법은 오행의 마땅하고 꺼리는 것과 10간의 성정을 살피는 것이니, 용신에는 본래 일정함이 있음을 앞에서 이미 기술했다.『궁통보감』에서 사계의 마땅하고 꺼림을 논하고,『적천수』에서 10간의 성정을 논한 것이 가장 정교하니, 그것에 주석을 보태이 책을 채우겠다.

(1) 사계에서 목의 마땅함과 꺼림[四時之木宜忌]

春月之木, 余寒猶存, 得火溫暖, 敷榮暢茂, 水多變剋, 有損精神, 初春無火, 增之以水, 則陰濃濕重, 根損枝枯, 不能華秀.

춘월春月의 목은 한기가 여전히 남아 있어 화의 따뜻함을 얻어야 활짝 피어날 수 있는데, 수가 많아 극하는 것으로 변하면 정신을 손상한다. 이른 봄에 화가 없는데 수가 보태지면 음이 무성하고 습기가 많아 뿌리가 손상되고 가지가 말라 영화롭게 될 수 없다.

木, 三春氣候之代名詞, 陽和之氣也. 晴暖敷榮, 雨寒萎絕木之性也. 論其宜忌, 分爲三个時期, 立春後雨水前爲初春, 雨水之後, 穀雨之 前爲仲春, 穀雨後爲季春仲春兩个月中(雨水至穀雨四節氣)又分春分 前春分後兩節. 余寒猶存, 言初春也. 得丙火溫暖則發榮滋長, 故喜丙火 爲用也. 陰濃濕重句, 釋水多變剋之意. 水能生木, 然初春之水, 反而損 木. 雖有 土制, 水不能使木敷榮, 是以水爲忌也. 除非四柱有丙火出干爲用, 地支配 合一二點水, 則有既濟之美. 否則反損木之精神, 此初春之用也.

　목은 봄 세 달을 대표하는 명사로 화창한 봄의 기운이다. 맑고 따뜻하면 영화롭고 비 내리고 차가우면 시들어 없어지는 것이 목의 특성이다. 마땅함과 꺼림을 논하면, 입춘 후 우수 전의 초춘, 우수 후 곡우 전의 중춘, 곡우 다음의 계춘 세 시기로 나눌 수 있다. (우수부터 곡우까지 네 절기) 중춘 두 달은 또 춘분 전과 춘분 후 두 시기로 나눌 수 있다. 한기가 여전히 남아 있다는 것은 초춘을 말하니, 병화의 따뜻함을 얻으면 꽃을 피우며 자라기 때문에 병화를 용신으로 하는 것을 반긴다. 음이 무성하고 습기가 많다는 것은 수가 많아 대부분 극하게 되는 의미로 해석한다. 수는 목을 생할 수 있으나 초춘의 수는 도리어 목을 손상한다. 토가 있어 수를 제압할지라도 목이 꽃을 피우지 못하게 하기 때문에 수를 꺼리는 것이다. 사주에 천간의 병화가 용신인 상태에서 지지에 한 두 개의 수가 있는 것이라면 이미 구제하는 아름다움이 있으나, 그렇지 않다면 도리어 목의 정신을 손상하니, 이것이 초춘의 용신이다.

喜火溫暖則有舒暢之美, 藉水資扶而無槃屈之患, 春木陽氣煩燥, 無 水則根干叶槁, 是以水火二物既濟方佳.

 화의 따뜻함을 반기면 펼쳐지는 아름다움이 있어 수의 도움을 받아도 서려서 얼크러지는 우환이 없다. 춘목은 양기가 번거롭게 말리고 있어 수가 없으면 뿌리와 잎이 마르기 때문에 수와 화 두 가지가 기제旣濟[   ]가 되어야 반갑다.

 此言仲春, 雨水後春分前之木, 水火二物, 必須並用. 初春用火, 可 以缺水, 仲春用火, 不可無水. 初春取其調候, 專用丙火, 仲春取其通明, 丙丁並用. 書云, 活木得火而秀, 正謂此也.

 여기에서는 중춘에 대해 말하였으니, 우수 후 춘분 전의 목은 수와 화 두 가지를 반드시 함께 용신으로 한다. 초춘에 화를 용신으로 함에는 수가 모자라도 괜찮고, 중춘에 화를 용신으로 함에는 수가 없어서는 안된다. 그러니 초춘에 조후를 취함에는 오로지 병화를 용신으로 하고, 중춘에 통명通明을 취함에는 병과 정을 함께 용신으로 한다. 책에서 "活木이 화를 얻어 수려해진다"는 것은 바로 이것을 말한다.

 春末陽壯木渴, 藉水資扶, 則花繁叶茂. 春末缺水增之以火, 則陽氣 太盛, 燥渴相加, 枝叶干枯, 亦不華秀.

 봄의 끝에는 태양이 강렬해져 목이 메말라갈 때 수의 도움을 받으면 꽃이 화려하게 피고 잎사귀가 무성해진다. 봄의 끝에 수가 모자라는데 화를 더하면 양기가 너무 성대해져 말림과 갈증과 겹쳐 가지와 잎이 말라버리니, 또한 영화롭고 수려하게 되지 않는다.

此言春分後穀雨前之木, 季春同論. 丙火漸壯, 陽氣日盛一日, 配合 不可無水. 卽使支成木局, 格成曲直仁壽, (見下體用之變.)無癸配合, 不能取貴, 非必以水爲用也. 仲春木旺, 官煞食傷, 隨宜酌用, 用食傷而 成木火通明之象. 尤爲秀氣但無水相濟, 則陽盛木渴, 枝叶干枯, 非上命 也. 以上統論見水見火.

여기에서는 춘분 후 곡우 전의 목에 대해 말하였으니 계춘과 동일하게 논한다. 병화가 점점 강렬해져 양기가 하루하루 성대해지니 수가 없어서는 안된다. 지지에 목국木局이 이루어져 (아래의 몸체와 용신의 변화를 참고할 것으로) 곡직인수曲直仁壽격을 이뤄 계수가 짝하지 않으면 귀하게 될 수 없을지라도 반드시 수를 용신으로 삼아야 되는 것은 아니다. 중춘에는 목이 왕성해 관살과 식상으로 마땅함에 따라 참작해서 용신으로 하니, 식상을 용신으로 하여 목화통명木火通明의 상을 이루면 더욱 뛰어난 기운이 된다. 다만 수가 구제하지 않는다면, 양이 성대함으로 목이 메말라 가지와 이파리가 말라버리니, 상급의 명조가 아니다. 이상에서는 수가 있고 화가 있는 것에 대해 전체적으로 논했다.

忌逢金重, 傷殘剋伐, 一生不閑. 設使木旺, 得金則良, 終身獲福. 重見木旺, 必用庚金斷鑿, 乃成棟梁.

중첩된 금을 만나는 것을 꺼리니, 해치고 극해서 평생토록 한가하지 않다. 목이 왕성하여 금을 얻었다면 좋으니, 종신토록 복을 얻는다. 거듭해서 목이 왕성하다면 반드시 경금을 용신으로 하여 자르고 쪼개서 동량을 만든다.

此言見金, 初春陽和日暖, 而逢寒肅之氣, 春行秋令, 木氣摧殘, 卽 使配合得宜, 不致夭摺, 亦一生不閑, 非上命也. 設使下言仲春木旺, 不妨用金, 但春金氣弱, 木堅金缺, 得一點庚金而有土以生之則貴. 金多則氣雜, 須有丁火以制之, 亦爲美格. 季春火旺木老, 必須庚金斷鑿, 方成梁棟之材. 如見水洩金, 非上命也.

여기에서는 금이 있는 것에 대해 말하였으니, 초춘初春에 양의 조화로운 기운이 날로 따뜻해지는데 차갑고 스산한 기운을 만나면 봄에 가을의 사령을 행한 것이다. 목기가 꺾여 손상됨에 배합에 마땅함을 얻으면 요절하지는 않을지라도 평생 한가하지 않으니, 상급의 명조는 아니다. 설령 아래에서 중춘의 목이 왕성함에 금을 용신으로 해도 무방하다고 말할지라도 다만 봄의 금은 기운이 약하니, 목이 단단하여 금이 허결한 것이다. 한 점의 경금을 얻어 토로 생조해 준다면 귀하게 되는데, 금이 많으면 기운이 혼잡하니, 반드시 정화로 제압하여 준다면 반드시 아름다운 격이 된다. 계춘에는 화가 왕성하고 목이 노쇠하니, 반드시 경금으로 자르고 쪼개야 동량의 재목이 된다. 수가 있어 금기를 누설한다면 상급의 명조가 아니다.

土多而損力, 土薄則財豐.
토가 많으면 힘이 빠지고 토가 약하면 재가 풍성하다.

此言見土. 土, 木之財也. 三春木旺土虛, 然初春木嫩, 不能剋土, 季春土旺, 亦防木摺. 總之, 春木見土, 取爲配合輔佐之用, 少見則喜, 多見則忌, 不宜喧賓奪主也.

여기에서는 토를 보는 것에 대해 말하였는데 토는 목의 재이다. 삼춘三春에는 목이 왕성하여 토가 허결하나 초춘에는 목이 어려 토를 극할 수 없고, 계춘에는 토가 왕성하여 또한 막으면 목이 부러진다. 총괄한다면 춘목은 토를 보면 취하여 부좌하는 용신으로 삼는 것은 조금 보면 반기고 많이 보면 꺼리는 것으로 시끄럽게 손님이 주인의 자리를 빼앗아서는 안되는 것이다.

夏月之木, 根干叶枯.
하월夏月의 목은 뿌리와 잎이 말라 있다.

三夏火旺之時, 不論四五六月, 木皆有枯槁之象. 夏木之體如是.

화가 왕성한 삼하三夏의 때에는 4·5·6월을 막론하고 목이 모두 말라 있는 상이니, 하목夏木의 몸체는 이와 같다.

欲得水盛而成滋潤之功誠不可少. 切忌火旺而招自焚之憂, 故以 爲兇.

왕성한 수를 얻어 적셔주는 공을 이룬다면 진실로 작다고 할 수 없다. 왕성한 화가 저절로 불타는 우환을 부르는 것을 아주 꺼리기 때문에 그것을 흉한 것으로 여긴다.

三夏木性枯槁, 故其最需要者爲水, 得水爲用, 最爲上格. 則使不用水, 亦不能無水爲配合也. 巳午未月爲木之病死墓宮. 書云, 死木得火自焚. 又云乙木疊逢火位, (巳午未)名爲氣散之文, 故最忌者爲火. 如見火旺而無水制之, 總非上格.

삼하에는 목의 특성이 말라있다. 그러므로 가장 필요한 것이 수이니, 수를 얻어 용신으로 삼는 것이 최상의 격이다. 수를 용신으로 하지 못할지라도 그것이 짝이 되지 않을 수 없다. 사巳·오午·미未월은 목의 병病·사死·묘墓의 궁이다. 책에서 "사목死木은 화를 만나면 저절로 불타오른다"고 하였고, 또 "을목이 거듭 (사巳·오午·미未) 화의 자리를 만나면 기가 흩어지는 무늬[文]라고 명명한다"라고 하였기 때문에 가장 꺼리는 것은 화이다. 왕성한 화가 있는데도 수의 제재가 없다면 총체적으로 상급의 격은 아니다.

土宜在薄不可厚重, 厚則反爲災咎.

토는 약하게 있어야 하고 두텁고 중첩되어서는 안된다. 두텁다면 도리어 재앙이 된다.

此言用財, 夏木氣洩而弱, 見厚土無力剋制, 反有財多身弱之憂. 惟 木旺火多之局, 無水制火, 不得已取一二點土以洩火氣, 爲食傷生財格, 則爲有益也. 但運宜水鄕, 不宜東南火土旺地.

여기에서는 재를 용신으로 하는 것에 대해 말하였다. 하목夏木은 기운이 누설되어 약하니, 두터운 토를 보면 힘으로 극하여 제압할 수 없고 도리어 재다신약財多身弱의 우환이 있다. 다만 목이 왕성하고 화가 많은 원국에 수로 화를 제압함이 없어 어쩔 수 없이 한두 점의 토를 취해 화기를 누설함으로써 식상생재食傷生財격이 되면 유리하다. 다만 운은 수의 고향으로 흘러가야 하고 동남의 화火와 토土가 왕성한 곳으로 흘러가서는 안된다.

惡金在多, 不可欠缺, 缺則水涸無源.

금이 많은 것도 싫지만 부족해서도 안되니, 부족하면 수가 메말라 근원이 없어지기 때문이다.

此言用金. 夏木用金, 非取其剋, 火旺金鎔, 雖多奚益. 但夏木不可 無水, 而水至巳午未月, 爲絶胎養位, 非得金以生之, 則無源之水易涸. 言不可欠缺者, 取其爲輔佐也. 書云, 逢印看煞, 以官爲引, 卽是此意.

여기에서는 금을 용신으로 하는 것에 대해 말하였다. 하목夏木에 금을 용신으로 하는 것은 극하려고 하는 것이 아니다. 왕성한 화에 금이 녹으니 많을지라도 무슨 이익이 되겠는가? 다만 하목은 수가 없어서는 안된다. 그런데 수는 사巳·오午·미未월에 절絶·태胎·양養의 자리에 있어 금이 낳아주지 않으면 근원이 없는 물이라 쉽게 말라버린다. 그러니 '부족해서도 안된다'고 한 것은 보조함을 취한 것이다. 책에서 "인수를 맞이하면 살을 살핀다"고 한 것은 바로 이런 의미이다.

重重見木, 徒以成林, 叠疊逢華, 終無結果.

거듭 중첩해서 목이 있으면 숲을 이룰 뿐이고, 겹겹이 포개져 꽃만 있으면 끝내 결실이 없다.

此言用比劫也, 夏木死木也, (巳午未爲木之病死墓宮) 火旺洩其氣, 不能成專旺之格. 卽使取木火傷官, 亦非水配合, 不能成格, 木雖多奚益哉.

여기에서는 비겁을 용신으로 하는 것에 대해 말하였다. 하목은 (사巳·오午·미未가 목의 병病·사死·묘墓궁이라) 사목死木이다. 왕성한 화가 그 기운을 누설하여 전왕專旺의 격을 이룰 수 없으니, 목화 상관을 취할지라도 수의 배합이 아니면 격을 이룰 수 없으니, 목이 많을지라도 무엇이 이롭겠는가?

秋月之木, 氣漸凄涼, 形漸凋敗.

추월秋月의 목은 기온이 점차로 차가워지니 형체도 점점 시들어 사라진다.

陽和之木, 至秋而衰歇. 凄涼凋敗, 秋木之性也. 氣候逐漸轉移, 分初秋, 仲秋季秋三个時期, 宜忌因時而異.

양화의 목은 가을에 쇠약해져 기온이 서늘해짐에 따라 시들어 사라지니 추목秋木의 특성이다. 기온이 점차로 변화하는 것에 따라 초추初秋·중추仲秋·계추季秋 세 시기로 나누니, 마땅함과 꺼림도 때에 따라 다르다.

初秋之時, 火氣未除, 尤喜水土以相滋.

초추初秋에는 아직 화기가 없어지지 않아 더욱 토와 수가 서로 적셔주기를 바란다.

初秋, 指立秋後處暑前言之, 木至申官, 其氣已絶, 申宮金水同行, 煞印相資, 爲絶處逢生, 但秋水性寒, 滋木不秀, 必得土栽培, 木之根基 方穩固. 故水土必相資爲用, 用水不能無土也.

초추는 입추 후 처서 전을 가리켜 말한다. 목이 신申궁에 가면 그 기운이 이미 끊어지는데, 신궁은 금과 수가 함께 흘러가 관살과 인성이 서로 도우니, 절처봉생絕處逢生이다. 다만 가을의 수는 성질이 차가워 목을 적셔주어도 좋지 않으니, 반드시 토의 재배栽培를 얻어야 목의 뿌리가 편안히 튼튼해진다. 그러므로 수와 토가 반드시 서로 돕는 것을 용신으로 하니, 수를 용신으로 함에 토가 없을 수 없다.

仲秋之令, 果己成實, 欲得剛金而修削.
중추仲秋의 사령에는 열매가 이미 맺었으니 굳센 금을 얻어 다듬고자 한다.

仲秋者, 處暑之後, 寒露節前也. 大氣循環, 理無絕滅. 木至秋雖 外象凋殘而木性內斂, 生氣下達, 殘枝敗叶, 喜得剪除. 書云, 死木得金而造, 庚辛必利, 正言仲秋之木, 生機已絕, 水滋不生, 火炎自焚, 惟得金, 則大用以彰. 所謂斧斤以時入山林是也.

중추는 처서 후 한로절의 앞이다. 큰 기운이 순환함에 이치가 끊어 없어짐은 없다. 목이 가을에 외형상으로는 시들어 없어지지만 목의 성질은 안으로 수렴되어 생기가 아래에서 자라니, 시드는 가지와 떨어지는 낙엽은 베어 없애는 것을 반긴다. 책에서 "사목은 금을 시작하니 경庚과 신辛이 반드시 이롭다. 중추의 목에 대해 바로 말하면, 이미 생명의 조짐[生幾]이 이미 끊어져 수가 힘을 보태도 자라지 못하고 화염이 저절로 타올라 오직 금을 얻으면 크게 사용되어 드러나니, 이른바 도끼가 때에 맞춰 산림에 들어간다는 것이 여기에 해당한다.

霜降後, 不宜水盛, 水盛則木漂. 寒露節, 又喜火炎, 火炎則木實.
서리가 내린 다음에는 수가 성대하지 않아야 하니, 수가 성대하면 목이 표류한다. 한로절에는 또 화가 타오르는 것을 반기니, 화가 타오르면 목이 알차진다.

寒露霜降言季秋也, 寒露節秋氣已深, 木不勝金氣之摧殘, 用金須 有火制之, 用水用土均須以火爲配合. 得火溫暖, 木之根氣無傷, 故火炎則木實. 霜降之後, 水旺進氣, 無根之木, 水盛則浮, 故以水多爲忌, 必土以培之, 火以溫之, 方得植根深固而成爲有用之木也.

한로와 상강은 계추季秋를 말한다. 한로절에는 이미 추기秋氣가 깊어져 목이 금의 꺾어 없애는 기운을 당해내지 못하니, 금을 용신으로 함에는 반드시 화로 제재함이 있어야 한다. 수를 용신으로 하고 토를 용신으로 함에는 모두 반드시 화로 배합해야 한다. 화의 따뜻함을 얻으면 목의 근기가 상하지 않기 때문에 화가 타오르면 목이 알차지는 것이다. 상강 후에는 수의 왕성하게 나가는 기운이다. 뿌리가 없는 목은 수가 성대하면 떠다니기 때문에 수가 많은 것을 꺼려 반드시 토로 북돋우고 화로 따뜻하게 하면, 뿌리를 박는 것이 깊고 튼튼하여 유용한 목이 된다.

木多有多材之美, 土厚無自任之能.
목이 많으면 다양한 자질의 아름다움이 있고, 토가 두터우면 스스로 책임지는 능력이 없다.

三秋金神秉令, 四柱見比劫多, 更有食傷, 名身旺煞高有制, 必爲上格. 秋木氣絶, 喜比劫爲助, 非取爲用也. 土財也, 培木之根, 取土爲水火之輔佐則可. 若土厚, 則衰絶之木, 無疏土之力. 財旺不剋負荷, 名財多身弱, 故云無自任之能也.

삼추三秋에는 금신金神이 권력을 장악하니, 사주에 비겁이 많고 다시 식상이 있으면, 자신이 왕성하고 관살이 높음에 제재함이 있다고 명명하니, 반드시 상급의 격이 된다. 추목秋木은 기가 끊어져 비겁이 돕는 것을 반기지만 취하여 용신으로 하지는 않는다. 토는 재로 목의 뿌리를 북돋우니, 토를 취하여 수와 화의 보좌로 하면 된다. 만약 토가 두터우면 쇠락하여 기운이 끊긴 목은 토를 소통할 힘이 없다. 왕성한 재를 짊어질 수 없어 재다신약財多身弱이라고 명명하니, '스스로 책임지는 능력이 없다'고 했던 것이다.

冬月之木盤屈在地.

동월冬月의 목은 땅에 서려 얼크러져 있다.

木長生于亥. 生者氣萌動也. 小陽春時節, 氣候和煦, 卽是木生之象, 轉瞬嚴寒, 生機受阻, 不比火生于寅, 日增月盛, 故三冬之木, 生氣盤屈 在地未能上騰, 此冬木之性也.

목은 해에서 장생한다. 생한다는 것은 기운의 싹이 움직이는 것이다. 소양小陽은 춘시절에 따뜻한 것이니, 곧 목이 생하는 상이다. 눈을 깜빡일 정도로 혹독한 추위에는 생명의 조짐이 막히니, 화가 인寅에서 생해 날로 나아가고 달로 성대해지는 것에 비교할 수 없다. 그러므로 삼동三冬의 목은 생명의 기운이 땅에 서려 얼크러져 있어 위로 올라갈 수 없다. 이것이 동목冬木의 특성이다.

欲土多以培養, 惡水盛而忘形, 金總多不能剋伐, 火重見溫暖有功.

토가 많은 것으로 배양하고자 하고, 수가 성대해 형태를 잊는 것을 싫어한다. 금은 총체적으로 대부분 극하여 칠 수 없고, 화는 거듭 있어 따뜻한 것에 공이 있다.

冬月之木, 其最需要而不可缺者爲火, 寒木向陽無火溫暖, 木不敷榮, 雖重見, 不厭其多也. 火能溫木, 土亦能溫木, 三冬水盛無土, 則枝萎根損,窒礙生機, 宜土以培養之. 但宜戌未火土, 不宜辰丑濕土. 水能生木, 而冬水則凍木反生爲剋, 故水盛則忘形. 金之氣洩于水, 不能剋木, 木氣 在地, 亦不受剋, 故金雖多無所用之.

　동월冬月의 목에 아주 필요해서 없을 수 없는 것은 화이다. 한목寒木이 태양을 향하고 있으나 화의 따뜻함이 없어 목이 꽃을 피울 수 없다. 거듭해서 있을지라도 그것이 많은 것을 싫어하지 않는 것은 화가 목을 따뜻하게 할 수 있고 토도 목을 따뜻하게 할 수 있기 때문이다. 삼동에 수가 성대한데 토가 없으면 가지가 시들고 뿌리에 힘이 빠져 생명의 조짐을 막으니, 토가 배양해야 함에 술戌과 미未의 화토火土여야 되고 진辰과 축丑의 습토濕土여서는 안된다. 수가 목을 생할 수 있으나 동수冬水는 생하는 것을 반대로 극하기 때문에 수가 성대해 형태를 잊는 것을 싫어한다. 금의 기운은 수로 누설되어 목을 극할 수 없고, 목의 기운은 땅에 있어 또한 극을 받지 않기 때문에 금이 많을지라도 쓸 곳이 없다.

歸根復命之時, 木病安能輔助, 須忌死絶之地, 只宜生旺之方.

　뿌리로 돌아가 명을 회복하는 때에는 목의 병을 어떻게 도와줄 수 있겠는가? 반드시 사死·절絶의 곳을 꺼려 생生·왕旺의 방향만이 마땅할 뿐이다.

重言申述, 冬木惟火可用, 水盛以土爲佐, 金水均無可用也. 五行以 中和 爲貴, 木多與少皆爲病, 多者宜金裁抑, 少者宜水生助. 無如三冬時 節木 氣歸根, 金不能剋, 水反凍木, 不能生木, 木雖有病, 安能輔助. 年日時支 臨東南木火生旺之地則吉, (寅卯辰巳午未) 臨西北死絶之地則忌. (申酉戌 亥子丑) 大運同論.

거듭해서 말하고 진술하건대 동목冬木은 오직 화를 용신으로 할 수 있을 뿐이다. 수가 성대해 토로 보좌하니 금과 수는 모두 용신으로 할 수 없다. 오행은 중화를 귀하게 여기니, 목은 많음과 적음이 모두 병이다. 많은 것은 금으로 억제해야 하고, 적은 것은 수로 생조해야 한다. 그런데 삼동의 시절에는 목기가 뿌리로 돌아가 금이 극할 수 없고, 수는 도리어 목을 얼게 하여 목을 생할 수 없으니, 목에 병이 있을지라도 어떻게 도와줄 수 있겠는가? 연·일·시의 지지가 목화가 생조하는 (인·묘·진·사·오·미의) 동남쪽으로 향하고 있다면 길하고, 사死·절絶하는 (신·유·술·해·자·축의) 서북쪽으로 향하고 있다면 꺼린다. 대운도 동일하게 논한다.

갑목과 을목에 대한 성질의 구별[甲乙木性質之分別]

甲木參天, 脫胎要火, 春不容金, 秋不容土, 火熾乘龍, 水蕩騎虎, 地潤 天和, 植立千古.

갑목甲木은 공중으로 치솟아 태胎를 벗어나면 화가 필요하다. 봄에는 금을 용납하지 않고, 가을에는 토를 용납하지 않으며, 화의 타 오름은 용을 타고 수의 떨어짐은 호랑이를 탄다. 땅이 젖어 있고 하늘이 조화로운 것은 천고에 우뚝 서 있다.

甲木, 陽和之氣, 進氣之木也. 萬卉萌生, 欣欣向榮, 有參天之象. 脫胎者, 脫離胎位, 初生之後也. 木生于亥, 历子丑而至寅, 木氣甫萌, 氣候寒冷, 不能無火溫暖, 故云脫胎要火. 初春木嫩, 不宜金剋, 仲春木老, 金不能剋, 故不容金也. 仲春煞刃格, 木堅金缺, 須才生煞, 非支 會金局, 不用丁火制金, 因金氣休囚故也. 用印化煞非上格.

갑목은 화창한 봄의 기운으로 나아가는 기운의 나무이다. 모든 풀들이 싹이 돋아 무럭무럭 무성하니 공중으로 치솟는 상이 있다. 태胎를 벗어난다는 것은 태의 자리를 벗어나는 것이니 처음 나온 다음이다. 목은 해亥에서 장생하여 자子와 축丑을 지나 인寅에 오면 목의 기운은 크게 싹 터는데 기후는 차가워 화의 따뜻함이 없을 수 없기 때문에 "태胎를 벗어나면 화가 필요하다"고 했다. 초춘에는 목이 어려 금의 극은 안되고, 중춘에는 목이 늙어 금이 극할 수 없기 때문에 금을 용납하지 않는 것이다. 중춘의 살인煞刃격에서는 목이 견고하고 금이 허결하여 반드시 재가 살을 낳아야 하고, 지지가 금국으로 모여 있지 않아 정화를 금을 제압하지 않으니, 금의 기운이 휴休와 수囚이기 때문이다. 인수로 칠살을 조화롭게 하는 것은 상격이 아니다.

生于三秋, 木氣休囚, 金神秉令, 金旺土虛, 不能培木, 反而生金剋木, 故秋不容土也. 龍辰也, 生于三夏, 支聚巳午未或寅午戌, 火旺木焚, 宜坐辰. 辰爲濕土, 能培木而洩火也. 虎, 寅也, 生于三冬, 支聚亥子丑, 或申子辰, 水泛木浮, 宜坐寅. 寅宮爲木臨官之地, 並藏火土, 能納水之 氣並可暖木也. 地潤天和, 指干支言, 火燥坐辰, 水蕩坐寅, 水火既濟, 則天和地潤矣. 干見丙丁, 支藏壬癸, 同爲天和地潤. 植立無傷, 仁壽 之象也.

삼추에 태어나면 목의 기운이 휴휴와 수囚이고 금의 신이 권력을 잡아 금은 왕성하고 토는 허결하니 목을 북돋을 수 없고 도리어 금을 생해 목을 극하기 때문에 가을에는 토를 용납하지 않는 것이다. 용龍은 진辰으로 삼하에 태어나고 지지에 사巳·오午·미未나 인寅·오午·술戌이 모여 있다면 화가 왕성하여 목이 타니 진辰에 앉아 있어야 한다. 진辰은 습토濕土여서 목을 북돋워 화를 누설할 수 있다. 호랑이는 인寅으로 삼동에 태어나고 지지에 해亥·자子·축丑이나 신申·자子·진辰이 모여 있다면 수가 범람하여 목이 떠다니니 인寅에 앉아 있어야 한다. 인寅의 자리는 목의 임관하는 곳으로 화와 토를 함께 간직하여 수의 기운을 받아들일 수 있으면서 아울러 목을 따뜻하게 할 수 있다. 땅의 촉촉함 하늘의 화창함을 간지로 가리켜 말하면, 화의 조열함이 진辰에 앉아 있고 수의 흘러내림이 인寅에 앉아 있어 수와 화가 기제既濟이니 하늘의 화창함과 땅의 촉촉함이다. 천간에 병과 정이 있고 지장간에 임과 계가 있다면 동일하게 하늘의 화창함과 땅의 촉촉함이다. 꿋꿋하게 서 있음에 해침이 없는 것이 인수仁壽의 상이다.

 乙木雖柔, 刲羊解牛, 懷丁抱丙, 跨鳳乘猴. 虛濕之地, 騎馬亦憂, 藤蘿 系甲, 可春可秋.

을목乙木은 부드러울지라도 양을 가르고 소를 뚫고 나오니, 정丁과 병丙을 품고 있으면 봉과 원숭이를 탄다. 허결하고 축축한 곳이라면 말을 타고 있어도 근심스럽다. 등라계갑이면 봄도 괜찮고 가을도 괜찮다.

 乙木淸和之氣退氣之木也. 日麗風暖, 融融洩洩, 其性至爲柔和. 然論其柔, 則對己未己丑之土, 亦能剋之. 羊, 未也, 牛, 丑也, 未爲木庫, 丑爲濕土, 皆能培木之根. 乙木根, 固則剋己土, 亦有余也. 乙木本性退氣, 生于秋令, 生氣下斂, 外象凋殘, 卽剋制稍過亦無所害. 陽干怕衰, 陰干不怕衰, 卽由于本性進氣退氣故也.

 을목은 화창한 기운이 물러나는 기운의 목으로 해가 찬란하고 바람이 따스함에 화락하고 쾌적하여 그 특성이 지극히 부드럽고 조화롭다. 그런데 그 부드러움으로 말하면, 기미己未와 기축己丑의 토라도 극할 수 있다. 양이 미未이고 소가 축丑이다. 미는 목의 창고[庫]이고 축은 습토이니, 모두 목의 뿌리를 북돋을 수 있다. 을목이 뿌리가 견고하면 기토를 극하고도 남는다. 을목의 본성은 물러나는 기운이라 가을에 태어나면 생기生氣가 아래로 수렴되어 겉모습은 쇠락하니, 곧 극하고 제재하는 것이 점점 지나칠지라도 해로움이 없다. 양간이 두려움으로 쇠퇴하나 음간이 그렇지 않은 것은 곧 본성이 나아가는 기운이고 물러나는 기운이기 때문이다.

  鳳酉也, 猴申也, 只要有丙 丁, 即生于申酉月, 金神秉令之時, 亦無所懼也. 虛濕之地, 亥子丑也, 馬午也. 若生于三冬, 即支有午亦不足以助其發榮. 非見寅巳不可. 惟有天干見甲, 或地支見寅, 名藤蘿系甲, 如蔦蘿之倚松柏, 有堅木可恃, 不以柔弱爲憂. 蓋甲乙同爲一木, 甲爲生旺之氣, 乙爲衰竭之氣. 乙見甲, 則氣隨之生旺, 變其本性, 可春可秋, 言四時可行也.

  봉은 유酉이고 원숭이는 신申이다. 병丙과 정丁이 있으면 곧 신申·유酉월에 태어나 금신金神이 권력을 쥐고 있을 때라도 두려울 것이 없다. 허결하며 축축한 곳은 해亥·자子·축丑이고 말은 오午이다. 만약 삼동에 태어났다면 지지에 오午가 있을지라도 활짝 피어나는 데 별로 도움이 되지 않는다. 인寅과 사巳를 보지 않으면 안된다. 오직 천간에서 갑甲을 보거나 지지에서 인寅을 봐야 등라계갑藤蘿繫甲이라고 명명하니, 넝쿨풀이 송백에 의지하여 견고한 목에 의지할 수 있다면 유약한 것을 근정할 필요가 없다. 갑과 을은 동일한 목이나 갑은 왕성한 기운이고 을은 쇠락하는 기운이다. 을이 갑을 보면 기운이 그것을 따라 왕성하게 되어 그 본성이 변하니, '봄도 괜찮고 가을도 괜찮다'는 것은 사계에 행할 수 있다는 말이다.

갑의 여섯 가지 조화[六甲造化]

摘錄星平大成, 以天干所臨支位, 隨十二宮旺衰, 譬喻之詞, 頗爲精當.

『성평대성星平大成』에서 베낀 것으로 천간이 거치는 지지의 자리를 12궁의 왕성함과 쇠약함에 따라 마땅함과 꺼림을 논했는데, 비유하는 말이 매우 정교하고 합당하다.

甲子爲水邊衰敗之木. 先看支柱土培, 更有未庫根基, 方看天干. 或金或土或水火, 以定品格. 若遇馬冲鬼陵, 必是運乖時蹇.

갑자甲子는 물가의 기력이 약한 나무로 먼저 지지에서 토의 배양함을 보면 미고未庫의 근기가 있으니, 천간에서 금이나 토나 수화를 보고 품격을 정한다. 말馬의 충과 귀신의 무덤을 만나면 반드시 운이 어그러지고 때가 잘못된다.

甲寅爲碩果品彙之木, 先要有人看守, 庶免睥睨剽竊, 而享祿壽果報. 看守者, 庚金也, 亦忌刑冲.

갑인甲寅은 큰 과일이 열리는 나무로 먼저 사람들이 지키고 있어야 곁눈질하며 훔쳐가는 것을 면해 복록으로 오래도록 과실이 열리는 것을 누린다. 지키고 있는 것은 경금庚金이니, 또한 형刑과 충冲

을 꺼린다.

甲辰爲鬱淫水松之木, 最喜丙火庚金, 發揚特達, 自然傳名玉殿. 若水土重疊, 非貧卽夭.

갑진甲辰은 충분히 물기가 있는 소나무로 병화丙火와 경금庚金을 반기니, 특별히 드러나고 매우 걸출하여 자연스럽게 궁궐까지 이름을 전한다. 수와 토가 거듭 중첩되었다면 가난하지 않으면 요절한다.

甲午爲工師運斤之木, 必要利器在手, 方成棟梁. 如柱中有辰有亥, 發福更大.

갑오甲午는 목공이 도끼를 휘두르는 나무로 반드시 날카로운 연장이 손에 있어야 동량이 된다. 사주에 진辰과 해亥가 있다면 거듭 크게 복을 받는다.

甲申爲斫斷入水之木, 有水潤精液, 使與金石同堅, 所謂枯木宜活水長濡也. 若一寒一暴, 枯折立至.

갑신甲申은 벌목당해 물에 잠겨 있는 나무로 물이 촉촉하고 정이 스며들어 쇠나 돌과 한 가지로 견고하게 한 것이니, 이른바 마른 나무에 당연히 생명수가 길이 적셔주는 것이다. 한 번이라도 춥고 한 번이라도 더우면 메마르고 끊어짐이 바로 이른다.

甲戌爲土窖松杉之象, 土存則存, 土散則散, 要厚土培成. 忌冲刑. 然後看官煞以去枝蔓. 雨露以潤根本. 喜得時, 忌違和. 五行冲戰, 俱不美.

갑술甲戌은 토굴 속에 있는 소나무와 삼나무의 상으로 흙이 있으면 있고 흙이 흩어지면 흩어지니, 많은 흙이 북돋워 이뤄줄 필요가 있고 형과 충을 꺼린다. 그런 다음에 관살을 봐서 가지가 뻗어나가는 것을 잘라내고 비와 이슬로 뿌리를 적셔주는 것을 보면 때를 얻는 것을 반기고 조화를 어기는 것을 꺼린다. 오행이 충하여 싸우는 것은 모두 아름답지 않다.

을의 여섯 가지 조화[六乙造化]

乙乃名園佳卉稻黍稷麥之類, 要冬曬秋灌. 春培夏蔭. 最怕甲木侸處, 尤忌庚金掣肘, 足爲害也.

을은 유명한 동산의 아름다운 초목과 벼와 기장 보리와 같은 것으로 겨울에는 햇빛이 가을에는 물이 봄에는 북돋음이 여름에는 그늘이 필요하다. 갑목이 가까이 있는 것을 아주 두려워하고 경금이 끌어당겨 잡는 것을 더욱 꺼리니, 지나치게 해롭기 때문이다.

乙丑爲沾泥初生之木, 最喜雨暘時若, 火土溫和. 倘旱澇交侵, 刑剋疊見, 則傾折摧殘.

을축乙丑은 진흙탕에 처음 나오는 나무로 때에 맞게 비가 오고 맑아 화와 토가 온화한 것을 가장 반긴다. 혹 가뭄과 장마가 교대로 침범하고 형과 극을 겹쳐 당하면 뒤집혀 꺾이고 부러져 훼손된다.

乙卯爲稷黍秀實之木, 食祿有餘, 珍重可愛, 喜財官印綬相護, 及食傷吐氣. 忌酉沖子刑, 甲劫辰害.

을묘乙卯는 기장이 알차게 열매 맺는 초목으로 식록이 충분하고 진귀함이 중대하니, 재·관·인수가 서로 호보하고 식상이 기운을 내뱉는 것을 반기고 유酉가 충沖하고 자子가 형刑하며 갑甲이 겁탈하고 진辰이 해치는 것을 꺼린다.

乙巳爲倒揷花瓶之木, 要泥漿深埋, 庚辰重襯, 庶幾安穩易生. 若遇一陽初復更妙, 一冲則死, 有搖卽枯, 得庚相溱則發.

을사乙巳는 화병에 꽂혀 있는 나무로 흙탕물에 깊이 넣어놓을 필요가 있으니, 경진이 거듭 가까이 있으면 편안히 쉽게 살 수 있다. 하나의 양이 처음 회복되는 때에는 더욱 묘하니, 한 번이라도 충을 당하면 죽고, 흔들리면 바로 말라버리며, 경을 얻어 서로 모이면 피어난다.

乙未爲藤蘿施架之木, 最喜寅亥甲木, 高架相支, 始得挺承雨露, 沾君恩, 叨帝眷, 富貴不凡. 不然則淪委塵土矣.

을미乙未는 넝쿨이 줄기로 타고 오르는 나무로 인寅·해亥·갑목甲木의 높은 줄기가 서로 버텨줌으로 비로소 뻗어나가 비와 이슬을 얻는 것을 가장 반기니, 임금의 은혜와 보호를 얻어 부귀가 범상하지 않다. 그렇지 않으면 수몰되어 버려진 흙부스러기이다.

乙酉爲盆花奇馥之木, 淸新馨秀, 可供宸玩. 若天干有財官印綬, 地支無刑沖破敗, 則鑒賞多而廷獻易. 最怕午破酉, 亥刑酉, 精華卽散.

을유乙酉는 화분 속에서 특이하게 향기로운 나무로 맑고 깨끗하게 향기가 나고 꽃이 피어 집치장에 좋다. 천간에 재·관·인수가 있고 지지에 형刑·충冲·파破·패敗가 없으면, 표본으로 상 받는 것이 많고 조정으로 나아가는 것이 쉽다. 오午가 유酉를 파破하고 해亥가 유酉를 형刑해 정수함이 흩어지는 것을 가장 꺼린다.

乙亥爲木上寄生之木, 從死處再生, 乃有依俯. 値此者, 俱是移枝接木, 或甲萎巳冲, 晩生庶出, 分離刻剝, 最要劫星安穩, 則意外奇逢.

을해乙亥는 나무에 기생하는 나무로 썩은 나무에서 다시 나와야 의지하여 숨을 곳이 있다. 이런 경우에는 모두 가지를 옮겨 다니며 나무에 붙어 있는데, 혹 갑甲이 말라 있고 사巳가 충한 것은 늦게 첩에게서 태어나 분리되고 벗겨졌으니, 겁재의 편안함이 아주 필요하다면 의외로 기이하게 만난다.

(2) 사계에서 화의 마땅함과 꺼림[四時之火宜忌]

春月之火, 母旺子相, 勢力並行.

춘월春月의 화는 어미가 제왕이고 자식이 재상이니 세력이 병행한다.

火者, 三夏氣候之代名詞, 暑熱之氣也. 火生于寅, 寅宮甲木當旺, 丙火長生. 故云, 母旺子相. 相者, 序次將至, 如輔相也. 丙火雖是方生之氣, 與當旺之木, 勢力並行. 陽回大地, 侮雪欺霜, 其象至爲威烈, 此春火之性也.

화는 여름 세 달을 대표하는 명사로 무더운 기운이다. 화는 인寅에서 장생하는데, 인궁은 갑목이 제왕하여 병화가 장생하기 때문에 "어미가 왕이고 자식이 재상이다"라고 하였다. 재상은 차례가 곧 이르니 보좌하여 돕는 것이다. 병화는 막 장생하는 기운이라 제왕에 해당하는 목과 세력이 병행할지라도 태양이 대지로 되돌아와 눈보라와 서리를 깔보고 우습게 여기니, 그 모양이 지극히 맹렬하다. 이것이 봄날에 화의 특성이다.

天地之氣, 水火而已. (卽寒暑, 詳論陰陽五行篇.) 故火之生寅, 水之生申與木生亥金生巳有不同. 木爲火之前驅, 金爲水之前驅, 正月木旺火生, 其勢力同時而至, 乃自然之氣象也.

천지의 기운은 수와 화일뿐이기 (곧 한서이니, 음양·오행편에서 자세히 논했음) 때문에 화가 인寅에서 장생하고 수가 신申에서 장생하는 것은 목이 해亥에서 장생하고 금이 사巳에서 장생하는 것과 다르다. 목은 화에 앞서 달려가는 것이고, 금은 수에 앞서 달려가는 것이니, 정월에 목이 제왕하고 화가 장생하며 그 세력이 같은 때에 오는 것이야말로 자연스러운 기상이다.

喜木生扶, 不宜過旺, 旺則火炎, 欲水旣濟, 不宜過盛, 盛則辜恩.
목이 장생하여 돕는 것을 반기지만 지나치게 왕성한 것을 마땅하게 여기지 않으니, 왕성하면 불길이 치솟아 오른다. 수로 조절[旣濟]하고자 하지만 지나치게 성대한 것을 마땅하게 여기지 않으니, 성대하면 은혜를 저버린다.

初春余寒未除, 木藉火生, 火藉木生. 正月陽和之氣, 卽木火會合之象也, 故喜木生扶. 二三兩月, 陽氣增盛, 木少火明, 木多火塞, 故不宜 過旺. 旺則火太炎燥, 非所宜也. 陽氣燥渴, 宜水調濟. 三春木旺之際, 自能洩水生火, 名天和地潤旣濟功成. 若水太盛, 木不能洩, 非得土以制之不可, 失調濟之意, 辜負春日陽和之恩矣, 故春火用食傷制煞非上格.
초춘初春에는 남아 있는 한기가 아직 다 없어지지 않아 목은 화의 장생에 의지하고 화는 목의 장생에 의지하니, 정월은 화창한 기후로 곧 목과 화가 모이는 상이기 때문에 목이 장생하여 돕는 것을 반긴다. 2월과 3월 두 달에는 양기가 점점 성대해진다. 목이 작아지면 화가 밝아지나 목이 많아지면 화가 충만해지기 때문에 지나치게 왕성한 것은 마땅하게 여기지 않는다. 왕성하면 화가 너무 타올라 조열해지니 마땅하지 않다. 양기가 조열하여 성급해지면 수로 조절해야 한다. 삼춘三春은 목이 왕성한 때라 저절로 수를 누설하여 화를 생할 수 있으니 하늘이 화창하고 땅이 촉촉한 기제旣濟의 공이 이루어진다. 그런데 수가 너무 성대하면 목이 그것을 누설할 수 없으니 토로 그것을 제압하지 않아서는 안된다. 조절의 잃었다는 의미로 봄날의 따스한 은혜를 저버리기 때문에 봄날의 화가 식상으로 관살을 제압하는 것은 상격이 아니다.

土盛則蹇塞晦光, 火盛則傷多燥烈.
토가 성대하면 절름발이가 되어 막혀 빛을 가린다. 화가 성대하면 상관이 많아 조열해진다.

此言用食傷也. 土得水潤, 則生萬物, 土見火燥, 則亢旱焦坼, 故火土傷官, 獨難言秀氣, 土盛火少, 則晦火之光, 火盛土多, 則過于燥烈, 生機盡滅. (土傷官也, 傷多, 卽土多.) 故丙火不畏壬水, 獨畏戊土也. 火炎土燥之局, 用印用才, 皆不可無水爲佐. 用木制傷, 無水則木焚, 用金(財)洩傷, 無水則金镕卽使火旺成, 方局亦只宜一二點濕土不宜過 多, 方爲有益也.

여기에서는 식상을 쓰는 것에 대해 말하였다. 토가 수의 촉촉함을 얻으면 만물을 낳는다. 그런데 토가 화의 조열함을 보면 너무 말라 갈라지기 때문에 화토의 상관에서만은 뛰어난 기운이라고 말하기 어렵다. 토가 성대하고 화가 적으면 화의 빛을 가리고, 화가 성대하고 토가 많으면 지나치게 조열하여 활력이 모두 사라진다. (토가 상관이니, 상관이 많은 것이 바로 토가 많은 것임) 그러므로 병화는 임수를 두려워하지 않고 무토만을 두려워한다. 화가 타올라 토가 조열한 형국에서 인성을 용신으로 하고 재성을 용신으로 함에 모두 수의 보좌가 없어서는 안된다. 목을 용신으로 상관을 제압함에 수가 없으면 목이 불타버리고, (재성) 금을 용신으로 상관을 누설함에 수가 없으면 금이 녹아 버리니, 화가 왕성하게 방국을 이루었을지라도 지나치게 많아서는 안되는 오직 약간의 축축한 토여야 유익하다.

見金可以施功, 縱重見用才尤遂.
금을 보면 일을 시행할 수 있으니, 어지럽게 재성을 용신으로 하는 것을 거듭 보면 더욱 따른다.

此言用財也. 三春之金, 在絶胎養位, 氣勢微弱, 而火正値向旺之時, 剋金之力, 遊刃有余. 金雖多不能困火, 故重見用才尤遂, 財爲我用, 必爲大富之格也.

여기에서는 재성을 용신으로 하는 것에 대해 말하였다. 삼춘三春의 금은 절絕·태胎·양養의 위치에 있어 기세가 미약하고 화는 바로 왕성하게 되는 때를 만나 금을 극하는 힘으로 칼을 마음대로 휘두르기에 충분하니, 금이 많을지라도 화를 곤궁하게 할 수 없다. 그러므로 재성을 용신으로 하는 것을 거듭 보면 더욱 따르니, 재성이 자신의 용신이 되어 반드시 크게 부자가 되는 격이다.

夏月之火, 秉令乘權.
하월夏月의 화는 명령을 집행하며 권력을 마음대로 휘두른다.

三夏爲火主旺之地, 秉時令之氣, 正當權之時, 此夏火之體性也.
삼하三夏는 화가 왕성함을 주관하는 곳으로 절기를 장악한 기운이 바로 권력에 해당하는 때이니, 이것이 하화夏火 몸체의 특성이다.

逢水制, 則免自焚之咎, 見木助, 必招夭摺之患.
수의 제압을 만나면 스스로 불타게 되는 허물을 벗어나고, 목이 돕게 되면 반드시 요절하는 우환이 있다.

此言夏火喜煞忌印也, 夏火炎威燥烈, 流金礫石之時, 如無水調濟, 必遭自焚之殃, 此夏令所以喜時雨也. 炎炎之勢, 不可向邇. 再助之以木, 人命秉此, 是爲太過, 難以爲繼, 必有扛摺之咎.

여기에서는 하화夏火는 관살을 반기고 인성을 거리는 것에 대해 말하였다. 하화는 불타는 위세가 매우 뜨거워 쇠나 돌이 녹아 흐를 시기로 수로 조절함이 없다면 반드시 스스로 불타는 우환이 있으니, 이런 여름에는 때맞춰 내리는 비를 반긴다. 불타오르는 기세에 목이 가까이서 거듭 도와서는 안된다. 이런 명조의 사람은 너무 지나쳐 목숨을 잇기 어려우니 반드시 잘못되는 우환이 있다.

遇金, 必作良工, 得土, 遂成稼穡, 金土雖爲美利, 無水, 則金燥土焦, 再加木助, 太過傾危.

금을 만나면 반드시 훌륭한 기술자가 되고, 토를 얻으면 농사로 성공한다. 금과 토가 아름답고 이롭지만 수가 없으면 금과 토가 메말라 타버리는데 다시 목이 도우면 너무 지나쳐 위태롭게 된다.

此言用財用食傷也. 金, 財也. 三夏之金, 氣極微弱, 値當旺之火, 如金人洪爐, 冶鎔成器, 故火長夏天金疊疊, 必爲巨富之格. 土, 食傷也. 得土洩火之氣格成稼穡, 土至四季, 名稼穡格. 見下體用之變篇. 夏火 見土, 爲火土傷官, 特與稼穡相似耳. 但不論用財用食傷, 皆不可無水爲配合.

여기에서는 재성을 용신으로 하고 식상을 용신으로 하는 것에 대해 말하였다. 금은 재성이다. 삼하三夏의 금은 기운이 극도로 미약한데 왕성한 화를 만나면 금이 용광로에 넣고 녹여 그릇을 만드는 것과 같기 때문에 화는 긴 여름에 금이 중첩하면 반드시 거부가 되는 격이다. 토로 화의 기운을 누설하면 가색격稼穡格이 된다. 토가 네 계절의 마지막 달이 되면 가색격이라고 이름붙이니, 아래의 몸체와 용신의 변화편을 참고하라. 하화夏火가 토를 보면 화토상관이 되는데 가색과 서로 비슷할 뿐임. 그런데 다만 재성을 용신으로 하고 식상을 용신으로 한다고 논하지 않는 것은 모두 수 없이 배합해서는 안되기 때문이다.

土潤溽暑, 大雨時行, 則禾稼暢茂, 若無水, 火旺土焦, 萬物枯萎, 失稼穡之意矣. 火見金, 更宜濕土爲范, 洩火潤金, 乃成良器. 巳午未月, 皆有十之用, 得水自能潤土生金, 否則火旺金鎔, 同成灰燼, 再加木助, 傾危必矣. 故夏月之火, 不論用財, 用食傷, 皆不能無水也.

토가 촉촉하고 습한 더위에 큰 비가 때맞춰 내리면 벼 이삭이 잘 있는데, 수가 없다면 화가 뜨겁고 토가 메마름으로 만물이 말라버리니, 가색의 의미를 잃어버린다. 화가 금을 보았는데 다시 당연히 축축한 토가 모범이 된다면 그야말로 좋은 그릇이 된다. 사巳·오午·미未월에는 모두 토의 쓰임이 있으나 수를 얻어 저절로 적실 수 있어야 토가 금을 생함. 그렇지 않으면 화가 뜨거워 금이 녹아버림으로 똑같이 불타버린 재가 되는데, 다시 목이 돕게 된다면 반드시 위태롭게 된다. 그러므로 하월夏月의 화는 재성을 용신으로 하고 식상을 용신으로 함에 모두 수가 없을 수 없다.

秋月之火, 性息體休.

추월秋月의 화는 본성과 몸체가 휴식을 한다.

火至三秋, 當旺之期已過, 乘時休息. 譬如日近黃昏, 余暉在, 氣勢衰退, 無復炎烈之威, 此秋火之性也.

화는 삼추三秋에 왕성한 기간이 이미 지나 때에 따라 휴식하니, 비유하자면 해가 황혼에 가까워 여전히 남아 있는 빛처럼 기세가 쇠약해져 다시 화의 맹렬한 위세가 없다. 이것이 추화秋火의 특성이다.

得木生, 則有復明之慶, 遇水剋, 難免扺滅之灾.

목의 생조를 얻으면 다시 밝아지는 경사가 있고 수의 극함을 만나면 죽게 되는 재앙을 면하기 어렵다.

此言秋火喜印忌官煞也. 火氣已衰, 光輝不久, 得木生之則有復明之象, 將衰之火, 見水剋之, 難免扺滅之憂. 繼善篇云, 丙臨申位逢陽水, 難獲延年, 正指秋火而言. 然有木爲救, 則可化剋爲生, 故秋火用官用煞, 皆不可無印也.

여기에서는 추화秋火가 인수를 반기고 관살을 꺼리는 것에 대해 말하였다. 화기가 이미 쇠약해져 빛이 오래가지 못하니, 목의 생조를 얻으면 다시 밝아지는 상이 있다. 쇠약해지는 화가 수의 극함을 당하면 죽게 되는 재앙을 면하기 어렵다. 「계선편繼善篇」에서 "병丙이 신申의 자리에서 양수陽水를 만나면 수명을 연장하기 어렵다"고 했으니, 바로 추화를 가리켜 말한 것이다. 그러나 목의 구원이 있으면 극함을 생함으로 변화시킬 수 있기 때문에 추화는 관성을 용신으로 하고 칠살을 용신으로 함에 모두 인수가 없어서는 안되는 것이다.

土重而掩息其光, 金多而損傷其勢, 火見火以光輝, 縱疊見而必利.

토가 중첩되어 그 빛을 가려 없애고 금이 많아 그 기세를 손상시키면, 화가 화를 봄으로써 빛나고 중첩된 것을 따라 반드시 이롭게 된다.

此言秋火用食傷用財, 不能無比劫也. 秋火氣勢衰退, 見土重則晦其光, 金旺秉令, 非衰火所能剋. 故見金多, 則損傷其勢. 土, 食傷也, 金, 財也. 見土重金多, 惟有得此劫增助其力, 方能用食傷用財, 故縱疊見而 必利也.

여기에서는 추화가 식상을 용신으로 하고 재성을 용신으로 함에 비겁이 없을 수 없음을 말하였다. 추화는 기세가 쇠약해서 중첩된 토를 보면 그 빛을 가린다. 금이 왕성하여 권력을 휘두르면 쇠약한 화가 극할 수 있는 것이 아니기 때문에 금이 많으면 그 기세가 손상된다. 토는 식상이고 금은 재성이다. 토가 중첩되고 금이 많으면 오직 비겁으로 그 힘을 키워야 식상을 용신으로 할 수 있고 재성을 용신으로 할 수 있기 때문에 중첩된 것을 따라 반드시 이롭게 되는 것이다.

冬月之火, 體絕形亡.
동월冬月의 화는 형체가 끊어 없어진다.

火至亥宮絕地, 子丑兩宮, 乃醞釀之時, 氣勢絕續之交, 不僅衰絕, 形體亦亡. 此冬火之性也.
　화가 해궁亥宮 절지絕地와 자子와 축丑 두 궁宮에 이르면 은밀하게 자라는 때이다. 기세가 끊어짐과 이어짐의 교차로 쇠약하여 끊어졌을 뿐만 아니라 형체도 없어진다. 이것이 동화冬火의 특성이다.

喜木生而有救, 遇水剋以爲殃.
　목이 생조하여 구원하는 것을 반기고, 수의 극함을 만나면 재앙이 된다.

冬火見木, 絕處逢生, 故云有救. 水正當旺, 以旺水剋衰火, 無木爲救, 必受其殃, 故冬火不能離印也.

동화冬火가 목을 보면 '절처에서 생조함을 만남[絕處逢生]'이기 때문에 '구원하는 것'이라고 하였다. 수가 왕성한 때에 왕성한 수로 쇠약한 화를 극함에 목의 구원이 없으면 반드시 재앙을 당하기 때문에 동화는 인수를 떠날 수 없다.

欲土制爲榮, 愛火比爲利, 見庚辛爲難任財, 反遭其害. 過冬至一陽來復, 理氣循環.

토의 제압으로 영화롭기를 원하고 화의 비겁으로 이롭기를 좋아한다. 경庚과 신辛을 보면 감당하기 어려운 재성이라 도리어 피해를 당한다. 겨울을 지나 하나의 양陽이 오면 이理와 기氣가 순환한다.

此言冬火用印, 更須食傷比劫配合也. 三冬水值旺令, 見火必剋, 用木生火. 更宜有土制水, 單見寒土, 力猶不足, 更宜丙丁比助, 火土相資, 方能溫木以衛火也. 冬金雖衰, 決非衰絶之火所能剋金, 財也. 身弱反受其困. 況官煞正值旺時, 更得金生助以逼衰火, 未有不反遭其害者也. 雖然大氣循環首分寒暑, 水火卽寒暑也. 冬至火屆絕滅之際, 一陽來復, 地氣上升, 迨氣進二陽(十二月)又侮雪欺霜. 故十二月丙火而見此助, 反作旺論也.

여기에서는 동화가 인성을 용신으로 하고 다시 식상과 비겁을 배합함에 대해 말하였다. 삼동三冬에는 수가 왕성하게 권력을 휘두르니, 화가 반드시 극하도록 목을 용신으로 하여 화를 생조해야 하고 다시 토가 수를 극하게 해야 한다. 단지 차가운 토만 있어서는 힘이 오히려 부족하니, 다시 병丙과 정丁인 비견의 도움으로 화와 토가 서로 의지해야 목을 따뜻하게 해서 화를 호위할 수 있다. 동금冬金은 쇠약할지라도 결코 쇠약하고 끊어진 화가 극할 수 있는 것이 아니다. 금은 재성이다. 자신이 약하면 도리어 곤란을 당하는데, 하물며 관살이 왕성한 때에 금의 생조로 쇠약한 화를 핍박하면 도리어 재해를 당하지 않는 경우가 없다. 그럴지라도 먼저 추위와 더위를 나누니, 수와 화가 곧 추위와 더위이다. 동지는 화가 끊어지고 사라지는 때로 하나의 양이 돌아와 땅의 기운이 위로 올라가고, 기운이 두 양으로 나아가는 12월이 되면 또 눈과 서리를 모멸하고 업신여기기 때문에 12월의 병화로 비견의 도움을 받으면 도리어 왕성한 것으로 논한다.

五行之理, 只有衰旺, 永無絶滅. 一氣循環, 周而復始, 不僅水火爲 然也. 特水火爲五行之總樞, 言水火而五行在其中矣.

오행의 이치는 단지 쇠퇴하고 왕성하게 됨으로 영원히 끊어져 사라짐이 없다. 하나의 기운이 순환하며 주행하여 다시 시작하는 것은 수와 화만 그런 것이 아니다. 수와 화는 오행의 근본이니, 수와 화를 말하면 오행은 그 속에 있다.

병화와 정화에 대한 성질의 구별[丙丁火性質之分別]

丙火猛烈, 欺霜侮雪, 能鍛庚金, 從辛反怯, 土衆生慈, 水猖顯節, 虎馬犬鄉, 甲來成滅.

병화丙火는 맹렬하면 서리와 눈을 모멸하고 업신여기며, 경금庚金을 태워버릴 수 있으나 신辛을 따라가면 도리어 겁쟁이가 된다. 토土가 많으면 자애롭고 수水가 어지러우면 절제를 드러낸다. 호랑이·말·개의 고향에서 갑이 오면 사라진다.

丙爲方生之火, 如日初升, 炎威猛烈, 喩同太陽, 純陽之性, 不畏水剋. 見壬水如日照江湖分外晶瑩, 見癸水如日照霜雪, 轉瞬消鎔. 丙火喜用壬水, 卽以晶瑩澄徹以取貴也. 庚金雖頑, 力能鍛之, 辛金雖柔, 相合 有情, 辛丙之正財也. 情向于財, 失遠大之誌, 反而怯弱. 土衆洩火之氣, 晦火之光, 己土猶可, 戊土尤忌. 火性猛烈, 生慈者, 失其威猛之性也; 水盛不能剋, 顯節者, 顯其陽剛之節也, 虎馬犬鄉, 寅午戌也. 生于正五九月, 支見寅午戌會局, 而甲又出干, 火旺無節, 必致自焚也.

병丙은 한창 자라는 화로 해가 처음 솟아오르는 것처럼 타오르는 위세가 맹렬하니 태양과 같다고 한다. 순수한 양의 특성은 수가 극함을 두려워하지 않아 임수를 보면 해가 강과 호수에 비추는 것처럼 특히 밝고, 계수를 보면 해가 서리와 눈에 비추는 것처럼 눈 깜빡할 사이에 사라져 녹아버린다. 병화가 임수를 용신으로 하는 것은 밝고 맑음을 귀하게 취하기 때문이다. 경금庚金이 완고할지라도 힘으로 태울 수 있고 신금辛金이 부드러울지라도 서로 합하여 정情이 있으니, 신辛은 병丙의 정재로 정情이 재성으로 향해 원대한 뜻을 잊고 도리어 겁쟁이로 나약해졌다. 토가 많음으로 화의 기운을 누설하면 화의 빛을 가리니, 기토己土라면 그래도 괜찮으나 무토戊土라면 아주 꺼린다. 화의 특성이 맹렬하여 자애로운 것은 맹렬한 특성을 잃는 것이고, 수가 성대함으로 이길 수 없어 절제하는 것은 양의 굳건한 절제를 드러내는 것이다. 호랑이·말·개의 고향은 인寅·오午·술戌이다. 바로 5월이나 9월에 태어나 지지에 인·오·술로 형국을 이루고 또 갑이 천간에 있으면 화의 왕성함이 절제가 없는 것이니 반드시 스스로 불타게 된다.

丁火柔中, 內性昭融, 抱乙而孝, 合壬而忠, 旺而不烈, 衰而不窮, 如有嫡母, 可秋可冬.

정화丁火는 부드러운 가운데 내면의 성질이 밝게 융합하여 을乙을 껴안고 있으면 효도하고 임壬과 합하고 있으면 충성하며, 왕성해도 맹렬하지 않고 쇠약해도 다하지 않으며, 큰어머니[嫡母]가 있으면 가을도 괜찮고 겨울도 괜찮다.

丁爲退氣之火, 盛極而衰, 雖旺而不烈. 喻同爐火, 雖衰而不窮, 喻同燭燈, 外象通明, 丙氣已竭, 故云柔中, 其性不烈, 故云昭融, 乙丁之母也. 丁火能制庚辛衛護乙木, 丁之孝也. 壬, 丁之君也. (正官)見壬 相合, 情專服從. 丁之忠也, (合官爲貴)生于四五月, 雖時值乘旺, 而不赫炎, 生于七八月, 時值病死而不歇滅, 甲丁之嫡母也. (正印). 干透甲木, 秋生不畏金, 支有寅木, 冬生不懼水.

정丁은 물러나는 기운의 화이고 성대함이 다하여 쇠퇴하는 것이니, 왕성할지라도 맹렬하지 않고 쇠약할지라도 다하지 않아 등잔불과 같다고 하겠다. 바깥의 모양은 밝음에 통하였으나 안의 기운은 이미 다했기 때문에 '부드러운 가운데'라고 했고, 그 성질이 맹렬하지 않기 때문에 '밝게 융합한다'라고 했다. 을乙은 정丁의 어미이다. 정화는 경庚과 신辛을 제압하여 을목을 보호할 수 있으니, 정丁의 효도이다. 임壬은 정丁의 정관인 임금이다. 임과 서로 합해 마음으로 오로지 복종하니 정의 충성이다. (관과 합해 귀하게 됨) 4월이나 5월에 태어나 왕성한 때일지라도 활활 타오르지 않고 7월이나 8월에 태어나 병지나 사지일지라도 메말라 없어지지 않는다. 갑은 정의 정인 正印으로 큰어머니이다. 천간에 갑목이 투간되어 있으면 가을에 태어나도 금金을 두려워하지 않고, 지지에 인목이 있으면 겨울에 태어나도 수水를 두려워하지 않는다.

병의 여섯 가지 조화[六丙造化]

丙子爲沐浴咸池, 夜生宜恬靜養晦, 喜全西北, 又値申辰亥丑, 便爲上乘. 亥晝生宜行健自旺, 遇東南寅卯巳午未, 方爲有用.

병자丙子는 목욕·함지로 밤에 태어나면 당연히 편안하고 고요하게 종적을 감추어 숨어살며 서북에서 온전함을 반기고, 또 신申·진辰·해亥·축丑을 만나는 것이 바로 최상이다. 돼지가 낮에 태어나면 당연히 굳건하게 행하여 스스로 왕성하며, 동남의 인寅·묘卯·사巳·오午·미未를 만나면 유용하다.

丙寅爲日升暘谷, 晝生會午, 更表豪雄. 夜生逢亥, 始保元氣, 最怕申馬冲馳, 無端驚動.

병인丙寅은 해가 골짜기에 솟아오르는 것으로 낮에 태어나 오午와 합하면 곧 겉으로는 호걸과 영웅이다. 밤에 태어나 해亥를 만나면 비로소 원기를 보전하고, 신申과 말이 충하며 달려가는 것을 가장 두려워하고 까닭 없이 놀라 움직인다.

丙辰爲日經天羅, 氣息有一番淹滯, 晝生要衆陽扶起, 夜生要干透食傷. 支會申子, 方不墮觸, 倘晝日陰霾, 夜夢驚醒, 失其中和矣.

병진丙辰은 해가 천라天羅를 지나는 것으로 호흡이 첫 번째로 장기간 머무는 곳이니, 낮에 태어났으면 여러 양陽을 도와 일으킬 필요가 있고, 밤에 태어났으면 천간에 식상이 투간되어 있어야 한다. 지지에 신申·자子가 합을 하면 떨어지고 부딪히지 않으나 간혹 낮에 흙먼지가 낀 듯이 뿌옇고 밤에 놀라 일어나는 꿈을 꾸니 중화中和를 잃었기 때문이다.

丙午爲日麗中天, 威光赫奕, 得左右支柱, 金水相扶, 方成旣濟. 若加炎燥, 難3)享全福.

병오丙午는 해가 하늘 한 가운데 있어 밝은 빛이 찬란하니, 좌우의 지주를 얻고 금金·수水가 서로 도우면 기제旣濟를 이룬다. 뜨거워 메마르게 되면 온전한 복을 누리기 어렵다.

丙申爲日照崑崙, 崑崙之下有涽池, 太陽至此, 與水相盪, 所謂丙臨申位火無煙是也. 夜生尤喜恬靜相安, 晝生若前後無輔, 決然多學少成, 從來紅霞返照, 雖榮不久.

병신丙申은 해가 곤륜산에 빛나는 것으로 곤륜산 아래에 민지涽池가 있는데, 태양에 여기에 오면 수水와 서로 씻으니, 이른바 병이 신의 자리에 와 화에 그을음이 없다는 것이 여기에 해당한다. 밤에 태어났으면 고요히 서로 편안한 것을 더욱 반기고, 낮에 태어나 전후로 도움이 없으면 굳은 결심으로 공부를 많이 할지라도 이루는 것이 적어 지금까지 그대로 붉은 노을이 빛나는 것이니, 영화롭게 될지라

---

3) '雖'자로 되어 있는 것을 문맥에 맞추어 '難'자로 바로 잡음.

도 오래가지 못한다.

丙戌爲日入地網, 困迍甚矣. 晝生不加寅午整頓, 夜生不會亥子寗息, 則其人終無發達.

병술丙戌은 해가 지망地網에 들어간 것으로 괴로워 망설이는 것이 심하다. 낮에 태어났는데 인寅·오午의 정돈이 더해지지 않고, 밤에 태어났는데 해亥·子의 합이 없으면 그 사람은 끝내 영달하지 못한다.

정의 여섯 가지 조화[六丁造化]

丁丑爲鑽激之火, 鑽燧於木利用甲, 激燄於石利用庚. 總要就火土乾燥, 若投辰丑兩庫, 西北二方, 則丁火之光滅矣.

정축丁丑은 비비고 부딪쳐 일으키는 불로 나무에 비벼 불을 붙이면 갑을 쓰는 것이 편리하고 돌끼리 부딪혀 불을 붙이면 경금을 쓰는 것이 편리하다. 아무래도 불을 붙이려면 토가 건조해야 하니, 진辰·축丑의 두 고庫로 해야 할 것 같고 서·북의 두 방향에서는 정화의 빛이 사라지기 때문이다.

丁卯爲木屑香煙, 其火喜粘合, 則香氣盤桓, 可達帝闕. 若無壬有癸, 生滅迭見, 無壬無癸, 散漫燥烈, 易於離散.

정묘丁卯는 나무 조각을 태운 향기로운 연기로 그 불은 착 달라붙어 있는 것을 반기니, 향기가 함께 머물러 있으면 임금의 궁궐에까지 미친다. 임壬이 없고 계癸가 있다면 생멸生滅이 번갈아 나타나고, 임 壬도 없고 계癸도 없으면 산만하고 조열하여 쉽게 떨어져 흩어진다.

丁巳爲燧珠之火, 觸於曦光, 則炎燃可燎, 若逢陰雨, 百觸不生. 故炎於 乙巳丙午丁未, 忌見金水墓庫陰霾運.

정사丁巳는 진주를 돋보기로 사용한 불로 햇빛을 모으면 불을 붙일 수 있고, 장마에는 아무리 햇빛을 모아도 불이 붙지 않는다. 그러므로 을사乙巳·병오丙午·정미丁未에는 불이 붙고, 금金·수水의 묘고墓庫가 있고 흙먼지가 끼여 몰아치는 것을 꺼린다.

丁未爲灰燼香烟, 火生土, 土亦生火, 丁未是也. 其火有烟無燄, 全賴灰土重埋, 則延久不滅. 値之者主聰明, 多傲骨, 愈晩而愈康寧也.

정미丁未는 재에 남은 불씨에서 나는 향기로운 연기로 화가 토를 생하니 토도 화를 생하는 것이 정미 이것이다.

丁酉爲琉璃燈光, 夜生分外輝煌, 晝生亦抱光自瑩. 最喜者壬水乙木也. 所忌者癸與甲, 求全反毁. 尤忌者午與卯, 刑冲破耗.

정유丁酉는 유리로 만든 등잔불의 빛으로 밤에 태어나면 유독 빛을 내고, 낮에 태어나도 빛을 껴안고 있어 저절로 번쩍인다. 가장 반기는 것은 임수壬水와 을목乙木이다. 꺼리는 것은 계癸와 갑甲으로 온전함을 구하려다 도리어 훼손당하는 것이다. 더욱 꺼리는 것은 오午와 묘卯이니, 형刑·충沖·파破로 없어지는 것이다.

丁亥爲風前秉燭, 第一喜壬官來合, 名爲有罩官燈. 次喜有庚在干, 名爲墮鎭在手. 若無庚無壬, 而有甲有冲, 不免貧窮折夭.

정해丁亥는 바람 앞에 등불을 들고 있는 것으로 무엇보다 임수壬水 관이 와서 합하는 것을 가장 반기니, 관가를 표시하는 등잔이라고 이름 붙인다. 다음은 천간에 경庚이 있는 것을 반기니, 마음대로 무찔러 진압함이라고 이름 붙인다. 경庚도 없고 임壬도 없는데 갑甲이 있고 충冲이 있으면 빈궁하고 요절하는 것을 면하지 못한다.

(3) 사계에서 토의 마땅함과 꺼림[四時之土宜忌]

生于春月, 其勢虛浮.

춘월春月에 태어나면 그 기세가 허황되다.

土無專旺之時, 生于寅申, 祿于巳亥, 寄旺于辰戌丑未, 所謂居中央 而寄四隅是也. (詳五行篇)究之三春爲木神主旺之時, 木旺, 則土自弱. 雖附火生寅, 而强弱之性質不同, 氣勢虛浮, 乃春土之體性也.

토는 오로지 왕성한 때가 없으니, 인寅과 신申에서 장생하고 사巳와 해亥에서 건록하며, 진辰·술戌·축丑·미未에 의지하여 제왕하니,

이른바 중앙에 있으면서 네 모퉁이에 있다는 것이 여기에 해당한다. (「오행편」에서 자세히 설명했음) 그것에 대해 깊이 연구해 보면, 삼춘三春에는 목신木神이 주로 왕성한 때이다. 목이 왕성하면 토는 저절로 약해지니, 화가 인寅에서 장생하는 것에 의지하고 있을지라도 강하고 약한 특성이 같지 않아 기세가 허황된 것이 바로 춘토春土 몸체의 특성이다.

喜火生扶, 惡木大過, 忌水泛濫, 喜土比助, 得金而制木爲祥, 金太多, 仍盜土氣.

화가 낳아주며 돕는 것을 반기고 목이 크게 지나친 것을 싫어하며, 수가 범람하는 것을 꺼리고, 토가 옆에서 돕는 것을 반긴다. 금을 얻어 목을 제압하면 상서롭고 금이 너무 많으면 토의 기운을 도둑질한다.

此言春土之用, 因體性虛浮之故. 喜生扶, 忌剋洩爲一定之理. 春木秉令, 得火則化剋爲生, 爲煞印相生格. 如無火生扶, 衰土遇旺木, 必遭傾陷矣. 水, 財也. 虛浮之土, 見水旺必潰散無用, 得比劫扶助則可以制 水成功. 土旺則喜金洩其氣, 春土虛浮, 無取乎洩. 然以旺木剋土之故, 得金制木, 亦爲有益. 但不可太多, 多則盜洩土氣, 暗受其損矣.

여기에서는 춘토春土의 쓰임에 대해 말하였다. 몸체의 특성이 허황되기 때문에 낳아주며 돕는 것을 반기고 극하고 설기하는 것을 꺼림은 일정한 이치이다. 춘목春木이 권력을 휘두름에 화를 얻어 극함을 낳음으로 바꾸면 살인상생격煞印相生格이 된다. 화가 낳아주어 쇠약한 토를 돕는 것 없이 왕성한 목을 만나면 반드시 붕괴된다. 수는 재성이다. 허황된 토가 왕성한 수를 만나면 허물어지고 흩어져서 쓸모가 없어지니, 비겁의 도움을 받으면 수를 제압해 성공한다. 토가 왕성하면 그 기운을 누설하는 것을 반기는데, 춘토春土는 허황되어 누설할 것이 없다. 그러나 왕성한 목이 토를 극하기 때문에 금을 얻어 목을 제압하면 도한 유익하지만 단지 너무 많아서는 안된다. 너무 많으면 토의 기운을 도둑질하고 누설하여 암암리에 손상을 당한다.

夏月之土其勢燥烈.
하월夏月의 토는 그 상황이 조열하다.

土與火勢力並行, 火旺則土亦旺. 三夏爲火主旺之時, 亦爲土最旺之地, 性質燥烈, 夏土之體也.

토와 화는 세력이 병행하여 화가 왕성하면 토도 왕성하다. 삼하三夏는 화가 왕성함을 주로 하는 때라서 또한 토가 가장 왕성한 곳이다. 성질이 조열한 것은 하토夏土의 몸체이다.

得盛水滋潤成功, 忌旺火鍛煉焦坼. 木助火炎, 水剋無礙, 金生水泛, 妻財有益. 見此肩蹇滯不通, 如太過又宜木剋.

왕성한 수를 얻어 촉촉이 적셔주면 성공한다. 왕성한 화가 불태워 그을리고 갈라지는 것을 꺼린다. 목이 화가 불타는 것을 도우면 수가 극해도 꺼림이 없고, 금이 수를 생해 범람하면 아내와 재성에 유익하다. 비견을 만나면 곤궁하여 통하지 못하는데, 너무 지나치면 또 토가 극해 주어야 한다.

此言夏土之用. 三夏火土同行, 土性燥烈. 得盛水正是土潤溽暑, 大雨時行, 草木遇之而暢茂, 故云滋潤成功. 如火旺無水, 則如亢旱之時, 田地焦坼, 草木枯槁, 喜水以成土之用, 忌火以促土之生機也. 木能生火, 增火之燄, 然四柱如有水, 則不足爲害. 蓋土得水火相資生機勃然. 木不生火而剋土, 土旺反喜用木也. 夏土不能生金, 無取乎洩. 特水在絕地有 金生之, 則源源不絕. 水, 財也. 言金有益于妻財也. 土至三夏, 爲最旺之時, 無勞比劫之助, 重見土旺蹇塞難通, 須木疏之, 以損爲益. 但木剋 必須有水爲配合, 否則, 不能剋木, 反助火燄, 爲無益有害耳.

여기에서는 하토夏土의 쓰임에 대해 말하였다. 삼하三夏의 화와 토는 동일하게 흘러가니 토의 특성이 조열하다. 왕성한 수를 얻으면 그야말로 토가 혹독한 더위를 적셔주는 것이고, 큰 비가 때맞춰 내림에 초목이 그것을 얻어 무성한 것이기 때문에 "적셔주면 성공한다"

라고 했다. 화가 왕성한데 수가 없다면, 큰 가뭄에 농토가 타들어가고 초목이 말라버리는 것이니, 수로 토의 쓰임을 이루는 것을 반기고, 화로 토의 활력을 재촉하는 것을 꺼린다. 목이 화를 낳아 화의 불타오름을 보탤 수 있으나 사주에 수가 있으면 그다지 해롭지 않다. 토가 수와 화를 얻어 서로 의지할 수 있게 하면 활력이 생생하게 된다. 목이 화를 생하지 않고 토를 극하는데 토가 왕성하다면 도리어 목을 용신으로 하는 것을 반긴다. 하토夏土는 금을 생할 수 없어 누설할 것이 없다. 다만 수가 절지에 있는데 금이 생해 주어 흘러나오는 물이 끊임이 없다면, 수는 재성이라 금이 처와 재에 유익하다는 말이다. 토는 삼하三夏가 되면 가장 왕성한 때라 비겁의 도움을 힘쓰지 않는데, 토의 왕성함을 거듭 보게 되면 곤궁하고 막혀 통하기 어려우니, 반드시 목으로 소통해서 덜어내야 유익하다. 그런데 다만 목이 극함에는 꼭 수가 짝으로 합하는 것이 필요하다. 그렇게 하지 않는다면 극하지 못하고 목이 도리어 화로 불타오르는 것을 도우니, 무익하고 해로울 뿐이다.

秋月之土, 子旺母衰.
추월秋月의 토는 자식이 왕성하고 어미는 쇠약하다.

三秋金神秉令, 土金之母也, 子旺母氣自衰, 內氣虛弱, 秋土之性也.

삼추三秋에는 금신金神이 권력을 장악하고 있는데, 토는 금의 어미이다. 자식이 왕성해지면 어미의 기운은 저절로 쇠약해지니 안으로 기운이 허약한 것이 추토秋土의 특성이다.

金多, 耗竊其氣, 木盛, 制伏純良. 火重重而不厭, 水泛泛而不祥. 得比肩則能助力, 至霜降不比無妨.

금이 많으면 토의 기운을 덜어내어 도둑질하고, 목의 성대함은 제압을 당해 순수하고 선량해지니, 화는 거듭 중첩되어도 싫어하지 않는다. 수가 범람하면 상서롭지 않고, 비견을 얻으면 도움 받을 수 있는데 상강이 되고 나면 돕지 않아도 무방하다.

三秋金神主旺之時, 更見多金, 耗竊土氣, 土愈衰矣. 木値休囚之際, 遇旺金之氣, 自然受制. 性質純良, 無力剋土, 不足以爲害也. 三秋之土, 性質虛寒, 得火則實, 故秋土不能離火也. 當旺之金, 得火則制, 衰絶之木, 得火則化, 故火重重而不厭. 虛寒之土, 見水泛濫, 必致潰散, 故遇 水爲非祥. 弱者喜生扶, 爲一定之理, 秋土虛弱得比肩則增其力, 此指立秋之後, 霜降之前而言. 若至霜降以後, 土旺主事, 戌宮又有墓庫之火生之, 不必比助, 自然生旺, 見比又嫌太過矣.

삼추三秋에는 금신이 왕성함을 주관하는 때인데 다시 많은 금을 보면 토의 기운을 덜어내어 도둑질하니 토의 기운은 더욱 쇠약해진다. 목이 휴휴·수수囚의 때에 뿌리를 내리고 있는데 왕성한 금의 기운을 만나면 자연스럽게 제압을 당함으로 성질이 순수하고 선량해져서 토를 극함에 힘이 없으니 그다지 피해를 입히지 못한다. 삼추의 토는 성질이 비어있고 차가운데, 화를 얻으면 채워지기 때문에 추토秋土는 화를 떠날 수 없다. 왕성한 금은 화를 얻으면 제압하고, 쇠衰·절絕한 목은 화를 얻으면 변화하기 때문에 화가 거듭 중첩되어도 싫어하지 않는다. 비어있고 차가운 토는 수의 범람을 보면 반드시 무너져 흩어지기 때문에 수를 만나면 상서롭지 않다. 약한 것은 낳아서 돕는 것을 반기는 것이 일정한 이치이니, 허약한 추토秋土가 비견을 얻으면 그 힘을 보태는 것은 입추의 뒤와 상강의 앞을 가리켜서 말한 것이다. 상강 이후라면 왕성한 토가 일을 주도하는데, 술궁戌宮에서 또 묘고墓庫의 화가 낳아줌이 있음으로 비견이 굳이 돕지 않아도 저절로 생조하여 왕성하다. 비견을 보면 또 너무 지나친 것을 싫어한다.

冬月之土, 惟喜火溫.
동월冬月의 토는 화의 따스함만을 반기다.

三冬天寒地凍, 萬物收束之時, 惟喜得火, 土脈溫暖, 萬物始有生機. 名寒谷回春, 此冬土之性也.
삼동三冬에는 하늘이 차갑고 땅이 얼어붙어 만물이 속박당하는 때로 오직 화를 얻어 토의 맥이 따스해져 만물에 비로소 활력이 생기는 것을 반긴다. 차가운 산속에 봄이 오는 것이라고 이름 붙이는 것은 이런 동토冬土의 특성 때문이다.

水旺才丰, 金多子秀, 火盛有榮, 木多無咎. 再加此肩扶助爲佳, 更喜身主康强足壽.

수가 왕성하여 재성이 풍성하고, 화가 성대하여 영화가 있으며, 금이 많아 자식이 뛰어나고, 목이 많아 허물이 없다. 거듭 비견의 도움을 보태면 아름다운데, 다시 자신이 굳건하고 장수하는 것을 반긴다.

水旺才丰六句, 承上火溫句來. 寒凍之土, 無火溫暖, 生機盡息, 無 用可言. 得火之後, 大用以生. 溫暖之土, 見水旺則才丰, 見金多則子秀. 重見火, 土脈溫暖, 分外繁榮, 多見木, 有火引化, 不足爲害, 見比肩扶助, 則更佳. 身主, 日元也. 土爲萬物之主, 身主康强, 壽之征也. 若無火, 土脈不溫, 水旺則潰, 金多則虛, 木多則崩, 卽得比肩扶助, 重重凍土, 不能生物. 雖厚奚益, 此冬土所以不能離火也.

수가 왕성하여 재성이 풍성하다는 여섯 구절은 앞의 화의 따스함을 반긴다는 구절을 이어서 온 것이다. 차갑게 얼어붙은 토는 화의 따스함이 없으면 활력이 다 없어져 쓸모가 없다고 말할 수 있다. 화를 얻은 다음에 크게 쓰이도록 살아난다. 따스한 토가 수가 왕성한 것을 만나면 재성이 풍성하고, 금이 많은 것을 보면 자식이 뛰어나며, 거듭 화를 보면 토의 맥이 따스해져 특히 번영하고, 목을 많이 보면 화가 이끌려 변화되어 별로 해롭지 않다. 비견이 돕는 것을 보면 다시 아름답다. 자신은 일원日元이다. 토는 만물의 주인인데 자신이 굳건함은 장수의 징험이다. 화가 없어 토의 맥이 따스하지 않은데, 수가 왕성하면 무너지고 금이 많으면 허약하며, 목이 많으면 붕괴된다. 곧 비견의 도움을 받아 거듭 중첩해도 얼어붙은 토는 사물을 낳을 수 없으니, 두터울지라도 무엇이 유익하겠는가? 이 때문에 동토冬土는 화를 떠날 수 없는 것이다.

무토와 기토에 대한 성질의 구별[戊己土性質之分別]

戊土固重, 既中且正, 靜翕動辟, 萬物司命. 水潤物生, 土燥物病, 若在艮坤, 怕沖宜靜.

무토戊土는 견고하고 무거우며 이미 중앙에 있고 또 바르며, 고요하면 닫히고 움직이면 열린다. 만물의 사명司命은 수가 촉촉하면 사물이 나오고 토가 건조하면 사물이 병드는 것이다. 간艮·곤坤에서 충이 두려우면 조용히 있어야 한다.

土之性質, 與木火金水不同, 無專旺之時, 而無時無刻不存在. 土雜氣也, 無形之用, 隨四時以流轉. 戊爲生旺進氣之土, 渴凝厚重, 喻同 堤防高阜. 固重兩字, 最足以形容戊土之性質. 春夏氣動而辟, 土膏物盛, 秋冬氣靜而翕, 用息形藏. 無形之大用, 爲萬物之司命也. 戊土高亢, 生于春夏, 得水潤之, 萬物以生, 燥則物病. 生于秋冬, 宜火暖之, 萬物化成, 濕則物病. 艮坤寅申也. 土附火生寅, 附水生申, 艮坤爲土之生地 而非旺地, 四生之地皆忌冲動. 土亦不能外此例也.

토의 성질은 목·화·금·수와 달라 오로지 왕성한 시기가 없는데, 언제 어느 때고 있지 않은 적이 없으니, 토는 '뒤섞여 있는 기운[雜氣]'이다. 형태 없는 쓰임이 사계절을 따라 흘러간다. 무戊는 자라며 왕성하여 나아가는 토로 혼잡하게 엉켜 두텁고 무거우니, 제방이나 높은 언덕과 같다고 한다. '견고하고 무겁다'는 말은 가장 잘 무토의 성질을 표현한 것이다. 춘春·하夏에는 기운이 움직이며 열려 토가 살찌고 사물이 성대해지고, 추秋·동冬에는 기운이 고요해지며 닫혀 쓰임이 사라지고 형태가 없어지니, 형태 없는 큰 쓰임이 만물의 사명司命이다. 무토는 높이 끝까지 올라가니, 춘春·하夏에 나와 수의 적셔줌을 얻으면 만물이 나오고, 건조하면 만물이 병들며, 추秋·동冬에 나와 당연히 화로 따스하게 하면 만물이 조화롭게 완성되고, 축축하게 하면 병든다. 간艮·곤坤은 인寅·신申이다. 토는 화가 인寅에서 장생하는 것에 의지하고, 수가 신申에서 장생하는 것에 의지한다. 간艮·곤坤은 곤의 장생지이고 제왕지가 아니다. 네 장생지에서는 모두 충하여 움직이는 것을 꺼리니, 토도 이 사례를 벗어날 수 없다.

己土卑濕, 中正蓄藏, 不愁木盛, 不畏水狂, 火少火晦, 金多金光, 若要物旺, 宜助宜幇.

기토己土는 낮게 있어 축축하며 중앙에 있고 바르며 쌓아 저장해 놓았으니, 목의 성대함을 슬퍼하지 않고 수의 거만함을 두려워하지 않는데, 화가 적으면 화가 어두워지고 금이 많으면 금이 빛난다. 사물의 왕성함을 바란다면 도와야 하고 도와야 한다.

凡土皆中正. 而戊土曰固重, 曰翕辟, 己土曰卑濕, 曰蓄藏. 蓋戊爲 進氣生旺之土, 其性積極, 已爲退氣衰竭之土, 其性消極. 消極之用, 能培木之根, 而不愁木剋, 能隨水同流 (混濁壬水) 而不能止水, 火多則洩火之氣, 火少則晦火之光. 能潤金生金而不致埋金, 此己土無爲之妙用也. 但欲其滋生萬物發生大用, 則宜丙火去其卑濕之氣, 戊土助其生長之力, 方能轉消極爲積極也.

토는 모두 중앙에 있고 바른데 무토에서는 "견고하고 무겁다"고 하고 "닫히고 열린다"고 하며, 기토에서는 "낮게 있어 축축하다"고 하고 "쌓아 저장해놓았다"고 하였다. 무토는 나아가는 기운으로 자라나며 왕성한 토이니, 그 특성이 적극적이고, 기토는 물러나는 기운으로 쇠하며 없어지는 토이니, 그 특성이 소극적이다. 소극적인 쓰임은 목을 배양할 수 있는 근본이라 목의 극함을 슬퍼하지 않고 수를 따라 함께 흘러가 (임수를 혼탁하게 함) 수를 멈추게 할 수 없다. 화가 많으면 화의 기운을 누설하고 화가 적으면 화의 빛을 가린다. 금을 적셔 금을 낳을 수 있으나 금을 묻어버리지 않는다. 이것이 기토가 무위하는 묘한 쓰임이다. 다만 그 적셔줌으로 만물을 낳아 큰 쓰임을 낳고자 한다면, 병화가 그것이 낮게 있어 축축한 기운을 없애고 무토의 낳아 기르는 힘을 보태야 소극적인 것을 적극적인 것으로 변화시켜 바꿀 수 있다.

네 계절 마지막 달의 토에 대한 성질의 구별[四季月土性質之分別]

辰戌丑未, 四i;之神. 惟未土爲極旺, 何也. 辰土, 帶木氣剋之, 戌丑之土, 帶金氣洩之, 此三土雖旺而不旺, 故土臨此三位, 金多作稼穡格, 不失中和. 若未月之土, 則帶火氣, 帶火以生之, 所以爲極旺也. 若土臨 此旺未月, 見四柱土重, 多作火炎土燥, 不可作稼穡看. 但臨此月之土, 見金結局者, 不貴卽富也. 書曰, 土逢季月見金多, 終爲貴論. 而在未月 尤甚.

진辰·술戌·축丑·미未 네 토의 신神에서 미토未土만 극히 왕성한 것은 무엇 때문인가? 진토辰土는 목의 극하는 기운을 두르고 있고, 술토戌土·축토丑土는 금의 누설하는 기운을 두르고 있으니, 이것이 세 토가 왕성하면서도 왕성하지 않은 것이다. 그러므로 토가 여기의 세 자리에 있으면 금이 많아 가색격稼穡格이 되니, 중화中和를 잃지 않는다. 미월의 토라면 화의 기운을 두르고 있다. 화를 두르고 있기 때문에 극히 왕성하다. 토가 이렇게 왕성한 미월에 있는데 사주에서 토의 중첩함을 본다면, 대부분 화가 타오르고 토가 말라버려 가색격으로 볼 수 없다. 다만 여기의 토에 있는데 금으로 형국을 갖춘 경우는 귀하게 되지 않으면 부자가 된다. 책에서 "토가 네 계절의 마지막 달에 금을 보는 것이 많으면 마침내 귀한 것으로 논한다"라고 하였는데, 미월에서는 더욱 그렇다.

辰戌丑未四月, 同爲土專旺之地. 辰戌戊土, 丑未己土, 四隅之中, 以未月爲極旺, 何也. 土之體性, 隨四時以流轉. 辰, 東方, 木氣主旺之地, 戌, 西方, 金氣主旺, 丑, 北方, 水氣主旺, 土受木氣之剋, 金水之 洩, 雖旺不旺. 未爲南方火旺之地, 土得火氣以生之, 故未月土爲極旺. 陽干有刃, 陰干無刃, 獨己土生未月有刃之義, 卽以此也. 辰戌丑三位, 戌爲火墓, 較旺于辰丑, 然論其用土生四季, 辰月之才滋煞, 戌月之土金 傷官佩印, 未月之煞印相生, (不能無水爲配合.) 丑月之食傷生才. (不可無火爲配合.) 同爲貴格, 則以月令之神同宮聚貴故也. 稼穡格見金, 必大富貴. 獨未月火旺土燥, 人多以不能生金而忽之, 不知大暑之後, 金水進氣, 己土本性卑濕, 雖有火旺之月, 自有生金之義也. 詳下論體用之變節.

진·술·축·미 네 달은 동일하게 토가 오로지 왕성한 곳이다. 진·술은 무토이고 축·미는 기토로 네 모퉁이 중에서 미월이 극히 왕성한 것은 무엇 때문인가? 토의 몸체와 특성은 네 계절을 따라 흘러가니, 진은 동방의 목의 기운이 왕성함을 주관하는 곳이고, 술은 서방의 금의 기운이 왕성함을 주관하는 곳이며, 축은 북방의 수의 기운이 왕성함을 주관하는 곳이다. 토가 목의 기운이 극함을 당하고 금수의 누설을 당하면 왕성할지라도 왕성하지 않다. 미는 남방의 화가 왕성한 곳으로 토가 화의 기운이 낳아주는 것을 얻었기 때문에 미월의 토는 극히 왕성하다. 양간에는 인끼이 있고 음간에는 인끼이 없는데, 기토가 미월에 태어나면 인끼이 있다는 의미가 바로 이 때문이다. 진·술·축 세 자리에서 술은 화의 묘지라 진辰·축丑보다 비교적 왕성하다. 그렇지만 그 쓰임을 설명함에 토가 네 계절의 마지막 달에 태어났다면, 진월의 재자살才滋煞·술월의 토금상관패인土金傷官佩印·미월의 (수의 배합이 없을 수 없는) 살인상생煞印相生과 축월의 (화의 배합이 없어서는 안되는) 식상생재食傷生才는 동일하게 귀한 격이니, 월령의 신이 궁宮을 같이하여 귀함을 모았기 때문이다. 가색격에서 금을 보면 반드시 크게 부귀하다. 그런데 유독 미월에는 화가 왕성하고 토가 말라있어 사람들이 대부분 금을 낳을 수 없다고 홀시하는 것은 대서 다음에 금수의 나아가는 기운과 기토의 본성이 낮게 있어 축축함을 모르는 것이니, 비록 화가 왕성한 달에 있을지라도 본래 금을 낳는 의미가 있다. 아래에 몸체와 용신의 변화를 논한 절에서 자세히 설명하겠다.

무의 여섯 가지 조화[六戊造化]

戊子爲蒙山, 易山下有泉曰蒙, 取其空而響也, 亦看上下左右財官印綬食神所扶之者何如.

무자戊子는 몽산蒙山으로 『주역』에서 "산 아래 샘이 있는 것을 몽(蒙)이라고 한 것은 그것이 비어 있어 울리는 것을 취했으니, 또한 상하좌우의 재·관·인수·식신이 돕는 것을 보는 것이 어떻겠는가?

戊寅爲艮山, 取其長生趨艮, 氣聚脈會, 發育無涯, 喜煞刃財食, 忌刑沖破害, 及申馬馳驅.

무인戊寅은 간산艮山으로 그것이 장생하여 간으로 달려감을 취했으니, 기맥이 모여 발육에 끝이 없는 것은 살煞·인刃·재財·식食을 반기고 형·충·파·해와 신申·마馬가 치닫는 것을 꺼린다.

戊辰爲蟹泉吐穎之山, 津津細流, 水從山腰出, 所謂淺水長流山不枯, 以重財庫之濡也. 最怕戌未塡辰, 大失元氣.

무진戊辰은 해천蟹泉에서 벼이삭이 나오는 산으로 촉촉하게 적셔주며 흘러가는 것이고 물줄기가 산허리에서 나오는 것이니, 이른바 얕은 물이 멀리 산에서 흘러나와 마르지 않는 것으로 거듭된 재의 창고가 은혜롭기 때문이다. 술·미가 진을 메워버리는 것을 가장 두려워하는 것은 원기元氣를 크게 잃어버리기 때문이다.

戊午爲火山, 炎炎燥烈, 不可無水以制其凶. 若單弱不明, 則用以幇身, 又須斟酌其强弱, 配其中和爲貴.

무오戊午는 화산火山으로 불타올라 조열하니 수로 그 흉함을 제압하지 않아서는 안된다. 허약하고 총명하지 못하면 고용인으로 쓰이니, 반드시 그 강약을 짐작하여 중화에 맞추는 것이 귀하다.

戊申爲土山之戴石者, 最喜金水木氣, 點綴以成明秀, 忌火土燥烈, 神色焦枯.

무신戊申은 토산에 돌이 놓여 있는 것으로 금·수·목의 기운이 서로 이어지며 환하게 뛰어난 것을 가장 반기고, 화·토가 조열하여 낯빛이 타들어가며 메마른 것을 꺼린다.

戊戌爲魁罡演武之山, 要劫刃爲得權, 博厚爲得用, 加以刃煞財食, 相制相扶. 或戊癸知音, 可許富貴, 只忌辰冲及上下水多, 爲背水陣.

무술戊戌은 괴강魁罡이 무예를 단련하는 산으로 겁인劫刃은 권력을 잡는 것이 될 것이고 박후博厚는 쓰임을 얻는 것이 될 것이니, 인刃·살煞·재財·식食을 더하면 서로 제압하며 서로 도울 것이다. 혹 무戊·계癸로 음률에 정통하면 부귀를 일으킬 수 있으나 다만 진辰의 충과 위아래로 물이 많아 배수진이 되는 것은 꺼린다.

기의 여섯 가지 조화[六己造化]

己爲田園稼穡之土, 春耕喜木, 夏耘喜水, 秋收宜金, 冬臧宜火, 各取中和. 再得雨暘時若, 則富貴獲果報矣. 已逢丙火, 無人不發, 蓋向陽之地, 春先到也.

기근는 농촌에서 농사짓는 토로 봄의 밭갈이에서는 목을 반기고, 여름의 김매기에서는 수를 반기며, 가을의 거둬들임에서는 금을 마땅하게 여기고, 겨울의 저장에서는 화를 마땅하게 여기니, 각기 중화中和를 취한 것이다. 다시 비 내리고 맑은 것이 사시에 따라 알맞으면, 부귀가 인과응보를 받은 것이다. 이미 병화를 만났다면 어느 누구든 흥하지 않음이 없으니, 양지에 봄이 먼저 오기 때문이다.

己丑爲足水腴田, 極多膏脂, 秋稻易豊, 最喜雨露滋潤. 更得太陽薰炙, 其苗秀而多實. 或其中有武庫沖開者, 印煞得用, 亦易成文武功名.

기축己丑은 물이 충분하고 밭이 좋은 것으로 기름진 것이 아주 많아 곡식이 잘 가꾸어진다. 비와 이슬이 적셔주는데다가 다시 태양이 영향을 끼쳐 그 싹이 꽃을 피워 많이 열매 맺는 것을 최고로 반긴다. 혹 그 안에 있는 무고武庫를 충으로 열 경우에는 인印·살煞이 쓰임을 얻어 또 쉽게 문무의 공과 명성을 이룬다.

己卯爲休囚失氣之土, 其地磽瘠, 故未中年先主, 有灰心之論. 最喜露丙丁藏丑戌, 庶幾有救, 所忌者酉子刑冲.

기묘己卯는 휴수休囚의 기운을 잃은 토로 그 땅이 척박하기 때문에 아직 연의 반도 채우지 못하고 먼저 주관하려고 마음을 태운다는 설명이 있다. 병丙·정丁을 드러내고 축丑·술戌을 감추어 거의 구제함이 있는 것을 가장 반기고, 꺼리는 것은 유酉·자子의 형·충이다.

己巳爲嶺頭稼穡, 黍宜高燥, 己易見陽. 只怕潦其年月日時. 不宜偏晴偏雨.

기사己巳는 산봉우리 꼭대기의 농사로 기장은 높고 건조해서 기己가 태양을 보기 쉬워야 한다. 연·월·일·시에 장마가 있는 것을 두려워할 뿐이니, 지나치게 맑고 지나치게 비가 와서는 안된다.

己未爲入土稼穡, 如芋苗之類, 土培不深, 則稼穡不厚, 喜高燥. 怕潮溼, 喜培植 怕冲害, 喜會合化土, 怕刑穿剝削.

기미己未는 토란처럼 땅속에서 농사짓는 것으로 토의 북돋음이 깊지 않으면 농사가 잘 되지 않으니, 높고 건조한 것을 반기고 축축한 것을 꺼리며, 북돋워 심는 것을 반기고 충冲·해害를 꺼리며, 모이고 합해서 토로 변하는 것을 반기고, 형刑·천穿으로 벗겨내고 깎아내는 것을 꺼린다.

己酉爲築土稼穡, 雖坐長生實未腴熟, 最喜干支丙寅, 得培植, 則富貴無涯, 再剝削, 則磽瘠太甚.

기유己酉는 흙을 쌓아올려 농사짓는 것으로 장생에서 열매를 내놓을지라도 충분히 익지 않는다. 병인丙寅 간지를 가장 반기는데, 북돋워 심어주는 것을 얻으면 부귀가 끝이 없고, 벗겨내고 깎아내기를 거듭하면 메마름이 아주 심해진다.

　己亥爲注地稼穡, 乃游泥潮溼之地. 少見陽光, 惟喜丙火. 常多則易蕃秀. 若遇陰雨, 再逢陰木, 終損福壽.
　기해己亥는 물을 대며 농사짓는 것으로 물이 흘러드는 진흙탕에 햇빛이 모자라 병화를 반긴다. 그것이 항상 많으면 우거지고 꽃피기 쉽다. 장마가 있는데다가 다시 음목陰木을 만나면 끝내 복과 수명을 단축한다.

(4) 사계에서 금의 마땅함과 꺼림[四時之金宜忌]
　春月之金, 余寒未盡, 貴乎火氣爲榮, 性柔質弱, 欲得厚土爲輔.
　춘월春月의 금은 남아 있는 한기가 다하지 않아 화의 기운이 성대한 것을 귀하게 여기고, 성질이 유약하여 두터운 토로 도움을 받고자 한다.

　金者, 秋令肅殺之氣. 時至春月, 大地陽回, 肅殺之用無存. 故金在正月爲絶地, 二三兩月爲胎養醞釀之時, 外用几乎息滅. 性柔質弱, 春金之體也. 若論其用, 扶抑兩難, 貴乎火氣爲榮者, 藉火除寒, 非取其剋溫 暖而潤, 方成有用之金. 故火必與土兼, 無火則土寒, 不能養金, 無土則 火烈, 反而剋金, 此言初春之金也.

금은 가을철의 스산한 기운이다. 시절이 봄이 되면 대지에는 양기가 돌아와 스산한 기운은 사라진다. 그러므로 금이 정월에는 절지이고, 2월과 3월에는 태지와 양지로 은밀하게 자라는 때라서 겉으로 쓰기에는 없어진 것에 가깝다. 성질이 유약한 것이 춘금春金의 몸체이다. 그 쓰임을 논하면 돕고 억누르는 것이 모두 어려워 화기가 성대한 것을 귀하게 여기는 것은 화가 추위를 없애주는 것에 의지하기 때문이니, 그 극함을 취한 것이 아니다. 따뜻하게 해서 적셔주면 쓸모 있는 금이 된다. 그러므로 화가 반드시 토와 함께 있음에 화가 없으면 토가 차가워 금을 기를 수 없고, 토가 없으면 화가 맹렬해져 도리어 금을 극해 버린다. 여기에서는 초춘初春의 금에 대해 말했다.

二三月間, 陽氣漸盛, 宜濕土生金, 略得火以溫之. 若火土旺而無水則嫌燥烈. 金體脆弱, 不堪鍛煉.

2월과 3월 사이에는 양기가 점차로 성대해지니, 촉촉한 토로 금을 낳고 대충 화를 얻어 따뜻하게 해야 한다. 화와 토가 왕성한데 수가 없으면 조열한 것을 싫어하니, 금의 몸체는 무르고 약해 불에 녹여 단련하는 것을 감당하지 못하기 때문이다.

總之春 金不能無土, 而土多有埋金之憂, 不能無火, 而火旺有鎔金之慮. 言厚土 爲輔者, 三春木旺之時, 土氣虛浮, 不厚則不能得輔金之用也.

총괄하자면 춘금春金은 토가 없을 수 없으나 토가 많으면 금을 묻어버리는 근심이 있고, 화가 없을 수 없으나 화가 왕성하면 금을 녹여버리는 우환이 있다. '두터운 토로 도움을 받고자'한다고 한 것은 삼춘三春의 목이 왕성한 때에 토의 기운이 허황되어 두텁지 않으면 금을 도와 쓰일 수 없기 때문이다.

水盛增寒, 難施鋒銳, 木旺損力, 判鈍可虞. 金來比助扶持最妙. 比而無火, 失類非良.

수가 성대하면 차가움이 커져 칼날처럼 날카로움을 시행하기 어렵고, 목이 왕성하면 힘을 빼앗아버려 꺾여 둔하게 됨을 걱정해야 한다. 금이 와서 도와주면 가장 신묘하지만 화火가 없어 친구들을 잃어버리는 것은 좋지 않다.

水金之食傷也. 春金微弱, 何堪盜洩其氣. 在初春余寒未盡, 水盛更增其寒. 木, 金之財也. 木旺乘權, 衰金何能剋之, 勢必反受其困. 故春金見盛水旺木, 惟有比劫扶助, 可以解危. 然有比劫而無火, 又嫌其頑鈍不靈, 須有火相制爲用. 總之, 金之體堅剛, 其用鋒銳, 生于春月, 非時之金, 失其原來之功用, 全恃扶助之力, 求其配合中和, 甚非易事也.

수는 금의 식상이다. 춘금春金은 미약하니 어떻게 그 기운을 도둑당하고 누설당하는 것을 감당하겠는가? 초춘初春에는 남아 있는 한기가 아직 다하지 않아 수가 성대하면 다시 그 차가움을 보탠다. 목은 금의 재성이다. 목이 왕성하면 권력을 휘두르니 쇠약한 금이 어떻게 극할 수 있겠는가? 반드시 곤란을 당할 형편이기 때문에 춘금이 성대한 수와 왕성한 목을 본다면 비겁의 도움이 있어야만 위태로움을 해결할 수 있다. 그러나 비겁은 있는데 화가 없다면 또 그 둔하고 어리석음이 싫으니, 반드시 화로 서로 제압하는 쓰임이 있어야 한다. 총괄하자면, 금의 몸체는 견고하여 그 쓰임이 칼날처럼 날카로우나 춘월에 태어나 때를 만나지 못한 금으로 그 원래의 기능을 잃었다면, 금은 도움을 받아 그 배합이 중화에 맞아야 하는데, 절대로 쉬운 일은 아니다.

夏月之金, 尤爲柔弱, 形質未具, 尤嫌死絕.

하월夏月의 금은 더욱 유약하고 형질이 갖추어지지 않아 사지·절지를 더욱 싫어한다.

金生于巳. 四五六月乃金長生沐浴冠帶之位, 何以尤爲柔弱. 蓋火金之間, (夏秋)尚隔以土, 土寄旺于火鄉. 燥烈之土, 不能生金. 故金雖生于巳, 而實形質未具. 較之春令, 尤爲柔弱, 此夏金之體性也. 若年日時支再臨死絕之位, 更無成立發用之可能矣.

금은 사월巳月에 장생하니, 4월·5월·6월은 바로 금의 장생·목욕·관대의 위치인데, 어떻게 더욱 유약한 것인가? 화와 금의 사이인 여름과 가을에는 여전히 토로 차단됨으로 화향火鄕의 왕성함에 토가 의지하고 있어 조열한 토이니 그것으로는 금을 낳을 수 없다. 그러므로 금이 비록 사巳에서 장생할지라도 실제로 형질이 아직 갖추어지지 않아 봄에 비교해도 그것보다 유약하니, 이것이 하금夏金 몸체의 특성이다. 연·일·시의 지지에 사지·절지의 위치가 거듭 있으면, 다시 제대로 되어 쓰일 가능성이 없다.

火多不畏, 水盛呈祥. 見木而助鬼傷身, 遇金而扶持精壯. 土薄最爲有用, 土厚埋沒無光.

화가 많아도 두렵지 않고 수가 성대하면 상서로움이 드러나며, 목을 보면 귀신을 도와 자신을 해치고 금을 만나면 웅장함을 도우며, 토가 적으면 가장 유용하고 토가 많으면 묻혀서 빛이 없다.

夏金體性柔弱, 何以火多不畏. 蓋巳午未月, 皆暗藏土. 火土雖不能生金, 有土隔之, 火亦不能鎔金也. 最宜見水, 得水則制火潤土以生金, 見木則破土助火以剋金, 火金之官也. 剋身爲鬼, 卽七煞也. 柔弱之金, 喜土生助, 然死金嫌蓋頂之泥, 土厚則埋金. 故夏金喜土, 只宜一二點, 更須有水潤之, 土潤生金, 爲最適宜. 夏金喜水滋潤之, 外更宜比助, 蓋 水至夏令絶地, 火土干燥, 無源之水易涸, 必須有金生之, 則源源不絶, 乃能收制火潤土之功, 不僅幫扶之益也.

하금夏金은 몸체의 특성이 유약한데 어떻게 화가 많은 것을 두려워하지 않는가? 사·오·미월에는 모두 토가 암장되어 화·토가 비록 금을 생할 수는 없을지라도 토의 차단으로 또한 화가 금을 녹일 수 없다. 수를 보는 것이 가장 마땅하니, 수를 보면 화를 제압하여 토를 촉촉하게 함으로 금을 낳을 수 있다. 목을 보면 토를 파괴하고 화를 도움으로 금을 극한다. 화는 금의 관이다. 자신을 극하는 것이 귀신으로 바로 칠살七煞이다. 유약한 금은 토가 돕는 것을 반기지만 죽어 있는 금은 정수리를 덮는 진흙을 싫어한다. 흙이 많으면 금을 묻어버리기 때문에 하금夏金은 토를 반기는데 단지 약간이어야 하고 반드시 수의 적셔줌이 있어야 한다. 토의 적셔줌으로 금을 낳는 것이 최선이다. 하금이 수로 적셔주는 것을 반기는 외에는 다시 비겁이 마땅하다. 수가 여름철 절지에 오면 화·토가 건조하고, 근원이 없는 토는 쉽게 말라버린다. 반드시 금으로 낳아주면 뽕뽕 솟아 끊어지지 않게 하면, 수를 제압하여 토를 적셔주는 공을 받아들일 수 있으니, 친구들의 도움이 유익할 뿐만이 아니다.

秋月之金, 當權得令.

추월秋月의 금은 권력을 잡아 흔들고 있다.

秋氣肅殺, 正金神當權得令之時, 外陰內陽, 堅剛之性, 獨異于衆. 萬物遇之無不摧毁, 此秋金之體性也.

가을의 기운은 스산하니 바로 금신金神이 권력을 잡아 흔드는 때이기 때문이다. 겉으로는 음이고 속으로는 양이니 굳센 특성이 다른 것들과 유독 다르다. 만물이 이것을 만나면 꺾여 훼손되지 않는 것이 없으니, 이것이 추금秋金 몸체의 특성이다.

火來鍛鍊, 遂成鐘鼎之材, 土多培養, 反惹頑濁之氣, 見水, 則精神越秀, 逢木, 則琢削施威, 金助愈剛, 過剛則摺, 氣重愈旺, 旺極則摧.

화가 와서 녹여버리면 귀중한 그릇을 만드는 재료가 된다. 토가 많아 배양하면 도리어 혼탁한 기운에 이끌리고, 수를 보면 정신이 더욱 좋아지며, 목을 만나면 다듬어 위엄을 드러낸다. 금이 도우면 더욱 굳건해지는데, 지나치게 굳건하면 부러지고, 기운이 중첩되면 더욱 왕성해지는데, 극도로 왕성하면 꺾인다.

秋金至剛至銳, 得火鍛鍊乃成鐘鼎良材. 當權得令之金, 何勞印綬相生. 土多培養, 反增頑濁之氣. 故秋金用官煞, 喜才相生, 不宜印綬爲輔, 以損爲益也. (此言庚金)强金得水, 方挫其鋒, 氣旺得洩, 金清水秀, 愈顯其精神. 爲金水傷官格, (此言辛金)木至秋而凋零, 以旺金剋死木, 如摧枯拉朽, 任意施威. 木, 金之才也, 以水培木而金剋之爲食神生才格, 皆上格也. 秋金旺極, 再得金助, 則氣重而愈旺愈剛, 無火剋之, 或水洩之, 皆有滿極招損之危. 過剛則摺, 旺極則摧, 乃必然之勢也. 兩句意重出.

추금秋金은 지극히 굳건하고 지극히 날카로우니, 화로 제련해야 귀중한 그릇을 만드는 훌륭한 재료가 된다. 권력을 잡아 흔드는 금은 어떻게 인수로 상생하게 할 수 있겠는가? 토가 많아 배양하면 도리어 혼탁한 기운을 보태기 때문에 추금은 관살을 용신으로 재성이 상생하는 것을 반긴다. 인수로 도와서는 안되니, 덜어내는 것이 유익하기 때문이다. (여기에서는 경금庚金에 대해 설명했음) 강한 금이 수를 얻으면 그 날카로움을 꺾어 왕성한 기운을 누설할 수 있음으로 금은 청아해지고 수는 뛰어나게 되어 더욱 그 정신을 드러내니, 금수상관격金水傷官格이다. (여기에서는 신금辛金에 대해 설명했음) 목이 가을에 시들면 왕성한 금이 극하여 그것을 죽이는 것은 식은 죽을 먹는 것처럼 쉬워 마음대로 위엄을 과시할 수 있다. 목은 금의 재성이니, 수로 목을 북돋우면서 금이 극하면 식신생재격食神生才格으로 모두 최상의 격이다. 추금이 극도로 왕성한데 다시 금의 도움을 얻으면, 기운이 중첩되어 왕성할수록 더욱 굳건해져 화로 극하고 혹 수로 누설할 방법이 없으니, 모두 극도로 교만해서 손해를 당하는 위태로움이다. 지나치게 굳건하면 부러지고 극도로 왕성하면 꺾이는 것이야말로 필연적인 기세이다. 두 구절의 뜻이 거듭 나왔다.

冬月之金, 形寒性冷.

동월冬月의 금은 형상이 차갑고 성격은 싸늘하다

金至冬令, 旺氣已過, 氣洩而弱. 金之形質, 本是寒肅, 至隆冬之時, 與嚴寒之氣候相並, 性更冷酷. 此冬金之體性也.

금이 겨울에는 왕성한 기운이 이미 지나가고 기운이 누설되어 약하다. 금의 형질은 본래 차갑고 스산한데 한겨울에는 아주 추운 기후와 서로 함께 하여 특성이 냉혹하다. 이것이 동금冬金 몸체의 특성이다.

木多, 難施琢削之功, 水盛, 未免沉潛之患. 土能制水, 金體不寒, 火來助土, 子母成功. 喜比肩聚氣相扶, 欲官印溫養爲利.

목이 많으면 쪼아내고 깎아내는 일이 어렵고, 수가 성대하면 깊이 잠기는 우환을 벗어나지 못한다. 토가 수를 제압할 수 있으면 금의 몸체가 차갑지 않고, 화가 와서 토를 도우면 자식과 어미가 성공한다. 비겁이 기운을 모아 서로 돕는 것을 반기면, 관인이 따뜻하게 길러 이롭게 되도록 한다.

三冬水旺秉令, 金氣暗洩, 衰金不能剋木. 見木多, 不能施琢削, 此言不能用才也. 水爲時令旺氣, 金見水爲眞傷官. 金能生水, 水旺金沉, 衰金遇旺水有沉潛之患, 不能以傷官爲用也. 土能制水, 金藏于土, 體性 誠不寒矣. 然形藏用息, 無裨于金, 必須濟之以火, 火土相生, 金得溫養, 方能顯其用, 故云子母成功. 金衰得比劫聚氣相扶亦爲有益, 然寒金雖多, 難顯其用. 總之冬金不離官印官火也. 印, 土也. 單見印亦無益, (如于見己, 支見辰丑, 爲濕泥互凍.) 必須有官煞助之方得溫養之利. 金水傷官, 不能離官, 土金印綬亦不能缺官, 無官不成格, 重言以見其重要也.

삼동三冬에는 왕성한 수가 권력을 쥐고 있는데, 금의 기운이 암암리에 누설되니, 쇠약한 금은 목을 극할 수 없다. 목이 많은 것을 보면 쪼아내고 깎아낼 수 없다. 여기에서는 재성을 용신으로 할 수 없는 것에 대해 설명하였다. 수는 절기의 왕성한 기운이니, 금이 수를 보면 진실로 상관이다. 금이 수를 낳을 수 있으나 수가 왕성하면 금이 가라앉는다. 쇠약한 금이 왕성한 수를 만나면 가라앉는 우환이 있어 상관을 용신으로 할 수 없다. 토가 수를 제압할 수 있으나 금이 토에 감추어져 있으면 몸체의 특성이 진실로 차갑지 않다. 그러나 형체가 감추어져 있고 쓰임이 쉬고 있다면 금에 도움이 되지 않으니, 반드시 화로 조절한다. 화·토가 서로 낳아 금이 따스하게 길러지면 그 쓰임을 드러낼 수 있기 때문에 "자식과 어미가 성공한다"라고 하였다. 금이 쇠약하면 비겁을 얻어 기운을 모아 서로 도우면 또한 유익하다. 그렇지만 차가운 금은 많을지라도 그 쓰임을 드러내기 어렵다. 총괄하자면, 동금冬金은 관성·인성을 떠날 수 없다. 관성은 화이고, 인성은 토이다. 인성만 봐서는 무익하니, (천간에서 기己를 봤는데, 지지에서 진辰·축丑을 보면 축축한 진흙이라 차갑게 얼어버림) 반드시 관살의 조력이 있어야 따뜻하게 길러주는 이로움이 있다. 금·수 상관은 관을 떠날 수 없고, 토·금 인수도 관이 없을 수 없으니, 관이 없으면 격을 이루지 못하기 때문이다. 거듭 강조함은 그만큼 중요함을 나타내는 것이다.

경금과 신금에 대한 성질의 구별[庚辛金性質之分別]

庚金帶殺, 剛健爲最, 得水而淸, 得火而銳, 土潤則生, 土干則脆, 能贏甲兄, 輸于乙妹.

경금庚金은 깎아냄[殺]을 두르고 있어 굳셈이 최고인데, 수를 얻으면 청아하고, 화를 얻으면 예리하며, 토가 촉촉하면 낳고, 토가 건조하면 단단하지 않으며, 갑목 형은 꺾어버리고 을목 누이는 받아들인다.

金爲三秋肅殺之氣, 金必帶殺, 金之性也. 初生向旺, 則爲庚金, 剛健之性, 無堅不摧, 萬物見之, 無不凋零. 喻同劍戟. 得壬水以洩其氣, 則金白水淸, 所謂強金得水, 方銼其鋒是也. 得丁火以冶其體, 則銳利可試. 凡用庚金, 不離丁火, 丁火衰退, 不能去金, 用其昭融之性, 而成相資之功. 庚金得丁而銳, 亦性之特殊者也. (甲丙戊壬皆喜陽干相制爲用. 如甲喜庚, 丙喜壬, 戊喜甲, 壬喜戊之類, 獨庚金喜丁火, 故言特殊.) 生于春

夏, 氣値休囚, 喜土扶助. 遇丑辰濕土, 則能全其生, 逢戌 未燥土, 反致
脆其質. 甲木雖堅, 力能剋之, 乙木柔弱, 相合有情, 反失 其鋒銳之用也.

금은 삼추三秋의 스산한 기운이다. 금이 깎아냄을 두르고 있는 것
은 금의 특성이다. 처음 나와 왕성하게 뻗어 나가면 경금이 되어 굳
센 특성은 아무리 견고해도 꺾어놓지 않는 것이 없고 만물이 그것을
보면 시들지 않는 것이 없으니, 무기와 같다고 하겠다. 임수로 그 기
운을 누설할 수 있으면 금은 깨끗하고 수는 맑아지니, 이른바 굳센
금이 수를 얻어 그 날을 꺾었다는 것이 여기에 해당한다. 정화로 그
몸체를 도야할 수 있으면 예리함을 시험할 수 있으니, 경금을 용신
으로 함에는 정화를 떠나지 못한다. 정화가 쇠퇴하면 금을 떠날 수
없으나 그 명확한 특성을 용신으로 하여 서로 돕는 공을 이룬다. 경
금이 정화를 얻어 예리해지는 것은 또한 특수한 특성이다. 갑·병·무·
임은 모두 양간이 서로 제압하며 용신이 되는 것을 반기니, 갑이 경
을 반기고 병이 임을 반기며, 무가 갑을 반기고 임이 무를 반기는 것
과 같다. 그런데 유독 경금은 정화를 반기기 때문에 '특수한'이라고
했다. 춘하에 나와 기운이 휴休·수囚이면 토가 돕는 것을 반기고, 축
丑·진辰의 축축한 토를 만나면, 그 생을 온전하게 할 수 있으나 술戌·
미未의 건조한 토를 만나면 도리어 그 특성을 단단하게 하지 못한다.
갑목은 견고할지라도 힘으로 그것을 극할 수 있다. 그런데 을목은
부드러울지라도 서로 합함으로 정이 있으니, 도리어 칼날처럼 예리

한 쓰임을 상실한다.

辛金軟弱, 溫潤而淸, 畏土之多, 樂水之盈, 能扶社稷, 能救生靈, 熱則喜母, 寒則喜丁.

신금辛金은 연하고 약하며 따스하고 촉촉하여 청아하다. 토가 많은 것을 두려워하고 수가 성대한 것을 기뻐하며, 사직에 도움을 줄 수 있고 생명을 구할 수 있으며, 더우면 어미를 반기고 차가우면 정丁을 반긴다.

肅殺之金, 其氣衰竭, 其勢緩和, 則化而爲淸凉之辛金. 四時之氣, 夏熱而酷, 爲丙火, 冬寒而森, 爲壬水, 春熱而濕, 爲甲木, 秋寒而燥, 爲庚金, 軟弱溫潤四字, 針對庚金而言, 不剛不健, 故言軟弱, 不寒不燥, 故言溫潤, 性柔質弱, 喻如釵釧之金. 上文貴火氣爲榮, 欲厚土爲輔者, 庚金也. (春金宜忌節)若柔弱之辛, 見火有銷鎔之懼, 見土有埋沒之憂, 惟有見水, 洩其輕淸之氣. 金水澄澈, 最爲淸秀, 然亦不宜多, 多則有沉潛之患也. 社稷, 土谷之神, 喻己土也. 辛金雖弱, 能制乙木, 不剋己土, 豈非能扶社稷乎. 丙火炎威肆虐, 而辛合之, 緩和其氣燄, 豈非能救生靈乎. 生于夏令而火多, 有己土則能晦火存金, 是喜母也, 生于冬令, 有丁火, 則能暖水而養金, 是喜丁也.

스산한 금은 그 기운이 쇠락하였으니, 그 기세가 느슨해지면 변해서 맑고 시원한 신금辛金이 된다. 사시의 기운은 여름에는 뜨거워 고통스러우니 병화이고, 겨울에는 차가워서 오싹하니 임수이며, 봄에는 따스하고 축축하니 갑목이고, 가을에는 서늘하고 건조하니 경금이다. 연하고 약하며 따스하고 축축하다는 말은 경금에 겨누어 말한 것이고, 굳건하지 않고 강건하지 않기 때문에 연하고 약하다고 했고, 차갑지 않고 건조하지 않기 때문에 따스하고 축축하다고 했다. 성질이 유약하여 비녀나 팔찌 같은 금으로 말하였다. 앞의 글에서 '화의 기운이 성대한 것을 귀하게 여기고, 성질이 유약하여 두터운 토로 도움을 받고자한다'는 것은 경금이다. (「사계에서 금의 마땅함과 꺼림」절)4) 유약한 신금이 화를 보면 녹아버린다는 두려움이 있고, 토를 보면 매몰된다는 걱정이 있다. 그런데 오직 수를 보고 가볍고 맑은 기운을 누설하면, 금金·수水의 맑음이 가장 뛰어나지만 또한 많아서는 안된다. 많으면 잠겨버리는 걱정이 있다. 사직은 토신과 곡신이니, 기토를 말한다. 신금辛金은 유약할지라도 을목을 제압하고 기토를 극하지 않을 수 있는 것이 어찌 사직을 도울 수 있는 것이 아니겠는가? 병화가 화의 위엄으로 피해를 입히는데 신辛이 합하여 타오르는 불꽃을 온화하게 만드니, 어찌 생명을 구할 수 있는 것이 아니겠는가? 여름철에 태어나 화가 많은데 기토가 있으면 화를 가려 금

---

4) 원문에는 「춘금의 마땅함과 꺼림」절(春金宜忌節)로 되어 있는 것을 앞글을 참고하여 수정함

을 보존할 수 있으니, 바로 어미를 반기는 것이다. 겨울철에 태어나 정화가 있으면 수를 따스하게 하여 금을 기를 수 있으니, 바로 정丁을 반기는 것이다.

경의 여섯 가지 조화[六庚造化]

庚子爲倒懸鐘磬. 金空則響, 偏宜坐於死絶空地. 未穿午冲, 遇擊則聲聞寰宇. 如丑戌相逢, 火土塡實, 闇汝無聲矣.

경자庚子는 거꾸로 달아놓은 비어있는 종이다. 금이 비어 있으면 소리가 나니, 사死·절絶의 비어 있는 위치에 있는 것이 가장 적합하기 때문이다. 미未의 천穿·오午의 충冲으로 부딪히면 그 소리가 세상에 울린다. 축丑·술戌이 서로 만나 화·토가 열매를 채우면, 어두워져 소리가 없다.

庚寅爲入冶爐鍾. 蓋初鎔之金, 逢木火交集, 銷去陰翳, 鍊成美質, 怕食傷再見, 躍冶可虞. 至於舒配去留, 加些辰水泥漿, 此中另有許多作用.

경인庚寅은 '대장간의 화로[冶爐]'에 들어간 종으로 처음 녹이는 금이니, 목화를 함께 쌓여있는 것을 만나 나무의 음기를 모두 없애면 단련되어 좋은 재질이 된다. 아마도 식신이 거듭 나타나면 좋은 그릇이 될지 염려되겠지만 거취를 여유 있게 정하고 진수辰水의 진흙 같은 미움을 더하면, 이렇게 하는 가운데 별도로 허다한 작용이 있을 것이다.

庚辰爲水師將軍, 須要酉刃相逢, 方稱前茅果毅. 或比劫雲集, 亦是受兵敵愾. 若逢戊寅資扶, 尤爲膂力經營. 不然, 單弱畏怯, 一事無成. 凡水師將軍, 不宜行陸地, 又怕木火土庫, 戌未冲刑.

경진庚辰은 수사장군水師將軍으로 반드시 유酉의 칼날과 서로 만나면 상급의 '과감하고 굳센 장군[果毅]'이라고 칭한다. 혹 비겁이 운집해도 병력을 받아들여 맞서며 분개하는 것이다. 무인戊寅의 도움을 받으면 더욱 완력의 힘으로 경영하는 것이고, 그렇지 않으면 홀로 약하고 겁이 많아 어떤 일도 성공하지 못하는 것이다. 수사장군은 육지로 다녀서는 안되고, 또 목木·화火·토土의 창고[庫]와 술戌·미未의 충冲·형刑을 두려워한다.

庚午爲出冶之金, 旣鍊之物, 急要干支有水, 淬礪成硎. 若木火重逢, 必至過激, 定主夭折.

경오庚午는 주조를 마친 금으로 담금질이 끝난 것이라면, 간지에 수가 있어 다듬고 갊으로 형태를 만드는 것이 시급하다. 수水·화火가 거듭 있다면 반드시 과격하게 되고 정해진 주인이 요절한다.

庚申爲已成劍戟, 最怕再遇火鄕而反壞. 若會子辰, 及辛金壬癸相湊, 其光氣自冲牛斗.

경신庚申은 이미 완성된 무기이니, 화향火鄕을 다시 만나 도리어 망가지는 것이 가장 두렵다. 자子·진辰과 모이고 신금·임계가 함께 몰려온다면 그 빛나는 기운이 저절로 우성과 두성[牛斗]을 충한다.

庚戌爲陸路將軍, 最喜陽刃幫助, 與庚辰同. 但遇申子辰壬癸水地, 則手足俱疲, 全無所施. 更忌辰冲, 以其侵突我也.

경술庚戌은 육로장군陸路將軍으로 양인陽刃의 도움을 가장 반기는 것은 경진庚辰과 같다. 다만 신申·자子·진辰과 임壬·계癸라는 수水의 영역을 만나면, 수족이 모두 병들어 어디에도 쓸 곳이 없다. 다시 진辰이 충함으로 나를 습격하는 것을 꺼린다.

신의 여섯 가지 조화[六辛造化]

辛丑爲胎息之金, 先要印綬扶其質, 更要食傷吐其氣, 陽和沙水, 是其妙劑. 且春冬喜微火溫暖, 夏秋喜淸水吐秀, 書云, 辛金珠玉性虛靈, 最喜陽和沙水淸, 成就不勞炎火煆, 資扶偏愛溼泥生. 六辛皆同此理.

신축辛丑은 태에서 숨쉬는 금으로 먼저 인수가 그 바탕을 돕는 것이 필요하고 다시 식상이 그 기운을 토해내는 것이 필요하니, 화창한 모래밭의 물이 묘하게 조절되는 것이다. 봄과 겨울에는 작은 불의 따스함을 반기고, 여름과 가을에는 맑은 물이 뛰어난 기운을 토해내는 것을 반기니, 책에서 "신금辛金이라는 주옥珠玉은 마음에 잡스러운 것이 없어 화창한 모래밭의 맑은 물을 반기고 성취에 화염이 타오르기를 힘쓰지 않으며, 축축한 진흙에서 나오는 것을 돕고 편애한다"라고 하였다. 여섯 가지 신辛은 모두 이와 같은 이치이다.

辛卯爲古木之精, 其質脆薄, 必輔以戊子戊戌, 及支柱丙戌相扶, 庶有所托而行於世. 若無印綬, 專見食傷, 反洩氣無用矣.

신묘辛卯는 고목의 정기로 그 바탕이 여리고 약하니, 반드시 무자戊子와 무술戊戌로 보조하여 이어 지주의 병술로 서로 도우면, 거의 맡겨서 세상에 행할 것이 있다. 인수 없이 오로지 식상만 있으면 그 기운을 누설하여 쓸모가 없다.

辛巳爲石中玉璞, 有得水足以大發光芒, 所謂雨後吐彩是也. 干上透水爲最, 支中藏水次之. 卽丙辛化水, 亦妙有從化, 見壬癸更佳. 逢冲尤吉.

신사辛巳는 돌 속의 옥돌로 수가 있으면 빛발을 충분히 크게 발휘할 수 있으니, 이른바 비온 뒤에 빛난다는 것이 여기에 해당한다. 천간에 수가 투간되어 있는 것이 최고이고, 지지에 들어 있는 수는 그 다음이니, 곧 병丙과 신辛이 수로 변하면 또한 묘하게 따르지만 임壬·계癸를 봐야 다시 아름답고 충을 당하면 더욱 길하다.

辛未爲鎔土成金, 金從土生, 卽得金矣. 先要戊己資扶, 次要壬癸吐氣. 但己不如戊, 癸不如壬. 所忌者甲乙剋土. 陰霾埋光, 難以尋鍊. 大約看福壽以土爲主, 取功名以水爲主. 二者俱不可傷.

신미辛未는 흙을 녹여 금을 만들어 금이 흙에서 나오는 것으로 곧 금을 얻는 것이다. 먼저 무戊·기己가 돕는 것이 필요하고, 다음에 임壬·계癸가 기운을 토해내는 것이 필요하다. 다만 기己는 무戊만 못하고 계癸는 임壬만 못하다. 꺼리는 것은 갑·을이 토를 극하는 것이다. 흙먼지가 하늘을 덮어 빛을 가리면 제련하기 어렵다. 대략 복과 수명을 지키는 것은 토를 주로 하고, 공명을 취하는 것은 수를 주로 하니, 두 가지는 모두 해쳐서는 안된다.

辛酉爲珍貴珠玉, 辛祿居酉, 乃瑚璉重器, 朝家至寶, 誰不珍惜. 有水透出, 加之無木無火, 無庚冲, 無暴棄納鑿, 便爲尊貴至極也.

신유辛酉는 진귀한 주옥으로 辛의 건록이 酉에 있는 것은 호련瑚璉이라는 귀중한 기구로 조정의 지극한 보배이니, 누군들 보배로 아끼지 않겠는가? 수가 투간되어 나와 있는데, 더하여 목이 없고 화가 없으며, 경庚의 충이 없고 받아들여 소통함을 포기함이 없다면 지극히 존귀한 것이다.

辛亥爲水底珠玉, 最喜有寅合亥, 名爲撈金用篩. 卽登彼岸, 其金足以表見光芒. 或土塡水落, 倘値泥淤刑庫, 沈淪苦海終無用矣.

신해辛亥는 물속의 주옥으로 인寅이 있어 해亥와 합하는 것을 가장 반기니, 금을 걸러내려고 체질하는 것이라고 부른다. 언덕으로 가지고 올라가면 그 금이 빛발을 충분히 드러낼 수 있다. 혹 흙으로 메워 물이 흩어지면 갑자기 형고에서 진흙을 만나 고해苦海에 빠져 가라앉는 것이니, 끝내 쓸모가 없다.

(5) 사계에서 수의 마땅함과 꺼림[四時之水宜忌]

生于春月, 性濫滔淫.

춘월春月에 나오면 특성이 넘치고 어지럽다.

水者, 三冬嚴寒之氣候, 其性冷酷. 時屆春令, 陽和日暖, 化爲濕潤, 氣勢散漫而無歸宿, 故水至春令爲病死墓地. 旺氣方退, 多則泛濫, 少則枯竭, 散漫無源, 春水之性也.

수가 삼동三冬 혹한의 기후에는 그 특성이 냉혹하다. 봄철이 되면 화창하게 날이 따뜻해져 촉촉하게 적셔주는 것으로 변하는데, 기세는 산만하여 귀착점이 없다. 그러므로 수가 봄철에는 병지·사지·묘지가 되어 왕성한 기운이 물러난다. 많으면 범람하고 적으면 고갈된다. 산만함으로 근원이 없는 것이 춘수春水의 특성이다.

再逢水助, 必有崩堤之勢, 若加土盛, 則無泛漲之憂. 喜金生扶, 不宜金盛, 欲火旣濟不要火多, 見木雖可施功, 無土仍愁散漫.

거듭 수의 도움을 받으면 반드시 제방을 무너뜨리는 기세가 있으나 성대한 토로 막으면 가득차서 넘치는 우환은 없다. 금이 돕는 것을 반기나 금이 성대하지 않아야 하고, 화로 조절하고자 해도 화가 많이 필요는 없다. 목이 있으면 공을 이룰 수 있으나 토가 없으면 산만한 것이 거듭 슬퍼다.

水性泛濫, 再逢水助, 必致汪洋無度故春壬, 支見劫刃, 干透比劫者, 必須戊土制之, 有戊堤防不虞泛漲. 然春水外象洶湧, 內性柔弱, (有旺木洩水之氣.) 無劫刃不須用戊. 見戊多, 更宜甲木制之, 方不致塞 水之流也. 水以金生爲源, 三春木旺火相, 水之氣洩而涸, 得金生扶, 則源遠流長, 且可制木, 故春水不能缺金生扶也. 然不宜多, 金多, 則水濁, 水火以旣濟爲美. 無火, 則水性寒, 故壬丙不相離. 壬得丙照, 名春江水 暖, 氣勢融和, 然不宜旺, 旺則水涸, 必須比劫爲救. 春木當旺, 水生于春, 爲水木眞傷官. 水少則氣洩, 必以印劫爲救, (金水)水盛則木浮, 必以土培其根, 火暖其氣, 方有水木淸華之象. 此水木傷官所以喜才官也.

수는 범람하는 것이 특성인데 다시 수의 도움을 받으면 반드시 넓고 커서 절제가 없다. 그러므로 봄의 임수이 지에 겁재·인인이 있고 천간에 비겁이 투간되어 있으면 반드시 무토로 제압해야 한다. 무의 제방이 있으면 가득차서 넘치는 것을 걱정하지 않는다. 그러나 춘수春水는 외부의 형상은 용솟음치고 있으나 (왕성한 목이 수의 기운을 누설하여) 내부의 특성은 유약하니, 겁겁·인刃이 없으면 무戊를 쓸 필요가 없고, 무가 많으면 다시 갑목으로 그것을 제압해도 한수寒水의 흐름을 불러오지 않는다. 수는 금이 생하는 것으로 근원을 삼는데, 삼춘三春에는 목이 제왕이고 화가 재상이라 수가 고갈되어 말라버리니, 금이 도우면 근원이 심원해지고 또 목을 제압할 수 있기 때문에 춘수春水는 금의 도움이 빠질 수 없으나 많아서는 안되니, 금이 많으면 수가 흐려지기 때문이다. 수와 화는 기제(旣濟)를 좋게 여기는데, 화가 없으면 수의 특성이 차가워지기 때문에 임壬과 병丙이 서로 떠나지 않아 임壬이 병丙의 햇빛을 얻으면, 봄의 강물이 따스하다고 이름붙이니 기세가 융화되기 때문이다. 그러나 왕성해서는 안된다. 왕성하면 수가 말라버리니 반드시 비겁의 도움이 있어야 한다. 봄에 목木이 당연히 왕성하니, 수가 봄에 나오면 수水·목木의 진상관眞傷官이다. 그런데 수가 적으면 기운이 누설되니 반드시 인수와 겁재인 금金·수水로 도와야 한다. 수가 성대하면 목이 둥둥 뜨다니, 반드시 토로 그 뿌리를 북돋우고 화로 그 기운을 따스하게 해야 수水·목木이 깨끗하게 꽃피는 상이 있다. 이 때문에 수水·목木의 상관이 재才·관官을 반기는 것이다.

夏月之水, 復性歸源.

하월夏月의 수는 본성을 회복하여 근원으로 되돌아간다.

水至夏季, 氣勢衰絕, 復其本性則靜止, 歸向源頭則澄泓. 用息形藏, 此夏水之性也.

수가 하지에는 기세가 쇠하여 끊어짐으로 본성을 회복하여 고요히 머물러 있다. 돌아가 발원처로 향하면 맑으면서 깊어 쓰임이 없는 듯하고 모양이 감추어지니, 이것이 하수夏水의 특성이다.

時當涸際, 欲得比肩, 喜金生而助體, 忌火旺而煩干, 木盛則盜其氣, 土旺則止其流.

건조기에는 비견을 얻고자 하고, 금이 낳아서 돕는 것을 반기며, 화가 왕성하여 말려버리는 것을 꺼린다. 목이 왕성하면 그 기운을 훔쳐가고, 토가 왕성하면 그 흐름을 멈추게 한다.

涸際者, 干涸之際也. 夏水衰絕, 而值火土燥烈之時, 自然干涸. 得金生之, 猶嫌不足, 更須比劫助之. 蓋金雖能生水, 而夏月金氣微弱, 無水爲助, 金必被镕. 以水衛金, 以金生水, 相濟爲用, 方能存形藏體絕之水也. 火爲當旺之氣, 又有土同旺, 若四柱火多, 則無源之水必被熵干. 木盛, 則洩水之氣以助火, 土重, 則涸轍之水易干. 總之氣值衰絕, 只能生助, 不能剋洩, 體弱氣衰, 易遭損害也.

건조기는 메말라버리는 때이다. 하수夏水는 쇠지·절지라서 화火·토土의 조열한 때를 만나면 저절로 메마르니, 금이 생해주는 정도로는 여전히 부족하게 여겨지니 반드시 다시 비겁이 도와주어야 한다. 금이 수를 생할 수 있을지라도 하월夏月에는 금의 기운이 미약하여 수로 돕지 않으면 금이 반드시 녹아버리니, 금으로 수를 낳아 서로 돕는 것으로 용신을 삼아야 형체가 사라지는 수를 보존할 수 있다. 화는 왕성한 때의 기운이고 또 토도 동일하게 왕성한데, 사주에 화가 많다면 근원이 없는 수는 반드시 메말라버리고, 목이 왕성하다면 수의 기운을 누설하여 화토를 도우며, 토가 거듭되면 바퀴자국에 괸 물이 쉽게 마른다. 총괄하자면, 기운이 쇠지·절지에 오면 단지 생조해 주어야 할 뿐이다. 극하여 누설할 수 없는 것은 몸체와 기운이 쇠약 쉽게 손상되기 때문이다.

秋月之水, 母旺子相, 表里晶瑩.
추월秋月의 수는 어미가 왕이고 아들이 재상이라 표리가 환하게 반짝인다.

母, 金也, 子, 水也. 三秋金神秉令之時, 壬水長生, 母旺子相, 勢力並行, 金水澄淸, 表里晶瑩, 此秋水之體也.
어미는 금이고 아들은 수이다. 삼추三秋는 금신金神이 권력을 휘두르는 때이고 임수壬水의 장생이어서 어미가 왕이고 아들이 재상으로 세력이 병행하니 금수가 맑고 환하여 표리가 환하게 반짝인다. 이것이 추수의 몸체이다.

得金助則淸澄, 逢土旺而混濁, 火多而財盛, 木盛則子榮. 重重見水, 增其泛濫之憂, 疊疊逢土, 始得淸平之意.

금의 도움을 받으면 맑아지고, 왕성한 토를 만나면 혼탁해지며, 화가 많으면 재성이 성대하고, 목이 성대하면 자식이 영화롭다. 겹겹으로 수를 보면 범람하는 것에 대한 근심을 보태고, 첩첩이 토를 만나면 비로소 평화로운 마음을 얻는다.

秋水以澄澈爲貴. 得金生之, 更見淸澄, 金白水淸, 秀氣發越. 土重混濁者, 己土也. 不能止水, 而水挾泥沙以同流, 徒然混濁也, 逢土淸平者, 戊土也, 壬水沖奔, 非戊土不能止, 癸日得壬劫, 性與壬同, 重重見水, 泛濫堪虞, 得戊土堤防則水入正軌, 自得淸平也, 火水之財也, 木水之食傷也. 秋水旺相火雖多, 力能剋之, 故火多而財盛, 水旺, 則喜洩 其秀, 故木盛則子榮.

추수는 맑은 것을 귀하게 여기는데 금이 생해주면 바로 맑아지니, 금은 희고 수는 맑아 뛰어난 기운이 드러난 것이다. 토가 거듭되면 혼탁하다는 것은 기토己土로 수를 막을 수 없어 수가 진흙이나 모래와 함께 흘러가 쓸데없이 흐리기 때문이다. 토를 만나면 평화롭다는 것은 무토로 임수가 충으로 도망가니, 무토가 정지시킬 수 없는 것이 아니기 때문이다. 계癸 일간이 겁재 임壬을 만나면 본성이 壬과 같아 겹겹이 수를 보는 것이라 범람하는 것이 큰 우환인데 무토의 제방을 만나면 수가 바른 궤도로 들어가 저절로 평화롭게 된다. 화는 수의 재성이고, 목은 수의 식상인데, 추수秋水는 왕상旺相하여 화가 많을지라도 힘으로 극할 수 있기 때문에 화가 많으면 재성이 성대한 것이다. 수가 왕성하면 반갑게 그 뛰어남을 누설하기 때문에 목이 성대하면 자식이 영화로운 것이다.

冬月之水, 司令當權.
동월冬月의 수는 사령司令이 권력을 잡은 것이다.

水歸冬旺, 嚴寒冷酷, 冬水之性也.
수가 겨울로 돌아가면 왕성해져서 혹독하게 추운 것이 동수冬水의 특성이다.

遇火, 則增暖除寒, 見土, 則形藏歸化. 金多, 反曰無義, 木盛, 是爲有情. 土太過, 勢成涸轍, 水泛濫, 喜土堤防.
화를 만나면 따뜻함을 더해 추위를 없애고, 토를 만나면 형태를 감추어 귀화歸化하며, 금이 많으면 도리어 의리가 없다고 하고, 목이 성대하면 정이 있는 것이며, 토가 너무 많으면 바퀴자국의 모인 물이 말라버리고, 수가 범람하면 토의 제방을 반긴다.

   水之性潤下, 其象澄泓, 雖在冬令當旺之時, 而値萬象休止之候, 見土則形藏歸化, 其用不彰. 譬如崖高水急, 水行地中, 無用可言. 故冬水雖旺, 不能專以官煞爲用也. 冬水極旺之時, 何勞金生. 水冷金寒, 反爲無義, 非其所需要也. 旺水見木洩其氣是爲有情, 然水寒木凍, 亦無生意, 惟有遇火則增暖除寒. 水得陽和之氣而活動, 方能洩秀于木, 滋潤于土, 溫潤于金, 大用全彰, 方成有用之水, 此火所以爲最要也. 嚴寒之際, 水少土多, 則冰結池塘, 兩失其用. 惟有値水勢泛濫之時, 方喜用土爲堤防. 然亦不能缺火, 所以冬水惟才生官爲上格, 調和氣候, 最爲重要也.

   수의 특성은 아래로 흐르면서 촉촉이 적셔줌으로 그 상이 맑고 깊다. 겨울의 왕성한 때에 모든 온갖 사물의 형상이 쉬며 정지하는 시기 시기일지라도 토를 만나면 형태를 감추어 귀화함으로 그 작용이 드러나지 않으니, 비유하자면 물기슭이 높고 물살이 빨라 물이 땅속으로 흐르는 것이다. 그러므로 동수冬水는 왕성할지라도 오로지 관살로 용신을 삼을 수 없다. 동수가 극히 왕성할 때에는 무엇 때문에 금이 생하도록 노력할 것인가? 수가 얼어붙고 금이 차가워 도리어 의리가 없으니, 필요한 것이 아니다. 왕성한 수는 목이 그 기운을 누설하면 유정하지만 수가 얼어붙고 목이 차가워서 생기가 없다. 오직 화를 만나면 따스함을 더해 추위를 없앤다. 수가 따스한 기운을 얻어 화력이 생기면, 목으로 뛰어남을 누설 수 있고, 토를 촉촉이 적셔주며 금을 따스하게 적셔주어 큰 쓰임이 온전하게 드러냄으로 쓸모 있는 수가 될 수 있으니, 이것이 화가 가장 필요한 까닭이다. 엄동에 수가 적고 토가 많으면 못이 얼어붙어 양쪽이 그 쓰임을 잃는다. 오직 수의 기세가 범람하는 때에는 토로 제방 삼기를 즐겨 쓰지만 화를 빼놓을 수 없기 때문에 동수는 오직 재가 관을 생하는 것이 상격이니, 기후를 조화롭게 하는 것이 가장 중요하기 때문이다.

임수와 계수에 대한 성질의 구별[壬癸水性質之分別]

壬水通河, 能洩金氣, 剛中之德, 周流不滯, 通根透癸, 冲天奔地. 化則有情, 從則相濟.

임수壬水의 뻗어 오른 강이 금의 기운을 누설할 수 있으면, 굳건하고 알맞은 덕이 두루 흐르고 막히지 않는다. 뿌리가 있는 투간된 계수가 하늘로 치솟고 땅으로 내달림에 변화하면 유정하고 따르면 서로 조절한다.

水爲三冬酷寒之氣, 初生向旺, 逐步進氣, 其象如堅冰, 如湍流, 喻同江湖, 言其有冲奔之性也. 通河者, 天河也. 水長生于申, 申乃坤位. 時値七月, 銀河耿耿, 假以爲喻, 壬水之性, 外柔而內剛, 其力至爲偉大. 水火二物爲天地陰陽之二氣, 冬至水旺極時, 一陽潛生, 木火之氣已動, 夏至火旺極時, 一陰潛生, 金水之氣已動. 大氣循環, 周流不滯, 天地之 德, 卽 水火之用也. 支有亥申子辰則通根, 天干再見壬癸比劫, 則有冲天 奔地之 勢. 非有戊戌高亢之土, 不能納水于正軌, 非有甲寅陽和之木, 不能洩水之 旺氣. (水以流通爲貴, 生于四季, 亦宜甲木疏土, 方得流通.) 見丙火, 則 日照江湖, 相映增輝, 見丁火, 相合助火, 生于巳午未月, 而 無金水之助, 火旺則從火, (才)土旺則從土, (煞)雖棄命相從, 失其原 來之性, 而調和潤 澤, 仍有相濟之功.

 수가 삼동 혹한의 기운으로 처음 나와 왕성하게 뻗어나가 한걸음 씩 기운을 내미는 것은 그 상이 단단한 얼음과 같고 급류와 같음으로 강이나 호수와 마찬가지라고 비유하고 치솟고 내달리는 특성이 있다 고 말한다. 뻗어 오른 강은 은하수이다. 수가 신申에서 장생한다. 신 申이 곤坤의 위치에 있으면, 7월로 은하수가 빛나는 것으로 비유할 수 있다. 임수의 특성은 외유내강이라 그 힘이 아주 크다. 수水·화火 두 가지는 천지에서 음양의 두 기운으로 동지에는 수가 극히 왕성한 때지만 하나의 양이 속에서 나오니, 목木·화火의 기운이 벌써 움직이 고, 하지에는 화가 극히 왕성한 때이지만 한의 음이 속에서 나오니, 금金·수水가 벌써 움직인다. 대기의 순환은 두루 흘러 막히지 않으 니, 천지의 덕으로 곧 수水·화火의 작용이다. 지지에 해亥·신申·자子· 진辰이 있는 것이 뿌리가 있는 것이다. 천간에 거듭 임壬·계癸의 비 겁이 있는 것이 하늘로 치솟고 땅으로 내달리는 기세가 있는 것이니,

무술戊戌의 높이 치솟은 토가 있지 않으면 수를 바른 궤도로 돌아오게 할 수 없고, 갑인甲寅의 따스한 목이 있지 않으면 수의 왕성한 기운을 누설할 수 없다. 수水는 흘러서 통하는 것이 귀하니, 네 계절의 마지막 달에 태어나도 갑목이 소통해 주어야 흘러서 통할 수 있음. 병화를 보면 해가 강과 호수에 빛나 서로 비춤으로 빛을 더하고, 정화를 보면 서로 합해 화火를 돕는다. 그런데 사巳·오午·미未월에 태어나 금金·수水의 도움이 없어 화火가 왕성하면 재성인 화를 따르고 토土가 왕성하면 관살인 토를 따르는 것은 명命을 버리고 서로 따라 원래의 본성을 잃은 것이지만 어울림으로 윤택하면 서로 조절하는 공이 있는 것이다.

癸水至弱, 達于天津, 得龍而潤, 功化斯神, 不愁火土, 不論庚辛, 合戊見火, 化象斯眞.

계수癸水가 지극히 유약한데 하늘의 나루에 닿음으로 용을 얻어 윤택하게 하면, 공의 조화가 이에 신묘하여 토를 불태우지 않으니, 경庚·신辛은 말하지 않는다. 무戊와 합해 화火를 드러내면 변화의 상이 이에 진실해진다.

水性至柔, 氣値衰退則爲癸水, 其象如雨露如霜雪, 其用爲潤澤, 故癸水爲至弱也. 天津天河也. 水生于申, 不論陰陽, 通根申亥, 弱而不退氣之水, 惟喜庚辛生之, 壬水劫助, 否則, 難言剋洩財官之用. 干透壬劫, 則用同壬, 故本篇專論其化也. 癸弱見戊, 與乙見庚金相同, 以至弱之癸, 而見高燥之戊, 被剋而失其本性, 從化至易, 然必見辰, 方起變化. 龍, 辰也, 化氣格必見辰字, 化氣方眞. (見下體用之變) 癸水旣合戊化火, 見火土則助其化, 故不愁火土也. 化氣格兒印, 皆爲有根不化, 獨癸 水合戊, 雖見庚辛亦化, (見申酉不化) 蓋化格見辰干透丙火, 爲化氣元神, 庚辛被制, 不能生水, 故可不論也. 癸爲弱水, 戊爲燥土, 生于春夏, 干無壬劫之助, 支無申亥子爲源, 滴水消散, 必然合戊化火. 若生于秋冬, 金水旺地, 則不易化. 此中自有分別, 宜細察之. 見火者, 謂遁干見辰, 必爲丙辰化氣之. 原神出干, 化象斯眞也.

　수의 특성은 지극히 유약한데 기운이 쇠퇴하게 되면 계수癸水가 된다. 그 상이 비나 이슬과 같고 서리나 눈과 같아 그 쓰임이 적셔주는 것이 되기 때문에 계수는 지극히 유약하다. 하늘의 나루는 은하수이다. 수水가 신申에서 장생하는 것은 음·양간을 논하지 않으니, 신申·해亥에 뿌리를 내리고 있으면 약해도 약하지 않다. 물러나는 수는 오직 경庚·신辛이 생해주고 임수壬水 겁재가 도와주는 것을 반길 뿐이다. 그런 것이 아니라면, 재財·관官을 극하고 누설하는 쓰임을 말하기 어렵다. 천간에 투간된 임壬 겁재가 있다면 쓰임은 임壬과 같기 때문에 본래의 편에서는 변화한 것만 논하였다. 약한 계癸가 무戊를 보는 것은 을乙이 경庚을 보는 것과 서로 같으니, 지극히 유약한 계가 높이 메마른 토를 보면 극을 당해 그 본성을 잃어 변하는 대로 따르기 쉽지만 반드시 진辰을 봐야 변화한다. 용이 진이다. 화기격化氣格은 반드시 '진辰'자를 봐야 화기化氣가 진실해진다. (아래에서 몸체와 용신의 변화를 참고할 것) 계수가 이미 무토와 합해 화로 변했는데, 화火·토土를 보면 그 변화를 돕기 때문에 화火·토土를 근심으로 여기지 않는다. 화기격이 인수를 보면 모두 뿌리가 있어 변하지 않는데, 유독 계수는 무와 합함에 경庚·신辛을 볼지라도 변화한다. (신申·유酉를 보면 변화하지 않음) 화격에서 진辰을 봤는데 천간에 투간된 병화가 있으면, 변화한 기운의 원신元神이 되고 경庚·신辛이 제압을 당해 수水를 생할 수 없기 때문에 논하지 않아도 되는 것이다. 계癸는 유약한 수이고 무戊는 조열한 토이니, 춘春·하夏에 태어나 천간에 임 겁재의 도움이 없고 지지에 근원이 되는 신申·해亥·자子가 없다면 물방울이 흩어져 필연적으로 무戊와 합하면 화로 변한다. 추秋·동冬에 태어나 금金·수水기 왕성한 곳이면 변학하기 어렵다. 그러니 이런 가운데에서 스스로 분별하여 자세히 살펴야 한다. 화火를 볼 경우는 둔간遁干에서 진辰을 봄에 반드시 병진丙辰이 되는 것을 말하니, 화기의 원신이 천간에 있음으로 변화의 상이 이에 진실한 것이다.

임의 여섯 가지 조화[六壬造化]

壬子爲洋溢滂沱之水, 須有煞以制刃, 則狂瀾砥柱, 清晏立俟. 再加印綬食傷, 與官煞互相制伏, 其功名富貴, 不可限量.

임자壬子는 바다에 물이 넘치고 강에 비가 퍼붓는 수로 반드시 관살로 인을 제압하면, 지주砥柱까지 미친 듯이 휘몰아치는 파도가 맑고 편안해지는 것은 서서 기다릴 수 있는 정도인데, 다시 인수와 식상을 더해 관살과 서로 제압하면 그 공명과 부귀가 한량이 없다.

壬寅爲雨露沙隄, 見其入不見其出, 故多主富. 若雲雨並集(雲者庚辛也), 趨艮利達, 發福無涯. 有木透者, 多是武貴. 最嫌火土太燥. 或水滿金頑, 俱是愚頑之輩.

임인壬寅은 우로와 모래 제방으로 흘러들어오는 것은 보이지만 흘러나가는 것은 보이지 않기 때문에 대부분 주로 부자가 된다. 구름과 비가 함께 모이면 (구름은 경庚·신辛임) 간艮으로 달려가고 영달하여 복을 받음이 끝이 없다. 목이 투간되어 있을 경우에는 대부분 무武로 귀하게 된다. 화토가 너무 조열하거나 수가 가득하고 금이 완고한 것을 아주 싫어하니, 모두 어리석은 무리이다.

壬辰爲壬騎龍背, 第一要亥子, 則龍潛深淵, 更喜天干有甲庚, 支下遇卯寅, 是爲活潑升騰, 風雲際會. 惟忌見戌, 無情戰野元黃, 從來不爽.

임진壬辰은 임이 용의 등에 올라타고 있는 것으로 해亥·자子가 가장 필요한 것은 용이 깊은 못에 잠겨 있으면, 다시 천간에 갑甲·경庚이 있고 아래의 지지에 묘卯·인寅을 만나는 것을 반기니, 바로 활기차게 날아올라 풍운이 만나는 것이다. 술戌을 보는 것을 꺼리니 무정하게 들에서 전쟁을 해 그 피가 검고 누런 것은 여태껏 좋지 않았던 것이다.

壬午爲祿馬同鄕, 水火旣濟, 只看前後孰奇孰正, 然後補水補火, 得其均停, 富貴上品. 若水火失其均停, 貧賤下格.

임오壬午는 록祿·마馬가 동향同鄕이고 수水·화火가 기제旣濟이니, 오직 전후로 어떤 것이 기이하고 어떤 것이 바른지를 본 다음에 수를 돕고 화를 도와 균일함과 순조로움을 얻으면 부귀한 상품上品이다. 수水·화火가 균일함과 순조로움을 잃었다면 빈천한 하격下格이다.

壬申爲水滿渠成, 生生不息, 再生於秋, 或際乎庚, 不問富貴可知. 生春夏 則減半矣, 再察其前後左右, 有刃則用煞, 無刃不用煞. 最忌甲與戊太狼. 以致過顙在山. 失其順流之性.

임신壬申은 물이 가득한 도랑이 만들어진 것으로 낳고 낳음이 끊어지지 않는데, 다시 가을에 태어나거나 경庚의 사이에 있으면 부귀를 묻지 않아도 알만하다. 춘春·하夏에 태어나면 반으로 줄어드는데,

다시 그 전후좌우를 살펴 인끼이 있으면 관살을 용신으로 하고 인끼이 없으면 관살을 용신으로 하지 않는다. 갑甲과 무戊가 아주 어수선하여 이마를 지나쳐 산에 있음으로 순리대로 흐르는 본성을 잃는 것을 가장 꺼린다.

壬戌爲驟雨易晴, 人値之多是遇而不遇. 若前後有金水相湊, 則不遇中有奇遇焉.

임술壬戌은 소나기가 금방 개인 것으로 사람들이 그것을 만나면 대부분 만나도 만나지 않은 것이다. 전후에 금金·수水가 서로 모여 있으면 만나지 못한 가운데 기이하게 만나는 것이다.

계의 여섯 가지 조화[六癸造化]

癸丑爲溝渠泥之水, 氣息多鬱, 必要乙干卯支以通氣疎息, 方成利達. 不然則甲寅亦可乘風破浪. 喜見丑未相沖, 忌見子丑相合, 最不利戊土透出, 合而不化, 反使利令智昏.

계축癸丑은 도랑에 진흙과 뒤범벅이 된 수로 기운이 끊어져 대부분 막혔으니, 반드시 천간 을乙과 지지 묘卯로 기를 뚫어 숨을 터야 영달하게 된다. 그렇게 하지 않으면 갑인甲寅이 또한 바람을 타고 파도를 갈라야 한다. 축丑·미未가 서로 충하는 것을 반기고 자子·축丑이 서로 합하는 것을 꺼리며, 무토가 투간됨으로 나와 합하면서 변화하지 않고 도리어 이익 때문에 지혜가 어두워지는 것을 가장 이롭지 않게 여긴다.

癸卯爲林中澗泉, 癸生在卯, 不惟無一點渣滓, 且有淸風徐來. 人値之心地慈祥, 襟懷灑落, 不類流俗, 只怕前後俗土混雜耳.

계묘癸卯는 숲속 산골짜기의 샘으로 계癸가 묘卯에서 나와 조금도 더럽지 않은데다가 맑은 바람이 부드럽게 불어오는 것이다. 사람들에게 그것이 있으면 마음씨가 자애롭고 포부가 잘못되어도 세속과 함께 흘러가지 않으니, 단지 전후로 세속적인 토가 혼잡한 것을 두려워할 뿐이다.

癸巳爲高阜岭河之水, 源流固淸, 而財官雙美. 所喜山林茂盛, 雲雨得宜, 最忌者支柱亥冲, 恐堤岸壞而水自枯. 惟喜水旺而多見亥冲者, 反吉.

계사癸巳는 높은 언덕과 깊은 산에 있는 하천의 물로 원천이 진실로 맑아 재財·관官이 함께 아름다운 것이다. 반기는 것은 산림이 무성하고 구름과 비가 마땅함을 얻는 것이고, 가장 꺼리는 것은 지주에 해亥의 충冲으로 제방이 무너져 수가 저절로 말라버리는 것을 염려하는 것이다. 그런데 오직 수가 왕성하여 해亥의 충冲을 자주 보는 것은 도리어 길하다.

癸未爲川澤灣曲之水, 癸坐未庫, 流有灣曲. 人值之有才智, 多權謀. 最喜金木透干, 亥卯會支, 以成利達, 若火土重逢, 遇而不遇.

계미癸未는 내와 못이 굽이치는 물로 계癸가 미未의 고庫에 있어 굽이치며 흐르는 것이다. 사람들에게 그것이 있으면 재지才智가 있고 권모술수에 뛰어나다. 금金·목木이 천간에 투간되어 있고 해亥·묘卯가 지지에 모여 영달하는 것을 가장 반기는데, 화火·토土가 거듭 있으면 만나도 만나지 않은 것이다.

癸酉爲石孔流泉, 水生於石, 其源極淸, 其流必長. 値此者多生於簪纓世胄之家, 必是淸儁文人. 若前後有木映金潤, 則易繩武, 登科及第. 若有庚無木, 有木無庚, 福減半矣, 無木無庚, 必愧先人.

계유癸酉는 돌 사이로 흐르는 샘으로 수가 돌에서 나와 그 근원이 아주 맑고 그 흐름이 반드시 긴 것이다. 이것들이 있을 경우 대부분 벼슬이 대대로 이어지는 가문에서 태어나니 반드시 맑고 뛰어난 문인이다. 전후로 목이 덮어주고 금이 적셔주는 것이 있으면 조상의 발자취를 쉽게 이어받아 과거에 올라 급제한다. 경庚이 있고 목木이 없으며 목木이 있고 경庚이 없으면 복이 반으로 줄어들고, 목木도 없고 경庚도 없으면 반드시 조상을 부끄럽게 한다.

癸亥爲水天一色. 源出崑崙, 氣通乾亥, 宛然水天一色, 渾渾淪淪, 名爲還元之水, 與天無二. 再加有乙木淸風徐來, 自然是羲皇以上之人. 最怕左右巳亥刑冲相混. 更有狂風暴雨, 並嫌壬申相雜, 便不中矣.

  계해癸亥는 물과 하늘이 하나의 색으로 근원이 곤륜산에서 나와 기운이 건해乾亥에 통하여 완연히 물과 하늘이 하나의 색이다. 넓고 크게 물결치며 근원으로 돌아가는 물은 하늘과 다를 것이 없는데, 다시 맑은 바람이 부드럽게 부는 을목의 더함이 있으면 저절로 복희씨[羲皇] 이상의 사람이니, 좌우에서 사巳·해亥의 형刑·충冲으로 서로 흐려놓고 다시 광풍과 폭우로 있는 것이 가장 두렵고, 아울러 임신壬申이 서로 뒤섞여 있는 것 곧 적절하지 않은 것을 싫어한다.

제6편

몸체를 밝혀 용신을 세움 중

(「1. 용신」을 이어서) [明體立用中 (續─用神)]

1. 10간의 선용법[十干選用法]

本編以《造化元鑰》爲藍本. 命造千變萬化, 不能出其范圍, 合此則貴, 不合則賤. 引証之命造盈千, 未便一一列入, 學者須與造化元鑰參看, 細心體會, 練習純熟, 則取用方法, 以及格局高低, 自能了如指掌. 法則雖備, 非用一番功者不能運用, 勿以自己推求失精, 而疑方法之未備也.

樂吾附識

여기의 4편은 『조화원약』을 저본으로 하여 그 범위를 벗어나지 않았으니, 여기에 합치하는 것은 귀중하고 합치하지 못하는 것은 그렇지 못하다. 인용하여 증명한 명조가 아주 많으나 편리하게 끼워 넣지 못했으니, 배우는 자들은 반드시 『조화원약』을 함께 참고해야 한다. 자세히 체득해 익힌 것이 매우 익숙해지면 용신과 격국의 고저를 취하는 것이 저절로 밝아져 아주 쉬워진다. 법칙이 갖추어졌을지라도 최고의 공을 쓰는 자가 아니면 운용할 수 없으니, 자신의 입장에서 추구하여 정교함을 잃고는 방법이 갖추어지지 않았다고 의심하지 말라.

낙오樂吾가 부기하다.

1) 갑목 선용법[甲木選用法]

(1) 정월의 갑목(초춘)[正月甲木(初春)]

　三春甲木當分初春仲春暮春言之. 初春者, 立春至雨水爲止, 仲春者, 雨水之後穀雨之前兩个月是也, 暮春者, 穀雨之後也.

　삼춘三春의 갑목은 초춘初春·중춘仲春·모춘暮春으로 나눠 말해야 한다. 초춘은 입춘이 우수에서 그치는 것이고, 중춘은 우수의 뒤에서 곡우의 전까지 두 달이 여기에 해당하며, 모춘은 곡우의 뒤이다.

　初春餘寒猶盛, 木甫萌蘖, 得陽和之氣則繁榮. 陽和, 丙火也, 故必以丙火爲用. 如柱見一二點癸水, 配合中和, 富貴全之命, 倘無丙火, 決爲平常人物也. 無丙丁亦可用, 特不如丙火之有力.

　초춘에는 남아 있는 한기가 아직 맹렬하여 목이 겨우 싹을 내니, 따스한 기운을 얻으면 번영한다. 따스한 것은 병화이기 때문에 반드시 병화로 용신을 삼는다. 사주에 약간의 계수가 있어 배합을 알맞고 조화롭게 하면 부귀를 아울러 온전하게 하는 명조인데, 혹 병화가 없다면 결단코 평범한 인물이다. 병丙·정丁 없이 쓸 수 있는 것은 단지 병화에 힘이 있는 것만 못하다.

　春木當旺之時, 決無從化之理. 故金多, 不能從殺, 土多, 不能從才, 見己土並透不能成化氣格, 見金, 必須用火制之, 不能用水. 蓋春木當旺, 母勞印生, 見水多, 陰濃濕重, 反損其根. 金多無火而見水, 下格也. 水多必須取戊己土制之, 更須有火溫暖, 水多無火土, 名水泛木浮, 死無棺槨. 有土制水而無火, 亦非上格. 如見土多, 初春嫩木, 不能剋土, 又不能從才, 如再見一二點金, 則更弱矣. 名財多身弱, 富屋貧人, 言財雖多, 無力以支配之, 則不能享有其財也.

봄은 목이 왕성한 때라 따르고 변화하는 이치는 없으므로, 금이 많아도 살殺을 따를 수 없고, 토가 많아도 재를 따를 수 없다. 기토가 아울러 투간되어 있을지라도 화기격을 이룰 수 없다. 금을 보면 반드시 화를 용신으로 해서 제압하니, 수를 용신으로 할 수 없다. 춘목은 왕성하여 인성이 낳아줄 필요가 없는데, 수가 많으면 음의 축축함이 너무 심해 도리어 뿌리를 해친다. 금이 많은데 화가 없고 수가 있으면 하격이다. 수가 많으면 반드시 무戊·기己토로 제압해야 하는데 다시 화의 따스함이 있어야 한다. 수가 많은데 화火·토土가 없다면 수가 범람하여 죽어도 관곽이 없다고 한다. 토가 있어 수를 제압해도 화가 없다면, 또한 상격이 아니다. 토가 많을 경우에 초춘의 어린 목은 그것을 극할 수 없고 또 재才를 따를 수 없는데, 약간의 금을 보면 다시 약해지는 것을 재다신약財多身弱으로 부잣집의 머슴이라고 명명하니, 재가 많을지라도 힘없어 지지로 짝한다면 재가 있는 것을 누릴 수 없다고 한다.

(2) 2월의 갑목(중춘)[二月甲木(仲春)]

仲春, 陽和日盛, 丙火已非需要. 用丙, 必須支有癸水配合, 水火旣濟, 方爲富貴之命. 否則, 洩氣太過. 木火傷官, 人雖聰明, 常多疾病. 仲春木火通明, 乃丁火, 非丙火. 蓋初春餘寒猶存, 調候爲急, 故宜用丙. 仲春木旺洩秀, 則宜用丁, 爲傷官生才格. 木火文星, 必爲文學詞臣, 但不可見癸水出干, 傷火用神, 見癸水, 一迂儒耳, 或支多癸水, 雖不出干, 亦困丁火, 姦險之人也.

중춘에는 양의 따스함이 날로 성대해져 병화가 이미 필요하지 않으니, 반드시 지지에서 계수가 짝해야 한다. 수화가 조절되면 부귀한 명조이고, 그렇지 못하면 기운이 넘치는 것을 누설하는 목화상관이니, 사람이 총명할지라도 항상 병치레가 잦다. 중춘의 목화통명에는 바로 정화이지 병화는 아니다. 초춘에는 여전히 한기가 남아 있어 조후가 시급하기 때문에 병丙을 용신으로 해야 하고, 중춘에는 목이 왕성하여 그 뛰어남을 누설하려면 정화를 용신으로 해야 하니, 상관생재傷官生才격이다. 목木·화火의 문창성[文星]은 반드시 문학사신文學詞臣이 된다. 다만 계수가 천간에 있어 정화 용신을 해치는 것을 보아서는 안되니, 계수를 보면 한결같이 우유부단한 선비가 될 뿐이다. 혹 지지에 계수가 많고 천간에 없을지라도 정화를 괴롭히니 간사하고 음험한 사람이다.

仲春木旺乘權, 用庚金爲最上格局. 庚多, 用丁火制之, 爲傷官駕煞 格, 庚少, 用戊己生之, 爲才滋弱煞格. 原命火旺, 行金水運亦發. 蓋陽 壯木渴, 得水潤木, 亦是美運也. 但用傷官駕煞, 不可見癸水傷丁, 用才 滋弱煞者, 不可見丁火傷庚, 犯之皆爲下格.

중춘에는 목이 왕성하여 권력을 휘두르고 있으니, 경금을 용신으로 하는 것이 최상의 격국이다. 경庚이 많으면 정화를 용신으로 제압하니 상관가살격傷官駕煞格이고, 경이 적으면 무戊·기己를 용신으로 낳아주니 재자약살격才滋弱煞格이다. 원래의 명조에 화가 왕성한데 금金·수水의 운으로 흘러도 운이 트인다. 양陽이 장성하여 목木이 마르면 물을 얻어 목을 적시는 것도 좋은 운이다. 다만 상관을 용신으로 살煞을 올라타는 것은 계수癸水가 정丁을 해쳐서는 안되고, 재자약살才滋弱煞을 용신으로 하는 경우에 정화丁火가 경庚을 해쳐 범하는 것은 모두 하격이다.

春木用庚, 不可取印(水)化煞, (庚)木正當旺, 無勞印生, 倘無 火土而見水, 不能不取印化煞者, 下格. 必受蔭庇之累.

춘목이 경금을 용신으로 하면서 인성인 수를 취해 살煞인 경을 조화롭게 해서 안되는 것은 목이 바로 왕성한데 인성이 낳아주게 할 필요가 없기 때문이다. 혹 화火·토土가 없는데 수水가 있어 인印으로 살煞을 조화롭게 하지 않을 수 없는 경우에는 하격으로 반드시 감싸주는 부담을 반드시 받는다.

支成金局, 必須用火破金, 否則, 木被金傷, 殘疾夭摺之命.
지지에 금국金局이 있으면 반드시 화로 금을 파괴해야 한다. 그렇게 하지 못하면 목이 금에게 피해를 당해 장애자가 되거나 요절한 운명이다.

支成木局, 有庚方能取貴木旺得二庚者, 大富貴甲木不取曲直仁壽格, 無庚剋制, 又無丙丁洩之, 名旺極無依, 男主鰥獨, 女主孤寡.
지지에 목국木局이 있고 경庚이 있으면 귀하게 될 수 있다. 목이 왕성한데 두 개의 경이 있는 경우에는 크게 부귀하게 된다. 갑목이 곡직인수격曲直仁壽格을 취하지 못하고, 경庚의 극과 제압이 없으며, 또 병丙·정丁의 누설이 없으면, 극도로 왕성한데도 의지할 것이 없으니, 남자일 경우에는 홀아비로 자식이 없는 것이고, 여자일 경우에는 고아이고 과부인 것이다.

支成水局, 必須透戊土, 方爲貴命, 無戊水泛木泛, 下格.
지지에 수국水局이 있고 반드시 천간에 무토가 투간되어 있으면 귀한 명조이다. 무戊 없이 수水가 넘치고 목木이 넘쳐도 하격이다.

以上正二月一理共推, 二月月令陽刃, 見庚金爲煞刃格, 刃旺煞弱, 見才(土)滋煞, 威權萬里, 無才不過異途武職, 若再見癸水(印)化煞 生刃, 光棍之命, 陽刃乘旺, 若見重刃, 必定遭兇, 煞重不過性格橫暴.

이상은 바로 2월로 한 가지 이치로 함께 추측한 것이다. 2월은 월령이 양인이라 경금이 있으면 살인격煞刃格이다. 인끼은 왕성하고 살煞은 약한데 토土인 재才를 보면 살煞의 권위를 도움이 끝이 없다. 재才가 없으면 서로 다른 길의 무관이다. 인성인 계수가 거듭 있어 살煞이 인끼을 돕는 것으로 바뀌면 부랑자의 명조로 양인이 왕성함을 탄 것이다. 인끼이 거듭 있으면 반드시 흉함을 당하고, 살煞이 중첩되면 성격이 횡포한 것에 불과하다.

(3) 3월의 갑목(모춘)[三月甲木(暮春)]

暮春木氣將竭, 土旺秉令, 濕土培根, 陰濃枝茂, 全恃配合以取貴. 木氣已老, 宜用庚金斷鑿, 火氣將進, 宜見壬水潤木. (戊土當旺, 見癸 防合戊化火, 故用壬水.) 然庚壬兩透, 亦不過中等格局. 更見丁火, 丁壬有相合之情, 暗助木氣, 大貴之格, 非取丁制庚也. 若見丙火, 則不用 庚, 戊土當旺取食神生才, 丙戊得地, 亦大富貴之命, 若干透二丙, 支藏庚金, 用庚而不能盡庚之用, 斯名鈍斧無鋼, 無用之人.

모춘에 목의 기운이 다하려고 하고 왕성한 토가 권력을 휘두르니, 촉촉한 토로 뿌리를 북돋워 음기가 많아져서 지엽이 무성해지는 것은 모두 배합에 의지하여 귀함을 취한다. 목의 기운이 이미 노쇠한 것은 경금을 용신으로 깎아내고 뚫어주고, 화의 기운이 나오려고 하는 것은 임수로 목을 적셔주어야 한다. (무토가 왕성하면 계수와 합해서 화로 변하는 것을 막아야 하기 때문에 임수를 용신으로 함) 그러나 경庚·임壬이 양쪽으로 투간되어 있어도 중급의 격국에 지나지 않는데, 다시 정화가 있으면 정丁·임壬은 서로 합하려는 정이 있어 암암리에 목의 기운을 도우면 크게 귀한 격으로 정丁으로 경庚을 제압하는 것이 아니다. 병화가 있으면 경庚을 용신으로 하지 않고, 무토가 왕성하면 식신을 취해 재를 낳는 것도 크게 부귀한 명조이다. 천간에 두 개의 병丙이 투간되어 있고 지지에 경庚이 감추어져 있으면, 경을 용신으로 하여도 그 쓰임을 극진하게 할 수 없다. 이것을 날이 무딘데도 벼리지 않은 도끼라고 하니 쓸모없는 사람이다.

　三月木勝無庚, 但見丁火, 不作木火通明論, 平常人物.
　3월에 목이 성대한데 경庚 없이 정화丁火만 있다면, 목화통명木火通明으로 논하지 않으니, 평범한 사람이다.

　支成金局, 方用丁破金, 前言庚壬丁並用者, 乃取丁壬調和, 暗助木氣, 仍用才煞, 非用傷官制煞也, 宜知.
　지지에 금국金局이 있는데 정화丁火로 금金을 깨버린다면, 앞에서 경庚·임壬·정丁은 아울러 용신으로 한다고 한 것은 정임丁壬의 조화가 암암리에 목의 기운을 돕는 것을 취하고 이어서 재才·살煞을 용신으로 한 것이니, 상관이 살煞을 제압함을 용신으로 한 것이 아님을 알아야 한다.

四柱無比劫印綬, 支成土局, 則爲棄命從財, 月時干透己土, 從化更眞, 因人而致富貴, 大得內助之力. 若見一二比劫, 爲混奪才星, 只作才多身弱看. 男命才多身弱, 勞苦奔波, 妻子主事, 女命才多身弱, 女掌男權, 賢能有力.

사주에 비겁과 인수 없이 지지에 토국土局을 이루어 기명종재棄命從財인데, 월月·시時의 천간에 기토己土가 투간되어 있어 그것을 따라 다시 진실해졌다면 사람으로 말미암아 부귀를 이루는 것으로 크게 내조의 힘을 얻는다. 비겁이 한둘 있다면 혼란스럽게 재성을 빼앗는 것으로 이름붙이고 오직 재다신약才多身弱으로 본다. 남자의 명조에서 재다신약은 늙기까지 고생하며 바쁘나 처자식이 생업을 책임지는 것이고, 여자 명조에서 재다신약은 여자가 남자의 권한을 가지고 능력 있고 힘 있는 것이다.

凡生于四季月, 皆須分上下半月推之. (三月以穀雨前爲上半月, 谷雨後爲下半月.) 如生在兩氣交脫之際, 尤宜知抑揚之法, 甲木生于三月末,相近立夏, 火氣已進, 亦可專用壬水, 壬透者才學必富. 如生于南方分野, 當以貴斷之.

네 계절의 마지막 달에 태어난 경우는 모두 반드시 위아래로 반달씩 나눠 미뤄나간다. (삼월은 곡우 이전이 반달이고 곡우 이후가 반달임) 두 기운이 서로 벗어나는 때에 태어났으면 더욱 억누르고 북돋우는 법을 알아야 한다. 갑목이 3월말에 태어났다면 서로 입하에 가까워 화의 기운이 이미 나오니, 또한 오로지 임수를 용신으로 하여야 한다. 임수가 투간되어 있을 경우 재주와 학식으로 반드시 부자가 된다. 남방분야에서 태어났다면 귀한 것으로 결단한다.

(4) 4월의 갑목[四月甲木]

四月甲木, 臨于病地, 丙火司權, 根枯叶瘁, 必須用癸水潤澤, 根潤 枝榮. 見一點丁火洩其秀, 自是上格, 此木火眞傷官, 所以必須佩印也. 無癸用壬, 但壬癸至四月爲絶地, 己官火土臨官, 火炎土燥, 滴水人之必干, 更須見庚, (己中庚金, 爲火所制, 不能生水.) 化土生水, 則癸爲有 源, 故癸丁與庚齊透天干者, 大富貴之命, 重在癸水印綬, 必受蔭庇之福. 若癸藏支, 庚丁雖透不過富中取貴. 無癸用壬, 無庚用辛, 皆不過一富. 若無壬癸, 雖見庚丁, 無所用之.

4월의 갑목은 병지에 있고 병화가 권력을 잡고 있어 뿌리는 마르고 잎사귀는 병들었으니, 반드시 계수를 용신으로 윤택하게 해주어야 뿌리가 촉촉해져 잎사귀가 무성해진다. 그런데 하나의 정화가 있어 그 수기를 누설하는 것은 본래 상격이니, 이것이 목화진상관木火眞傷官으로 반드시 인수를 두르고 있기 때문이다. 계癸가 없으면 임壬을 용신으로 한다. 다만 임壬·계癸가 4월에는 절지이고 사궁巳宮의 화火·토土는 임관이라 불길이 치솟아 토가 메마르니, 물방울이 반드시 천간으로 들어와야 하고, 다시 경금을 봐야 한다. (사巳의 경금은 화에 제압당해 수를 생할 수 없음) 토를 변화시켜 수를 낳으면 계가 근원이 있게 되기 때문에 계癸·정丁이 경庚과 고르게 천간에 투간되어 있을 경우에는 아주 부귀한 명조이다. 그런데 거듭해서 계수癸水 인수가 있으면 반드시 보호해서 감싸주는 복을 받는다. 계癸가 지지에 숨어 있다면, 경庚·정丁이 투간되어 있을지라도 부유한 가운데 귀함을 취하는 것에 불과하다. 계癸가 없어 임壬을 용신으로 하고, 경庚이 없어 신辛을 용신으로 한 것은 모두 크게 부유한 것에 불과하다. 임壬·계癸가 없다면 경庚·정丁이 있을지라도 쓸 곳이 없다.

夏木用庚, 專取煞印相生, 餘格皆不取. 若庚多甲反受病, 有壬水化煞, 雖不爲害, 終不安份, 有蔭庇而不知安享者也. (煞旺故不安份, 有壬故有蔭庇.) 有丁火相制, 稍有富貴, (仍用壬水) 金多火多, 則爲下格.

하목夏木이 경庚을 용신으로 하는 것은 오로지 살인상생煞印相生을 취한 것이니, 나머지 격은 모두 취하지 않는다. 경庚이 많아 갑甲

에게 도리어 병病이 되는데 임수가 살煞을 조화롭게 하면, 해롭지는 않을지라도 끝내 편안히 빛나지는 않으니, 보호하여 감싸줌이 있으나 편안히 누릴 줄은 모른다. (살이 왕성하기 때문에 편안히 빛나지 않고, 임수가 있기 때문에 보호하여 감싸줌이 있음) 그런데 정화가 있어 제압하면 점차로 부귀하여 진다. (그대로 임수를 용신으로 한 것임) 금金이 많고 화火가 많으면 하격이다.

(5) 5 · 6월의 갑목[五六月甲木]

· 五六月甲木, 在芒種夏至小暑三節, 與四月一理共推. 木性干枯, 以 癸水爲主要用神, 丁庚爲輔佐, (詳見四月) 卽使原命無癸, 亦要運行東北. 行南方運名木化成灰, 必死, 西方運, 則以原命無水化金之, 故名傷官見煞, 防不測之災.

5·6월의 갑목이 하지·소서·망종 세 절기에 있으면 4월과 함께 한 가지 이치로 미루어 나간다. 목의 특성은 메말라 계수로 주된 용신을 삼고 정丁·경庚으로 보좌한다. (자세한 것은 4월에 있음) 원래의 명조에 계수가 없을지라도 동북으로 운행되기를 바란다. 남방으로 운행되면 목이 재로 변해 반드시 죽고, 서방으로 운행되면 수가 금을 조화롭게 하지 못하기 때문에 상관이 살煞을 보면 예측하지 못한 재앙을 막는다고 이름 붙인다.

但四五月甲木, 有一變格, 切須注意. 如滿槃丙火, 又加丁火, 不見 煞印, 木火傷官, 變爲炎上, 反爲貴格. (看法同炎上, 詳五月丙火.) 歲運不可見水, 若四柱見一點壬癸水而無根, 又無官煞相生, 不礙其變, 蓋 滴水之氣洩于木, 見火旺熬干, 不破格局. 若運又逢金水, (西北方)必貧夭死.

다만 4·5월의 갑목에는 하나의 변격이 있으니, 모두 반드시 주의해야 한다. 가득한 병화에 또 정화를 더했는데 살煞·인印이 없다면, 목화상관木火傷官이 염상炎上으로 변하여 도리어 귀격이 되니, (보는 법은 염상炎上과 같고, 자세한 것은 5월의 병화에 있음) 세운에서 수를 만나서는 안된다. 사주에 하나의 임壬·계수癸水 있으나 뿌리가 없고, 또 관살이 서로 낳아주는 것이 없으면, 변화를 꺼리지 않으니, 한 방울의 물 기운이 목으로 누설되는 것을 왕성한 화가 태워 말려버려 격국이 깨지지 않기 때문이다. 운에서 또 (서·북방의) 금金·수水를 만나면 반드시 가난하고 요절한다.

六月大暑之後, 丁火退氣, 金水進氣. 見癸名三伏生寒, 如四柱木盛, 宜取庚金爲用, 己土當旺, 自能生庚金也. (才滋煞格) 如見庚金多, 則 取丁火制煞爲用. (傷官駕煞) 原命無己午丙火, 不必定要癸水, 方始富貴. 但庚丁二者, 亦要停勻一庚一丁, 定許成名, 若庚少丁多, 制過七煞, 平常人物. 用庚金者, 亦以獨煞爲貴, 若煞重身輕, 運又不助, 非貧卽夭. 得丙丁制之, 或壬癸化之, 更見運助, 可以小富.

6월의 대서 다음은 정화의 물러나는 기운에 금수의 나아가는 기운이니, 계수를 보면 삼복에 오한이 난다고 이름붙이다. 사주에 목이 성대하면 경금으로 용신을 삼아야 하니, 기토가 왕성하여 저절로 경금을 낳아주기 때문이다. (재자살격才滋煞格임) 경금이 많으면 정화가 살을 제압하는 것으로 용신을 삼는다. (상관가살傷官駕煞임) 원래의 명조에 사巳·오午·병화丙火가 없다면 반드시 계수가 있지 않아도 부귀할 수 있다. 다만 경庚·정丁 두 가지는 하나의 경과 하나의 정으로 고르게 있어야 이름을 날릴 수 있다. 경庚이 적고 정丁이 많으면, 제압이 칠살을 지나쳐 평범한 사람이다. 경금을 용신으로 하는 경우는 또한 살煞이 하나인 것이 귀하다. 살煞이 무겁고 자신이 가벼운데 운에서 또 돕지 않으면, 가난하지 않으면 요절하니, 병정으로 제압하거나 임계가 조화롭게 하면 작은 부자는 될 수 있다.

四柱多土, 切勿輕作從化看. 蓋六月己土當旺, 未爲木庫, 中有乙木, 能制己土, 非干透戊土, 不能從才, 非支見辰字, 不能化土.

사주에 토가 많으면, 절대 가볍게 변화를 따르는 것으로 봐서는 안된다. 6월은 기토가 왕성한 때이고 미未가 목木의 고庫라도 중간에 을목이 있으면 기토를 제압할 수 있으니, 무토가 천간에 투간되어 있지 않다면 재才를 따를 수 없고, 지지에 진辰자가 없다면 토로 변할 수 없다.

月令透己時見戊辰, 或兩甲兩己支見辰字, 名爲化合逢時, 大富大貴, 名利兩全, 若兩己一甲, 或兩甲一己妒合爭合, 皆屬平庸之輩. 化氣不成, 同才多身弱, 專用比劫.

월령에 己가 투간되어 있고 시時에 무진戊辰이 있거나, 두 개의 갑甲과 두 개의 기己에 지지에 진辰자가 있다면, 변화하며 합해 때를 만난 것으로 이름붙이니, 크게 부귀하고 명예와 이익이 둘 모두 온전하다. 두 개의 기己에 한 개의 갑甲이거나 두 개의 갑에 한 개의 기라면 합을 시기하고 다투어 모두 평범한 사람이다. 기운의 변화가 이루어지지 않아 재다신약才多身弱이 되면 오로지 비겁을 용신으로 한다.

從才格不見戊土, 乃是假從, 蓋才多身弱, 從而不從也, 其人必懦弱 懼內, 非印比爲助, 一生貧苦. 六月土旺, 可單用比劫, 五月火土並旺, 非兼用印比不可.

종재격從才格에 무토戊土를 보지 못한 것이 바로 가종假從이다. 재다신약才多身弱은 따르면서도 따르지 않는 것으로 그 사람은 반드시 유약하여 아내를 두려워하니, 인印·비比의 도움을 받지 않으면 평생 가난으로 고생한다. 6월은 토가 왕성하여 비겁 하나만을 용신으로 해도 되고, 5월은 화·토가 함께 왕성하여 인印·비比를 함께 용신으로 하지 않아서는 안된다.

(6) 7월의 갑목[七月甲木]

甲木至申月絶地, 死木也. 總論云, 死木得金而造, 庚辛必利. 庚金爲當旺之氣, 喜庚爲用, 固無疑也, 但庚金太旺, 不可無丁爲制. 申宮壬水長生, 水能生木, 絶處逢生, 甲木外象凋殘, 生氣內斂, 明乎此, 方能言秋木用金之法. 七月甲木休囚, 庚金得祿, 見庚出干, 無丁爲制, 必傷甲木. 有丁, 則金木成器. 月令壬水長生, 暗滋甲木, 不怕庚旺, 庚金乘權, 不怕制重. 行金水運, 必然大貴. 但不可無丁, 若無丁火, 則煞印相生, 一尋常富格耳. 倘庚多無丁, 甲木衰弱, 殘疾窮困之命也. 丁透庚不出干, 亦不過尋常小富小貴.

갑목이 7월에는 절지여서 죽은 목이다. 총론으로 말한다면 "죽은 목은 금으로 깎음에 경庚·신辛이 반드시 예리하나 경금이 왕성한 기운에 해당되니, 그것으로 용신 삼는 것을 반김은 진실로 의심할 것이 없다. 그러나 다만 경금은 너무 왕성하니 정丁으로 제압함이 없어서는 안된다. 신궁申宮은 임수의 장생으로 수가 목을 생할 수 있는 절처봉생絶處逢生이니, 갑목이 겉보기에는 초라하지만 생기가 안으로 수렴되어 있기 때문이다. 이것에 대해 환해지면 추목秋木이 금을 용신으로 하는 법에 대해 말할 수 있다. 7월은 갑목의 휴휴·수수이고 경금의 건록이니, 경庚이 천간에 있는데 정丁으로 제압함이 없으면 반드시 갑목에 손상을 주지만 정丁이 있으면 금金·목木이 그릇이 된다. 월령이 임수가 장생하여 암암리에 갑목을 도움으로 경의 왕성함을 두려워하지 않고, 경금은 권력을 쥐고 있어 제압이 거듭되어도 두려워하지 않는다. 금金·수水운으로 흘러가면 반드시 크게 귀하게 되지만 다만 정丁이 없어서는 안된다. 그것이 없다면 살煞·인印이 상생하여 언제나 부유함을 찾는 격일뿐이다. 혹 경이 많고 정이 없다면 갑목이 쇠약하여 병치레가 잦고 고생하는 명조이다. 정丁이 투간되어 있고 경庚이 없어도 평범하여 작게 부귀하다.

以上言丁庚相制. 用煞印, 無丁用丙, 但不如丁火之適當耳.

이상으로 정丁·경庚이 서로 제압하는 것에 대해 말하였다. 살煞·인印을 용신으로 하고, 정丁이 없어 병丙을 용신으로 하는 것은 정화가 적당한 것만 못하다.

若庚多, 又見戊己, 申宮壬水與土相和, 培植甲木之根, 而不能化煞, 專用丁火制金暖土, 爲傷官制煞格, 必然大富. 見一丁制當旺之庚, 運行東南, 必然富中取貴. 此命用在丁火, 初秋火有餘氣, 喜水土相資, 故主富. 庚金當旺, 丁火制煞得力, 故兼取貴. 若丁火藏支卽富小貴輕矣, 倘見壬癸, 損傷用神, 終難顯達. 雖有戊己爲救, 亦非上格. 戊己去水存火, 雖可言貴, 用財破印生煞, 只恐因貪致禍. 以上言用丁火制煞. 無丁用丙, 若丙丁太多, 制過七煞, 亦可用才滋煞.

경庚이 많은데 또 무戊·기己를 보았다면, 신궁申宮의 임수가 토와 서로 조화를 이뤄 갑목의 뿌리를 북돋우고 심어주지만 살煞을 조화롭게 할 수 없으니, 오로지 정화를 용신으로 하여 금을 제압하고 토를 따스하게 한다. 이것은 상관제살격傷官制煞格으로 반드시 큰 부자가 된다. 두 개의 정丁이 왕성한 경을 제압하고 운이 동남으로 흐른다면, 반드시 부유한 가운데 귀함을 취한다. 이 명조는 용신이 정화에 있고 초추初秋에는 남아 있는 화의 기운이 있어 수水·토土가 서로 돕는 것을 반기기 때문에 부유함을 주로 하고, 경금이 왕성하고 정화가 살을 제압함에 힘이 있기 때문에 아울러 귀함을 취한다. 정화가 지지에 감추어져 있다면 부유함은 작고 귀함은 가벼운데, 혹 임壬·계癸를 본다면, 용신을 손상시킴으로 끝내 현달하기 어렵다. 무戊·기己가 있어 구원할지라도 상격이 아니다. 무戊·기己가 수水를 없애 화火를 보존하면 귀하다고 할 수 있을지라도 재로 인印을 깨버리고 살煞을 생하니, 탐욕으로 재앙을 부르는 것이 두렵다. 이상으로 정화를 용신으로 하여 살煞을 제압하는 것에 대해 말하였다. 정丁이 없으면 병丙을 용신으로 하며, 병丙·정丁이 너무 많아 7살을 지나치게 제압하면 재才를 용신으로 하여 살煞을 도울 수 있다.

 申宮金水相生, 四柱雖庚多無火, 不能作棄命從煞論, 必須得戊土制住壬水, 方可言從煞也.
 신궁申宮에서는 금金·수水가 서로 생하여 사주에 경庚이 많고 화火

가 없을지라도 기명종살棄命從煞로 논할 수 없으니, 반드시 무토를 얻어 거주하는 임수를 제압하면 종살從煞이라고 말할 수 있다.

(7) 8월의 갑목[八月甲木]

甲木至酉月, 休囚無氣, 全恃配合得宜以取貴, 金神當旺, 不可無火 以制之. 一丁一庚並透, 支藏癸水, 潤木之根, 必然貴顯. 無丁用丙, 亦富貴兩全. 蓋氣候漸寒, 甲木需要陽和也. 若見癸水出干, 傷剋丙丁, 便是常人.

갑목이 유월酉月에는 휴휴·수囚로 기운이 전적으로 배합에 의지해 마땅함을 얻는 것으로 귀함을 취한다. 왕성한 금신金神은 화가 없으면 제압하지 못하니, 한 개의 정丁과 한 개의 경庚이 나란히 투간되어 있고 지지에 감추어진 계수가 목의 뿌리를 적셔주면 귀하게 드러난다. 정丁이 없어 병丙을 용신으로 해도 부귀가 모두 온전하다. 기후가 점점 차가워져 갑목에게 따스함이 필요한데, 계수가 천간에 있어 병丙·정丁을 해치고 극하면 평범한 사람이다.

以上論食傷制煞. 金神秉令, 不論庚辛, 俱要有火制之. 甲木休囚, 地支須有寅亥, 或水土培植方能用食傷制煞, 金火兩透, 方爲上格. 若支 成金局, 庚辛出干, 無火, 必然木被金傷, 殘疾夭摺. 卽使有丙丁破金, 甲木衰弱, 剋洩交加, 亦主老來暗疾.

이상으로 식상이 살을 제압하는 것에 대해 말하였다. 금신金神이 권력을 잡고 있으면, 경庚·신辛을 막론하고 모두 화火로 제압하는 것이 필요하다. 갑목이 휴休·수囚라도 지지에 인寅·해亥가 있거나 수水·토土가 북돋고 심어주면 식상을 용신으로 하여 살을 제압할 수 있다. 금金·화火가 모두 투간되어 있으면 상격이다. 지지에 금국金局을 이루고 천간에 경庚·신辛이 있고 화가 없다면, 반드시 목이 금의 피해를 당해 병이 잦고 요절한다. 병丙·정丁이 금을 파괴할지라도 갑목이 쇠약하여 극하고 설기하는 것이 병행되니 주로 늙어가며 남모르는 병이 있다.

若支成火局, 月令金氣被傷, 而不能用, 見戊己出干, 格局轉爲食傷 生財, 便是富格. 地支須有一二點水暗藏潤木爲佳.

지지에 화국火局이 있으면 월령인 금기가 손상을 당해 용신으로 할 수 없다. 그런데 무戊·기己가 천간에 있으면 격국이 식상생재食傷生財로 바뀌어 부유한 격이다. 지지에 한 두 방울의 수가 암장되어 목을 적셔주면 아름답다.

若支成木局, 比劫並透, 反取庚金爲用, 宜四柱有丁制庚, 而行庚金旺運.

지지에 목국木局이 있고 비겁이 나란히 투간되어 있으면 도리어 경금을 취해 용신으로 하는데, 사주에 정으로 경을 제압함이 있고 운이 경금이 왕성한 데로 흘러야 한다.

(8) 9월의 갑목[九月甲木]

·甲木至戌月, 木性枯燋, 惟恃配合中和, 方能取貴. 戌爲戊土, 又爲 火墓. 土燥木枯, 不能無壬癸水潤澤. 木喜陽和, 又在秋冬之際, 亦不可 無火爲配合. 有水有火, 木性不枯, 見戊己出干, 中等之貴. 如見四柱木 多, 通根支下, 而見庚金出干, 方爲上格. 用庚者, 忌丁火傷用. 若庚多, 又以丁火制煞爲奇. 凡甲木生于四季月, 時値土旺, 總不外乎用庚金取貴. 譬如木爲犂, 非庚爲犂嘴, 安能疏土. 特四柱總不可無丙丁癸水以配合之. 木性枯寒, 重在水潤其根, 火暖其氣, 運行東北, 木氣生旺, 方能取貴. 土潤木生, 用取傷官生財, 亦可云富貴. 蓋丁戊皆戌宮有用之氣也. 若一 派丙丁, 地支又會火局, 枯朽之木, 雖有庚金, 亦何能爲. 無水爲救, 孤 貧下賤之命, 男女一理.

갑목이 술월戌月에는 목의 특성이 말라서 타버리니, 오직 배합에 의지하여 중화를 이루어야 귀함을 취할 수 있다. 술戌은 무토이고 또 화의 묘墓여서 토는 건조하고 목은 메말랐으니 임壬·계癸 수水의 적셔줌을 없앨 수 없다. 목은 따스함을 반겨 또 추동秋冬의 계절에도 화火의 배합이 없을 수 없다. 수가 있고 화가 있어 목의 특성이 메마르지 않음에 무戊·기己가 천간에 있으면 중등의 귀함이다. 사주에 목이 많고 지지의 아래에 뿌리를 내리고 있으면서 경금이 천간에 있으면 상격이다. 경금을 용신으로 할 경우에 정화가 용신을 해치는 것을 꺼린다. 경금이 많은데 또 정화가 살煞을 제압하는 것은 뛰어난 것이다. 목이 네 계절의 마지막 달에 태어나 시에서 토가 왕성한 것을 만나면, 총괄적으로 경금을 용신으로 하여 귀함을 취하는 것을 벗어나지 않는다. 비유하자면 목木이 쟁기인데 경庚이 쟁기의 날이 아니라면 어떻게 토를 소통시킬 수 있겠는가? 특히 사주에서 총괄적으로 병丙·정丁·계수癸水로 배합하는 것이 없어서는 안된다. 목의 특성이 메마르고 차가움에 거듭해서 수가 그 뿌리를 적셔주고 화가 그 기운을 따스하게 해주며 운이 동북으로 흘러 목의 기운이 생겨나며 왕성해지면 귀함을 취할 수 있다. 토가 촉촉하여 목이 나옴에 용신으로 상관생재傷官生財를 취해도 부귀하다고 말할 수 있는 것은 정丁·무戊가 모두 술궁戌宮에 쓰이는 기운이 있기 때문이다. 병丙·정丁이 지지에 또 화국火局으로 모여 있다면 메마르고 썩은 목에 경금이 있을지라도 또한 무엇을 할 수 있겠는가? 수의 구제함이 없으면 외롭고 가난하여 비천한 명조이다. 남녀가 동일하다.

　季月土旺用事, 財多身弱, 專用比肩, 格局淸純, 亦有富貴壽考者, 財多用比. 行身旺運, 本是勤勞致富之命, 獨有季月財多用比, 亦可取貴. 如一造, 甲辰甲戌甲辰甲戌, 天元一氣, 台閣之命也. 若財多無比劫, 定作棄命從財論之.

　네 계절의 마지막 달은 토가 왕성하게 일을 처리하여 재다신약財多身弱이니, 오로지 비견을 용신으로 하고, 격국이 청순하여 또한 부귀하고 장수하는 것은 재가 많아 비견을 용신으로 한 것이다. 운이 자신이 왕성하게 되는 것으로 흘러가면 노력하여 부를 이루는 명조이니, 유독 네 계절의 마지막 달에 재가 많아 비견을 용신으로 하는 것이 있으면 또한 귀함을 취할 수 있다. 어떤 명조가 갑진甲辰·갑술甲戌·갑진甲辰·갑술甲戌로 천간이 하나의 기운이면 조정에 있을 명조이다. 재가 많은데 비겁이 없다면 반드시 기명종재棄命從財로 논한다.

(9) 10월의 갑목[拾月甲木]

亥宮申木長生, 壬水臨官, 水旺泛木, 甲木難生, 故必須先看戊土. 木得陽和之氣, 則萌芽怒苗. 故次看丙火, 丙戊兩全, 木氣生旺, 然後能 用庚丁. 蓋甲不離庚, 庚不離丁, 一庚一丁相制, 自然大富大貴. 如見甲多破戊, 卽是平人. 冬月水旺, 金氣洩弱, 倘無土相生, 金難剋木, 故見 甲多者, 庚金必須得地逢生, 方能制之. 得庚戊透者, 雖比劫多, 亦必富貴而壽.

해궁亥宮에서 갑목은 장생이고 임수는 임관이다. 수가 왕성하게 범람하면 갑목이 나오기 어렵기 때문에 반드시 먼저 무토를 봐야 한다. 목이 따스한 기운을 얻으면 싹이 떨쳐 나오기 때문에 이어서 병화를 보고, 병丙·무戊가 모두 온전하여 목의 기운이 나오며 왕성한 다음에 경庚·정丁을 용신으로 할 수 있다. 갑甲이 경庚을 떠나지 못하고 경庚이 정丁을 떠나지 못함으로 하나의 경과 하나의 정이 서로 제재함이 자연스러우면 크게 부귀하게 된다. 갑목이 많아 무를 파괴하면 평범한 사람이다. 동월冬月에는 왕성하여 금기가 누설되어 약하니, 혹 토가 서로 생해줌이 없다면 금이 목을 극하기 어렵다. 그러므로 갑목이 많을 경우 경금은 반드시 토가 낳아주어야 목을 제재할 수 있다. 경금이 투간된 무토를 만날 경우에는 비겁이 많을지라도 반드시 부귀하고 장수한다.

　無庚用辛, 無丙用丁, 無戊用己, 但力薄耳, 亥宮爲甲木長生之地, 但嫌水旺, 故見未庫會局, 或己土出干, 甲木卽轉爲生旺.

　경庚이 없어 신辛을 용신으로 하고 병丙이 없어 정丁을 용신으로 하며 무戊가 없어 기己를 용신으로 하면 오직 힘이 약할 뿐이다. 해亥궁은 갑목이 장생하는 곳인데 수水가 왕旺한 것이 싫을 뿐이기 때문에 미고未庫 회국을 보고 혹 기토가 천간에 있으면 갑목이 바로 생왕生旺한 것으로 변한다.

　三冬寒木向陽, 丙戊不可少也, 無庚而見丙戊, 亦必貴顯. 卽使以庚 金配合取貴, 亦宜運行生旺之方, (東南)忌死絕之地, (西北)參閱總論.

　삼동三冬의 한목寒木은 양陽을 향하니, 병丙·무戊가 적어서는 안 되는데, 경庚이 없고 병丙·무戊를 봐도 반드시 귀하게 드러난다. 경금의 배합으로 귀함을 취할지라도 운이 동남의 생생·왕旺의 방향으로 흘러야 하니, 서북 사死·절絕의 곳으로 흐르는 것을 꺼린다. 총론을 참고하라.

(10) 11월의 갑목[十一月甲木]

仲冬木性至寒, 調候爲急., 水旺不可無戊, 木寒不可無丙. 凡甲木皆 以用庚丁爲貴, 獨有生于三冬及初春, 可以無庚, 不可以無丙. 卽使用庚 丁, 亦必以丙戊爲佐, 丙戊並須通根寅巳, 方爲有力. 蓋比劫雖多, 總屬 寒木, 運程總宜東南, 特以庚丁配合取貴耳. 金水爲忌神, 若壬癸出干, 支成水局, 水泛木浮, 無戊爲救, 必至死無棺槨. 有丙無戊, 丙火爲壬癸 所困, 亦難顯達. 如壬辰癸丑甲辰己巳丙戊得祿, 富與貴兼, 又 一造, 丙寅時, 丙火出干, 爲壬癸所困, 無戊爲救, 富貴皆遜. 尤幸寅宮 丙火可用, 亦不失富貴. 此兩造雖爲十二月, 與十一月同論.

중동仲冬의 목의 특성은 아주 차가워 조후가 시급하다. 수水의 왕성함에는 무戊가 없어서는 안되고, 목木의 차가움에는 병丙이 없어서는 안된다. 갑목은 모두 경庚과 정丁을 용신으로 하는 것을 귀하게 여기나 유독 삼동三冬과 초춘初春에 태어난 것은 경庚이 없어서는 되지만 병丙이 없어서는 안된다. 경庚과 정丁을 용신으로 할지라도 반드시 병丙·무戊로 도와야 하니, 그것들이 모두 인寅과 사巳에 뿌리에 내려야 힘이 있다. 비겁은 많을지라도 모두 한목寒木에 속한 것은 운이 모두 동남으로 흘러가야 하고 다만 경庚과 정丁의 배합으로 귀함을 취할 뿐이다. 금金·수水는 기신忌神이라 임계가 천간에 있고 지지에 수국을 이루었다면 수의 범람으로 떠다닌다. 구제해 줄 무戊가 없다면 반드시 죽어도 들어갈 관이 없다. 병丙이 있고 무戊가 없는데, 병화가 임壬·계癸에게 곤란을 당한다면 또한 현달하기 어렵다. 임진壬辰·계축癸丑·갑진甲辰·기사己巳라면 병丙·무戊가 록祿이라 부와 귀를 모두 가진다. 또 어떤 명조에 시주가 병인丙寅으로 천간의 병화가 임壬·계癸에 곤란을 당하는데 무戊의 구제가 없다면, 부귀가 모두 달아나는데, 더욱 다행스러운 것은 인寅궁의 병화를 용신으로 할 수 있어 부귀를 잃지 않는다는 것이다. 이 두 명조는 12월일지라도 11월과 동일하게 논한다.

(11) 12월의 갑목[十二月甲木]

甲木至丑月, 難是冠帶之地, 但天寒地凍之時, 木爲寒氣所束縛, 生機受阻, 不可無丙. 生于大寒前, 干透庚丁, 暗藏丙火者, 大富大貴, 無丙支見午戌會局者, 亦貴, 大寒之後, 專用丙丁, 更宜支見寅巳, 二陽進氣, 木火將旺故也.

갑목이 축월에는 관대하는 곳일지라도 하늘이 차고 땅이 얼어붙은 때라서 목이 차가운 기운에 속박을 당하고 활력이 저지를 당하니 병丙이 없어서는 안된다. 대한大寒 전에 태어나 천간에 경庚·정丁이 투간되어 있고 병화가 지장간에 있을 경우에는 크게 부귀하다. 병丙이 없이 지지에 오午·술戌 회국이 있는 경우에도 귀하다. 대한 다음에는 오로지 병丙·정丁을 용신으로 하는데, 다시 지지에 인寅·사巳가 있어야 하니, 두 양의 나아가는 기운에 목木·화火가 왕성해질 것이기 때문이다.

或見比肩多, 發丁之燄, 可專用丁火, 亦必貴顯. 但日元總宜臨寅辰 生旺之支, (甲寅甲辰) 不宜申戌死絶之地. (甲申甲戌) 如柱見水多, 困住丁火, 常人. (甲子日見寅時亦以生旺論.)

혹 비견이 많은데 정丁의 불꽃이 일어난다면 오로지 정화를 용신으로 할지라도 반드시 귀하게 출세한다. 다만 일원이 모두 인寅·진辰의 생生·왕旺하는 지지 갑인甲寅·갑진甲辰에 있어야 하고 신申·술戌의 사死·절絶하는 지지 갑신甲申·갑술甲戌에 있어서는 안된다. 사주에 수水가 많다면 정화를 꼼짝 못하게 하니 평범한 사람이다. 갑자甲子일에 인寅시일지라도 생生·왕旺으로 논하다.

2) 을목 선용법[乙木選用法]

(1) 정월의 을목[正月乙木]

甲乙同爲一木, 而有進氣退氣之不同. 乙木本性衰退, 故用不離生扶, 得癸水潤其根, 丙火暖其氣, 則木榮矣. 卽使別取用神, 亦不能離生扶之意. 木以支見亥卯未爲上, 若臨巳酉丑, 則不能無水火爲用也.

갑甲·을乙은 동일하게 하나의 목이지만 나아가는 기운과 물러나는 기운의 차이가 있다. 을목의 본성은 쇠퇴하는 것이기 때문에 용신이 생하고 돕는 것을 떠나지 않으니, 계수가 그 뿌리를 적셔주고 병화가 그 기운을 따스하게 하는 것을 얻으면 목이 번성한다. 별도로 용신을 취하더라도 생하고 돕는 것을 떠날 수 없다는 의미이다. 목이 지지에서 해亥·묘卯·미未를 보는 것을 상격으로 여기니, 사巳·유酉·축丑이 있다면 수水·화火 없이 용신으로 할 수 없다.

正月猶有餘寒, 無陽和之氣, 木不繁榮, 故以丙爲先. 喜癸潤澤, 癸多, 又虞陰濕, 損木生機, 故只宜少癸爲佐, 丙癸兩透, 富貴天成. 若有丙無癸, 雖然有聲于時, 難期顯達. 丙多無癸, 陽壯木渴, 名爲春旱, 獨陽不長, 用土洩火之氣, 不過粗俗濁富之人.

정월에는 여전히 차가워 따스한 기운이 없음으로 목이 번영하지 못하기 때문에 병丙을 우선으로 계수가 적셔주는 것을 반긴다. 계수가 많으면 또 축축함이 목의 활력을 떨어뜨리는 것이 걱정스럽기 때문에 오직 조금의 계癸라도 도와야 한다. 병丙·계癸가 모두 투간되어 있으면 부귀가 저절로 이루어진다. 병丙만 있고 계癸가 없는 것은 한때 유명하게 될지라도 이름을 세상에 떨치기는 어렵다. 병丙이 많고 계癸가 없는 것은 양陽의 장성함으로 목木이 메마르니 봄 가뭄이 들었다고 한다. '음 없이 양만 있는 것[獨陽]'이 오래가지 못하는 것은 토를 용신으로 화의 기운을 누설하여 천박하게 부를 흐리는 사람에 지나지 않기 때문이다.

乙木得潤已足, 癸多又爲困 丙, 終爲寒士.
을목이 적셔줌이 이미 풍족한데 계癸가 많아 또 병을 곤혹스럽게 하면 끝내 가난한 선비이다.

總之正月乙木, 專用丙火, 丙多則用癸水, 見庚辛金, 必須用火制之, 用水化金. 或癸己多見, 皆非上格. 無丙癸, 見丁壬化合助木, 陰陽和諧, 亦爲有益, 仍取丙火爲用.

총괄하자면 정월의 을목은 오로지 병화를 용신으로 하는데, 병丙이 많으면 계수를 용신으로 하고, 경庚·신辛금이 있으면 반드시 화火를 용신으로 하여 제압하거나 수水를 용신으로 금금을 조화롭게 한다. 혹 계癸가 이미 많이 있다면 모두 상격이 아니다. 병丙·계癸가 없고 정丁·임壬이 합함으로 목을 돕는다면 음양이 서로 호응한 것이나 또한 유익하기 위해서는 여전히 병화를 취하여 용신으로 해야 한다.

(2) 2월의 을목[二月乙木]

二月乙木, 雖月令建祿, 仍不能離丙癸爲用. 陽氣日盛, 乙木渴竭, 不能無癸, 木喜陽和, 忌陰濕, 不能無丙, 故陽壯者用癸, 濕重者用丙. 丙癸相濟爲用, 富貴無疑. 無丙用丁, 亦爲木火通明. 水多困丙, 戊多化癸者, 下格.

2월의 을목은 월령으로 건록이나 여전히 병丙·계癸를 용신으로 하는 것을 벗어날 수 없다. 양기가 날로 성대해져 목이 메마르니, 계수가 없을 수 없고, 목은 따스함을 반기나 축축함을 싫어하니 병이 없을 수 없기 때문에 양기가 장성할 때는 계수를 용신으로 하고 축축함이 거듭될 때는 병화를 용신으로 한다. 병화와 계수는 서로 구제하는 것으로 용신을 삼으면 부귀를 의심할 것이 없다. 병화가 없어 정화를 용신으로 해도 목화통명木火通明이다. 수가 많아 병화를 곤혹스럽게 하고 무토가 많아 계수를 변하게 하는 것은 하격이다.

支成木局, 不見庚辛, 爲曲直仁壽格. 癸透者, 勳業蓋世, 丁透者, 文學詞臣. 金聲玉振賦云, 曲直兼資乎印綬, 仁聲播九有以無窮. 二月陽壯木渴, 見癸, 則富貴地位, 俱臻上乘.

지지에 목국木局이 있는데 경庚·신辛이 없다면 곡직인수격曲直仁壽格이다. 그런데 계수가 투간되어 있는 경우에는 공업이 세상을 덮고, 정화가 투간되어 있는 경우에는 문학 시종 대신이다. 『금성옥진

부金聲玉振賦』에서 "곡직은 모두 인수에 의지하여 어진 명성이 온 세상에 끝없이 드날린다"라고 하였다. 2월에는 양기가 왕성하여 목이 메마르니, 계수를 보면 부귀와 지위가 모두 거듭 위로 올라간다.

春木見金, 總宜火制, 庚透隔位, 支下無辰, 乙庚不化, 得火制之, 亦可取貴. 若遇庚辰, 四柱無丁破庚, 乙木輸情, 不能不化. 月令建祿, 又不能化, 便是下格. (化而不化, 名爲假化.) 用水化庚金者, 亦是下格.

춘목이 금을 보면 모두 화로 제압해야 한다. 투간된 경금이 사이를 두고 자리 잡고 지지가 아래에서 진辰이 없다면 조화롭지 못한데, 화火를 얻어 제재한다면 또한 귀함을 취할 수 있다. 경진庚辰을 만났는데 사주에 정화가 경금을 파괴함이 없다면, 을목이 내통하여 변화하지 않을 수 없는데, 월령이 건록이면 또 변화할 수 없으니, 바로 하격이다. 변화하면서도 변화하지 못하는 것이 가화假化임 수를 용신으로 하여 경금을 조화롭게 하는 경우에도 하격이다.

(3) 3월의 을목[三月乙木]

三月丙火進氣, 陽氣愈熾, 必須先看癸水, 丙照癸滋, 富貴兩全. 但不宜己庚混雜. 單見庚金, 爲傷官見官. 用在傷官, 雖不顯達, 猶主有小富貴. 若己庚並見, 洩傷生官, 乙庚貪合, 而官又被傷, 次爲平常之人. 乙木不宜用庚金, 或干透己庚, 財官並美. 而支見巳午, 不傷官星, 運行 南方, 亦必富貴. 但乙木貪戀才官, 不顧用神, 其人必貪財戀位而忘義爲賣國賣友之流. 故三月乙木無丙癸者, 下格, 見庚己混雜者, 亦爲下格.

  3월에는 병화의 나아가는 기운으로 양기가 더욱 타올라 반드시 먼저 계수를 봐야 하는데, 병화가 비춰주고 계수가 적셔주면 부귀가 모두 온전해진다. 다만 기토와 경금이 혼잡해서는 안된다. 겨우 경금을 보는 것은 상관이 관을 보는 것으로 용신이 상관에 있으면 현달하지는 않을지라도 여전히 주인이 다소 부귀하다. 기토와 경금이 함께 있으면 상관을 누설하여 관을 낳는데, 을목과 경금이 합을 탐하고 관이 또 상처를 받으니 결단코 평범한 사람이다. 을목은 경금을 용신으로 하여서는 안되니, 혹 천간에 기토와 경금이 투간되어 있어 재와 관이 함께 아름답고, 지지에 사화와 오화가 있으면서 관성을 해치지 않으면, 운이 남방으로 흘러도 반드시 부귀하다. 다만 을목이 재와 관을 탐함으로 마음을 빼앗기어 용신으로 드러내지 못하면, 그 사람은 반드시 재를 탐하고 지위에 연연하여 의리를 잊어버리고 나라를 팔고 친구를 배신하는 부류가 된다. 그러므로 3월의 을목에 병화와 계수가 없을 경우는 하격이고, 경금과 기토가 혼잡한 경우도 하격이다.

支會水局, 干透壬癸, 水旺泛木, 必須用丙戊. 以戊制水, 木向陽和, 可得異途功名. (癸多無壬而見辛, 亦作水旺看.) 無丙戊, 離鄕之命, 不特貧賤, 且防不壽. 無戊見己, 制水無力, 只恐有誌難達. 見庚辰時, 化金失時小富貴, 兩見庚金, 妒合不化, 貧賤之輩, 得丁 火破之, 可以 一富.

지지에 수국이 모여 있고 천간에 임수와 계수가 투간되어 있고 수가 왕성하여 목이 떠다닐 정도이면, 반드시 병화와 무토를 용신으로 해야 한다. 무토로 수를 제압하면 목이 따뜻한 봄을 향해 다른 길의 공명을 얻을 수 있다. (계수가 많고 임수가 없는데 신금辛金이 있어도 수가 왕성한 것으로 봄) 병화와 무토가 없는 것은 고향을 떠날 명조로 빈천할 뿐만 아니라 막혀서 장수하지 못한다. 무토가 없고 기토가 있으면 수를 제압함에 힘이 없으니, 뜻이 있어도 현달하기 어렵다. 경진시가 있으면 금으로 변화하는 데에 때를 잃어 다소 부귀하다. 경금이 양쪽으로 있으면 투합으로 변화하지 못해 빈천한 무리인데, 정화를 얻어 그것을 파괴하면 큰 부자가 될 수 있다.

(4) 4월의 을목[巳月乙木]

四月丙火臨官, 木性枯樵, 專用癸水. 但癸水至己絕地, 己宮戊土又 旺, 火炎土燥, 無根之水易涸, 必須庚辛生之, 方爲有源之水. 以金化土 生水, 以水制火存金, 相互爲用, 必然富貴兩全. 若無金相生, 雖有癸水, 不過小富貴. 更須金水運扶助方妙, 土多困癸, 貧賤之人. 火土太多, 熬 干癸水, 瞽目之流.

4월은 병화가 임관하는 때여서 목이 특성상 메말라 타버리니 오로지 계수를 용신으로 한다. 다만 계수가 사화에서 절지이고, 사巳궁의 무토가 또 왕성함에 화는 타오르고 토는 건조하여 뿌리 없는 수가 쉽게 말라버리니, 반드시 경금과 신금이 낳아주어 근원 있는 물이 된다. 금으로 토를 조화롭게 하여 수를 낳아주고 수로 화를 제압하여 금을 보존하면, 서로 용신이 되어 반드시 부귀가 모두 온전하게 된다. 금이 서로 낳아주는 것이 없으면 계수가 있을지라도 조금 부귀한 것에 지나지 않으니, 다시 반드시 운이 금金·수水 운으로 흘러가 도와주면 묘하게 된다. 토가 많아 계수를 곤혹스럽게 하면 빈천한 사람이다. 화火·토土가 너무 많아 계수를 볶아 말리면 눈먼 사람이다.

總之四月乙木, 用辛癸爲上, 用庚壬次之, 除金水外, 無別種用法也.
 총괄하자면, 4월의 목은 신금과 계수를 용신으로 하는 것이 상격이고, 경금과 임수를 용신으로 하면 다음이니, 금金·수水 외에 특별한 방법은 없다.

(5) 5월의 을목[五月乙木]

 五月火旺土燥, 禾稼皆枯, 夏至之前, 同四月, 專用癸水, 庚辛爲佐. 夏至之後, 一陰已進, 如柱多金水, 可用丙火, 否則, 仍用癸水. 癸透有根, 有金相生, 源源不絕, 必然富貴. 無別種用法也.

5월은 화가 왕성하고 토가 건조하여 심어놓은 농사물들이 모두 말라버린다. 하지 전에는 4월과 같이 오로지 계수를 용신으로 하고 경금과 신금辛金으로 돕고, 하지 후에는 하나의 음이 이미 나왔으니, 사주에 금金·수水가 많으면, 병화를 용신으로 해도 된다. 그렇지 않다면 그대로 계수를 용신으로 한다. 계수가 투간되어 뿌리가 있어 금이 서로 낳아주면 근원 있는 물이 끊어지지 않아 반드시 부귀하게 되니, 특별한 방법은 없다.

(6) 6월의 을목[六月乙木]

夏木枯焦, 專用癸水, 同上五月. 但三伏生寒, 如四柱多金水, 可用 丙火. 若支成木局, 丙癸兩透, 大富大貴, 無癸者, 常人, 運不行北, 困 苦一生. 癸水忌戊己雜亂, 丙火忌辛金相合, 若見戊己辛, 合傷用神, 便 是下格. 如見戊己, 當以甲木爲救, 得丙癸甲齊透, 雖不富貴, 亦有聲譽 地位. 丙癸相濟爲用, 無丙見丁, 亦屬常人. 無丙癸, 見丁壬相合, 暗助 木氣, 雖不富貴, 可保衣祿.

하목夏木은 메마르고 건조하니 오로지 계수를 용신으로 하는 것은 5월과 같다. 다만 삼복에는 차가움이 생겨나왔으니, 사주에 금金·수水가 많으면 병화를 용신으로 해도 된다. 지지에 목국이 있고 병화와 계수가 모두 투간되어 있으면 크게 부귀하게 된다. 계수가 없으면 평범한 사람이니, 운이 북쪽으로 흐르지 않으면 평생 곤고하다. 계수는 무토와 기토가 혼잡하여 어지러운 것을 싫어하고, 병화는 신금과 서로 합하는 것을 싫어한다. 무토·기토·신금이 있는데 합으로 용신을 해치면 하격이다. 무토와 기토가 있다면 갑목으로 구제해야 하고, 병화·계수·갑목이 나란히 투간되어 있다면, 부귀할 수는 없을지라도 명성과 지위가 있다. 병화와 계수가 서로 구제하는 것으로 용신을 삼는데, 병화가 없고 정화가 있으면 또한 평범한 사람이다. 병화와 계수가 없고 정임이 서로 합한 것이 있으면 목의 기운을 암암리에 도우니, 부귀하게 되지는 않을지라도 의식주는 보존할 수 있다.

丙見辛合, 非嫖卽賭, 終難承受家業, 更見戊合癸, 奔流離鄕之命.

병화가 신금과 합을 할 경우에는 계집질 아니면 도박을 하니 끝내 가업을 계승하기 어려운데, 다시 무토가 계수와 합을 할 경우에는 고향을 떠나 떠돌아다닐 운명이다.

一派乙木, 不見丙癸, 名亂臣無主, 平常勞碌之人, 更加支藏辛金, 閑云野鶴, 僧道之流, 一派甲木, 無丙癸, 此人一生虛浮, 得一庚金破甲, 其人雖有作爲, 不免因酒色敗德不修品行.

을목으로만 되어 있고 병화와 계수가 없다면, 임금까지 무시하는 역신이라 하니, 평소에는 고생하는 사람이다. 다시 지장간에 신금이 있으면 한가하게 흐르는 구름 아래 들판의 학으로 승려의 무리이다. 갑목으로만 되어 있고 병화와 계수가 없다면 이 사람은 평생 공허하게 떠돈다. 하나의 경금을 얻어 갑목을 파괴하면 그 사람이 하는 일이 있을지라도 주색으로 패덕하고 품행을 닦지 못한 사람이 된다.

四柱多土, 無印與此劫者, 當棄命從財, 富大貴小, 異途功名, 得內 助之力. 一見劫印, 只作才多身弱看, 富屋貧人. 有甲破土, 福壽有之.

사주에 토가 많고 인성과 비겁이 없을 경우에는 기명종재棄命從財에 해당함으로 재산은 많을지라도 귀함은 적고, 자신이 하는 일 외에 다른 분야에서 공명을 얻는다. 내조의 힘을 얻어 겁재와 인성을 한 번 보면, 재다신약才多身弱으로 볼 뿐이라 부잣집의 하인이니, 갑목이 토를 파괴하면 복록과 장수가 있다.

(7) 7월의 을목[七月乙木]

申月庚金司令, 壬水長生, 庚雖輸情于乙, 而天干之乙, 難合支下之庚. 金氣太旺乙必受傷, 壬水不能生木. 況申月木氣已絶, 雖見丙癸, 木不繁榮, 必須有己土汙金庚金見已, 失其剛銳之勢. 己土混壬, 則能培木之根. 更見丙火出干, 自然大富大貴, 己不厭多, 有癸透更妙. 丙爲用, 己癸爲配合, 見亥寅卯未等支, 乙木通根, 格局更爲完美. 無丙癸, 專用己土, 亦爲富貴之命.

신월申月은 경금이 사령司令이고 임수가 장생하니, 경금이 을목과 내통할지라도 천간의 을은지지 속의 경과 합하기 어렵다. 금의 기운이 너무 왕성하면 을목이 반드시 상처를 입으니 임수가 목을 낳을 수 없다. 하물며 신월申月에는 목의 기운이 이미 끊어져 병丙·계癸가 있을지라도 목이 번영하지 못하니, 반드시 기토가 있어 금을 더럽혀야 한다. 경금이 기토를 보면 굳세고 예리한 기세를 잃는 것은 기토가 임수를 혼탁하게 하여 목의 뿌리를 북돋우는 것이다. 다시 병화가 천간에 있으면 저절로 크게 부귀하게 되고 기토가 많을 것을 싫어하지 않는다. 계수가 투간되어 있으면 다시 묘하게 된다. 병화를 용신으로 하고 기토와 계수를 배합한 것인데, 해亥·인寅·묘卯·미未 등의 지지가 있고 을목이 통근했으면 격국이 다시 완전하게 되어 결함이 없다. 병화와 계수가 없으면 오로지 기토를 용신으로 해도 부귀한 명조이다.

癸透無丙, (或丙藏)取官印相生. 用癸水不用己土, 雖非上格, 亦 不失爲俊秀之士, 但不顯達耳. 庚多無癸, 或支藏癸, 俱屬平常人物.

계수가 투간되어 있고 병화가 (지장간에 있거나) 없어 관인상생官印相生을 취해 계수를 용신으로 하고 기토를 용신으로 하지 않으면 상격은 아닐지라도 준수한 선비로 출세하지 못하는 것일 뿐이다. 경금이 많고 계수가 없거나 지장간에 있으면 모두 평범한 사람들이다.

見庚辰時, 從化及時, 大富大貴. 凡從化格局俱取生我化氣之神爲用,如化金者, 戊作用神, 忌丙丁鍛煉破格, 並忌刑沖破害. 金局見刑沖破害, 即是丙丁破格也.

경진庚辰시가 되어 종화격이 시에 이르면 크게 부귀하게 된다. 종화격은 모두 나를 낳아 변화한 기운의 신神으로 용신을 삼는다. 이를테면 금을 변화하게 한 것은 무가 용신이 된 것으로 병丙·정丁이 타올라 격을 파괴하는 것을 싫어하고 아울러 형·충·파·해를 꺼린다. 금국金局이 형·충·파·해를 당하는 것은 바로 병丙·정丁이 격국을 파괴한 것이다.

(8) 8월의 을목[八月乙木]

酉月辛金七煞秉令, 木氣衰絶. 乙木雖不畏剋, 總以通根寅亥卯未等 支爲妙. 用不離丙, 癸生秋分前, 癸水爲先, 生秋分後, 又當先用丙火. 丙癸兩透, 科甲名臣, 見戊雜出, 異路顯宦.

유월酉月에는 신금辛金 칠살七煞이 권력을 휘두르고 있어 목의 기운이 쇠衰·절絶지이니, 을목이 극을 두려워하지 않을지라도 모두 해亥·인寅·묘卯·미未 등의 지지에 통근하고 있으면 묘하다. 용신은 병丙·계癸를 벗어나지 않는데, 추분 전에 태어났으면 계수가 우선이고, 추분 후에 태어났으면 또 병화를 먼저 용신으로 하여야 한다. 병화와 계수가 모두 투간되어 있으면 과거에서 장원한 명신이고, 무토가 뒤섞여 있으면 다른 분야에서 높은 관직에 올라간다.

生秋分前, 無癸爲枯木, 姑用壬水, 否則, 枯木無用, 平常閑人, 多 見 戊己, 亦爲貧賤下格.

추분 전에 태어나 계수가 없으면 마른 나무로 임수를 잠시 용신으로 한다. 그렇게 하지 않으면 마른 나무를 쓸 길이 없으니 평범하고 할 일 없는 사람이다. 무토와 기토가 많이 있어도 빈천한 하격이다.

生秋分後, 有丙無癸, 可許小富貴, 有癸無丙, 名利皆虛, 丙癸藏支, 庸中佼佼者流, 無丙癸下格, 若癸水藏支, 干透丙火, 名木火文星, 定主上達.

추분 뒤에 태어나 병화가 있고 계수가 없으면 어느 정도 부귀할 수 있고, 계수가 있고 병화가 없으면 명리名利가 모두 없다. 병화가 계수가 지장간에 있으면 평범한 사람들 가운데 비범한 자로 유랑하며 산다. 그러니 병화와 계수가 없으면 하격이다. 계수가 지장간에 있고 병화가 천간에 투간되어 있으면 목木·화火의 문성文星으로 반드시 명주가 상달上達한다.

支成金局, 辛金出干, 宜用丁火制之. 更見癸水, 如子得母, 癸水生 木, 丁火制辛, 功名富貴, 俱臻上乘, 無丙丁, 木被金傷, 殘疾之人, 有 癸出干, 而無丙丁, 終身儒士, 運不行南方, 總難顯達.

지지에 금국金局이 있고 신금辛金이 천간에 있으면, 정화를 용신으로 하여 제압해야 하는데, 다시 계수가 있으면 자식이 어미를 만난 것과 같아 계수가 목을 생해 정화가 신금을 제압하니, 공명과 부귀가 모두 최고로 올라간다. 병丙·정丁이 없어 목이 금에게 피해를 당하면 병자이다. 천간에 계수가 있는데 병丙·정丁이 없으면, 종신토록 출세하지 못하는 선비로 운이 남방으로 흐르지 않는다면 모두 현달하기 어렵다.

(9) 9월의 을목[九月乙木]

九月木性枯槁, 賴水滋養, 故以癸爲先. 四柱有丙丁配合, 支神生旺, 方爲上格. 如見甲與寅字, 名藤蘿系甲, 作甲木看. 弟從兄義也. (參看甲木九月.) 土燥木枯, 必以癸爲用, 又遇辛金發其源, 科甲顯宦, 有癸 無辛, 常人, 有辛無癸, 貧賤, 無癸辛, 用庚壬亦可, 格局較小耳.

9월에는 목의 특성이 메말라 수가 적셔서 길러주는 것에 의지하기 때문에 계수를 우선으로 사주에 있는 병丙·정丁으로 배합하는데, 지지의 신神이 생生·왕旺하다면 상격이다. 갑甲과 인寅을 본다면 등라계갑藤蘿繫甲이라고 하고 갑목이 된 것으로 보니, 동생이 형을 따른다는 의미이다. 갑목에서 구월을 참고할 것 토가 건조하고 목이 메마르니 반드시 계수를 용신으로 하는데, 신금辛金을 만나면 그 근원을 얻음으로 장원하고 높은 관직에 오른다. 계수가 있고 신금이 없으면 평범한 사람이고, 신금이 있고 계수가 없으면 빈천한 사람이다. 계癸·신辛이 없으면 경庚·임壬을 용신으로 해도 되는데, 격국이 비교적 작을 뿐이다.

支多濕潤, 干透庚金, 宜丁火制之, 用丙不如丁火之爲貴.

지지에 적셔주는 것이 많고 천간에 경금이 투간되어 있으면 정화로 제압해야 되는데, 병화를 용신으로 하는 것은 정화로 귀하게 되는 것만 못하다.

四柱多戊己, 作從才看, 一見劫印, 便作才多身弱論.

사주에 무戊·기己가 많으면 종재격從才格으로 보는데, 겁劫·인印이 하나라도 있으면, 재다신약才多身弱으로 논한다.

(10) 10월의 을목[拾月乙木]

十月木有生氣, 寒木向陽, 必用丙火, 壬水司令, 必用戊土, 丙戊兩透, 定許貴顯, 有戊無丙, 或支藏丙, 運行南方火土以補其缺, 亦有祿位. 蓋十月水旺乘權, 乙木性質漂浮, 如無戊土制水, 必爲遊閑之人, 無戊, 不得已用己土, 如無丙己, 妻子難全. 若僅亥宮一點壬水, 則又不必見戊, 寒木向陽, 專用丙丁可也.

시월의 목은 활력이 있으나 한목寒木은 양陽을 향하니, 반드시 병화를 용신으로 하고, 임수가 사령일 때는 반드시 무토를 용신으로 한다. 병丙·무戊가 모두 투간되어 있으면 귀하게 드러남이 정해졌다.

무토가 있고 병화가 없거나 지장간에 있는데 운이 남방 화火·토土로 흘러 그 결함을 보완하면 또한 봉록과 직위가 있다. 시월에는 왕성한 수가 권력을 휘두르고 있어 을목의 특성이 떠돌아다니는데, 무토가 수를 제압함이 없다면 반드시 떠도는 한가한 사람이다. 무토가 없다면 어쩔 수 없이 기토를 용신으로 하고, 병丙·기己가 없다면 천자가 온전하기 어렵다. 해亥궁에 겨우 임수 하나라면, 또 굳이 무토가 필요한 것은 아니다. 한목寒木은 양陽을 향하니, 오로지 병丙·정丁을 용신으로 해야 한다.

多見戊土, 亦不爲妙, 乙木無力, 不能剋制戊 土, 得甲制戊, 可許能士. 但比劫爭財, 難善運用, 不免來多去巨, 總須有丙丁化劫生財, 方許富貴. 甲多壬多而無庚丙戊者, 總非上格. 男女 一理.

무토가 많이 있어도 묘하지 않으니, 을목이 힘이 없어 무토를 극하여 제압하지 못하면 갑목을 얻어 무토를 제압해야 재능 있는 사람이 될 수 있다. 다만 비견과 겁재가 재財를 다투면, 잘 운용될지라도 많이 들어오고 많이 나가는 것을 면할 수 없으니, 모두 반드시 병丙·정丁이 겁재를 재를 낳는 것으로 변화시켜야 부귀하게 될 수 있다. 갑목이 많고 임수가 많은데, 경庚·병丙·무戊가 없을 경우에는 모두 상격이 아니다. 남녀가 동일하다.

支成木局, 曲直仁壽失時, 旺同春木, 不宜再見癸水生之, 得丙戊出 干可許富貴, 丁己不爲貴, 與二月仁壽格有不同. 若無丙戊, 自成自敗, 終非大受之器. 如明王鴻儒命, 已卯乙亥乙未丙戊, 得力在時上丙 戊. 又一造, 乙丑丁亥乙未己卯, 無丙戊而見丁己, 雖五福三多, 終爲一鄕農之命而不貴也. 總之, 十月乙木, 不能無丙爲用.

　지지에 목국木局이 있으면, 곡직인수曲直仁壽가 시기를 잃은 것인데, 왕성한 것이 춘목春木과 같아 계수가 낳아주는 것이 다시 있어서는 안되고, 병丙·무戊가 천간에 있으면 부귀할 수 있으나 정丁·기己가 있으면 귀하지 않으니, 2월의 인수격과는 같지 않다. 병丙·무戊가 없으면 스스로 성공하고 스스로 망함으로 끝내 크게 영화로울 수 있는 그릇이 아니다. 명明의 왕홍유王鴻儒의 명조 기묘己卯 을해乙亥 을미乙未 병술丙戊과 같다. 또 어떤 명조로 을축乙丑 정해丁亥 을미乙未 기묘己卯는 병丙·무戊가 없고 정丁·기己가 있어 다섯 가지 복에서 세 가지가 많을지라도 끝내 한 고향에서 농사지을 명조여서 귀하지 않다. 총괄하자면 시월의 목은 병화를 용신으로 하는 것이 없을 수 없다.

(11) 11월의 을목[十一月乙木]

　仲冬嚴寒凜冽, 乙木枝叶皆悴, 非得陽和解凍, 木無生意. 忌癸水出 干凍木, 故專用丙火. 見丙火干透支藏定爲顯宦, 丙火得地, 卽不出干, 亦爲富貴之命.

중동仲冬 혹한의 찬바람에 나부끼는 을목의 지엽은 모두 시들어 따스함으로 얼어붙은 것을 녹여주지 않으면 목이 활력이 없어 천간의 계수가 나무를 얼게 하는 것을 꺼리기 때문에 오로지 병화를 용신으로 한다. 그러니 병화가 투간되어 있고 지장간에 있으면 높은 관직에 오른다. 병화를 지지에서 얻고 천간에 있지 않아도 부귀한 명조이다.

忌見壬癸破丙, 必須戊己爲救. 寒木向陽, 仍以丙火爲用, 有戊無丙, 不免貧寒. 入南方運, 稍有衣祿而已. 支成水局, 干透壬癸, 無戊出救, 夭折之命.

임壬·계癸가 병화를 파괴하는 것을 꺼리니, 반드시 무戊·기로 구제해야 한다. 한목寒木은 양陽을 향하니 그대로 병화를 용신으로 하는데, 무戊가 있고 병丙이 없으면 가난을 면하지 못하고, 운이 남방으로 흘러도 다소 의식주만 해결할 수 있을 뿐이다. 지지에 목국이 있고 천간에 임壬·계癸가 투간되어 있는데, 무토가 나와 구원하는 것이 없으면 요절할 명조이다.

無丙只能用丁, 但丁火燈燭之光, 豈能解嚴寒之凍, 無用之人. 若一派丁火, 必須見甲, 則妻賢子肖, 芝蘭繞膝.

병화가 없어 오직 정화를 용신으로 할 수 있다면, 정화는 등불일 뿐이니 어떻게 혹독한 추위를 해결할 수 있겠는가? 쓸모 없는 사람이다. 정화가 무리지어 있는데 갑목이 있다면, 부인은 현명하고 자식은 효성스러우니, 온갖 향기로운 약초로 무릎을 감싸 두르고 있는 것이다.

無甲引丁, 姦險之人, 孤鰥 到老. 因乙丁皆陰柔故也. 生于冬至後, 一陽來復, 支成木局, 見丁火出干, 亦有衣祿.

갑목이 없는데 정화를 끌어온다면 음험한 사람으로 외롭게 홀로 늙어가니, 을목과 정화가 모두 음유陰柔하기 때문이다. 동지 이후에 태어났다면 하나의 양이 오고 지지에 목국이 이루어지니, 정화가 천간에 있으면 또한 의식주는 해결한다.

冬月水旺, 見己土出干, 又見丙火透者, 大富貴, 卽己土混壬之意, 參看十月丙火節.

동월冬月에는 수가 왕성하여 천간에 기토가 있고 또 병화가 투간되어 있을 경우에는 크게 부귀하게 된다. 곧 기토가 임수를 혼탁하게 하는 의미는 시월의 병화를 참고하라.

(12) 12월의 을목[十二月乙木]

寒木向陽, 專用丙火, 與十一月同論.

한목寒木이 양陽을 향해 오로지 병화를 용신으로 하니, 11월과 같이 논한다.

一派戊己, 不見比劫, 作從才論. 但從才亦不能無丙火, 無丙, 寒土 無生意, 亦難取富貴.

무戊·기己가 무리지어 있는데 비겁이 없다면 종재격從才格으로 논하는데, 다만 종재격이라도 병화가 없을 수 없다. 그것이 없으면 한토寒土에 활력이 없어 또한 부귀를 취하기 어렵다.

戊多見甲, 專用丙火, 雖非巨富, 亦是富有之命.

무토가 대부분 갑목을 볼 경우에는 오로지 병화를 용신으로 하니, 거부는 아닐지라도 부유한 명조이다.

凡乙木見甲, 卽以藤蘿繫甲論, 參看甲木用法.

을목이 갑목을 보면 바로 등라계갑藤蘿繫甲으로 논하니, 갑목의 선용법을 참고하라.

3) 병화 선용법[丙火選用法]

丙火喜壬水爲用. 丙爲太陽之火, 壬如江湖之水, 水輔陽光, 氣象澄淸. 見癸如云霧蔽日不雨不晴, 故見壬爲貴, 見癸不貴. 土多洩火之氣則失其威, 晦火之光則失其明, 不威不明, 名爲成慈. 然食神生才, 轉爲富格, 庚辛(才)甲乙(印)爲壬水之輔煞, 旺宜印化, 煞輕宜才生, 但忌 辛出干, 丙辛相合, 有貪財忘用之病, 四時皆不離此用法.

병화는 임수를 용신으로 하는 것을 반긴다. 병화가 태양이라는 화火라면 임수는 강호江湖라는 수水와 같다. 수가 태양빛을 도우면 기상이 맑고 깨끗하다. 그런데 계癸를 그름과 안개가 해를 가린 것처럼 비가 오는 것도 아니고 맑은 것도 아니기 때문에 임수를 보면 귀하게 되고 계수를 보게 되면 귀하게 되지 않는다. 토가 많아 화의 기운을 누설하면 그 위엄을 잃고, 화의 빛을 가리면 그 밝음을 잃는다. 위엄스럽지 않고 밝지 않은 것은 자애를 이룬 것이라고 하는데, 식신食神 재財를 낳아 로 부유한 격으로 바뀌는 것은 경庚·신辛의 재才와 갑甲·을乙의 인印이 임수가 도움이 되게 한 것이니, 살煞이 왕성하면 인印으로 변화시켜야 하는 것이고, 살이 가벼우면 재才로 낳아주어야 하는 것이다. 다만 신辛이 천간에 있는 것을 꺼리는 것은 병丙·신辛이 서로 합하면 재財를 탐해 쓰임을 잊는 병폐가 있기 때문이다. 사시四時에서 모두 이 용법을 벗어나지 않는다.

三春丙火, 陽回大地, 侮雪欺霜. 正二月時逢木旺, 通水火之情, 見 壬 名天和地潤, 旣濟功成. 但壬水臨于病死之位, 故用壬水, 取庚爲佐. 三月 土旺乘權, 雖柱不見戊, 無形之中, 自有晦火塞壬之病. 故用壬水, 取甲爲 佐.

삼춘三春의 병화는 양이 대지로 돌아온 것이라 눈과 서리를 업신여기고 조롱한다. 정월과 2월에는 목이 왕성한 때라 수水·화火의 정情을 통하니, 임수가 있으면 하늘은 따뜻하고 땅은 촉촉하여 기제旣濟의 공이 이루어진 것이라고 한다. 다만 임수가 병病·사死지에 있으니, 임수를 용신으로 할 때는 경금으로 도와야 한다. 3월에는 토가 왕성하게 되어 권력을 휘두르니, 사주에 무토가 없을지라도 형체 없는 가운데 저절로 화를 가리고 임수를 막는 병폐가 있기 때문에 임수를 용신으로 할 때는 갑목으로 도와야 한다.

(1) 정월의 병화[正月丙火]

正月三陽開泰, 丙火挾木氣以俱來, 專用壬水, 庚金爲佐. 壬庚兩透, 定 爲顯宦, 壬透庚藏, 亦有恩封, 壬透無庚, 支見寅巳, 身旺任煞, 假煞爲 權, 雖無庚金, 顯職可期, 且其人光明磊落, 英才邁衆, 若丙少壬多, 煞重 身輕, 必須有戊制之. 有戊制壬, 四柱更見一二比肩, 大富大貴, 蓋用食神 制煞, 必須身强, 方爲貴格也. 如煞重身輕, 而無食神爲制, 斯人笑里藏 刀, 流氓光棍之流.

정월에는 세 양이 태괘(泰卦)를 열어젖혀 병화가 목의 기운을 가지고 함께 오니 오로지 임수를 용신으로 하고 경금을 보좌로 한다. 임壬·경庚 둘이 투간되어 있으면 높은 관직에 오르고, 임수가 투간되어 있고 경금이 지장간에 있어도 은혜로운 봉작이 있다. 임수가 투간되어 있고 경금이 없으며 지지에 인寅·사巳가 있으면, 자신이 왕성하여 살煞을 마음대로 할 수 있음으로 살煞을 빌어 권력을 삼으니, 경금이 없을지라도 고위직을 기약할 수 있고, 또 그 사람은 빛나고 뛰어나 뛰어난 재주로 대중을 만나는 것이다. 병화가 적게 있고 임수가 많이 있다면 살煞이 무겁고 자신이 가벼우니, 반드시 무토로 제압해야 한다. 무토로 임수를 제압하고 다시 사주에 한 두 개의 비견이 있으면 크게 부귀하게 된다. 식신으로 살煞을 제압할 때에는 반드시 자신이 강해야 귀격이 된다. 살煞이 무겁고 자신이 가벼운데 식신으로 제압함이 없다면, 이런 사람은 웃음 속에 칼을 품고 떠도는 무뢰한이다.

正月丙火用金, 尋常人物, 時月兩透庚金, 無辛混雜, 不失儒秀, 四柱木旺, 用庚金破印者, 亦爲淸貴, 兩透辛金, 丙火貪合, 昏迷酒色之人. 女命一理.

정월의 병화가 금을 용신으로 하면 평범한 사람이다. 시와 월 양쪽으로 경금이 투간되어 있고 신辛이 뒤섞이지 않았으면 뛰어난 학자가 되는데, 사주에 목이 왕성하여 경금을 용신으로 하여 인성을 파괴할 경우에도 존귀하게 된다. 양쪽으로 천간에 신금辛金이 투간되어 있어 병화가 그것과 합하기를 탐하면 혼미하여 주색에 빠진 사람이다. 여자의 명조에서도 동일하다.

支成火局, 甲木出干不見壬癸, 名炎上格. 失時, 運行東南富貴, 西北孤貧. 一至水鄕破格, 不死必有灾咎. 見戊出干, 晦火光明, 富而不貴. 甲不出干, 難成大器. 如一造, 戊戌甲寅丙午戊戌, 雖炎上成格, 見戊晦光, 不貴. 喜甲木出干, 運行東南而致富. 蓋食神生旺, 自能生財也.

지지에 화국火局이 있는데 천간에 갑목이 있고 임壬·계癸가 없다면 염상격炎上格이라고 한다. 때를 잃어 운이 동남으로 흐르면 부귀하게 되고, 서북으로 흐르면 빈곤하게 되며, 한결같이 수水의 고향으로 흐르면 파격으로 죽지 않으면 반드시 재앙을 당한다. 천간에 무토가 있어 화의 빛을 가리면 부유하게는 되시만 귀하게 되시는 않고, 갑목이 천간에 없으면 큰 그릇을 이루기 어렵다. 이를테면 무술戊戌 갑인甲寅 병오丙午 무술戊戌과 같은 어떤 명조는 염상격일지라도 무토가 빛을 가려 귀하게 되지 않으니, 갑목이 천간에 있는 것을 반긴다. 운이 동남으로 흐르면 부를 이루니, 식신이 생生·왕旺하여 저절로 재財를 낳을 수 있기 때문이다.

總之正月丙火, 專取壬水, 支成火局, 見壬水則淸而貴, 無壬, 姑用癸水, 略富貴, 壬癸要通根旺相方妙. 壬癸俱無取戊土洩火氣, 不得己之 用也. 丙火無壬, 多主貧賤, 用癸無根, 定主目疾.

총괄하자면 정월의 병화는 오로지 임수를 취하니, 지지에 화국이 있는데 임수가 있으면 맑고 귀하다. 임수가 없어 대신 계수를 용신으로 하면 조금 부귀하다. 임壬·계癸는 통근하고 왕旺·상相하여 묘할 필요가 있다. 임壬·계癸가 모두 없어 무토로 화기를 누설하는 것은 어쩔 수 없이 쓰는 것이다. 병화는 임수 없으면 대부분 빈천하다. 계癸를 용신으로 함에 뿌리가 없으면 눈에 병이 있다.

正二月丙火, 不宜透辛, 羈合日主, 亦不宜透丁, 羈合壬水, 藏支不 合, 則無礙.

정월과 2월의 병화는 신신이 투간되어서는 안되니, 일주의 발목을 잡기 때문이다. 또한 정화가 투간되어서도 안되니, 임수의 발목을 잡기 때문이다. 지지에 감추어진 것은 합하지 않으니 무방하다.

(2) 2월의 병화[二月丙火]

二月陽和日盛, 專用壬水. 壬透加以庚辛生助, 貴顯無疑. 卽壬藏支, 有金生之, 亦不止儒秀. 蓋卯月爲水之死地, 無金相生氣洩于水, 則水爲 無力, 不足以成旣濟之功也. 無壬用癸. 用壬, 忌丁火化合, 戊己傷用.

2월에는 날로 따스해져 오로지 임수를 용신으로 한다. 임수가 투간되어 있고 더하여 경庚·신辛이 돕는다면, 귀하게 드러나는 데에 막힘이 없다. 임수가 지장에 있고 경庚이 그것을 낳아주면 또한 뛰어난 학자로만 지내지는 않는다. 묘월은 수水의 사死지라 금이 서로 생하면서 수水로 누설되는 것이 없음으로 수가 무력하니, 기제의 공을 이루기에 부족하다. 임수가 없으면 계수를 용신으로 한다. 임수를 용신으로 하면 정화가 합으로 변화시키는 것을 꺼리고, 무戊·기己는 용신을 해친다.

如無壬癸姑用己土洩丙火之氣, 但土晦火光不能成名, 傷官生財, 衣祿豐饒.

임壬·계癸가 없으면 기토를 용신으로 하여 병화의 기운을 누설하니, 토가 화의 빛을 가림으로 이름을 이룰 수 없을 뿐이고 의식주는 풍족하나.

若壬水太多, 支成水局, 則用戊土制之. 月垣正印秉令, 身旺取食制煞, 必顯達于異途. 如干支不見一戊, 加以金多生水, 奔流下賤之命.

임수가 너무 많고 지지에 수국水局이 있어 무토로 제압함에 월에 둘러싼 정인이 권력을 휘둘러 자신이 왕성함으로 식신으로 살煞을 제압하면 다른 길에서 크게 성공한다. 간지에 하나의 무토도 없는데, 더하여 금이 많아 수를 낳으면 미친 듯 떠돌아다니는 하찮은 명조이다.

無戊, 用辰戌之土. 辰宮, 戊旺癸墓, 生于春夏, 貪合而化不能制壬, 不過衣祿常人, 難望顯達也.

무토가 없어 진辰·술戌의 토를 용신으로 하면, 진辰궁의 무戊는 왕旺이고 계癸는 묘墓인데, 봄과 여름에 태어났다면 합을 탐해 변화함으로 임수를 제압할 수 없으니, 불과 의식주가 넉넉한 평범한 사람으로 크게 출세하기를 바라기는 어렵다.

若戊土多見, 當取煞印爲用, 以壬煞爲貴, 取月垣卯印, 制食(戊)護煞(壬)而生丙火, 喜行東方木運. 火土運均不吉, 更見土年程卽死.

무토가 많이 있다면 살煞·인印으로 용신을 삼아야 한다. 임壬인 살煞을 귀하게 여기는 것은 월의 울타리 묘인卯印을 취해 무토 식신을 제압하고 임수 살을 보호하여 병화를 낳아주니, 동방 목으로 운이 흘러가는 것을 반긴다. 화토운은 모두 불길한데 다시 년에서 토를 보면 즉사한다.

丙子日辛卯時, 貪財壞印, 難承祖業. 若得兩重丁火破辛, 壬水得位, 亦主富貴, 並主多妻妾子女. 如丙子日, 月時兩見辛卯, 名爲爭合, 無丁破辛, 必主酒色昏迷, 破耗祖業. 有丁破去一辛, 不致爭合. 但用子癸官星, 而官洩于印, 日主戀財, 亦尋常人物也. 支見未會卯成木局, 則子卯不刑. 但日主向財而不向官印, 爲不顧用神, 其人性情反覆姦險, 雖有官祿名利, 不脫姦詐之性也.

병자丙子일 신묘辛卯시는 '재財를 탐해 인印을 무너뜨린 것[貪財壞印]'으로 조상의 유업을 계승하기 어렵다. 정화 둘을 얻어 신辛을 파괴하고 임수가 자리를 얻으면 또한 명주가 부귀하고, 아울러 처첩과 자녀가 많다. 병자일이 월과 시에 양쪽으로 신묘辛卯가 있으면 쟁합爭合이라고 하는데, 정丁으로 신辛을 파괴하지 않으면, 반드시 명주가 주색으로 혼미하여 조상의 유업을 파괴한다. 정丁이 있어 하나의 신辛을 제거하면 쟁합이 되지 않는다. 다만 자子·계癸 관성을 용신으로 하면 관이 인성으로 누설됨으로 일주가 재財를 좋아하니 또한 평범한 사람이다. 지지에 미未가 있어 묘卯와 합해 목국을 이루면 자묘가 형이 되지 않는데, 단지 일주가 주로 재財를 구하고 관인을 구하지 않아 용신을 드러내지 않고, 그 사람의 성질이 간사하고 음험한 짓을 반복하니, 관록과 명리가 있을지라도 간사한 성품을 벗어나지 못한다.

(3) 3월의 병화[三月丙火]

三月丙火漸壯, 水輔陽光, 以見壬水爲貴. 土旺秉令, 雖戊不出干, 無形之中, 自有晦火塞壬之患. 無申爲輔, 丙壬之氣不淸, 不能取貴. 若支見四庫, 土氣暗旺, 更不能無甲, 不論身弱身旺也. 壬甲兩透, 富貴顯宦, 壬透甲藏, 破土之力不足, 富大貴小, 有壬無甲, 或有甲而見庚金破之, 皆不過有能儒士, 有甲無壬, 勞碌小富, 無甲無壬, 貧賤下格, 用壬甲, 見丁合壬, 己合甲, 皆足以破格, 常人而已. 無甲用庚助, 壬又能洩土之氣, 但須身旺, 方能以才資弱煞取貴. 若支成水局宜用戊土, 不能用壬, 亦不可見甲破戊, 戊透無傷, 稍有富貴. 戊藏常人.

3월에는 병화가 점차로 장성하여 수水가 양광陽光을 도우니, 임수를 보는 것을 귀하게 여긴다. 토가 왕성하여 권력을 휘두르면 무토가 천간에 없을지라도 형태가 없는 가운데 화火를 가려 임壬을 막는 우환이 있으니, 신申이 돕는 것이 없으면 병丙·임壬의 기운이 맑지 않아 귀함을 취할 수 없다. 지지에 사고四庫가 있어 토의 기운이 암암리에 왕성하면, 다시 갑甲이 없을 수 없고 신약身弱과 신왕身旺을 논하지 않는다. 임壬·갑甲이 양쪽으로 투간되어 있으면 부귀하고 높은 관직에 오른다. 그런데 임수가 투간되어 있고 갑이 감추어져 있다면 토를 파괴하는 힘이 충분하지 않으면 부유하고 크게 귀하게 된다. 임수가 있고 갑甲이 없거나 혹 갑甲이 있으나 경금이 파괴한다면, 모두 능력 있는 학자에 지나지 않는다. 갑甲이 있고 임壬이 없다면, 부지런히 일하는 작은 부자이다. 갑甲이 없고 임壬이 없다면, 빈천한 하격이다. 임壬·갑甲을 용신으로 하고 정임丁壬합과 기갑己甲합이 있다면, 모두 격을 파괴하기에 충분하여 평범한 사람일 뿐이다. 갑甲이 없고 경庚을 용신으로 하여 임壬을 돕는다면, 또 토의 기운을 누설할 수 있는데, 다만 반드시 신왕身旺하여야 재才로 약한 살煞을 도와 귀함을 취할 수 있다. 지지에 수국水局이 있다면 당연히 무토를 용신으로 하여 임수를 용신으로 할 수 없는데, 또 갑목이 무토를 파괴해서도 안된다. 무간된 무토는 훼손됨이 없어야 점차로 부귀해진다. 무토가 감추어져 있다면 평범한 사람이다.

(4) 4월의 병화[巳月丙火]

三夏丙火, 炎威灼爍, 專用壬水, 取庚爲佐, 見申亥皆爲壬水得所. 然申宮長生之水, 中有得祿之庚金相生, 亥宮壬水四月己與亥冲, 戊土回剋, 五月午宮丁己, 與亥宮壬甲相合, 六月亥未會局木旺洩弱水氣, 皆足以損傷用神. 故用亥宮之壬, 不如申宮之壬爲得力也. 大暑之前, 專用壬癸, 水旺通根, 卽以貴取. 大暑之後, 土旺秉令. 用壬不可無金爲佐. (大暑之前, 如見土重, 亦不可無金爲佐.)

삼하三夏에는 병화가 뜨겁게 타오르고 환하게 빛나니, 오로지 임수를 용신으로 하고 경금으로 돕는다. 신申·해亥가 있으면 모두 임수가 제 자리를 얻은 것인데, 신申궁에서 장생하는 수는 가운데 녹祿의 경금이 서로 낳아줌이 있다. 해亥궁의 임수는 4월의 사巳가 해亥와 충冲을 하고 무토가 극剋을 하고, 5월에는 오午궁의 정丁·기己가 해

亥궁의 임壬·갑甲과 서로 합을 하며, 6월에는 해亥·미未 회국會局으로 목이 왕성해져 약한 수의 기운을 누설하는 것이 모두 용신을 손상하기에 충분하기 때문에 해亥궁의 임壬은 신궁의 임이 힘이 있는 것만 못하다. 대서大暑 전에는 오로지 임壬·계癸를 용신으로 하는데, 왕성한 수가 뿌리를 내렸으면 바로 귀한 것으로 취하고, 대서 후에는 왕성한 토가 권력을 잡고 있어 임수를 용신으로 함에 금의 도움이 없어서는 안된다. (대서 전에도 토가 중첩되었으면 또한 금의 도움이 없어서는 안됨)

陽刃合煞, 威權萬里, 專取煞刃兩停. 如龍濟光命, 丁卯丙午丙子壬辰, 煞刃勢均, 貴爲巡閱使. 若陽刃太旺, 名陽刃倒戈, 非善終之命. 七煞太旺, 又爲陽刃煞重, 無戊爲制, 光棍盜賊之流. 以上三夏通用之看法.

양인陽刃이 살煞과 합해 권위가 모든 곳에 미치는 것은 오로지 살煞·인刃이 양쪽으로 머무르는 것을 취한 것이다. 이를테면 용이 광명光命을 조화롭게 한 것으로 정묘丁卯 병오丙午 병자丙子 임진壬辰이니, 살煞·인刃의 세력이 같아 귀하게 순열사巡閱使가 되었다. 양인이 너무 왕성하면 '양인이 창에서 죽는 것[陽刃倒戈]'이라고 하니 좋게 끝나는 운명이 아니다. 칠살이 너무 왕성한데다가 또 양인살이 중첩되었는데 무토가 제재함이 없다면 부랑자나 도둑의 무리이다. 이상은 삼하三夏에 통용하는 법이다.

四月丙火, 月令建祿, 炎威莫當, 專用壬水, 無壬名孤陽失輔, 難透清光, 然巳爲水之絶地, 非有庚金相生, 無源之水易涸. 巳宮庚金, 爲火土所逼, 不能生水也. 故庚壬均須出干方妙, 庚壬兩透, 不見戊己剋制名 日照江湖 映生輝, 不特高官厚祿而且名聞四海. 庚壬不透, 用申中庚壬, 亦不失貴. 若用亥宮, 壬水無金相生, 不過儒秀能士, 富貴皆輕.

4월의 병화는 절기가 건록이라 불타오르는 위엄을 누구도 감당하지 못하니, 오로지 임수를 용신으로 한다. 임수가 없으면 '외로운 양이 도움을 받지 못하는 것[孤陽失輔]'이라고 하니, '환한 빛[淸光]'에 통하기 어렵다. 그러나 사민는 수의 절지로 경금이 서로 낳아주지 못해 근원 없는 물이어서 말라버리기 쉽다. 사민궁의 경금이 화火·토土의 핍박으로 수를 생할 수 없기 때문에 경庚·임壬이 모두 반드시 천간에 있어야 묘하다. 경庚·임壬이 모두 투간되어 있고 무戊·기己의 극剋과 제재를 받지 않으면, '해가 강과 호수에 비추는 것[日照江湖]'이라고 하니, 비추는 것을 도와 빛을 냄으로 높은 벼슬에 많은 녹을 받을 뿐만이 아니라 또 이름을 널리 알린다. 경庚·임壬이 투간되지 않아 신申 속의 경庚·임壬을 용신으로 해도 부귀를 잃지 않는다. 해亥궁의 임수를 용신으로 하여 금이 서로 낳아줌이 없으면 뛰어난 선비로 능력 있는 것에 불과하니, 부귀는 모두 가볍다.

無壬, 姑用癸水, 庚癸兩透, 貴輕富重. 壬癸俱無, 火炎土燥, 不止 貧賤, 且恐夭折, 男女一理.

임수가 없어 대신 계수를 용신으로 하는데, 경庚·계癸가 투가되어 모두 있으면, 귀함은 가볍고 부유함은 무겁다. 임壬·계癸가 모두 없어 화가 타오르고 토가 메마르면 빈천할 뿐만이 아니니, 또 요절할까 두렵다. 남녀가 하나의 이치이다.

若一派庚金, 不見比劫, 名火長夏天金疊疊, 巨富之命, 但不貴耳. 見火出干, 比劫爭財, 反爲貧困.
경금이 많고 비겁이 없다면 '화가 긴 여름에 하늘의 금이 겹겹이 중첩된 것[火長夏天金疊疊]'이라고 하니 단지 거부의 명조로 귀하게는 되지 않는다. 화가 천간에 있으면 비겁쟁재로 도리어 빈곤하게 된다.

丁火出干, 柱見午字, 更得壬透, 煞刃兩停, 名陽刃合煞, 威權萬里, (見上)若壬水過多, 名陽刃煞重, 光棍之流, 須戊土爲制, 蓋巳月丙火 建祿, 身强煞旺, 必須取食神制煞, 不能用印化煞. 若支成水局, 兩壬出 干而無戊制, 盜賊之命, 見己土制煞無力, 亦是下賤鄙夫, 見財起意之流.
정화가 천간에 있고 사주에 오午자가 있는데 다시 임수가 투간되어 있음으로 실煞·인刃이 양쪽으로 있으면, 양인이 살과 합한 것이라고 하니, 권위가 사해에 떨친다. (앞을 참고하라) 임수가 지나치게 많으면 '양인과 살이 중첩한 것[陽刃煞重]'이라고 하니, 부랑자의 무리로 반드시 무토로 제압해야 한다. 사민월은 병화의 건록지로 자신이 강한데 살煞이 왕성하면, 반드시 식신으로 살을 제압해야 하니, 인성을 용신으로 하여 살을 조화롭게 할 수 없다. 지지에 수국이 있고 천간에 두 개의 임수가 있는데 무토의 제압이 없다면 도적의 명조이다. 기토로 살을 제압해서는 무력하니 또한 비천한 사람으로 재財를 봐야 뜻을 일으키는 무리이다.

(5) 5월의 병화[五月丙火]

五月丙火, 陽刃秉令, 火旺逾度, 得二壬一庚出干, 方爲上格. 切忌 戊己剋制, 一壬無庚, 運行西北, 亦不失富貴, 見戊己出干加以丁透合壬, 便爲平常人物.

5월의 병화는 양인이 권력을 휘두르고 있어 화의 왕성함이 정도를 넘었다. 두 개의 임수와 한 개의 경금이 천간에 있으면 상격으로 무戊·기己가 극하고 제재하는 것을 극히 꺼린다. 하나의 임수에 경금이 없는데 운이 서북으로 흐르면 또한 부귀를 잃지 않는다. 무戊·기己가 천간에 있는데, 투간된 정화가 임수와 합을 하면 평범한 사람이다.

如不透庚壬, 而得申宮長生之水, 濟之以坐綠之金, 至妙, 可人詞林, 干土雖不剋支水, 但見戊己蓋頭, 便爲異路富貴.

경庚·임壬이 투간되지 않았는데 신申궁의 장생하는 수를 얻어 건록지에 있는 금으로 조화롭게 하면 지극히 묘해 한림원의 관리가 될 수 있다. 천간의 토가 지지의 수를 극하지 않을지라도 무戊·기己가 있는 것만으로도 머리를 덮어버리니, 다른 길로 부귀하게 된다.

支成火局, 四柱不見金水而透甲乙, 乃炎上成格, 運行東南, 大富大貴, 干透戊己, 格局轉爲火土傷官, 土晦火光而生財, 不貴而富, 亦宜運行 東南. 行西北運, 拘謹迂拙, 見水必生災殃.

지지에 화국火局이 있고 지지에 금金·수水가 없는데 갑甲·을乙이 투간되어 있다면 염상炎上으로 격을 이루니, 운이 동남으로 흐르면 크게 부귀하게 된다. 무戊·기己가 투간되어 있음으로 격국이 화火·토土상관으로 변해 토가 화의 빛을 막아 재財를 낳으면, 귀하게 되지 않으나 부유하니, 또한 운이 동남으로 흘러야 한다. 운이 서북으로 흐르면 고지식하여 꽉 막혔는데 수를 보면 반드시 재앙을 낳는다.

總之, 五月丙火見庚壬兩透, 富貴非輕. 但金水俱弱, 須運氣相扶. 庚癸兩透, 衣祿饒裕, 富中取貴. 若有一點癸水而無根, 火土重疊, 必爲瞽目之人. 火土輕者無目疾.

총괄하자면 5월의 병화는 경庚·임壬이 모두 투간되어 있어야 부귀가 가볍지 않다. 다만 금金·수水가 모두 약하니, 반드시 운기가 도와야 한다. 경庚·계癸가 모두 투간되어 있으면, 봉록이 여유가 있고 부유한 가운데 귀함을 취한다. 하나의 계수가 뿌리가 없는데, 화火·토

土가 겹겹이 있다면 반드시 소경이 된다. 화토가 가벼울 경우에는 눈에 병이 없다.

(6) 6월의 병화[六月丙火]

　大暑之前, 與五月一理共推, 支若見午, 干透丁火必須用壬煞制刃, 壬水更宜有庚金相生, 則爲大富大貴. 偏輕偏重, 皆不以貴取. 或丙火臨 生旺之, 支見一煞獨透, 通根支下, 亦爲貴格. 不宜戊土剋制, 見己土混濁, 便是常人.

　대서大暑 전에는 5월과 하나의 이치이니 동일하게 추측한다. 지지에 오午가 있고 천간에 정화가 투간되어 있다면, 반드시 임수 살煞을 용신으로 하여 인刃을 제압해야 한다. 임수에 다시 경금이 상생하는 것이 있다면 크게 부귀하게 되는데, 편중되게 가볍거나 무거우면 모두 귀한 것으로 취하지 않는다. 혹 병화가 생生왕旺의 지지에 있는데, 하나의 살煞이 홀로 투간되어 있으면서 지지의 아래로 뿌리를 내리고 있다면 또한 귀격이니, 무토로 극하고 제압해서는 안된다. 기토가 있어 혼탁하게 한다면 평범한 사람이다.

　小暑之後, 土旺洩氣, 金水將進, 三伏生寒火旺用壬, 必取庚金, 化土爲佐. 如壬水旺, 則當以甲木爲佐, 制傷化煞, 格局乃淸. 運人東南, 富裕, 西北貧困. 六月火旺土燥, 更見甲乙出干, 切不可忽視. 蓋火土傷官佩印,

體用同爲月令之神, 乃大貴之格. 如福康安命, 甲戌辛未丙 寅乙未, 紀文
達命, 甲辰辛未丙戌甲午, 皆是. 惟火土燥烈, 木 枯則摺, 行水鄕潤木,
方爲奇貴. 如木不出干, 戊己疊透, 用神多者宜洩之, 見金洩土之氣便是富
格. 如戊戌己未丙子庚寅, 富命也.

　소서小暑 후에는 토의 왕성함이 기운을 누설하여 금金·수水가 나아오려고 한다. 삼복에 차가움을 낳아 화의 왕성함에 임수를 용신으로 하는 것은 반드시 경금으로 토를 조화롭게 하여 보좌하는 것이다. 임수가 왕성하면 갑목으로 보좌해서 상관을 제압하여 살煞을 조화롭게 하여야 격국이 맑아진다. 운이 동남으로 흐르면 부유하게 되고 서북으로 흐르면 빈곤하게 된다. 6월에는 화가 왕성하고 토가 건조한데, 다시 갑을목이 천간에 있다면 절대로 홀시해서는 안된다. 화火·토土의 상관이 인성을 두르고 있다면 몸체와 용신이 하나로 월령의 신이 되어야 크게 귀한 격이다. 이를테면 복을 편안히 누리며 명대로 사는 것은 갑술甲戌 신미辛未 병인丙寅 을미乙未이고, 문文을 벼리로 통달할 명조는 갑진甲辰 신미辛未 병술丙戌 갑오甲午이니, 모두 여기에 해당한다. 오직 화火·토土가 조열하여 목이 말라버리면 부러지는데, 운이 수의 고향으로 흘러 촉을 적셔주면 기이하게 귀하게 된다. 이를테면 목이 천간에 없는데 무戊·기己가 거듭 투간되어 있어 용신이 많을 경우에는 누설해야 한다. 금이 있어 토의 기운을 누설하면 부유한 격이다. 이를테면 무술戊戌 기미己未 병자丙子 경인庚寅

은 부유한 명조이다.

(7) 7월의 병화[七月丙火]

七月壬臨病地, 日近西山, 見土易晦, 專用壬水, 輔映太陽光暉. 若 原命有甲木生助丙火, 用申中長生之水得祿之金, 才資煞旺, 必貴無疑. 壬多, 宜見戊制, 身强以才煞爲用, 身弱以印爲用, 所謂衆煞猖狂, 一仁 可化, 亦爲顯宦. 見癸合戊, 或僅申中一壬而見戊制, 皆不爲貴. 戊土去 水生金, 格局變爲食神, 生才, 乃富格也.

7월은 임수의 병지로 해가 서산에 가까워지는데 토가 있으면 어두워지기 쉬우니, 오로지 임수를 용신으로 하여 태양 빛을 도와 빛나게 한다. 원래의 명조에 갑목이 있어 병화를 생조함에 신申 가운데 장생하는 수와 녹祿을 얻은 금을 용신으로 하면, 재才가 돕고 살煞이 왕성하여 반드시 귀하게 됨을 의심할 여지가 없다. 임수가 많으면 무토로 제압해야 하는데, 자신이 강하면 재才·살煞로 용신을 삼고, 자신이 약하면 인수로 용신을 삼아야 하니, 이른바 여러 살煞이 미쳐 날뛰면 하나의 인仁이 조화롭게 할 수 있다는 것으로 또한 높은 관직에 올라간다. 계수가 있어 무토와 합을 하거나 혹 가까스로 신申 가운데 하나의 임수가 무토에게 제압당하면 귀하게 되지 않는다. 무토가 수를 없애면서 금을 낳으면 격국이 식신생재食神生才로 바뀌면 그야말로 부유한 격이다.

壬戌並透, 支見戌多者, 同以食神生才論. 如壬寅戊申丙寅癸 巳, 戊土 逢生得祿, 制過七煞, 加以寅巳申刑合, 專用庚金洩土氣, 富而 不貴. 凡 丙火見戌, 無甲破土者, 大都取富不取貴, 土晦火光明故也.

임壬·무戊가 나란히 투간되어 있는데 지지에 무戊가 많을 경우에는 마찬가지로 식신생재食神生才로 논한다. 이를테면 임인壬寅 무신戊申 병인丙寅 계사癸巳는 무토가 생지를 만나고 녹지를 얻어 제압함이 칠살을 지나쳤는데 인寅·사巳·신申의 형刑과 합合을 더해 오로지 경금을 용신으로 하여 토의 기운을 누설하니, 부유하지만 귀하지는 않다. 병화가 무토를 보았는데 갑목이 토를 파괴함이 없는 경우에는 대개 부유함을 취하고 귀함을 취하지 못하니 토가 화의 밝음을 가리기 때문이다.

或見一派庚金, 不見比印者, 棄命從才奇特之格. 才旺生官, 多依親 戚進身, 異途顯達, 富中取貴. 見辛化合, 不如從才.

혹 경금이 잔뜩 있고 비견과 인수가 없을 경우에는 기명종재棄命從才로 기이하고 특이한 격이다. 재의 왕성함이 관을 낳으니, 대부분 친척에 의지하여 입신하는 것으로 다른 길에서 출세하고, 부유한 가운데 귀함을 취한다. 신辛을 보고 변화하고 합을 하면 종재격만 못하다.

(8) 8월의 병화[八月丙火]

八月丙臨死位, 日近黃昏, 餘光存于湖海, 仍用壬水輔映. 如丙火多見, 通根寅巳午支, 則一壬高透爲奇. 無壬, 癸亦可用, 但發不久, 若丙少, 又無生旺支神扶助, 則必須用甲木化壬生丙, 方爲貴格. 土多困水, 便以食傷生才論, 富而非貴. 見辛出干, 地支不成金局, 不以從化論, 但享蔭庇之福. 親歿, 貧苦到老. 見丁制辛, 姦詐無常. 女命合此, 長舌淫賤.

8월의 병화는 사死의 자리에 있어 해가 황혼에 가깝다. 햇빛이 강과 호수에 남아있어 그대로 임수를 용신으로 빛을 돕는다. 이를테면 병화가 많이 있는데 인寅·사巳·오午 지지에 뿌리를 내리고 있는 것이라면 하나의 임수가 높이 투간되어 있는 것이 기이하다. 임수가 없다면 계수를 용신으로 해도 되는데, 다만 계수는 오래가지 못한다. 병화가 적고 또 지지에서 생生·왕旺의 신神이 돕는 것이 없을 경우에는 반드시 갑목을 용신으로 하여 임수를 변화시켜 병화를 낳으면 귀격이 된다. 토가 많아 임수를 곤혹스럽게 하면 식상생재食傷生才로 논하니, 부유하나 귀하지 않다. 신辛이 천간에 있고 지지에 금국金局이 없으면, 종화從化로 논하지 않으니, 가려주는 복을 받을 뿐이라 부모가 돌아가시면 죽을 때까지 궁핍하다. 정丁이 있어 신辛을 제압하면 간사함이 무상하다. 여자의 명조가 이것에 합하면 말이 많고 음란하며 천박하다.

支成金局, 辛不出干, 乃財多身弱, 不以從財論, 必須支成局, 辛出 干, 不見比劫印綬, 方爲眞從財格, 得人提攜而致富貴. 妻賢得內助力.

지지에 금국金局이 있고 신辛이 천간에 없으면, 바로 재다신약財多身弱이라 종재로 논하지 않는다. 반드시 지지에 국국을 이루고 신辛이 천간에 있는데 비겁과 인수가 없으면 진실로 종재격從財格이다. 사람을 얻으면 서로 협력하여 부귀를 이루니, 부인이 현명하고 내조의 힘을 얻는다.

(9) 9월의 병화[九月丙火]

戌月丙火入墓. 墓者如日落地平線下, 其光倒映而上, 雖有餘暉, 氣極微弱. 最忌土晦, 必須用甲木輔壬, 方能取貴. 無壬用癸, 蓋戌宮火土亢燥, 甲木枯凋, 無水滋潤, 不能制土, 故壬癸均可用也. 但壬能輔陽光, 兼能潤木, 甲壬兩透, 富貴非凡. 癸水僅能滋甲, 不能輔丙生輝, 見癸出 干, 富貴均輕, 且是異途. 若壬癸藏支, 或壬透甲藏均不過儒秀而已. 見庚金困木, 戊土困水, 用神被傷, 定是庸才. 無甲壬癸, 又不合外格, 無用人也.

9월의 병화는 묘지로 들어간다. 묘지는 해가 지평선 아래로 떨어져 그 빛이 뒤집혀 위로 되비춰 오르는 것으로 빛이 남아 있을지라도 기운이 극히 미약하다. 토가 가리는 것을 가장 꺼리니, 반드시 갑목을 용신으로 하고 임수를 바르게 하여야 귀하게 될 수 있다. 임수가 없으면 계수를 용신으로 한다. 술戌궁의 화火·토土는 지나치게 건조하여 갑목이 말라있으니, 수의 적셔줌이 없으면 토를 제압할 수 없기 때문에 임수와 계수를 모두 용신으로 할 수 있다. 다만 임수는 햇빛을 도울 수 있고 겸하여 목을 적셔줄 수 있으니, 갑甲·임壬이 양쪽으로 투간되어 있다면 부귀가 평범하지 않다. 계수는 가까스로 갑목을 적셔줄 수 있어 병화가 빛을 내도록 도울 수 없으니, 계수가 천간에 있으면 부귀가 모두 가볍고 다른 길을 간다. 임壬·계癸가 지지에 숨어 있거나 임수가 투간되어 있고 갑목이 지장간에 있다면 모두 뛰어난 학자에 불과할 뿐이다. 경금이 있어 목을 곤혹스럽게 하고, 무토가 있어 수를 곤혹스럽게 하면, 용신이 피해를 당했으니, 반드시 용렬한 사람이다. 갑甲·임壬·계癸가 없다면 외격에 합하지 않으니, 쓸모없는 사람이다.

支成火局, 炎上失令, 運行東南, 富貴, 西北, 孤貧如沈桂芬命. 丁丑庚戌丙午庚寅, 月令偏才被制, 專取時上偏才, 運行南方, 翰林出身, 官拜大學士. 又閻子明命, 辛酉戊戌丙午庚寅, 戊土出干, 晦火生財, 運行南方, 父以子貴, 大富之格. 人墓之火, 喜行生五之地, 與炎上格一理共推也.

지지에 화국이 있으면 염상이 시기를 잃었는데, 운이 동남으로 흐르면 부귀하게 되고 서북으로 흐르면 외롭고 가난하게 된다. 이를테면 심계분沈桂芬의 명조 정축丁丑 경술庚戌 병오丙午 경인庚寅으로 월령과 편재가 제압을 당하면 오로지 시주에 있는 편재를 취하는데,

운이 남방으로 흘렀다. 한림원 출신인데 관직으로 대학사大學士를 받았다. 또 염자명閻子明의 명조 신유辛酉 무술戊戌 병오丙午 경인庚寅으로 무토가 천간에 있어 화를 가려 재를 낳았는데, 운이 남방으로 흘렀다. 아비가 자식으로 귀하게 되니 아주 부유한 격이다. 입묘入墓한 화는 운이 생生·왕旺의 곳으로 흐르는 것을 반기니, 염상격과 하나의 이치로 함께 추측한다.

(10) 10월의 병화[拾月丙火]

亥月丙火絶地, 休囚已極, 非有甲木生扶, 不能別取用神, 故以甲木 爲基本. 時値壬水當旺, 甲木雖長生, 濕木無燄不能生火, 故須取戊土爲制. 木得水土培植, 便能生火, 但戊土制壬, 又嫌其過, 更取庚金爲輔, 甲戊庚齊透, 才煞印相生, 必然富貴. 若火多專用壬水, 水多專用戊土, 土多專用甲木, 應病與藥, 俱可隨宜酌用. 水多無戊, 木盛無庚, 皆爲有 病無藥, 尋常人物.

해월亥月은 병화의 절지絶地로 휴휴·수囚가 이미 극에 달해 갑목이 낳아서 도와주지 않으면 별도로 용신을 취할 수 없기 때문에 갑목을 기본으로 한다. 시에서 만난 임수가 왕旺에 해당해 갑목이 장생할지라도 젖어있는 목이 타오르지 않아 화를 낳을 수 없기 때문에 반드시 무토를 취해 제압한다. 목은 수水·토土가 배양하면 화를 낳을 수 있다. 다만 무토가 임수를 제압함에 지나칠까 염려되면 바로 경금으로 보조한다. 갑甲·무戊·경庚이 가지런히 투간되어 있으면 재才·살煞·인印이 서로 낳아주어 반드시 부귀하게 된다. 화가 많으면 오로지 임수를 용신으로 하고, 수가 많으면 오로지 무토를 용신으로 하며, 토가 많으면 오로지 갑목을 용신으로 하는 것은 병병에 따라 약藥을 쓰는 것으로 마땅함에 따라 참작해서 사용하는 것이다. 수가 많은데 무토가 없고, 목이 성대한데 경금이 없는 것은 모두 병병이 있는데 약藥이 없는 것으로 평범한 사람들이다.

丙火用壬, 本忌己土混濁, 獨有十月丙火見己土, 名己土混壬, 大貴 之格. 蓋時値丙火衰絶, 非見生扶, 不能自存. 而亥宮木氣甫萌動, 爲旺 水所束縛, 不能生丙火. 見己土混壬培木, 甲木卽轉爲生旺. 丙火絶地逢 生, 奇特之格, 功名富貴, 皆臻極頂. 如曾文正命, 辛未己亥丙辰己亥, 卽是格也.

병화가 임수를 용신으로 함에 본래 기토가 혼탁하게 하는 것을 꺼리는데, 유독 시월의 병화가 기토를 보면 기토탁임己土濁壬이라고 하니, 아주 귀하게 되는 격이다. 시에서 병화의 쇠衰·절絶을 만남에 낳아서 돕는 것이 아니면 자존할 수 없다. 그런데 해亥궁에서 목기木氣라는 큰 싹의 움직임이 왕성한 수에 구속되어 병화를 낳을 수 없음에 기토가 임수를 탁하게 하여 목을 배양하면 갑목이 바로 생생·왕왕으로 변하니, 병화는 '절지에서 낳아줌을 만난 것[絶地逢生]'이다. 기묘하고 특이한 격으로 공명과 부귀가 모두 최고로 올라간다. 이를테면 회문정會文正의 명조 신미辛未 기해己亥 병진丙辰 기해己亥가 바로 여기에 해당하는 격이다.

亥宮甲木, 雖長生不旺, 見卯未會局, 茂同春木. 亥與未會, 卽己土 混壬也, 巳月庚金亦同. 見酉丑會局, 卽旺而可用.
해亥궁의 갑목이 장생으로 왕성하지는 않을지라도 묘卯·미未 회국會局이 있으면 무성함이 춘목과 같고, 해亥가 미未와 모이면 바로 기토탁임己土濁壬이다. 사巳월의 경금도 같으니 유酉·축丑 회국이면 바로 왕성해서 용신으로 할 수 있다.

如四柱多壬而無戊己, 亥宮甲木, 不能生火, 而丙有生意, 亦難從煞, 唯作煞旺身衰看. 如見申金剋去亥宮甲木, 乃作從煞論, 不失宦門之士. 丙日見辛, 更値壬辰年時, 化合逢時, 大貴之命.
사주에 임수가 많고 무戊·기己가 없으면, 해亥궁의 갑목이 화를 생할 수 없고 병화가 활기가 있을지라도 살煞을 따르기 어려우니, 단지 살煞이 왕성하고 자신이 쇠약한 것으로 볼 뿐이다. 신申궁에서 해亥궁의 갑목을 극하여 없애면 그제야 '살을 따르는 것[從煞]'으로 보니, 벼슬아치 집안의 선비가 된다. 병丙 일간이 신辛을 보았다는데, 다시 임진壬辰이라는 연과 시를 보면 변화하며 합한 것이 시를 만났으니 크게 귀한 명조이다.

(11) 11월의 병화[十一月丙火]

仲冬丙火, 略同十月, 雖在冬至後一陽潛生, 究屬微弱. 四柱不可無 甲木生扶, 比肩爲助. 時値水旺秉令, 如見壬水出干, 必須戊土制之. 若無甲木, 一名生利虛浮, 何也. 丙火微弱, 見壬水固畏其剋, 見戊土亦懼晦光, 不足以成名也. 故壬戊兩透, 更須甲木出干, 方爲富貴之命. 水多無戊, 火多無壬, 皆爲下格. 火多無壬可用癸水, 得金相生, 無戊 己傷剋, 小富小貴. 水多無戊, 宜用己土混壬, 得須甲木出干, 方爲貴命. 蓋十月亥宮甲木長生, 木氣萌動, 得己土混壬, 卽可轉弱爲旺. 子月嚴寒, 木氣潛伏, 須干透甲木, 方可援己土混壬之例也.

중동仲冬의 병화는 대략 시월과 같으니, 동지 후에 '하나의 양陽 [ ]'이 보이지 않게 생겨날지라도 사주에 갑목이 낳아서 돕고 비견이 돕는 것이 없어서는 안된다. 시에서 수의 왕성함이 권력을 휘누르고 있는데 임수가 천간에 있다면 반드시 무토로 제압해야 한다. 갑목이 없다면, 일명 이익을 낳음이 허황되다고 하는 것은 무엇 때문인가? 병화가 미약하여 임수를 보면 진실로 그것이 극하는 것이 두렵고 무토를 보면 또한 빛을 가리는 것이 두려우니, 이름을 이루기에 부족하다. 그러므로 임壬·무戊가 모두 투간되어 있는데다가 다시 반드시 갑목이 천간에 있으면 부귀한 명조이다. 수가 많은데 무토가 없고 화가 많은데 임수가 없는 것은 모두 하격이다. 화가 많고 임수가 없어 계수를 용신으로 하면 금이 서로 낳아줌을 얻어야 하는데, 무戊·기己의 해침과 극이 없으면 다소 부귀하게 된다. 수가 많고 무토가 없어 기토를 용신으로 임수를 탁하게 해야 하는데, 다만 반드시 갑목이 천간에 있어야 귀한 명조이다. 시월에는 해亥궁의 갑목이 장생하여 목기木氣의 싹이 움직이니, 기토를 얻어 임수를 탁하게 하면 약한 것을 왕성한 것으로 바꿀 수 있다. 자子월에는 혹독하게 추운데 목의 기운이 잠복하고 있으니, 반드시 천간에 갑목이 투간되어 있어야 기토탁임己土濁壬을 구할 수 있는 사례이다.

　十一月丙火, 氣勢衰絕, 見壬水多而無甲木生扶, 作棄命從煞, 亦可 靑雲得路.

　11월 병화의 기세는 쇠衰·절絕인데, 임수가 많고 갑목이 낳아서 돕는 것이 없다면, 기명종살棄命從煞로 논하니, 또한 높은 벼슬로 길을 얻을 수 있다.

(12) 12월의 병화[十二月丙火]

　十二月氣進二陽, 木火漸旺, 丙無壬不貴. 生大寒前, 與十一月同用 壬, 不可無甲丙生扶, 大寒之後, 己土當旺, 壬忌其混濁. 丙懼其晦光, 亦須用 甲爲佐, 壬甲之用相同. 而取用之意有不同也. 壬甲兩透, 富貴有準, 壬透甲藏, 貴有不足. 若無甲木一壬獨透, 而丙火支神生旺者, (巳午)只能富中取貴. 蓋無形之中, 有旺土晦丙濁壬, 氣勢欠清故也.

12월에는 기운이 '두 陽[ ]'으로 나아가 목木·화火가 점차로 왕성해지니, 병화는 임수가 없으면 귀하지 않다. 대한大寒 전에 태어났으면 11월과 동일하게 임수를 용신으로 하는데, 갑甲·병丙이 낳아 도와줌이 없어서는 안된다. 대한 후에는 기토가 왕성함에 임수가 그것이 혼탁하게 하는 것을 꺼리고, 병화는 그것이 빛을 가릴 것을 꺼리니, 또한 반드시 갑목으로 보좌를 해야 한다. 임壬·갑甲을 용신으로 하는 것은 서로 같으나 용신으로 취하는 의미는 같지 않다. 임壬·갑甲이 모두 투간되어 있으면 부귀가 따르고 임壬이 투간되어 있고 갑甲이 감추어져 있으면 귀함에 부족함이 있다. 갑목이 없고 하나의 임수가 홀로 투간되어 있는데 병화의 지신支神이 (사巳·오午로) 생生·왕旺할 경우에는 부유한 가운데 귀함을 취할 수 있을 뿐이다. 형태가 없는 가운데 왕성한 병화를 가리고 임수를 혼탁하게 하니, 기세가 이어지면서 맑아지기 때문이다.

丑宮人元爲己辛癸三神. 若一派己土, 不見甲乙, 名假傷官格, 聰明 性傲, 假名假利. 見癸水己土出干, 取傷官制官, 主自創基業. 須運行東 南木火生旺之地爲妙. 若己土制癸太過, 又取辛金洩土生癸, 癸水必須出干, 方爲秀氣. 雖不成名, 亦有雅人風度. 蓋己辛癸三神, 同宮有情, 如丙火支神生旺, 行金水運亦佳. 否則總宜木火之地, 以用神有情有力, 故 有相當之成就也.

축丑궁의 인원人元은 기己·신辛·계癸 세 개의 신神인데, 기토로 가득하고 갑甲·을乙이 없으면 가상관격假傷官格이라고 한다. 총명하고 밝아 임시로 명예가 있고 이익이 있다. 계수와 기토가 천간에 있어 상관으로 관을 제압하면 주로 스스로 기업을 일구는데, 반드시 운이 동남 목木·화火의 생生·왕旺의 곳으로 흘러야 묘하다. 기토가 계수의 너무 지나친 것을 제압하고, 또 금을 취해 토를 누설해 계수를 낳는데 계수가 반드시 천간에 있으면 뛰어난 기운이 되니, 이름을 이룰 수 없을지라도 품위 있고 훌륭한 마음을 지닌 사람의 품격이 있다. 기己·신辛·계癸 세 개의 신神이 같은 곳에 있어 정이 있음으로 병화의 지신支神이 생生·왕旺한 것과 같으니, 금金·수水의 운으로 흘러가도 아름답다. 그렇지 않으면 총체적으로 목木·화火의 곳이 마땅한 것은 용신이 정이 있고 힘이 있으므로 서로 합당하게 성취하기 때문이다.

若見一派戊土, 支聚四庫, 丙火之氣洩盡, 無別用神可取, 格局變爲稼穡, 蓋以全局爲主, 而不以日元爲主矣. 如陶文毅公澤命, 戊戌乙丑丙辰戊戌, 寒土喜火, 取丙爲用, 運行南方, 富貴福澤, 非尋常可比. 凡火生四季月, 見土旺皆有轉變之可能. 惟用須隨時令以變迁, 有不同耳.

무토로 가득하고 지지에 사고四庫가 있다면 병화의 기운이 다 누설되어 별도로 용신을 취할 것도 없으니, 격국이 가색으로 변한 것은 전체의 원국을 근본으로 하고 일간을 근본으로 하지 않은 것이다. 이를테면 도문의공陶文毅公 주허의 명조 무술戊戌 을축乙丑 병진丙辰 무술戊戌은 차가운 토가 화를 반겨 병화를 취해 용신으로 하였는데, 운이 남방으로 흘러 부귀와 복택을 일반적으로 비교할 수 있을 정도가 아니었다. 화가 네 계절의 마지막 달에 태어나 토가 왕성한 것은 모두 변할 가능성이 있는데, 오직 용신이 시기를 따라 변화하는 것이 따를 뿐이다.

4) 정화 선용법[丁火選用法]

丁火不離甲木, 見甲如子得母. 雖在秋冬, 亦衰絕之虞. 又不可無水, 但不宜多. 多見壬癸, 不論爲官爲煞, 皆有滅火之懼. 見土重則晦, 喜用甲庚, 見金多爲財身旺則利.

정화가 갑목을 떠날 수 없는 것은 갑을 보면 어미를 만난 것과 같아 가을과 겨울일지라도 쇠衰·절絕의 근심이 없다. 또 수가 없을 수 없으나 다만 많아서는 안되니, 임壬·계癸가 많으면 관官이 되고 살煞이 되는 것으로 논하지 않는 것은 모두 화를 멸할 우려가 있기 때문이다. 토가 중첩되면 어두워지니, 갑경을 용신으로 하는 것을 반긴다. 금이 많아 재가 되는 것은 자신이 왕성하면 이롭기 때문이다.

(1) 정월의 정화[正月丁火]

正月甲木司權, 木旺火塞, 非庚不能劈甲, 何以引丁, 見甲乙多, 用才破印, 最爲上格. 運至西方, 必然大貴, 但晚達. 蓋大運不論順逆行, 至西方, 庚金得地, 必在晚年矣. 如林森命, 戊辰, 甲寅丁卯戊申用 才破印, 運行庚申辛酉, 貴爲主席元首之尊.

정월의 갑목은 권력을 마음대로 휘둘러 목의 왕성함으로 화가 막혔으니, 경금이 아니면 갑목을 쪼갤 수 없는데, 어떻게 정화를 끌어당길 수 있겠는가? 재才를 용신으로 하여 인성을 파괴하면 가장 상격이 된다. 운이 서방으로 흐르면 반드시 크게 귀하게 되는데, 다만 늦게 출세한다. 대운에서는 순행과 역행을 막론하고 서방에 이르게 되면 경금이 제 있을 곳에 있게 되는 것이 만년이기 때문이다. 이를테면 임주석林主席 삼삼森의 명조 무진戊辰 갑인甲寅 정묘丁卯 무신戊申으로 재를 용신으로 인성을 파괴했고, 운이 경신庚申 신유辛酉로 흘러 귀함으로는 높은 주석과 원수가 되었다.

正月木旺火相, 丁火不旺自旺, 見庚壬並透者, 爲才官格, 不失儒秀之士.

정월은 목이 왕旺이고 화가 상상相이라 정화가 왕旺하지 않아도 저절로 왕旺하여진다. 경庚·임壬이 모두 투간되어 있을 경우에 재관격才官格으로 뛰어난 학자가 된다.

丁火見丙透氣轉生旺, 則喜用壬, 無丙並不喜壬. 故雖官星相合, 有 才 相生, 不過儒秀, 不能大貴也. 此理除三夏外均同.

정화가 병화가 투간되어 있는 것을 봄으로 기운이 생생·왕旺으로 변하면 임수를 용신으로 하는 것을 반긴다. 병화가 없으면 아울러 임수를 반기지 않기 때문에 관성이 서로 합하고 재才가 서로 생할지라도 뛰어난 학자에 불과하고 크게 귀하게 될 수는 없다. 여기의 이치는 삼하三夏 외에는 모두 같다.

有庚及癸, 更得己土出干制之, 爲食神制煞格, 不失異路恩封. 官多同煞, 官煞並見以煞論. 均取戊己制之, 月令印旺, 不懼剋洩交集也.

경庚과 계癸가 있는데 다시 기토가 천간에 있는 것을 얻어 제압하면, 식신제살격食神制煞格이 되니, 다른 길에서 은봉을 얻는다. 관官이 많은 것은 살煞과 같고, 관官과 살煞이 나란히 있으면 살煞로 논하니, 모두 무戊·기己로 제압한다. 월령의 인성이 왕성하여 극함과 설함이 함께 있는 것을 두려워하지 않는다.

一派甲木, 無庚金破之, 名身旺無依, 非貧卽夭. 甲乙雜見者, 亦爲 離鄕奔波之命, 勿問妻子, 若得庚子時, 又爲妻早子早, 且不失儒秀. 蓋庚金能破印生煞, 故有功名妻子也.

갑목이 무리지어 있는데 경금으로 파괴함이 없다면 '자신이 왕성함에도 의지할 것이 없는 것[身旺無依]'이라고 하니, 빈한하지 않으면 요절한다. 갑甲·을乙이 뒤섞여 있는 경우에는 고향을 잃고 분주하게 떠도는 명조이니, 처자에 대해서는 묻지 마라. 경자시를 얻을 때에도 또 처를 빨리 얻고 자식도 빨리 얻는데다가 뛰어난 학자는 된다. 경금이 인성을 파괴하고 살煞을 낳을 수 있기 때문에 공명과 처자가 있는 것이다.

　壬透無庚, 而得寅時, 丁壬化木逢時, 必然大貴. 但不宜見庚破格, 見庚則化木不成仍爲才官格也. 如丁年壬月丁日壬時, 而日元丁酉則不作化論. 男命重官不貴才官相生轉爲富格, 女命以官爲夫星, 重官不免剋夫. 凡官多者作煞論, 須戊土制之. 時値壬寅, 木旺土崩, 不論男女, 皆主子女艱難, 且多刑剋. 丁壬爲淫暱之合, 如更見咸池大耗天中(空亡)等 煞, 不免淫邪姦慝, 女命尤忌.

　임수가 투간되어 있고 경금이 없는데 인寅시를 얻었다면, 정丁·임壬이 목으로 변함에 때를 만나 반드시 크게 귀하게 된다. 다만 경금이 있어 격을 깨서는 안된다. 경금이 있으면 목으로 변화되지 못해 그대로 재관격才官格이다. 이를테면 정丁년 임壬월 정丁일 임壬시인데 일주가 정유丁酉라면 변화한 것으로 논하지 않는다. 남자의 명조에서 무거운 관은 귀하지 않고, 재관이 서로 생하면 부유한 격으로 변한다. 여자의 명조에서 관은 남편의 별로 무거운 관은 남편을 극함을 면하지 못한다. 관이 많을 경우 살로 논하니 반드시 무토로 제압해야 한다. 시에 임인壬寅이 있으면 목의 왕성함에 토가 붕괴되니, 남녀를 막론하고 모두 주로 자녀가 고생하고 또 형형刑·극剋이 많다. 정丁·임壬은 음탕하게 가까이 하는 합으로 함지咸池·대모大耗·천중天中(공망空亡) 등의 살煞을 만난 것과 같으니, 음란하고 간특함을 면하지 못한다. 여자의 명조에서는 더욱 심하다.

若一派壬癸, 不得寅時, 化木不成, 又無庚己, 必致困窮.
임壬·계癸가 무리지어 있는데 인寅시를 얻지 못하면 목으로 변하는 것이 이루어지지 않고, 또 경庚·기己가 없다면 반드시 곤궁하게 된다.

支成火局, 無滴水解炎, 孤貧庸俗之命, 見甲木出干, 爲假炎上格, 運行東南則吉. 西北則否.
지지에 화국火局이 있고 화염을 해결할 물방울이 없다면 외롭고 가난한 저속한 명조이다. 갑목이 천간에 있으면 가염상격假炎上格으로 운이 동남으로 흘러가면 길하고 서남으로 흘러가면 그렇지 않다.

(2) 2월의 정화[二月丁火]

二月乙木司令, 木旺火塞, 非庚不能掃乙, 非甲不能引丁, 理同正月. 用才破印者, 大貴之格. 如薩鎭冰命, 己未丁卯丁卯乙巳, 又如孟恩遠命, 己未丁卯丁巳丙午, 皆用巳中庚金. 晚年運至西方, 富貴極品.

2월에는 을목이 명령권을 쥐고 있음으로 목이 왕성하여 화가 막혔으니, 경금이 아니면 을목을 쓸어버릴 수 없고 갑목이 아니면 정화를 끌어당길 수 없다. 그 이치는 정월과 같다. 재재를 용신으로 하여 인성을 파괴하는 경우는 크게 귀한 격이다. 이를테면 음진빙薩鎭冰의 명조 기미己未 정묘丁卯 정묘丁卯 을사乙巳, 그리고 또 이를테면 맹은원孟恩遠의 명조 기미己未 정묘丁卯 정사丁巳 병오丙午로 모두 사巳 중의 경금을 용신으로 하였으니, 만년에 운이 서방으로 흘러 부귀가 최고로 올라갔다.

月令卯木爲偏印, 必須用庚金財以損之, 而財印不宜相合, 若乙庚並透, 庚金必輸情于乙, 乙庚貪合, 運行金水之鄕, 一貧徹骨. 庚透乙藏, 不能相合, 庚有制乙之勢, 乙木反能引丁火之燄, 卽用乙亦無害, 運入木 火之鄕, 自然富貴. 有乙無庚者, 主貧苦無依.

월령 묘목은 편인이니 반드시 경금 재를 용신으로 하여 덜어내니, 재財·인印이 서로 합해서는 안된다. 을乙·경庚이 나란히 투간되어 있으면 경금이 반드시 을목 여동생과 통정한다. 을乙·경庚이 탐하여 합하였는데 운이 금金·수水의 고향으로 흘러가면, 한 번의 가난이 뼈 속까지 사무친다. 경庚이 투간되어 있고 을乙이 감추어져 서로 합할 수 없으면, 경금은 을목을 제압하는 기세가 있고 을목은 도리어 정화의 불꽃을 당길 수 있으니, 곧 을을 용신으로 해도 무방하고, 운이 목화의 고향으로 들어가면 저절로 부귀하게 된다. 을목이 있고 경금이 없을 경우에는 명주가 가난으로 고생해도 의지할 곳이 없다.

月令偏印乘旺, 見獨煞高透者, 亦主大貴. 此格取煞印相生, 不取才煞. 如朱慶瀾命, 甲戌丁卯丁卯癸卯, 又如屈映光命, 癸未乙卯丁巳甲辰, 皆是身旺用煞, 假煞爲權, 好在甲木出干. 若一派乙木, 不見一甲, 濕乙無燄, 不能引生丁火, 此人富貴不久, 因貪致禍, 弄巧成拙, 且不能承受先人之業也. 若癸水多, 須取戊己制之, 異途顯達, 無土出制, 貧寒之格.

월령의 편인이 왕성한데 홀로 살煞이 높이 투간되어 있을 경우에도 명수가 크게 귀하게 된다. 이런 격에서는 살인상생煞印相生을 취하고 재才·살煞을 취하지 않는다. 이를테면 주경란朱慶瀾의 명조 갑술甲戌 정묘丁卯 정묘丁卯 계묘癸卯, 그리고 또 굴영광屈映光의 명조 계미癸未 을묘乙卯 정사丁巳 갑진甲辰으로 모두 자신이 왕성하여 살煞을 용신으로 하였다. 살煞을 빌어 권력으로 한 것으로 갑목이 천간에 있는 것이 좋다. 을목이 무리지어 있는데 하나의 갑목도 없다면, 젖어 있는 을목에 불꽃이 없어 정화를 끌어당겨 생할 수 없으니, 이런 사람은 부귀가 오래가지 않고, 가난으로 재앙을 부르며, 재주를 피우려다 일을 망치고, 또 조상의 유업을 이어받을 수 없다. 계수가 많아 무戊·기己로 제압하면 다른 길에서 출세한다. 토가 나와 제압하지 못하면 빈한한 격이다.

　支成火局, 見庚, 取食神生財, 淸貴顯達, (比劫爭財, 故淸貴不富.) 不見庚金者下格, 其人懶惰姦詐, 常居人下. (支成火局, 不見金水 而透甲木, 爲假炎上. 同上正月.)

　지지에 화국火局이 있고 경금이 있어 식신생재食神生財를 취하면 맑고 귀함으로 출세한다. (비겁이 재를 다투기 때문에 맑고 귀하며 부유하지 않다.) 경금이 없을 경우에는 하격이니, 그 사람은 게으르고 속이기를 잘하고 항상 남의 밑에 있다. (지지에 화국이 있는데, 금金·수水 없이 갑목이 투간되어 있으면 가염상격假炎上格으로 앞의 정월과 같다.)

(3) 3월의 정화[三月丁火]

　三月戊土司令, 洩弱丁火之氣, 先用甲木制戊引丁, 次用庚金洩旺土 之氣. 甲庚兩透, 富貴有準, 一藏一透, 亦主儒秀, 缺一便非上格.

　3월은 무토가 사령으로 약한 정화의 기운을 누설하니, 먼저 갑목을 용신으로 하여 무토를 제압하고 정화를 끌어당기고, 이어서 경금을 용신으로 하여 왕성한 토의 기운을 누설한다. 갑甲·경庚이 모두 투간되어 있으면 부귀가 따르고 하나가 감추어져 있고 하나가 투간되어 있으면 명주가 뛰어난 학자이며, 하나라도 없으면 상격이 아니다.

支成木局, 木旺火塞, 見庚金破印, 異途顯達. 但不可見丁火制庚 (比劫奪財), 或見癸水洩庚生木, 有一于此, 便是下格.

지지에 목국木局이 있어 목이 왕성하고 화가 막힘으로 경금으로 인성을 파괴하면 다른 길에서 출세한다. 그런데 다만 정화가 경금을 제압해서는 안된다. (비겁이 재財를 약탈한다.) 혹 계수가 경금의 누설하여 목을 생하는 것이 여기에 하나라면 하격이다.

支成水局, 加以壬透, 煞重身輕, 終身有損, 不夭摺天年, 亦非令終. 若丁火日元臨于生旺之地, 干透戊己制煞, 便是廊廟之材. 丁火不旺貴亦減遜, 見甲出破土, 便是常人.

지지에 수국水局이 있는데 임수가 투간되어 있으면 살煞이 무겁고 자신이 가벼워 종신토록 훼손을 당하니, 요절하지 않고 천수를 누릴지라도 아름답게 끝나지 않는다. 정화 일간이 생生·왕旺의 자리에 있고, 천간에 투간된 무戊·기己가 살煞을 제압한다면, 조정에 있는 재목이다. 정화가 왕성하지 않으면 귀함이 또한 감해져 뒤지고, 갑목이 토를 파괴하면 평범한 사람이다.

(4) 4월의 정화[巳月丁火]

　四月丙火司權, 丁伏丙威, 氣自炎烈, 見丙火出干, 名丙奪丁光, 得壬癸破之, 異途威權顯達, 貴居極品, 無壬癸, 旺極無依, 此人貧苦. 如胡景翼命, 壬辰乙巳丁卯丙午, 又朱家驊命, 癸巳丁巳丁卯丙午, 皆用壬癸取貴喜胎元申宮, 爲壬癸之根也. 卽使丙火不透, 柱見壬癸藏支, 亦必用官煞, 蓋巳宮丙火乘旺, 必用壬癸制之, 其理同于煞刃相制, 惟配合不同, 貴有差等耳.

　4월에는 병화가 권력을 휘두르고 있어 정화는 그의 위력에 의지해 저절로 불꽃이 맹렬하다. 병화가 천간에 있으면 '병화가 정화의 빛을 빼앗았다[丙奪丁光]'고 하는데, 임壬·계癸를 얻어 파괴하면, 다른 길에서 권위가 있을 정도로 출세하고 귀함이 최고에 이른다. 임壬·계癸가 없으면 왕성함이 끝까지 갔는데도 의지할 곳이 없으니, 이런 사람은 빈곤하고 곤고하다. 이를테면 호경익胡景翼의 명조 임진壬辰 을사乙巳 정묘丁卯 병오丙午, 그리고 또 주가화朱家驊의 명조 계사癸巳 정사丁巳 정묘丁卯 병오丙午로, 모두 임壬·계癸를 용신으로 하여 귀함을 취했고, 태원胎元 신申궁을 반기니, 임壬·계癸의 뿌리이기 때문이다. 병화가 투간되지 않았을지라도 사주에서 임壬·계癸가 지지에 소장되어 있다면, 또한 반드시 관살을 용신으로 한다. 사巳궁의 병화가 왕성하여 반드시 임壬·계癸를 용신으로 하여 제압하는 것이다. 그 이치는 '살인으로 서로 제압하는 것[煞刃相制]'과 같은데, 배합이 같지 않아 귀함에 차등이 있을 뿐이다.

戊庚出干, 名傷官生財, 取戊爲用, 己宮庚金長生, 土金同宮相生, 惟嫌土晦火光, 故格局取富. 四柱多戊, 無壬癸水者, 名傷官傷盡, 淸貴 不富, 見甲乙木出干, 戊土被傷, 便是常人.

무戊·경庚이 천간이 있으면, '상관이 재를 낳는 것[傷官生財]'이라고 하니, 무戊로 용신을 삼은 것이다. 사巳궁에서 경금이 장생하고 토土·금金이 같은 궁에서 상생하니, 토가 화의 빛을 가릴까 의심할 뿐이기 때문에 격국으로 부유함을 취하였다. 사주에 무戊가 많고 임壬·계癸의 수가 없는 경우에는 '상관의 해침이 다한 것[傷官傷盡]'이라고 하니, 맑게 귀하여 부유하지 않다. 갑을목이 천간에 있어 무토가 피해를 받으면 평범한 사람이다.

巳宮戊土得祿, 庚金長生, 見巳酉會局, 庚辛出十, 戊雖个透, 亦有相生之誼, 而無晦火之嫌, 名火長夏天金疊疊格. 此格本專取富, 在四月 富而兼貴. 如李忠毅公命, 庚午辛巳丁酉丙午, 官至提督.

사巳궁의 무토는 록지이고 경금은 장생인데 사巳·유酉 회국에 경庚·신辛이 천간에 있으면, 무戊가 투간되지 않았을지라도 상생하는 바름은 있으나 빛을 가리는 혐의는 없으니, '화의 여름에 천금天金이 쌓이고 쌓인 격[火長夏天金疊疊格]'이라고 한다. 이 격은 본래 오로지 부유함을 취하는데 4월에는 부유하면서도 귀함을 겸하니, 이를테면 이충의李忠毅공의 명조 경오庚午 신사辛巳 정유丁酉 병오丙午이니 관이 제독提督까지 올랐다.

丁火無炎上格, 因其性質昭融, 無炎上之理也. 然如見甲木, 及丙火出干, 柱無金水, 名甲引丁光, 其理亦同炎上, 行東南運, 五福三多之命.

정화에는 염상격炎上格이 없으니, 그 성질이 밝아 불타오르는 것이 없는 이유이기 때문이다. 그러나 갑목이 있고 이어 병화가 천간에 있으며 사주에 금金·수水가 없으면, '갑甲이 정丁의 빛을 이끌었다[甲引丁光]'고 하니, 그 이치는 또한 염상과 같다. 운이 동남으로 흐르면 '다섯 가지 복이 있고 세 가지가 많은 명조[五福三多之命]'이다.

(5) 5월의 정화[五月丁火]

五月丁火月令建祿, 不離金水爲用, 與四月一理共推. 但金水同値休囚, 取金生水, 取水制火存金, 金水互相救濟, 其用方彰. 支成火局, (或雖不成局而生旺.) 見庚壬兩透者, 富貴非常, 壬藏支中, 亦非白丁. 要運行西北, 金水得地, 方始顯達. 無壬水得一癸透, 名獨煞當權, 亦必出人頭地, 不失富貴恩封. 若見土透制壬癸, 便是常人.

5월은 정화의 월령月令이 건록으로 금金·수水를 떠나 용신으로 하지 않으니, 4월과 하나의 이치로 함께 추측한다. 다만 금金·수水 똑같이 휴休·수囚를 만나 금이 수를 낳는 것과 수가 화를 제압하는 것으로 금을 보존하니, 금金·수水가 서로 구제해야 그 용신이 드러난다. 지지에 화국이 있고 (혹 국을 이루지 못했으나 생生·왕旺한 것도) 경庚·임壬이 모두 투간되어 있을 경우에는 부귀가 평범하지 않다. 임수가 지장간에 있어도 평민은 아닌데, 운이 서북으로 흐르면 금金·수水가 제 있을 곳을 얻어 비로소 출세한다. 임수 없이 하나의 계수가 투간되어 있으면, '살煞 혼자 권력을 가졌다[獨煞當權]'라고 하니, 두각을 나타내며 부귀한 직책을 가진다. 토가 투간되어 있어 임계를 제압하면 평범한 사람이다.

用壬癸忌見木神, 如見亥卯未字, 洩水生火, 則勞而無功, 平常人物, 卽使行金水運, 亦不過丰衣足食, 終刑子息.

임壬·계癸를 용신으로 하여 목신木神을 꺼리는데, 해亥·묘卯·미未자가 있어 수水가 화火를 낳는 것으로 누설되면, 노력해도 공이 없는 평범한 사람이다. 운이 금金·수水로 흐른다고 할지라도 의식을 풍족하게 하는 데 불과하고 끝내 자식을 형刑한다.

干透甲丙, 支成火局而無金水, 爲假炎上格. 逆行東南富貴, 順行西北孤窮. 見水冲激, 反見兇危, 正所謂杯水車薪也. 同上四月.

천간에 갑甲·병丙이 투간되어 있고 지지에 화국火局이 있는데 금金·수水가 없다면, 가염상격假 炎上格이다. 운이 동남으로 역행하면 부귀하고 서북으로 순행하면 외롭고 곤궁하다. 수水의 충격을 당하면 도리어 흉함과 위험함을 초래하니, 이른바 '계란으로 바위치기[杯水車薪]'로 앞의 4월과 같다.

若四柱水太旺, 又要甲木引丁, 庚金劈甲, 方作火通明, 主大富貴. 蓋丁火昭融, 本性非旺見水多則氣懾, 反用甲木引生. 午宮丁火得祿, 富 貴非輕. 見己土出干, 又見金多, 亦要丁火生旺, 方爲富格. 否則, 丁火氣洩而弱, 不能任財, 經手雖多, 而不能享有, 仍爲富屋貧人也.

사주에서 수가 너무 왕성해 또 갑목으로 정화를 끌어당기고 경금으로 갑목을 쪼개면 목화통명木火通明이니 명주가 크게 부귀하게 된다. 정화는 밝아도 본래의 특성이 왕성하지 않아 수가 많으면 기운이 위축되니, 도리어 갑목을 용신으로 하여 이끌어서 낳아주는 것인데, 오午궁의 정화가 녹지여서 부귀가 가볍지 않다. 기토가 천간에 있는데다가 또 금이 많아도 정화가 생生·왕旺해야 부유한 격이 된다. 그렇지 않으면 정화는 기운이 누설됨으로 약하여 재財를 감당할 수 없다. 손을 거치는 것이 많아 향유할 수 없을지라도 그대로 부잣집에서 일하는 사람이 된다.

(6) 6월의 정화[六月丁火]

·六月大暑之前, 理同五月. 支會木局, 丁火自旺, 干透金水, 必貴之格. 大暑之後, 土旺用事, 洩弱丁火之氣, 故須甲木爲用, 壬水爲輔. 如支成木局, 甲透天干, 亥宮自有壬水煞印相生, 更見庚金劈甲引丁, 又能化未土而生壬水官星, 必貴之格. 無庚, 空有凌云之誌, 難展驥足也. 亥宮壬水不宜出干, 若水出干, 則濕木, 性不能引丁, 便是常人, 然有甲透, 亦有才能, 有庚透, 方無刑傷, 無甲者, 假名假利.

 6월의 대서大暑 전은 이치가 5월과 같다. 지지에 목국木局이 있으면 정화는 본래 왕성하니, 천간에 금金·수水가 투간되어 있어야 반드시 귀하게 될 격이다. 대서 후는 토의 왕성함이 일을 처리함으로 약한 정화의 기운을 누설하기 때문에 반드시 갑목을 용신으로 하고 임수로 보좌해야 한다. 지지에 목국木局이 있고 천간에 갑목이 투간되어 있으면, 해亥궁에 본래 임수가 있음으로 살煞과 인印이 서로 생하는데, 경금이 갑목을 쪼개어 정화를 이끌어오면, 또 미토를 변화시켜 임수 관성을 낳을 수 있으니 반드시 귀하게 될 격이다. 경금이 없으면 공연히 하늘을 찌르는 뜻만 있어 그 뛰어난 능력을 펼치기 어렵다. 해궁의 임수는 천간에 있지 않아야 하는데 수가 천간에 있다면, 젖어 있는 목의 특성 때문에 정화를 이끌어올 수 없으니, 평범한 사람이다. 그러나 갑목이 투간되어 있으면 또한 재능이 있고, 경금이 투간되어 있으면 형벌로 상할 일이 없다. 갑이 없을 경우에는 임시의 명예이고 임시의 이익이다.

未月火土, 皆月令用事之神, 見土多, 卽不出干, 無形之中, 亦能晦火, 得庚辛出干, 洩土之氣, 卽爲貴格. 金藏, 一富而已, 土多無金, 運行北方, 亦爲富格. 蓋金爲將進之氣土潤自能生金也.

미월未月의 화火·토土는 모두 월령이 일을 처리하는 신이다. 토가 많으면 천간에 없을지라도 드러나지 않는 가운데 또한 화를 가릴 수 있으니, 경庚·신辛이 천간에서 토의 기운을 누설하면 귀한 격이 된다. 금이 감추어져 있다면 큰 부자일 뿐이다. 토가 많고 금이 없는데 운이 북방으로 흐른다면 또한 부유한 격이다. 금은 나아가려는 기운이기 때문에 토가 윤택하게 되면 저절로 금을 낳을 수 있기 때문이다.

丁未年丁未月丁未日丁未時, 干支一氣, 但一片純陰, 不成大格, 雖生大家, 亦難成名. 壬子年丁未月丁巳日丁未時, 三丁爭合, 分散壬水之氣, 壬爲夫, 丁爲妻, 丁多逼壬, 亦主怯弱無能, 妻子主事.

정미丁未년 정미丁未월 정미丁未일 정미丁未시는 간지가 하나의 기운인데, 다만 하나의 순순한 음만으로는 대격大格이 되지 않으니, 대가大家에서 태어났을지라도 공명을 이루기 어렵다. 임자壬子년 정미丁未월 정사丁巳일 정미丁未시는 세 개의 정이 합을 다퉈 임수의 기운을 분산시킨다. 임수가 남편이고 정화가 부인인데, 정화가 많아 임수를 핍박하면 또한 명주가 유약하고 무능하여 처자식이 일을 주도하는 것이다.

(7) 삼추 정화의 일률적인 예[三秋丁火一例]

丁爲衰竭之火, 生于三秋休囚之時, 不可無印生扶. 故專用甲木, 甲不離庚, 借庚劈甲引丁, 故以庚爲甲之佐. 三秋金神秉令, 才旺嫌其破印, 又取丙劫爲助.

정丁은 쇠하여 끝나가는 불로 삼추三秋라는 휴休·수水의 시기에 태어났으니, 인성이 낳아서 도와주지 않아서는 안되기 때문에 오로지 갑목을 용신으로 한다. 그런데 갑목은 경금을 떠나지 못하는 것은 경금으로 갑목을 쪼개 정화를 끌어당기기 때문에 경금을 가지고 갑목을 돕는 것으로 삼는 것이다. 삼추에는 금이 권력을 휘두르고 있어 재才의 왕성함이 인성을 파괴할까 의심되니, 또 병화 겁재를 취해 보조한다.

夏月火旺, 更見丙火, 炎威莫當, 故有丙奪丁光之懼, 餘月不忌. 見丙出干, 丁火氣轉生旺, 與丙火日元同論. 若支神更見生扶, 宜用才官爲妙.

하월夏月에는 화가 왕성한데 다시 병화를 보면 화의 위엄을 아무도 감당하지 못하기 때문에 병화가 정화의 빛을 빼앗는 것에 대한 두려움이 있다. 그 나머지 달에는 꺼리지 않아 병화가 천간에 있으면 정화의 기운이 생生·왕旺으로 변하니, 병화 일간과 같이 논한다. 지신에 낳아서 돕는 것이 있으면, 재관을 용신으로 해야 묘하다.

　三秋丁火, 甲庚丙皆可爲用, 其中又有分別. 七月申宮自有庚金, 又 有 壬水, 才旺暗生官, 如見甲丙並透, 支神生旺, 喜用才官, 必貴之格, 柱見 戊己制住壬水, 便富而非貴, 才官爲月令當旺之神, 其氣正盛, 倘丁 火生 旺不足, 專用甲木, 化壬水而引丁火, 取丙爲助, 亦爲富貴之格. 如 見一 派庚金, 財多身弱, 富屋貧人, 不作從才論, 蓋壬水洩庚故也. 月令 庚壬, 勢力並行, 丁火見庚, 氣懾而怯, 多主懼內, 妻子主事. 若壬水出 干洩庚, 又見丁火化合幫身, 身旺任才, 庚氣不洩, 大富之命.

　삼추의 정화는 갑甲·병庚·병丙을 모두 용신으로 할 수 있는데, 그것에는 구분이 있다. 7월에는 신申궁에 본래 경금이 있는데다가 또 임수도 있어 왕성한 재가 암암리에 관을 생한다. 이를테면 갑甲·병丙이 모두 투간되어 있고 지신支神이 생生·왕旺 하다면, 재才·관官을 용신으로 하는 것을 반기고, 반드시 귀하게 되는 격이다. 사주에 무戊·기己가 있어 임수를 제압하고 있다면 부유하지만 귀하지는 않다. 재관이 월령으로 왕성한 신神이라 그 기운이 마침 성대하거나 혹 정화가 생生·왕旺하여 오로지 갑목을 용신으로 하여 임수를 변화시켜 정화를 끌어올 필요가 없다면 병화를 취하여 도움을 삼아도 부귀한 격이다. 경금이 무리지어 있다면 재다신약으로 부잣집의 일하는 사람이니 종재從才로 논하지 않으니, 임수가 경금을 누설시키기 때문이다. 월령으로 경庚·임壬은 세력이 나란히 흘러감으로 정화가 경금을 보면 기운이 위축되고 겁을 먹어 대부분 주인이 집안사람을 두려워하니, 처자식이 일을 주관한다. 임수가 천간에 있어 경금을 누설하는데 또 정화를 보고 변화해서 합함으로 자신을 도우면, 자신이 왕성해짐으로 재才를 감당하고 경금의 기운이 누설되지 않으니 크게 부유한 명조이다.

　八月甲丙爲重, 如甲出干, 又透庚丁, 富貴有準. 如見一派辛金, 無 比劫印者, 棄命從才, 富貴兩全, 異途位顯名揚

　8월에는 갑甲·병丙이 중요하니, 이를테면 갑목이 천간에 있는데 또 경庚·정丁이 투간되어 있다면 부귀가 따르고, 이를테면 신금辛金이 무리지어 있는데 비겁과 인성이 없을 경우에는 기명종재棄命從才로 부귀가 모두 온전하니, 다른 길에서 지위와 이름을 드날린다.

　七八月丁火, 總以甲木爲重, 無甲, 乙亦姑用, 名枯草引燈. 用乙者, 不離丙曬, 蓋乙爲柔木, 見金神旺, 木氣自懾, 不能不藉丙火之助. 故云 甲不離庚, 乙不離丙, 甲木得庚則靈, 乙木得丙則燥, 方能引生丁火也. 無甲用乙者, 富貴皆小, 且富而不貴者多. 即不富, 衣食充盈.

　7월과 8월의 정화는 총괄적으로 갑목이 중요하다. 갑甲이 없으면

을乙이라도 잠시 용신으로 하니, '마른 풀로 등불을 붙인다[枯草引燈]'한다. 을乙을 용신으로 하는 경우는 병화가 빛나는 것을 떠나지 못한다. 을은 부드러운 나무라 금신金神이 왕성함을 보면 목의 기운이 저절로 위축되어 병화의 도움에 의지하지 않을 수 없다. 그러므로 "갑목은 경금을 떠나지 못하고 을목은 병화를 떠나지 못한다"고 했으니, 갑목이 경금을 얻으면 영묘해지고 을목이 병화를 얻으면 건조하게 되어 정화를 끌어당겨 생할 수 있다. 갑이 없어 을을 용신으로 하는 경우에는 부귀가 모두 작고, 또 부유할지라도 귀하지 않은 경우가 많다. 부유하지 않을지라도 의식주는 충분하다.

見癸水出干, 須己土制之, 自然富貴光輝. 但必須丁火生旺, 方可用 食神制煞. 如袁世凱命, 己未癸酉丁巳丁未, 己未拱午祿, 氣全南 方, 用食神制煞, 自爲上格.

계수가 천간에 있어 반드시 기토로 제압하면 저절로 부귀로 빛난다. 다만 반드시 정화가 생生·왕旺하면, 식신을 용신으로 하여 살煞을 제압할 수 있다. 이를테면 원袁 총통 세개世凱의 명조는 기미己未 계사癸酉 정사丁巳 정미丁未인데, 사巳·미未가 오午 녹祿를 끼고 있어 기운이 온전히 남방이라 식신을 용신으로 하여 살을 제압하니, 본래 상격이다.

九月土旺秉令, 專用甲庚, 戌宮火土金用事, 庚辛出干, 洩土之氣, 取火土傷官生財者, 自是上格. 但戊不宜透, 透戊則嫌晦火之光, 非用甲木不可, 得甲出干, 制戊引丁, 爲火土傷官佩印, 亦是上格. 用甲者, 宜 配合一二點水, 甲木不致枯憔. 一派戊己, 支聚四庫, 上旺洩丁火之氣, 四柱無甲木壬水者, 名傷官傷盡. 格局轉爲稼穡, 富貴非凡. 寒土喜火, 取丁爲用, (參閱丙火十二月節) 如見甲木破土, 便爲文書淸貴. 運入東方, 功名顯達.

9월은 토가 왕성하여 권력을 휘두르니, 오로지 갑甲·경庚을 용신으로 한다. 술戌궁의 화火·토土·금金이 일을 주도하는데, 경庚·신辛이 천간에 있어 토의 기운을 누설함에 화토를 취하여 상관으로 재財를 낳으니, 본래 상격이다. 다만 무토가 투간되어 있어서는 안된다. 무토가 투간되어 있으면 화의 빛을 가릴까 의심받으니, 갑목을 용신으로 하지 않아서는 안된다. 갑목이 천간에 있어 무토를 제압하여 징화를 끌어오면, 화火·토土 상관이 인성을 두르고 있는 것으로 또한 상격이다. 갑목을 용신으로 할 경우에는 약간의 수가 배합되어야 하니, 갑목이 마르지 않기 위함이다. 무戊·기己가 잔뜩 있고 사고四庫가 있으면, 토가 왕성하여 정화의 기운을 누설한다. 그런데 사주에 갑목과 임수가 없는 경우에는 상관의 해침이 다하였다고 하니, 격국이 가색격으로 바뀐 것으로 부귀가 평범하지 않다. 차가운 토는 화를 반기니, 정화를 취하여 용신으로 한다. (병화 12월의 절을 참고하

라) 갑목이 토를 파괴하면 문서로 청렴하고 귀하게 되는데, 운이 동방으로 들어오면 공명을 이루어 출세한다.

四柱木火多, 丁得生扶而旺, 見庚壬透, 用才官, 富貴無疑, 參照七 八月節.

사주에 목木·화火가 많으면 정화가 낮아서 도와줌을 얻어 왕성하게 되고, 경庚·임壬에 투간되어 있고 재·관을 용신으로 하면, 부귀를 의심할 필요가 없다. 7월과 8월의 절을 참고하라.

(8) 삼동 정화의 일률적인 예[三冬丁火一例]

·三冬火之氣絶, 陰柔之丁, 生于衰絶之時, 喩如寒燈, 融融之火, 非甲無所附麗. 滴天髓云, 如有嫡母, 可秋可冬. 甲丁之母也, 冬丁有甲, 雖水多金多, 可稱上格. 已多合甲, 便是常人. 無甲而支見亥卯未 木局, 亦可生扶丁火, 引化官煞, 煞印相生, 亦爲上格. 總之三冬丁火, 不離木神爲用也. 庚金爲最佳之配合, 三冬壬癸司令, 如丁火生旺, 見金 水相生, 爲才官格, (癸弱爲偏官) 官星當旺, 富貴奚疑. 丁火衰弱, 取 庚金劈甲引丁, 局勢靈活, 故庚金爲最佳之輔佐也.

삼동에는 화의 기운이 절지이고 음유陰柔한 정화가 쇠衰·절絶의 시기에 나왔으니, 비유하자면 추운 밤에 빛을 내는 등과 같다. 그런데 따스한 화는 갑목이 아니면 의지해서 빛날 것이 없으니, 『적천수』

에서 "큰어머니가 있으면 가을도 괜찮고 겨울도 괜찮다"고 하였다. 갑목은 정화의 어머니이다. 겨울의 정화에 갑목이 있으면 수가 많고 금이 많을지라도 상격이라고 말할 수 있다. 그런데 기가 많아 갑목과 합하면 평범한 사람이다. 갑이 없는데 지지에 해亥·묘卯·미未 목국이 있어도 정화를 낳고 도움으로 관살을 끌어당겨 변화시킬 수 있으니, 살인상생煞印相生도 상격이다. 총괄하자면 삼동의 정화는 목신을 떠나 용신을 삼지 못하고 경금이 가장 좋은 배합이다. 삼동에는 임壬·계癸가 권력을 잡고 있으니, 정화가 생生·왕旺하고 금수가 있어 상생하면 재관격이다. (계수가 약하면 편관이다.) 관성이 왕성하면 부귀를 어떻게 의심하겠는가? 정화가 쇠약하여 경금을 취해 갑목을 쪼개 정화를 끌어당기면 국의 형세가 영묘하게 살아나기 때문에 경금은 가장 좋은 보좌이다.

見丙火出干, 丁伏丙光, 氣轉生旺, 更見支神生扶, 必取月令官煞爲用, 四柱有金發水之源, 官高權重, 異途顯職.

병화가 천간에 있어 정화가 병화의 빛에 의지하면 기운이 생생·왕旺으로 변하는데 지지에서 다시 낳아서 도와주면 월령의 관살을 취해 용신으로 한다. 사주에 금이 있으면 수가 나오게 하는 근원이니, 관직과 권세가 높아지고 커지고 다른 길에서 출세한다.

壬癸出干, 須取戊己破之, 支見木局引化, 運行東南, 主小富貴. 或 見 丁火合壬, 戊土合癸, 暗增木火之氣, 此化忌爲喜, 亦必取貴.

임壬·계癸가 천간에 있으면 반드시 무戊·기己로 파괴하고, 지지에 목국이 있으면 끌어당겨 변화시키는데, 운이 동남으로 흐르면 명주가 다소 부귀해진다. 혹 정화가 임수와 합하고 무토가 계수와 합하면 암암리에 목화의 기운을 더한다. 이것은 꺼리는 것을 반기는 것으로 변화시킨 것이니, 또한 반드시 귀하게 된다.

仲冬金旺水多, 全無比印者, 作從煞論, 見比印食傷, 破格, 便是常 人, 且主骨肉浮雲, 六親流水.

중동仲冬에 금이 왕성하고 수가 많은데 비견과 인성이 전혀 없는 경우에는 종살從煞로 논한다. 비견·인성·식상이 있으면 파격으로 평범한 사람이고, 또 명주의 골육과 육친이 구름이나 물처럼 떠돈다.

十二月丑宮己癸辛用事, 如見己癸辛出干, 格局取貴用, 神不離甲印.

12월에는 축丑궁의 기己·계癸·신辛이 일을 주도하는데, 기己·계癸·신辛이 천간에 있으면 격국이 귀함을 취하는데 용신은 갑목 인성을 떠나지 못한다.

5) 무토 선용법[戊土選用法]

(1) 정월 · 2월 · 3월 무토의 일률적인 예[正二三月戊土]

戊土厚重, 生于三春, 無丙照暖, 戊土不生, 無甲疏劈, 戊土不靈, 無癸滋潤, 萬物不長, 故用神不離丙甲癸三者, 土暖而潤, 木自繁榮. 用丙甲者, (煞印)須有癸爲配合, 用癸甲者, (財煞)須有丙爲配合, 凡八字得丙甲癸三者, 齊透天干, 富貴極品. 或藏或透, 輕重適當, 亦必顯達. 正月甲丙戊體用同宮, 甲丙並透, 地支有水潤澤, 必然富貴.

두텁고 무거운 무토가 삼춘에 태어남에 병화의 따스함이 없다면 무토가 나오지 못하고, 갑목의 소통함이 없다면 무토가 영묘하지 않으며, 계수의 적셔줌이 없다면 만물이 자라지 않는다. 그러므로 용신이 병丙·갑甲·계癸를 떠나지 못하는 것은 토가 따스하게 하면서 적셔주면 목이 저절로 번영하는 것이니, 병화·갑목의 칠살과 인성을 용신으로 하는 경우에는 반드시 계수를 배합하고, 계수와 갑목의 재성과 칠살을 용신으로 하는 경우에는 반드시 병화를 배합한다. 팔자에 병丙·갑甲·계癸 세 가지가 가지런히 투간되어 있으면 부귀가 최고로 올라간다. 지장간에 있거나 투간되어 있으면서 경중이 적당해도 반드시 출세한다. 정월의 갑병무는 몸체와 용신이 같은 궁에 있다. 갑甲·병丙이 나란히 투간되어 있고 지지의 적셔줌이 있다면 반드시 부귀하게 된다.

正二月木旺土崩, 餘寒未退, 宜先丙爲用. 無丙, 雖有癸甲, 如春寒 多雨, 萬物生而不長. 是人一生易成易敗, 富貴艱辛. 有丙無癸甲者, 名 曰春旱, 萬物生而多厄, 是人一生勤苦, 勞而無功. 節氣進退, 宜有抑 揚, 初春土塞, 用丙甲, 可以無癸. 促春土暖, 陽氣漸盛大, 用癸甲, 可 以無丙, 輕重之間, 隨宜酌之.

정월과 2월에는 목이 왕성하여 토가 붕괴되는데, 남아 있는 추위가 아직 물러나지 않아 병화를 우선으로 용신을 삼는다. 병화가 없으면 계수와 갑목이 있을지라도 봄이 춥고 비가 많아 만물이 나와도 자라지 못하니, 사람의 인생에서 쉽게 성공하고는 쉽게 망해 부귀로 고생한다. 병화가 있고 계수와 갑목이 없을 경우는 봄가뭄으로 만물이 나와도 재앙이 많으니, 사람이 평생 마음과 힘을 다해 노력함에 수고스럽기만 하고 공이 없다. 계절의 진퇴에는 당연히 오르내림이 있어 초춘에 토가 차가움에 병화와 갑목을 용신으로 하니, 계수가 없어도 된다. 중춘에는 토가 따스해져 양기가 점차로 성대해짐에 계수와 갑목을 용신으로 하니, 병화는 없어도 된다. 경중에 따라 마땅하게 참작해야 한다.

一派丙火, 而無癸水爲潤, 此人先泰後否. 丙爲印, 故先泰. 無癸 財, 故後否. 支成火局, 火炎土燥. 癸透者貴, 壬透者富. 若壬癸多, 木濕土寒, 又宜用丙酌其輕重定之. 一派甲木無丙者, 常人.

병화가 무리지어 있는데 계수의 적셔줌이 없다면, 이런 사람은 먼저는 편안하고 뒤에는 막힌다. 병화가 인성이기 때문에 먼저는 편안하고, 계수인 재성이 없기 때문에 뒤에는 막힌다. 지지에 화국火局이 있어 타오르는 불로 토가 메말랐는데 계수가 천간에 있는 경우는 귀하게 되고, 임수가 투간되어 있는 경우는 부유하게 된다. 임수와 계수가 많아 목은 젖어 있어 토가 차갑다면 또 병화를 용신으로 해야 하니, 경중에 따라 참작해서 정한다. 갑목이 무리지어 있는데 병화가 없는 경우는 평범한 사람이다.

一派甲木, 或支成木局, 透甲者, 又宜取庚金制之, 爲食神生財格. 戊土乘旺, 富貴非常. 辛金無力不取, 倘無庚金, 不作從煞論. 正月戊 土長生, 二月乙木, 無力制戊, 故不能從. 七煞旺而無制, 非大惡遭兇, 定作盜賊. 若日下坐午, 不得令終. 午宮印刃兩旺, 有印化煞, 煞不制 刃, 反爲陽刃倒戈.

갑목이 무리지어 있고 지지에 목국木局이 있어 또 투간된 갑목을 경금으로 제압해야 하면, 식신생재격食神生財格인데, 무토가 왕성하면 부귀가 평범하지 않다. 신금辛金이 무력하여 취하지 않았는데 혹 경금마저 없다면 종살從煞로 논하지 않는다. 정월에는 무토가 장생하고 2월에는 을목이 무토를 제압하는 데 힘이 없기 때문에 따를 수 없다. 칠살이 왕성한데도 제압함이 없다면 크게 나빠 재앙을 당하지 않으면 반드시 도적이 된다. 일지에 오오가 있다면 좋게 죽을 수 없다. 오오궁에는 인印·인刃이 모두 왕성한데, 인印이 살煞을 변화시켜 살煞이 인刃을 제압하지 못하니, 도리어 양인으로 창에 엎어지는 꼴이 된다.

一派乙木, 名權官會黨, 官多同煞, 而乙庚有相合之情, 雖難有庚金, 亦難制乙. 此人內奸外直, 口是心非. 加一甲在內, 而無庚金, 必懶惰自甘, 貪心無厭. 以上正二月同論.

을목이 무리지어 있다면 권세 있는 벼슬이 마당에 즐비하다고 하는데, 관이 많으면 살과 같고 을목과 경금은 서로 합하려는 마음이 있다. 경금이 있을지라도 을목을 제압하기 어려우니, 이런 사람은 안으로 간사한데 밖으로 곧고, 입은 바르게 말하는데 마음은 그르다. 하나의 갑목이 안에 있으나 경금이 없다면 반드시 스스로 달게 여겨 탐심이 끝이 없다. 위에서는 정월과 2월을 동일하게 논하였다.

二月乙木秉令, 見一乙出干, 得壬癸生之, 爲才官格, 亦富貴命, 貴多就武. 或用月垣當旺之乙, 出干貴重, 藏支貴輕. 若壬癸多, 土湮氣寒, 仍當用丙印.

2월에는 을목이 권력을 장악하고 있는데, 하나의 을목이 천간에 있고, 임수와 계수가 그것을 낳아주고 있다면 재관격으로 또한 부귀한 명조이다. 귀함이 많으면 무武로 나아가고, 혹 월주의 왕성한 을목을 용신으로 함에 천간에 있다면 귀함이 무겁고, 지지에 숨어 있다면 귀함이 가볍다. 임수와 계수가 많으면 토는 젖어 있고 기운은 차가우니, 병화 인성을 용신으로 해야 한다.

三月戊土司令, 宜先甲爲用, 辰宮戊乙癸用事, 乙木不能疏土, 以甲代之. 甲透出干, 有癸生助, 四柱暗藏丙火, 戊土厚重而暖, 取財滋弱煞 爲用, 體用同宮, 又合需要, 富貴顯達, 超群軼倫, 福澤之厚, 回出尋常. 如康熙帝命, 甲午戊辰戊申丙辰, 辰午夾巳透丙火, 戊土厚重, 取甲木疏土爲用, 財滋弱煞格也. 或云戊午時, 辰午夾祿, 暗藏丙火, 取 用相同, 多一夾貴耳. 卽使不能如上格完備, 見癸透滋甲者, 顯貴有準. 丙透輔甲, 儒秀淸貴. 丙透甲藏無癸者, 富有. 癸者, 顯達異途. 不見甲 丙癸者, 貧賤無用之人. 以上言用甲.

3월에는 무토기 권력을 쥐고 있으니, 먼저 갑목을 용신으로 해야 한다. 진辰궁의 무戊·을乙·계癸가 일을 주도하고 을목이 토를 갈아엎을 수 없어 갑목으로 대신하는 것이다. 갑목이 천간에 투간되어 나와 있고 계수가 낳아주고 돕는데 사주에 병화가 감추어져 있다면, 무토는 두텁고 무거우며 따스하니, 재財가 약한 살煞을 돕는 것을 취해 용신으로 한다. 몸체와 용신이 같은 궁에 있고 또 수요에 합하여 부귀로 출세한다. 무리에 우뚝 솟아 빼어나고, 복택이 두터우며, 비상한 데로 나아가니, 이를테면 강희제康熙帝의 명조 갑오甲午 무진戊辰 무신戊申 병진丙辰으로, 진辰과 오午가 사巳를 끼고 있고 병화가 투간되어 있어 무토가 두텁고 무거운데, 갑목이 토를 갈아엎는 것을 용신으로 하였으니, '재가 약한 살을 돕는 격[財滋弱煞格]'이다. 어떤 사람은 '무오戊午시'라고 한다. 진辰과 오午가 사巳의 녹祿를 끼고 있음으로 병화를 암암리에 감추고 있으니, 그것을 용신으로 취한 것은 위와 같다. 대부분 하나의 '끼고 있음[夾]'이 귀하다. 가령 위처럼 격이 완비되지 않아 계수가 투간되어 갑목을 도울 경우에는 귀함이 따르고, 병화가 투간되어 갑목을 도울 경우에는 뛰어난 학자로 맑고 귀하며, 병화가 투간되어 있고 갑목이 감추어져 있으며 계수가 없을 경우에는 부유하고, 계수가 있을 경우에는 다른 길에서 출세하며, 갑甲·병丙·계癸가 없을 경우에는 빈천하고 쓸모없는 사람이다. 이상에서는 갑목을 용신으로 하는 것에 대해 말하였다.

　丙火太多, 旱田豈能播種. 得壬透爲救者, 先貧後富, 癸透爲救者, 先賤後貴, 壬藏, 衣祿充足, 癸藏, 聲譽遠播, 行運引出自然富貴. 支成火局, 癸透者, 富貴逸獲, 壬透者, 富貴艱成, 何也. 癸乃天然雨露, 得之自然. 壬乃江湖之水, 灌漑功成, 故有勞逸之殊. 以上言印旺用才.

　병화가 너무 많아 전야에 가뭄이 들었다면 어떻게 씨를 뿌리겠는가? 임수가 투간되어 구제할 경우에는 먼저는 가난하고 뒤에는 부유하게 되고, 계수가 투간되어 구제할 경우에는 먼저는 천하고 뒤에는 귀하게 된다. 임수가 지장간에 있다면 의식은 충족되고, 계수가 지장간에 있다면 명성을 세상에 널리 알리는데, 운에서 끌어당겨 나오게 하면 저절로 부귀하게 된다. 지지에 화국이 있고 계수가 투간되어 있을 경우에는 부귀를 편안하게 얻고, 임수가 투간되어 있을 경우에는 부귀를 이루기 어려운 것은 무엇 때문인가? 계수는 그야말로 하늘에서 내리는 비이니, 그것을 얻는 것은 자연이고, 임수는 강호의 물이니, 물을 댐으로 공을 이룬다. 그러므로 힘들고 편안한 차이가 있다. 이상에서는 인성이 왕성하여 재를 용신으로 하는 것에 대해 말하였다.

支聚寅卯辰方, 又甲乙出干, 此名官煞會黨, 官煞無去留之義, 得一庚透, 掃除官煞, 必小富貴. 無庚, 乃祿淺之人. 宜用火以洩木氣, 雖能聚財, 屢遭禍退, 不能承受. 辰爲財庫, 故能聚財. 辰宮戊土當旺, 故 仍遭禍退. 所謂用神多宜洩之是也.

지지에 인寅·묘卯·진辰 방국이 모여 있고, 또 천간에 갑甲·을乙이 있다면, 이것을 '관살이 마당에 즐비하다'고 한다. 관살에는 떠나고 머무르는 의미가 없는데, 하나의 경금이 투간되어 있어 관살을 쓸어 없애버리면 반드시 다소 부귀하게 되고, 경금이 없으면 그야말로 봉록이 적은 사람이다. 화를 용신으로 하여 목의 기운을 누설해야 하니, 재財를 거듭 모으고 재앙이 물러날지라도 이어서 받을 수는 없다. 진辰은 재財의 고庫이기 때문에 재財를 모을 수 있고, 진辰궁은 무토가 왕성하기 때문에 거듭 만날지라도 재앙이 물러난다. 화를 용신으로 할 경우는 이른바 용신이 많아 설기해야 한다는 것이 여기에 해당한다.

木多支成方局, 而無比印, 作從煞論, 主大富貴. 有比印者, 不離上 述用法, 如無癸無火無金, 名爲土木自戰, 主腹中疾病, 憂愁艱苦, 終無大用.

목이 많아 지지에 방국이 있는데 비견과 인성이 없다면 종살從煞로 논하니, 명주가 크게 부귀하게 된다. 비견과 인성이 있는 경우에는 앞에서 말한 용법을 벗어나지 않으니, 이를테면 계수가 없고 화가 없으며 금이 없으면 토와 목이 저절로 싸운다고 하니, 명주가 뱃속에서부터 병이 있어 근심으로 고생함으로 끝내 크게 쓰일 일이 없다.

(2) 4월의 무토[巳月戊土]

四月丙戊司權, 火旺土實, 不能無水潤澤, 土暖而潤, 萬物滋生, 故支藏癸水, 卽不畏丙炎. 戊土厚重, 取甲木疏辟爲主, 而以丙癸爲佐, 丙透甲出, 癸水藏支, 廊廟之材. 丙癸甲三神透一, 而支藏得所, 終不失富貴.

4월에는 병丙·무戊가 권력을 장악하고 있어 화가 왕성하고 토가 실함으로 수의 촉촉이 적셔줌이 없을 수 없다. 토가 따스하게 해놨는데 적셔주면 만물이 자라나기 때문에 지장간의 계수는 병화의 불길을 두려워하지 않는다. 무토가 두텁고 무거으니, 갑목으로 갈아엎는 것을 근본으로 하고 병화와 계수를 보조로 한다. 병화가 투간되어 있고 갑목이 나와 있으며 계수가 지장간에 있으면 조정에 있을 재목이다. 병丙·계癸·갑甲 세 신神에서 하나라도 투간되어 있고 지장간에 있는 것이 제 자리를 얻었다면 끝내 부귀를 상실하지 않는다.

若一派丙火, 爲火炎土燥, 偏枯之格. 見癸透壬藏, (申亥)富貴有 準. 或支藏一癸潤土, 衣食充足, 骨肉無刑. 戊土太旺, 不免刑傷骨肉, 得癸潤 則無刑. 若癸透無壬, 又無金相生, 癸與戊合化火成局無破, 富 貴非輕. 要行木火旺地.

병화가 무리지어 있어 화염으로 토가 메말랐다면 한쏙으로 메마른 격이니, 계수가 투간되어 있고 임수가 (신申이나 해亥의) 지장간에 있다면 부귀가 따른다. 혹 지장간에서 하나의 계수가 토를 적셔주면 의식주 풍족하고 골육이 형벌을 당함이 없다. 무토가 너무 왕성하면 골육이 형벌로 다치는 것을 면하지 못하는데, 계수의 적셔주면 형벌이 없다. 계수가 투간되어 있으나 임수가 없고 또 금이 서로 낳아줌이 없는데, 계수가 무토와 합으로 화로 변해 국을 이룸에 그것을 파괴함이 없다면 부귀가 가볍지 않으니, 목화의 왕성한 곳으로 운이 흐르기를 바란다.

支成金局癸水出干, 名土潤金生, 奇格也. 主大富貴, 經論智勇, 回 出 尋常.

지지에 금국이 있고 계수가 천간에 있으면 토가 적셔주어 금이 나온다고 하니, 기이한 격으로 명주가 크게 부귀하고 지혜와 용맹을 주로 논하며 비범하다.

四月火旺土燥, 無水爲救, 木不能疏, 金不能生. 更見干支多土, 格成專旺. (同稼穡格) 如蔡乃煌命, 己未己巳戊午乙卯. 乙卯官星, 氣洩于火, 不能制刃, 反增土旺, 所謂戊日午月, 勿作刃看. 不作煞刃格看. 年時火多, 反作印綬是也. 火炎土燥, 宜濕土運, 支聚卯巳午三 台, 行乙丑運, 位至上海道. 終以陽刃出干, 至壬運不得善終, 所謂水激

反兇是也.

4월에는 화가 왕성하고 토가 메말라 수로 구원하지 않으면 목을 땅을 갈아엎을 수 없고 금은 낳을 수 없다. 그런데 다시 간지에 토가 많으면, (가색격稼穡格과 같은 것으로) 전왕격專旺格이 된다. 이를테면 채내황蔡乃煌의 명조 기미己未 기사己巳 무오戊午 을묘乙卯이다.

을묘乙卯는 관성으로 기운이 화로 누설되어 인끼을 제압하지 못하고 도리어 토의 왕성함을 도우니, 이른바 무戊일에 오午월은 인끼으로 보지 않는다. 살인격煞刃格으로 보지 않는다. 연과 시에 화가 많으면 도리어 인수로 보는 것이 여기에 해당한다. 화염으로 토가 메말랐으니, 토를 적셔주는 운이어야 한다. 지지에 묘卯·사巳·오午 삼태三台가 있는데, 운이 을축乙丑으로 흘러 지위가 상해도上海道에 이르렀으나 끝내 양인이 천간에 있어 임壬운에 선종善終하지 못하였으니, 이른바 수가 격을 해서 도리어 흉하게 되었다는 것이 여기에 해당한다.

(3) 5월의 무토[五月戊土]

五月火氣愈炎, 用癸恐其力薄. 先看壬水, 次取甲木, 壬甲兩透, 名君臣慶會, 位重權高. 加以一辛發水之源, 官居極品. 如翁文端命, 辛亥甲午戊子己未, 印旺煞高, 煞有才相生, 辛金發水源而不傷甲木, 位 至大學士. 如見庚金, 卽傷甲木, 富而非貴. 如席鹿笙命, 甲申庚午戊戌丙辰, 甲木被傷, 印旺用食神生財, 一富而己. 且魁罡逢冲, 行戌 運, 合起陽刃, 不得令終.

5월에는 화의 기운이 더욱 타오름에 계수를 용신으로 하면 자신의 힘이 약한 것을 두려워하니, 먼저 임수를 보고 다음에 갑목을 취한다. 임壬·계癸가 양쪽으로 투간되어 있으면, '임금과 신하가 경사스럽게 모인다'고 하니 지위와 권세가 높고 중하다. 그런데 하나의 신

辛이 계수의 근원으로 더해지면 관직이 최고로 오르니, 이를테면 옹문단翁文端의 명조 신해辛亥 갑오甲午 무자戊子 기미己未로 인성이 왕성하고 살煞이 높아 살煞에 재才가 서로 생하는 것이 있다. 금이 수의 근원을 열어 갑목을 해치지 않음으로 지위가 대학사大學士에 이르렀다. 경금이 있다면 바로 갑목을 해침으로 부유하지만 귀하지는 않으니, 이를테면 석록생席鹿笙의 명조 갑신甲申 경오庚午 무술戊戌 병진丙辰으로 갑목이 피해를 당했다. 인성이 왕성하고 식신을 용신으로 재財를 낳아 큰 부자일 뿐이다. 그런데 괴강이 충을 당하고 운이 술戌로 흘러 합함으로 양인을 일으켰으니 아름답게 생을 마칠 수 없다.

支成火局, 雖有癸水, 不能大濟, 杯水難濟車薪之火也. 人命合此, 卽好學不倦, 終不成名. 且火土熬干癸水, 主有目疾. 若得壬水出干, 雖不見甲, 富貴聲名並美. 癸水無根, (無申亥及金相生.) 丙丁火旺, 戊癸 相合, 格成化火. 如袁海觀命, 丁未丙午戊子戊午, 戊子上下相合, 爲化火格. 運喜東南, 理同炎上. 見丙火五月節.

지지에 화국火局이 있어 계수가 있을지라도 크게 구제할 수 없으니, 한 잔의 물로는 수레 가득히 불타는 섶의 불을 끄기 어렵기 때문이다. 사람의 명조가 여기에 합하면 배우기를 좋아하고 게으르지 않으나 끝나 이름을 이루지 못하고, 또 화토가 계수를 볶고 말려 명주에게 눈병이 있다. 임수가 천간에 있으면 갑목이 없을지라도 부귀와 성명이 모두 아름답다. 계수가 뿌리가 없고 신申·해亥와 금의 상생이 없다. 병화와 정화가 왕성하고 무戊·계癸가 서로 합하면 격이 변해 화국火局으로 이루어지니, 이를테면 원해관袁海觀의 명조 정미丁未 병오丙午 무자戊子 무오戊午로 무자戊子가 상하로 서로 합해 화격火格으로 변하였는데, 운이 동남으로 흘렀으니, 이치로는 염상격과 같다. 병화 5월의 절을 보라.

四柱土多而無水, 火炎土燥, 格成專旺, 同上四月節.

사주에 토가 많고 수가 없으면 화가 불타고 토가 메말라 전왕격專旺格이 이루어지니, 위의 4월의 절과 같다.

(4) 6월의 무토[六月戊土]

六月土旺用事, 夏土干燥, 先看癸水, 土重而實, 次看甲木, 金水之 氣將進, 四柱見金水多, 三伏生寒, 宜用丙火. 得甲癸丙齊透天干, (癸甲爲用, 丙爲配合.) 富貴有準. 有癸甲(才煞)無丙, 不過小貴, 有癸無甲丙, 不過略富, 有丙無癸甲, 衣祿充足而已.

6월에는 토가 왕성하여 일을 주도하는데, 하토는 메말라 있어 먼저 계수를 봐야 하고, 토가 중첩되어 실하다면 다음에는 갑목을 봐야 한다. 금金·수水의 기운이 나아오려 함에 사주에 금金·수水가 많

다면 삼복에도 차가움을 낳으니, 병화를 용신으로 해야 한다. 갑甲·
계癸·병丙이 나란히 투간되어 있으면 (계갑을 용신으로 하고 병을
배합하니) 부귀가 따른다. (재才와 살煞인) 계癸·갑甲이 있고 병丙
이 없다면 다소 귀하고, 계癸가 있고 갑甲·병丙이 없다면 대충 부유
한 것에 불과하며, 병丙이 있고 계癸·갑甲이 없다면 의식이 풍족할
뿐이다.

癸透辛出, 支藏丙火, 傷官生財格用印, 異路功名可許. 見庚壬, 只 恐
富而非貴, 辛癸丙甲全無, 貧賤下格, 勿問妻子.

계癸가 투간되어 있고 신辛이 나와 있으며 병화가 지장간에 있다
면 상관생재격으로 인성을 용신으로 하니, 다른 길에서 공명을 이룰
수 있다. 경庚·임壬이 있다면 부유하고 귀하지 못한 것을 염려할 뿐
이다. 신辛·계癸·병丙·갑甲이 전혀 없다면 빈천한 하격이니 처자에
대해서는 묻지 마라.

土臨旺未月, 見四柱土重, 火炎土燥, 與稼穡格小異. 見庚辛金結局
者, 不貴卽富. 透丙享蔭庇福, 非上格. 透癸無根, 癸合于戊格同稼穡, 亦
爲貴命. 如通根辰丑, 戊癸不化, 小富而已. 同上有癸無甲丙.

토가 왕한 미월未月에 사주에 토가 중첩되었다면, 화가 불타고 토
가 메마른데, 가색격과 다소 차이가 있다. 경신庚辛금이 국局으로 연

결되었을 경우에는 귀하지 않고 부유하다. 병화가 투간되어 있으면 감싸주는 복이나 받으니 상격이 아니다. 투간되어 있는 계수가 뿌리가 없는데 그것이 무토와 합하면 격이 가색과 같으니 또한 귀한 명조이다. 진辰·축丑에 뿌리를 내렸다면 무계가 변화하지 않으니 다소 부귀할 뿐이다. 앞의 계계癸가 있고 갑甲·병丙이 없는 것과 같다.

(5) 7월의 무토[七月戊土]

七月金水乘權, 金旺土虛, 水旺土蕩, 故先看丙火, 有丙土暖而實, 方能用癸甲. 如四柱見金水多, 更以丙爲重. 所謂火重重而不厭, 水泛泛 以非祥是也.

7월에는 금金·수水가 권력을 잡고 있음에 금이 왕성하고 토가 비어 있으며 수가 왕성하고 토가 쓸려 내려가기 때문에 먼저 병화를 봐야 한다. 병화가 있어 토가 따스하고 실하면 계癸·갑甲을 용신으로 할 수 있다. 사주에 금金·수水가 많다면, 다시 병화로 중함을 삼으니, 이른바 화가 거듭 중첩되어도 싫지 않으나 수가 범람하면 상서롭지 않다는 것이 여기에 해당한다.

丙癸甲齊透天干, 富貴極品, 或丙甲兩透, 癸水會局藏辰, (戊辰)威權赫奕, 富貴兼全, 如見戊子戊申, 卽嫌戊土力薄, 權位較輕. 無丙得癸甲兩透, 如戊土生旺, 異途顯達, 富中取貴, 生旺者, 支臨巳午戌位 戊土虛弱,富貴兩空. 無癸甲者, 無用之人.

　병丙·계癸·갑甲이 나란히 투간되어 있으면 부귀가 최고에 이르고, 혹 병丙·갑甲 두 개가 투간되어 있고 계수가 회국會局으로 진辰에 숨어 있다면, (무진戊辰) 권세가 빛나고 부귀도 모두 온전하다. 무자戊子 무신戊申이 있다면 무토의 힘이 약해 권위가 비교적 가벼울 것이 불만이다. 병丙 없이 계癸·갑甲 둘이 투간되어 있고 무토가 생생生·왕旺하다면, 다른 길에서 출세하고 부유한 가운데 귀함을 취한다. 생생·왕旺은 지지가 사巳·오午·술戌의 자리에 있는 것이다. 무토가 허약하면 부귀가 모두 공허하다. 계癸·갑甲·병丙이 없을 경우에는 쓸모없는 사람이다.

　支成水局, 戊土生于申, 旺于辰, 不能棄命從財, 宜取甲木洩水氣, 仍以見丙火生助戊土爲貴, 倘見申宮庚金出干, 剋制甲木, 戊土雖生旺, 亦只能取富矣. 爲食神生財格佩印.

　지지에 수국이 있는데, 무토가 신申에서 생生하고 진辰에서 왕旺하다면, 기명종재棄命從財할 수 없으니, 갑목으로 수기를 누설하고 다시 병화가 있어 무토를 낳아 돕는 것이 귀하다. 혹 신申궁의 경금이 천간에 있어 갑목을 제압하면 무토가 생생·왕旺할지라도 단지 부유할 뿐이다. 식신생재격食神生財格에 인성을 두르고 있는 것이다.

(6) 8월의 무토[八月戊土]

八月辛金秉令, 子旺母虛, 賴火照暖, 喜水滋潤, 先丙後癸, 不必甲 疏, 蓋月令傷官當旺戊土得丙而實, 取傷官生才, 爲格之正. 才傷旺則 用丙. 故丙癸透, 富貴有準, 丙透癸藏, 富貴不巨, 無癸不過儒秀, 癸透丙藏, 富中取貴, 無丙不過能人.

8월에는 신辛금이 명령권을 쥐고 있다. 자식이 왕성해짐으로 어미가 비어 있어 화의 따스함에 의지하고 수의 적셔줌을 반기니, 병화가 먼저이고 계수가 다음이며, 갑의 갈아엎음은 필요 없다. 월령 상관이 왕성하고 무토가 병화를 얻어 실하니, 상관생재傷官生才를 취하는 것이 격의 바름이다. 재성과 상관이 왕성하면 병화를 용신으로 한다. 그러므로 병丙·계癸가 모두 투간되어 있으면 부귀가 따른다. 병화가 투간되어 있고 계수가 감추어져 있다면 부귀가 크지 않고, 계수가 없다면 뛰어난 학자일 뿐이다. 계수가 투간되어 있고 병화가 감추어져 있다면 부유한 가운데 귀함을 취하고, 병화가 없다면 능력 있는 사람에 지나지 않는다.

四柱皆辛, 無丙丁, 爲土金傷官格, 功名不利于文, 定利于武. 一見 癸水, 富而且貴, 木火爲文, 土金爲武, 爲大槪之分別. 總以戊土坐實 生旺爲妙.

사주에 모두 신辛이 있고 병丙·정丁이 없다면 토土·금金 상관격으로 공명이 문文에서는 이롭지 않고 무무武에서 이로운데, 계수를 한 번 보면 부유하고 또 귀하게 된다. 목木·화火를 문文으로 보고 토土·금金을 무武로 보는 것이 대부분의 구분이다. 총괄하자면, 무토가 알찬 생생生·왕왕旺에 앉아 있다면 묘하는 것이다.

支成水局, 壬癸出干, 才多身弱, 愚懦鄙吝, 富屋貧人. 不能作從才論. 四柱有比劫分散財神, 頗有衣祿. 財多宜用比劫, 但以有火生助爲妙.

지지에 수국이 있고 임계가 천간에 있으면 재다신약才多身弱으로 어리석고 천박하여 부잣집에서 일하는 사람이다. 종재로 논할 수 없다. 사주에 비겁이 재신財神으로 분산되면 다소 봉록이 있으니, 재財가 많으면 비겁을 용신으로 해야 한다. 다만 화가 낳아서 도와주면 묘하다.

(7) 9월의 무토[九月戊土]

九月戊土當旺, 專用甲木, 但戊爲燥土, 無水潤澤, 木性枯憔, 故必 以癸水滋木爲佐. 地支更有丙火配合, 土暖而潤, 喜用才煞. (癸甲)合 此定發云程, 富貴無疑.

9월의 무토는 왕성하여 오로지 갑목을 용신으로 한다. 다만 술戌은 마른 토라서 수의 적셔줌이 없으면 목의 특성이 말라버리기 때문에 반드시 계수가 목을 적셔주는 것으로 보좌한다. 지지에 다시 병화의 배합이 있으면 토가 따뜻하게 하면서 적셔주니, (계癸·갑甲인) 재才·살煞을 용신으로 하는 것을 반긴다. 여기에 합하면 반드시 뜻을 얻는 벼슬길로 출발하니, 부귀는 의심할 것이 없다.

癸水出干而無甲木, 見金相生, 必然大富. 若無金生, 癸水無根, 與戊相合, 化不逢時, 格之下也. 支成水局, 壬癸出干, 用戊止流, 亦主大富.
계수가 천간에 있고 갑목이 없는데 금이 상생한다면 반드시 크게 부유하게 된다. 금의 생함이 없고 계수가 뿌리 없이 무토와 서로 합하여 변했는데 때를 만나지 못했다면 하격이다. 지지에 수국水局이 있고 임壬·계癸가 천간에 있어 무토를 용신으로 하여 흘러가는 것을 멈추게 했다면 또한 명주가 크게 부유하게 된다.

支成火局, 土燥不發, 雖有甲木, 反增火旺, 無水一生困苦.
지지에 화국이 있어 토가 메말라 피어나지 않으면 갑목이 있을지라도 도리어 화의 왕성함만 보탠다. 수가 없으면 일생이 곤고하다.

四柱多見庚辛而無水土金傷官, 子旺母虛, 又當取丙爲用. 如夏超命: 庚辰丙戌戊戌辛酉, 金多洩土, 用丙火, 位至警廳長, 行辛運合去 丙火, 死于非命.

사주에 경庚·신辛이 많고 수가 없어 토土·금金상관이면, 자식이 왕성하고 어미가 비어 있으니, 또 병화를 취하여 용신으로 하여야 한다. 이를테면 하초夏超의 명조 경진庚辰 병술丙戌 무술戊戌 신유辛酉로 금이 대부분 토로 누설됨에 병화를 용신으로 하였으니 직위가 경청장警廳長에 이르렀다. 운이 신辛으로 흘러 병화를 없애버리니 비명횡사하였다.

四柱多土, 支聚四庫, 爲稼穡格. 秋土氣寒, 喜用丙火. 如一造, 丙 子戊 戌戊辰己未, 干透丙火支藏癸水, 土暖而潤, 富貴兼全之命也, 官至少保.

사주에 토가 많고 지지에 사고四庫가 모여 있으면 가색격이다. 추토秋土는 기운이 차가워 병화를 용신으로 하는 것을 반긴다. 이를테면 어떤 명조 병자丙子 무술戊戌 무진戊辰 기미己未로 천간에 병화가 투간되어 있고 지장간에 계수가 있어 토가 따스한데 적셔주니 부귀가 모두 온전한 명조이다. 관직이 종이품 소보少保에 이르렀다.

(8) 삼동 무토의 일률적인 예[三冬戊土一例]

三冬水旺秉令, 濕土泥濘故不用癸, 專取丙火, 佐以甲木. 非丙火, 土不暖, 非甲木, 土不靈, 安能發生萬物, 顯土之大用乎.

삼동에는 수가 왕성하여 명령권을 쥐고 있음으로 젖어 있는 토가 진창이 되기 때문에 계수를 용신으로 하지 않고 오로지 병화를 용신으로 하고 갑목으로 보좌한다. 병화가 아니면 토가 따스해지지 않고, 갑목이 아니면 토가 신령하게 되지 않으니, 어떻게 만물을 낳는 토의 큰 쓰임을 드러낼 수 있겠는가?

十月亥宮, 甲木長生, 得土和水培植木氣自旺, 故見甲丙兩透者, 富貴有準. 甲藏亥中, 但見丙火高透者, 亦主富貴. 卽使甲丙俱藏支下, 用 神最清, 亦主富貴. 但不可見庚破甲, 有庚須丁制之, 主異途顯達. 無丁 制庚, 便是常人. 亦不可見壬困丙, 如見壬透, 須得戊土比肩制之, 主富中取貴.

시월의 해亥궁에서 갑목이 장생하니, 토는 수를 조화롭게 함으로 목의 기운이 저절로 왕성하게 되도록 북돋울 수 있기 때문에 갑甲·병丙이 모두 투간되어 있을 경우에는 부귀가 따른다. 갑이 해의 지장간에 있으니 병화가 높이 투간된 것만 봐도 명주가 부귀하게 된다. 갑甲·병丙이 모두 지장간에 있을지라도 용신이 아주 깨끗하니 또한 명주기 부귀하게 된다. 다만 경금이 있어 갑목을 파괴해서는 안된다. 경금이 있는데 정화가 반드시 제압해야 하면 명주가 다른 길에서 출세한다. 정화가 경금을 제압함이 없으면 평범한 사람이다. 그리고 또한 임수가 병화를 곤혹스럽게 해서는 안되니, 임수가 투간되어 있으면 반드시 무토 비견으로 제압해야 명주가 부유한 가운데 귀하게 된다.

十一二月隆冬冰凍, 寒土凍濘, 專以丙火爲尊, 甲木爲佐. 如甲丙出干, 通根寅巳, 富貴有準. 濕土寒滯, 如不見甲丙, 得一己字, 亦不失爲社會聞人.

11월과 12월의 한겨울에는 꽁꽁 얼어붙어 오로지 병화를 높이고 갑목으로 보좌한다. 갑甲·병丙이 천간에 있고 인寅·사巳에 뿌리를 내렸으면 부귀가 따른다. 젖어 있는 토가 추운 곳에서 갑甲·병丙을 보지 못해 하나의 사巳자를 얻으면 또한 사회에서 유명한 사람이 된다.

一派壬水, 不見比劫, 作從才論, 因人而得名利. 月令財星秉令, 見 比劫爭財, 得甲丙爲助, 亦主大富. 以甲制比劫, 以丙暖土也, 土寒水寒 而無丙丁, 難有甲木亦是內虛外實之人.

임수가 무리지어 있고 비겁이 없다면 종재從才로 논하는데, 사람들로 말미암아 명리를 얻는다. 월령의 재성이 명령권을 쥐고 있고 비겁이 재財를 다투면 갑甲·병丙의 도움을 받아야 명주가 크게 부유하게 되니, 갑목으로 비겁을 제압하고 병화로 토를 따스하게 하기 때문이다. 토가 차갑고 수가 싸늘한데 병丙·정丁이 없다면, 비록 갑목이 있을지라도 속이 비어 겉모양만 꾸미는 사람이다.

十二月氣進二陽, 見一派丙火, 干透支藏, 戊土弱中變强, 得一壬透, 氣淸而旺, 富中取貴. 無壬水者, 孤寒下格.

12월에는 기운이 '두 개의 양[ ]으로 나아가는데, 병화가 무리지어 천간에도 투간되어 있고 지장간에도 있다면, 무토가 약한 가운데 강하게 된다. 하나의 임수가 투간되어 천간에 있다면 기가 맑고 왕성하여 부유한 가운데 귀함을 얻는다. 임수가 없을 경우에는 외롭고 추운 하격이다.

丑宮用事之神爲己辛癸, 日元戊土, 更見辛癸出干, 爲土金傷官生財 格. 但用神不離丙丁, 如彭剛直公玉鱗造, 丙子辛丑戊子癸丑, 土金成格. 丙火 爲用是也.

축丑궁에서 일을 주도하는 신神은 기己·신辛·계癸이니, 일간 무토가 다시 신辛·계癸가 천간에 있는 것을 보면 토土·금金 상관생재격傷官生財格인데, 다만 용신을 병화와 정화를 벗어나지 못한다. 이를테면 팽강직공彭剛直公 옥린玉鱗의 명조 병자丙子 신축辛丑 무자戊子 계축癸丑으로 토금이 격을 이루면서 병화가 용신이 된 것이 여기에 해당한다.

四柱土多, 支聚四庫, 格成稼穡, 如費淳命, 己未丁丑戊子己未, 土暖而潤, 官至宮保.

사주에 토가 많고 지지에 사고四庫가 있어 가격격이 되었으니, 이를테면 비순費淳의 명조 무자戊子 기미己未로 토가 따스한데 적셔주어 관직이 종이품 궁보宮保가 된 것이다.

6) 기토 선용법[己土選用法]

(1) 정월의 기토[正月己土]

三春己土, 田園卑濕, 必須暖潤疏辟, 萬物乃得遂其生, 故取用不離 甲丙癸三神. 正月先用丙暖, 甲癸爲佐, 二月先取甲疏, 丙癸爲佐, 三月 丙暖癸潤, 次以甲爲佐, 凡八字甲丙癸三字全者, 富貴極品. 缺一非 上乘, 此三春己土之總訣也.

삼춘三春의 기토는 전원田園이 낮은 데 있고 습함으로 반드시 따뜻하게 적셔주고 소통시켜야 만물이 그 삶을 이룰 수 있기 때문에 용신을 취함이 갑甲·병丙·계癸 세 신을 벗어나지 않는다. 정월에는 병화를 용신으로 하여 따뜻하게 하고 갑甲·계癸로 보좌한다. 2월에는 먼저 갑목을 용신으로 소통시키고 병丙·계癸를 보좌한다. 3월에는 병화가 따스하고 계수가 적셔주니 이어 갑목으로 보좌한다. 팔자에 갑甲·병丙·계癸 세 자가 온전할 경우에는 부귀가 최고로 올라가고, 하나라도 없으면 위로 최상이 아니다. 이것이 삼춘의 기토에 대한 전체적인 비결이다.

正月己土, 田園猶凍, 以丙暖爲先. 寅宮甲祿丙生, 若甲丙並透, 癸水藏支, 配得中和, 富貴極品. 如劉埔命, 甲子丙寅己丑甲子, 用 在丙火, 有甲則土靈, 有癸則土潤, 暖潤疏辟之用齊備, 故爲科甲名臣, 太平宰相.

정월의 기토는 전원이 여전히 얼어 있음으로 병화의 따스함을 우선한다. 인寅궁은 갑목의 녹지이고 병화의 장생지이니, 갑갑甲甲·병병丙丙이 나란히 투간되어 있고 계수가 지장간에 있어 배합이 중화를 얻으면 부귀가 최상이다. 이를테면 유용劉墉의 명조 갑자甲子 병인丙寅 기축己丑 갑자甲子로 용신이 병화에 있다. 갑목이 있다면 토가 신령해지고 계수가 있다면 토가 윤택해지는데, 따스하게 하고 윤택하게 하며 소통시키는 용신이 가지런히 갖추어졌기 때문에 과거에서 장원을 한 명신이고 태평재상太平宰相이다.

如一派丙丁, 全不見水, 亦爲無礙, 何也. 己土卑濕, 正月猶寒, 見火多, 反主厚祿. 加一癸透潤澤, 富貴極品. 但不可透戊合癸, 反作常人.

이를테면 병丙·정丁이 무리지어 있고 전혀 수가 없다면, 또한 막힘이 없는 것은 무엇 때문인가? 기토는 낮은 데 있고 습함으로 정월에는 여전히 차가우니, 화가 많으면 도리어 명주의 녹봉이 두터워지고, 더히여 계수가 투긴되어 있다면 부귀가 최상이나. 나란 무토가 부간되어 계수와 합해서는 안되니, 도리어 평범한 사람이 된다.

己土忌鬼壬水, 蓋己土卑濕, 喻如田園, 壬如江河泛濫, 浸沒田園, 急須戊土爲堤, 方能自保. 八字壬多見戊, 定主淸雅富貴. 無戊便是常人.

기토는 임수가 있는 것을 꺼린다. 기토는 낮은 데 있고 습하니, 비유하자면 전원과 같다. 임수는 강과 하천이 범람하는 것과 같아 전원을 침몰시켜 황급히 반드시 무토로 제방을 만들어야 스스로 보존할 수 있다. 팔자에 임수가 많은데 무토가 안정시킨다면 명주가 청아하고 부귀하다. 무토가 없다면 평상인이다.

寅宮甲丙, 勢力並行, 甲木出干, 自有丙火引化. 若見一派甲木, 須 庚金出干制之, 支下丙癸配得中和, 名利雙全０甲多無庚, 好喫懶做, 殘 疾廢人. 得丁火出干洩之, 可以小救. 甲丙藏寅, 庚出天干, 亦不止儒秀, 小貴. 蓋用在丙火, 不在甲木, 不患庚金傷剋也.

인寅궁에서 갑甲·병丙은 세력이 병행하니, 갑목이 천간에 있다면 병화가 끌어당겨 변화시키는 것이 저절로 있다. 갑목이 무리지어 있다면 반드시 경금이 천간에서 제압해야 지지의 아래에서 병丙·계癸가 배합에 그 중화를 얻어 명리가 모두 온전하게 된다. 갑목이 많고 경금이 없으면 먹기만 좋아하고 일하기를 싫어하는 병든 폐인인데, 정화가 천간에 있어 누설시키면 다소 구제할 수 있다. 갑甲·병丙은 인寅의 지장간인데, 경금이 천간에 있다면 또한 뛰어난 선비의 다소 귀한 것에 그치지는 않는다. 용신이 병화에 있고 갑목에 있지 않으니, 경금이 해치고 극할 것을 염려하지 않는다.

寅中戊土本爲甲制, 不足以爲礙. 若見一派戊土, 宜甲木出干制之, 又主榮顯.

인寅 속에서는 본래 무토가 갑목의 제압을 당하니 별로 거리낄 것이 없다. 그런데 무토가 무리지어 있다면 갑목이 천간에 있어 제압해야 또 명주가 영화롭게 되고 출세한다.

乙木雖多, 不能疏土, 姦詐小人.
을목은 많을지라도 토를 소통시킬 수 없으니 간사한 소인이다.

(2) 2월의 기토[二月己土]

二月陽氣漸盛, 萬物發生之時, 己土生旺(己巳己未)宜先取甲木 疏之, 次取癸潤丙暖爲佐. 用甲, 忌甲己合, 木旺之時, 不能從化, 反失 疏土之用. 合官忘貴, 此之謂也.

2월에는 양기가 점차로 성대해지니 만물이 발생하는 때이다. 기토가 (기사己巳 기미己未로) 생생·왕旺하면 먼저 갑목을 취해 소통시키고 이어 계수와 병화를 취해 적셔주고 따스하게 해 주는 것으로 보좌해야 한다. 갑목을 용신으로 함에 갑甲·기己합을 꺼리는 것은 목이 왕성한 때에는 종화하지 못하고 도리어 토를 소통시키는 쓰임을 잃기 때문이니, 관과 합해 귀함을 잃는 것은 이것을 말함이다.

己土支臨己午未, 見甲癸出干, 專用才官, 定主富貴. 加以丙火一位, 官居極品, 權重百僚. 若見壬水潤土生木, 不如癸水之有情, 富貴稍輕. 見庚制甲, 壬水戊土重重, 便是常人. 有丙猶有小富, 無丙貧寒. 柱見庚壬, 己土虛弱, 便不能任才官, 不僅庚金傷剋官星也, 官賴才生, 見戊 困癸, 才星被制, 同爲破用, 有丙火生助已土, 聊以爲救, 不能去病也.

　기토의 지지가 사巳·오午·미未에 있고 갑목과 계수가 천간에 있으면 오로지 재才·관官을 용신으로 하니 반드시 명주가 부귀하고, 더하여 병화가 한 자리 있으면 관직이 최상에 올라 권세가 모든 관료들보다 무겁다. 임수가 토를 적셔 목을 낳아준다면 계수가 유정한 것보다 못해 부귀가 다소 가볍다. 경금이 있어 갑목을 제압하고 임수와 무토가 거듭 중첩된다면 평상인이다. 병화가 있다면 여전히 다소 부귀하고 병화가 없다면 빈한하다. 사주에 경금과 임수가 있고 기토가 허약하면 재才·관官을 마음대로 할 수 없으니, 경금이 관성을 해치고 극할 뿐만이 아니다. 관官은 재才의 낳아줌에 의지하는데 무토가 있으면 계수를 곤란하게 한다. 재성이 제압을 당하면 용신을 파괴하는 것과 같고 병화가 있어 기토를 낳아 도와주면 구제가 되지만 병을 없앨 수는 없다.

支成木局, 乙又出干, 庚透不合者, 富貴之命. 亦須己土生旺, 方能 用傷官制煞. 如木旺土崩, 無庚用丙, 化敵爲友, 亦大富貴命. 若乙庚並透, 庚必輸情于乙妹, 不能掃邪歸正, 此必狡詐之徒. 運人東南, 不死必起不良, 見辛亦難制乙, 須用丁火洩之. 有丁, 小人而己, 不致無良.

　지지에 목국木局이 있고 을목이 천간에 있으나 투간된 경금이 합

을 하지 못하는 경우가 부귀한 명조인데, 또 반드시 기토가 생생·왕
旺하여야 상관을 용신으로 하여 살煞을 제압할 수 있다. 목이 왕성하
여 토가 붕괴되는데, 경금이 없어 병화를 용신으로 한다면 적을 친
구로 변화시킨 것이니, 또한 크게 부귀한 명조이다. 을목과 경금이
나란히 투간되어 있어 경금이 반드시 을목 누이와 통정하면, 사악함
을 제거하여 바름으로 돌아갈 수 없으니, 이것은 반드시 교활하고
간사한 무리이다. 운이 동남으로 흐르면 죽지 않으면 반드시 불량하
게 된다. 신금이 있어도 을목을 제압하지 어려우니 반드시 정화를
용신으로 그것을 누설시켜야 한다. 정화가 있으면 소인일 뿐이고 불
량하게 되지는 않는다.

(3) 3월의 기토[三月己土]

三月土旺秉令, 已土卑濕, 辰宮又爲水墓, 故先丙後癸, 次取甲疏, 總之
不離暖. 潤疏辟之用也. 丙癸甲齊透天干, 富貴極品. 但要得所無制, 用丙
忌壬透, 用癸忌戊己透, 用甲忌庚透.

3월에는 토가 왕성하여 명령권을 쥐고 있다. 기토는 낮은 데 있으
면서 습한데 진辰궁은 또 수의 묘墓이기 때문에 병화를 먼저 계수를
뒤로 하고 이어 갑목을 취해 소통시킨다. 총괄하자면 따스하게 해주
고 적셔주며 소통시키는 용신을 떠나지 못한다는 것이다. 병丙·계癸·
갑甲이 나란히 투간되어 있으면 부귀가 최상에 오른다. 다만 제압되

지 않기를 바랄 뿐이니, 병화를 용신으로 함에는 임수가 투간되어 있는 것을 꺼리고, 계수를 용신으로 함에는 무戊·기己가 투간되어 있는 것을 꺼리며, 갑목을 용신으로 함에는 경금이 투간되어 있는 것을 꺼린다.

有丙甲無癸亦可致富, 蓋月令辰爲財庫, 自有癸水也, 但不貴耳. 有 丙癸無甲亦然. 辰宮所藏爲乙癸戊三神, 見癸乙或癸甲出干者, 爲雜氣財 官格, 大富貴命. 宜財宜印, 須隨格局定之.

병丙·갑甲이 있고 계癸가 없어도 부유하게 될 수 있으니, 월령 진辰은 재財의 고庫여서 본래 계수가 있으나 단지 귀하지 않을 뿐이다. 병丙·계癸가 있고 갑甲이 없어도 그렇다. 진辰궁에 소장된 을乙·계癸·무戊 세 신神이 계癸·을乙 혹은 계癸·갑甲이 천간에 있는 것을 볼 경우에는 잡기재관격雜氣財官格으로 크게 부귀하게 된다. 재財도 마땅하고 인印도 마땅하니, 반드시 격국에 따라 정한다.

若一派乙木, 無金制之, 貧賤夭折之命.

을목이 무리지어 있는데, 경금의 제재가 없다면 빈천하고 요절할 명조이다.

甲與己合, 格成化土, 專取丙火爲尊. 專旺不純, 必須以印爲用, 化 氣最忌洩耗, 見金竊氣, 格不破而無成.

갑목과 기토가 합을 하면 격이 이루어져 토로 변하니, 오로지 병화를 취하는 것이 높다. 오로지 왕성한데 순수하지 않으면 반드시 인성을 용신으로 한다. 그런데 화기에서 가장 꺼리는 것은 누설되어 없어지는 것으로 경금이 기운을 도둑질하면 격이 파괴되지는 않지만 이루어지는 것이 없다.

(4) 4월·5월·6유월 기토의 일률적인 예[巳午六月己土一例]

三夏火旺土燥, 田園焦坼, 急須雨露爲潤專取癸水爲要, 用癸不可無 丙火爲配合. 夏無太陽, 禾稼不長, 火愈炎, 愈能顯雨露潤澤之大用, 故 無癸日旱田, 無丙日孤陰. 但癸水至夏, 弱極無氣, 須有辛金生之. 金爲 水之源, 有金相生, 自無涸竭之虞. 無辛癸, 用庚壬亦可, 但富而不貴. 且須好運方發, 則雨露與灌漑之別也. 三夏火旺土燥, 大槪需用壬癸水, 如見金水大多, 反用丙火, 亦非不可能也.

삼하三夏에는 화가 왕성하고 토가 메말라 전원이 타서 갈라지기 때문에 황급히 반드시 우로로 적셔주어야 하니 오로지 계수를 취하는 것이 중요하다. 계수를 용신으로 함에 병화로 배합하지 않을 수 없는 것은 여름에 태양이 없어서는 벼가 자라지 않고, 화가 불타오를수록 우로로 적셔주는 큰 쓰임이 더욱 드러나기 때문이다. 그러므로 계수가 없는 것에 대해 '밭이 말랐다'고 하고, 병화가 없는 것에 대해 '혼자 있는 음이다'라고 한다. 다만 계수는 여름에 극도로 약해 기운이 없으니, 반드시 신辛금으로 생해 주어야 한다. 금은 수의 근원이라 금이 서로 생해주면 저절로 고갈되는 것에 대한 우려는 없어진다. 신辛·계癸가 없으면 경庚·임壬을 용신으로 해도 되는데, 다만 부유하기만 하고 귀하지 않을 뿐이다. 또 반드시 좋은 운이 들어와야 하는 것은 천연적으로 내리는 것과 인공적으로 대주는 것의 차이 때문이다. 삼하에는 화가 왕성하고 토가 건조하니 대개 임수·계수를 꼭 용신으로 하여야 한다. 그런데 금金·수水가 너무 많으면 병화를 용신으로 하는 것도 불가능한 것은 아니다.

丙癸兩透, 加以辛金發癸水之源, 富貴極品, 丙透癸藏, 有辛相生, 水火旣濟, 亦富貴有準, 三夏火旺之時, 己土干燥, 卽使無丙, 只要癸透, 有庚辛相生, 亦是富貴之格. 惟忌戊土出干, 傷癸晦丙, 不可不辨.

병丙·계癸가 투간되어 있는데다가 계수의 근원이 되는 신금辛金이 있다면 부귀가 최상이다. 병화가 투간되어 있고 계수가 지장간에 있는데 신금이 서로 생해주면 수水·화火가 이미 조절되어 또한 부귀가 따른다. 삼하三夏는 화가 왕성한 때라서 기토가 건조하게 되니, 병화가 없을지라도 꼭 계수가 투간되어 있어야 한다. 경庚·신辛이 상생해주면 또한 부귀한 격이다. 다만 무토가 천간에서 계수를 해치고 병화를 어둡게 하는 것은 구분하지 않을 수 없다.

一派丙丁, 或支見火局, 有癸無根, 如旱田苗槁, 更加甲木生助, 無 滴水解炎, 偏枯已極, 孤貧到老. 卽有壬癸爲解, 無庚辛相生, 水被熬干, 不爲鰥寡, 必犯目疾心腎之炎. 壬癸無金而通根亥子, 雖不熬干, 亦 爲無源, 虛榮虛利. 有亥辛相生, 則富貴非輕.

병丙·정丁이 무리지어 있거나 혹 지지에 화국火局이 있고 계수에 뿌리가 없어 밭이 타들어가고 싹이 말라가는데다가 다시 갑목이 낳고 더하여 불길을 해소할 물방울조차 없다면 극도로 편고偏枯해서 늙어죽을 때까지 외롭고 가난하다. 임壬·계癸가 있어 해소를 해줄지라도 庚·신辛이 서로 낳아줌이 없다면 볶여 말라버리니, 과부와 홀아비는 되지 않을지라도 반드시 안질과 심장·신장의 병이 생긴다. 임壬·계癸가 금金이 없이 해亥·자子에 뿌리를 내리고 있다면 볶여 말라버리지는 않을지라도 근원이 없어 영화와 이익이 공허하다. 해亥·신辛이 서로 낳아주면 부귀가 가볍지 않다.

書云, 土逢季月, 見金終爲貴論, 此指稼穡格言之. 土臨旺未月, 四柱土重, 見金結局者, 不貴卽富. 如一女命, 戊辰己未己未庚午, 正合此格.

책에서 "토가 네 계절의 마지막 달을 만나 금이 있으면 귀한 것으로 논한다"라고 했으니, 이것은 가색격을 가리켜 말한 것이다. 토가 왕성한 네 계절의 마지막 달에 있고 사주에 토가 중첩되었는데 금을 보는 것으로 끝날 경우에는 귀하지 않으면 부유하다. 이를테면 어떤 여자의 명조 무진戊辰 기미己未 기미己未 경오庚午로 바로 이런 격과 합치한다.

甲己化土, 無水則太燥, 有水則生助甲木, 格成財官, 故化不成格.

갑甲·기己가 토로 변하였는데, 수가 없다면 너무 건조하고, 수가 있다면 갑목을 낳아 도움으로 재관격이 되기 때문에 변화가 생기지 않은 격이다.

三夏己土, 不離癸丙爲用. 稼穡用金, 乃格之變也.

삼하의 기토는 병丙·계癸를 떠나 용신으로 삼지 않으니, 가색에서 금을 용신으로 하는 것은 바로 격이 변한 것이다.

(5) 7월·8월·9월 기토의 일률적인 예[七八九月己土一例]

三秋金神秉令, 子旺母虛, 寒氣漸增, 萬物收藏之時, 得丙火制金暖土, 癸水洩金潤土, 則己土生長之力, 無殊春夏, 挽回造化, 必爲偉大人物.

삼추에는 금의 신이 권력을 잡고 있어 자식은 왕성해지고 어미는 허약해진다. 차가운 기운이 점차로 증대해 만물을 거둬들여 저장하는 때에 병화가 금을 제압하고 토를 따스하게 하며, 계수가 금을 누설해 토를 적셔주면, 기토의 장생하는 힘이 춘춘·하하와 다를 것이 없어 조화를 만회함으로 반드시 위대한 인물이 된다.

七月申宮, 庚壬兩旺, 然己土喜癸而不喜壬. 見癸丙兩透, 必然名高望重, 權位並尊, 壬丙兩透, 異途顯職, 武職權高. 八月支成金局, 癸透有根, 必主大富, 且富中取貴. 七八兩月, 一理相推. 總之金水重用丙火, 火重用金水, 爲不易之法. 有丙火無壬癸, 虛而不實. 有壬癸無丙, 富而不貴. 己土要生旺方合.

7월에는 신申궁의 경庚·임壬이 모두 왕성한데, 기토는 계수를 반기고 임수를 반기지 않는다. 계수와 병화가 모두 투간되어 있으면, 반드시 명망이 높고 크며 권세와 직위가 모두 존귀하고, 임수와 병화가 모두 투간되어 있으면 다른 길에서 출세하고 무관의 직위에서 권세가 높다. 8월에 지지에 금국이 있고 계수가 투간되어 있으면서 뿌리가 있으면 반드시 명주가 크게 부유하게 되고, 또 부유한 가운데 귀함을 취한다. 7월과 8월 두 달은 하나의 이치로 추리한다. 총괄하자면 금金·수水가 중첩되어 있으면 병화를 용신으로 하고, 화가 중첩되어 있으면 금金·수水를 용신으로 하는 것은 바꿀 수 없는 법이다. 병화가 있는데 임수와 계수가 없으면 허황되고 내용이 있지 않다. 임수와 계수가 있는데 병화가 없으면 부유하지만 귀하지 않다. 기토는 생生·왕旺하여 합이 될 필요가 있다.

九月支聚四庫土重, 須取甲木疏土, 有甲者富, 無甲者貧賤. 見癸滋生甲木, 無庚金傷剋, 支藏丙火者, 亦必貴顯. 土不重, 則不用甲, 專取癸丙, 同上七八月.

　9월에 지지에 사고가 있어 토가 중첩되었으면, 반드시 갑목으로 토를 갈아엎어야 하니, 갑목이 있을 경우에는 부유하게 되고 없을 경우에는 빈천하게 된다. 계수가 갑목을 적셔주어 낳아주고 경금이 해치고 극함이 없는데 지장간에 병화가 있을 경우에도 반드시 귀하게 된다. 토가 중첩되지 않았으면 갑목을 용신으로 하지 않고 오로지 계수와 병화를 취하니, 앞의 7월·8월과 같다.

　支成火局, 燥土無水爲救, 姦詐兇惡之徒. 見癸雖有金生, 亦嫌力薄, 得壬輔癸爲救, 富貴雙全. 見戊傷壬, 便是兇厄貧賤之命.

　지지에 화국이 있어 마른 토를 말리고 있는데 수가 구제해 주지 않으면 간사하고 흉악한 무리이다. 계수가 있어 금이 생해줄지라도 힘이 약하다는 의심이 있으니, 임수를 얻어 계수를 도움으로 구제하면 부귀가 모두 온전하게 된다. 그런데 무토가 있어 임수를 해치면 흉액을 당하는 빈천한 명조이다.

　戌宮土金火用事, 見金重用丙, 土金傷官佩印, 不特體用同宮, 而且合于三秋己土之需要. 如蔣委員長(中正)命, 丁亥庚戌巳辛未, 金重土虛, 得丁透丙藏, 巳未夾午, 爲民國領袖. 又如馮副委長(玉祥)命, 壬午庚戌己酉 庚午, 四柱無丙, 雖武職權高, 格局相差一間, 宜細辨之. 金重或支成金 局, 而無丙丁出救, 此人單寒孤苦.

술戌궁의 토土·금金·화火가 일을 주도함에 금이 중첩되어 병화를 용신으로 하면, 토土·금金 상관에 인성을 두르고 있는 것이니, 몸체 와 용신이 같은 궁일 뿐만 아니라 또 삼추 기토의 수요에 합한다. 이 를테면 장蔣 위원장 중정中正의 명조 정해丁亥 경술庚戌 기사己巳 신 미辛未로 금이 중첩되어 토가 비었고, 정화가 투간되어 있고 병화가 지장간에 있으며, 사巳와 미未가 오를 끼고 있어 민국의 지도자가 되 었다. 또 이를테면 풍馮 부위원장 옥상玉祥의 명조 임오壬午 경술庚 戌 기유己酉 경오庚午로 사주에 병화가 없어 무관의 직급일지라도 권세는 높으니,. 격국에서 서로 조금의 차이를 세심하게 구분해야 한다. 금이 중첩되고 혹 지지에 금국이 있는데 병화가 정화가 나와 구제함이 없으면 이런 사람은 출신이 한미하고 외롭게 지내며 고생 한다.

總之三秋己土, 先丙後癸, 取辛金輔癸. 九月見土重, 則用甲木疏之, 仍 不能缺癸丙爲輔. 無癸不富, 無丙, 雖格局配合取貴, 終少福澤.

총괄하자면 삼추의 기토는 병화가 우선이고 계수는 다음이다. 9월 에 토가 중첩되어 있으면 갑목을 용신으로 하여 소통시키는데 그래도 계수와 병화의 보조를 빠지게 할 수는 없다. 계수가 없으면 부유하게 되지 않고, 병화가 없으면 격국의 배합이 귀함을 취할지라도 끝내 복택을 누림이 적다.

(6) 10월 · 11월 · 12월 기토의 일률적인 예[拾月十一十二月己土一例]

三冬濕泥寒凍, 非丙火照暖, 土無生意, 故專用丙火. 火藉木生, 故甲木參用, 不可用癸. 三冬雨露化爲霜雪, 癸出己土愈凍, 故不可用. 戊土唯初冬壬水旺時, 取以爲制, 用神不離丙火. 蓋才能破印, 取劫制才, 所以護印也. 無丙用丁, 但丁火不能解凍除寒, 必須甲木爲輔. 丁火多, 不過衣祿安然而已.

삼동에는 흙탕물이 차갑게 얼어붙어 병화의 따스함이 아니면 토에 활기가 없기 때문에 오로지 병화를 용신으로 한다. 화가 목이 나오도록 돕기 때문에 갑목은 겸용하고 계수를 용신으로 해서는 안된다. 삼동에는 비와 이슬이 서리와 눈으로 바뀌니, 계수가 나와 있으면 기토가 더욱 얼어붙기 때문에 용신으로 해서는 안된다. 무토는 단지 초겨울에 임수가 왕성할 때에 취하여 제재할 뿐이니, 용신은 병화를 떠나지 않는다. 재성이 인성을 파괴하면 겁재를 취해 재성을 제압하는 것은 인성을 보호하기 위한 것이다. 병화가 없어 정화를 용신으로 하면 언 것을 녹여 추위를 없앨 수 없으니, 반드시 갑목으로 보조를 한다. 정화가 많은 것으로는 식록이 편안할 뿐이다.

丙火干透支藏(寅巳), 富貴有準. 須甲木輔丙, 無壬水制丙, 方是上命. 卽藏丙無制, 亦是富貴之命.

병화가 천간에 투간되어 있고 (인寅·사巳로) 지장간에 있다면 부귀가 따른다. 반드시 갑목이 병화를 돕고 임수가 병화를 제재함이 없다면 최상의 명조이다. 병화가 지장간에 있는데 제재함이 없어도 부귀한 명조이다.

三冬己土, 見壬水出干, 如水浸湖田, 才多身弱, 尋常孤苦之人, 須戊土爲救, 得戊輔己, 財破身榮. 加以丙暖, 富中取貴. 總之見火不孤, 見土不貧.

삼동의 기토는 임수가 천간에 있으면 수가 밭으로 들어와 호수가 된 것과 같아 재다신약才多身弱으로 평범하고 외로우며 괴로운 사람이니, 반드시 무토로 구제하여야 한다. 무토를 얻어 기토를 도우면 재성이 깨어져 자신이 영화롭게 되는데, 병화의 따스함을 더하면 부유한 가운데 귀함을 취한다. 총괄하자면 화가 있으면 외롭지 않고 토가 있으면 가난하지 않다.

一派癸水, 不見比劫印綬, 作從才論, 反主富貴. 若見比劫爭財, 又無丙火暖土, 平常人物.

계수가 무리지어 있고 비겁과 인수가 없다면 종재로 논하니, 도리어 명주가 부귀하게 된다. 비겁들이 재성을 다투는데 또 병화가 토를 따스하게 함이 없다면 평범한 사람이다.

一派戊己, 支臨巳午, 己土變弱爲强, 反用財官, 甲木透者, 富貴之命.

무토와 기토가 무리지어 있고 지지에 사巳·오午가 있다면 기토는 약한 것이 강한 것으로 변해 도리어 재성과 관성을 용신으로 하는데, 갑목이 투간되어 있을 경우에는 부귀한 명조이다.

丑宮己辛癸同宮, 見辛癸透, 土金食神生才, 用神仍取丙火. 如透庚金, 雖用丙火, 還宜丁火爲助. 透丁藏丙, 富貴無雙, 奇特之命.

축丑궁에는 기己·신辛·계癸가 함께 있는데 신辛·계癸가 투간되어 있으면 토土·금金으로 식신생재하니, 용신은 그대로 병화를 취한다. 경금이 투간되어 있다면 병화를 용신으로 할지라도 또한 정화로 도와야 한다. 정화가 투간되어 있고 병화가 지장간에 있다면 부귀가 짝이 없을 정도로 특출한 명조이다.

7) 경금 선용법[庚金選用法]

(1) 정월의 경금[正月庚金]

寅月金之絕地. 衰絕之庚, 非比印生扶, 不能顯其用. 干透庚辛, 支臨申酉, 庚金反弱爲强. 總論云, 金來比助扶持最妙是也. 如取土相生, 則喜己土而忌戊土, 死金嫌蓋頂之泥. 戊土高亢, 懼遭埋沒, 己土卑濕, 生生不絕. 總論云, 性柔質弱, 欲得厚土爲輔是也. 四柱有比印生扶, 月令甲木得祿, 丙火長生, 才旺生煞, 見丙甲兩透者, 富貴非輕. 兩者透一, 亦必異途顯達. 用煞者, 貴多就武. 見丁火出干, 亦主富貴. 蓋寅宮有甲引丁, 官星有氣, 財旺生扶, 故以富貴推之. 忌壬癸傷剋.

인寅월은 경금의 절지이다. 쇠지와 절지의 경금은 비견이나 인성이 낳아 도와주지 않으면 그 작용을 드러낼 수 없다. 천간에 경庚·신辛이 투간되어 있고 신申과 유酉의 지지에 있다면, 경금은 도리어 약한 것이 강하게 된다. 총론에서 '금이 와서 돕는다면 아주 묘하게 된다'고 한 것이 여기에 해당한다. 토를 취해 상생한다면 기토를 반기고 무토를 꺼리니, 사지死地의 금은 머리까지 덮어버리는 진흙을 싫어하기 때문이다. 무토는 높아서 매몰당하는 것을 두려워하고, 기토는 낮은 데 있고 습기가 있어 낳고 낳으며 끊어지지 않는다. 총론에서 '성질이 유약하여 두터운 토를 얻어 돕도록 한다'고 한 것이 여기에 해당한다. 사주에 비견과 인성이 있어 돕고, 월령의 갑목이 록지를 얻었고 병화가 장생하는 것은 재성이 왕성하여 살煞을 낳는 것이니, 병丙·갑甲이 모두 투간되어 있을 경우 부귀가 가볍지 않다. 둘 중에서 하나만 투간되어 있어도 반드시 길을 달리하여 출세한다. 살煞을 용신으로 할 경우에는 귀함이 대부분 무武로 나아가는데, 정화가 천간에 있어도 명주가 부귀하게 된다. 인寅궁의 갑甲이 정화를 끌어당겨 관성에 기운이 있는데, 재성이 왕성하여 낳아서 돕기 때문에 부귀한 것으로 미루는 것이다. 임壬·계癸가 해치고 극하는 것을 꺼린다.

支成火局, 火旺鎔金, 須壬水爲救. 更見庚金比肩透者, 主大富貴. 無比身弱富貴皆小. 如無壬癸, 殘疾廢人.

지지에 화국이 있어 화의 왕성함이 금을 녹이면 반드시 임수로 구제해야 하는데, 다시 경금 비견이 투간되어 있을 경우에는 명주가 크게 부귀하게 된다. 비견이 없으면 신약하여 부귀가 모두 적다. 임壬·계癸가 없으면 병든 몸이고 불구자이다.

四柱多土甲透者貴. 甲藏不能破土, 庚金之用不顯, 只能用財, 一富而已. 若見庚金破甲, 比劫爭財, 富貴兩失. 總之, 甲被金傷, 須丙丁爲救. 丙遭癸困, 須戊己爲救. 否則, 用神被傷, 尋常人物.

사주에 토가 많고 갑목이 투간되어 있을 경우에는 귀하게 된다. 갑목이 지장간에 있어 토를 파괴할 수 없고 경금의 용신이 드러나지 않아 재성만을 용신으로 할 수 있으면 큰 부자일 뿐이다. 경금이 갑목을 파괴하면 비겁이 재성을 다퉈 부귀를 모두 잃는다. 총괄하자면, 갑목이 금의 해침을 당하면 반드시 병丙·정丁으로 구제하고, 병丙이 계癸의 곤란을 만나면 반드시 무戊·기己로 구제한다. 그렇게 하지 않으면 용신이 해침을 당하니 평범한 사람이다.

(2) 2월의 경금[二月庚金]

二月庚金, 理同正月. 春金衰絕, 不能無比印生扶, 日主支臨申辰, (庚申庚辰)弱中轉旺, 與秋金相似, 喜用才官. 月令乙木當旺自生丁火, 才旺生官, (卯宮有丁火, 與午宮有己土理同, 母旺子生, 自然之理.) 但乙庚相合, 若乙木出干, 必然輸情于庚, 有貪合忘官之弊. 宜以甲木引丁, 見甲丁兩透, 富貴無疑, 甲藏丁透, 亦必貴顯. 但以庚金生旺爲必要關鍵. 如支無比印, 庚金衰弱, 雖丁甲並透, 不過一方能人. 要行庚金生旺之地, 方可顯達. 無丁用丙, 家富, 利于異途, 富貴得自艱辛. 用丁火者, 必以甲木爲妻. 庚金生旺, 甲木卽受其制, 功名雖利, 妻宮未許同偕.

2월의 경금은 이치가 정월과 같다. 봄은 금의 쇠지와 절지여서 비견과 인성의 낳아서 도와줌이 없을 수 없으니, 일주의 지지에 (경신庚申이나 경진庚辰으로) 신申·진辰이 있어 약한 가운데 왕성하게 변한다면 가을의 금과 서로 비슷하게 되어 재관을 용신으로 하는 것을 반긴다. 월령의 을목은 왕성하여 저절로 정화를 낳고, 재성의 왕성함은 관성을 낳아 (묘卯궁에 정화가 있는 것은 오午궁에 기토가 있는 것과 이치가 같으니, 어미가 왕성하여 자식을 낳는 것은 자연스러운 이치이다.) 다만 을乙·경庚이 서로 합함으로 을목이 천간에 있다면 반드시 경금과 통정하여 합을 탐해 관을 잊어버리는 폐단이 있다. 갑목으로 정화를 끌어당기는 것은 당연하니, 갑甲·정丁이 모두 투간되어 있다면 부귀를 의심할 것이 없고, 갑甲이 지장간에 있고 정丁이 투간되어 있어도 반드시 귀한 것으로 드러나는데, 다만 경금이 생生·왕旺을 필요관건으로 여긴다. 지지에 비견과 인성이 없다면 경금이 쇠약하니, 정丁·갑甲이 모두 투간되어 있을지라도 한쪽으로 능한 사람에 지나지 않는다. 운이 경금이 생生·왕旺한 곳으로 흘러간다면 출세할 수 있다. 정화가 없어 병화를 용신으로 하면 집안의 부유함이 길을 달리하는 데에 이로운데, 부귀함을 얻을지라도 몹시 고생한다. 정화를 용신으로 할 경우에는 반드시 갑목으로 처를 삼는다. 경금이 생生·왕旺하여 갑목이 그 제재를 받으면 공명이 비록 이로울지라도 처궁이 함께함을 허락하지 않는다.

一派甲木, 不見比劫, 作從財論, 大富大貴. 若見比劫幇身, 破了財星, 反爲財多身弱, 富屋貧人.

갑목이 무리지어 있는데 비겁이 없다면 종재로 논하니, 크게 부귀하게 된다. 비겁이 있어 자신을 도와 재성을 파괴하면 도리어 재다신약으로 부유한 집안의 하인이다.

(3) 3월의 경금[三月庚金]

三月戊士秉令, 母旺子相. 庚金自然生旺, 無須比肩扶助. 只怕土旺埋金, 故以丁火鍛煉爲主, 甲木疏土引丁爲佐. 丁甲兩透, 不見比肩破甲, 富貴之命. 但要運助, 蓋辰月甲丁(才官), 皆非當旺之物也. 甲木藏支, 有丁火出干, 亦必貴顯. 丁藏甲木雖透, 不過儒秀. 丁甲俱藏, 無比肩劫奪, 富中取貴.

3월에는 무토가 권력을 잡고 있으니, 어미가 왕왕하여 자식이 상상하는 것이다. 경금이 저절로 생생·왕왕하니, 비견이 도울 필요가 없다. 다만 토의 왕성함이 금을 묻는 것이 두렵기 때문에 정화의 단련을 근본으로 하고 갑목이 토를 소통하여 정화를 끌어당기는 것을 보좌로 한다. 정丁·갑甲이 모두 투간되어 있고 비견이 갑甲을 파괴하지 않으면 부귀한 명조이다. 다만 운의 도움이 필요하다. 진辰월의 (재성과 관성인) 갑甲·정丁은 모두 왕성한 것들이 아니다. 갑목이 지장간에 있고 정화가 천간에 있어도 반드시 귀하게 드러난다. 정화가 지장간에 있고 갑목이 투간되어 있을지라도 뛰어난 학자에 불과하다. 갑甲·정丁이 모두 지장간에 있고 비견의 겁탈이 없으면 부유한 가운데 귀함을 취한다.

有甲無丁, 見一丙火, 才生弱煞, 無壬癸困丙, 由行伍出身, 致身通顯. 丙火太旺, 又宜壬癸制之. 爲食傷制煞格, 武職顯達, 領袖戎行.

갑甲이 있고 정丁이 없어 재성이 약한 살을 생하고 임壬·계癸가 병丙을 곤란하게 없으면, 군대의 경력으로 출세한다. 병화가 너무 왕성하면 또 임壬·계癸로 제압해야 한다. 식상제살격食傷制煞格으로 무관으로 출세하니 군대의 지도자이다.

支聚四庫, 土重埋金, 又以甲木爲主, 丁火爲佐. 總之, 三月庚金, 土旺金頑, 無甲不能自立, 無丁不能成名. 二者缺一, 皆屬常人. 無丁用丙 壬癸俱屬病神. 支成火局, 再見丙丁出干, 得壬癸制之, 自然富貴. 無水制火, 殘疾廢人.

지지에 사고가 있고 토가 중첩되어 금을 묻어버리면 또 갑목을 위주로 하고 병화를 보좌로 한다. 총괄하자면 3월의 경금은 토가 왕성하고 금이 완고하여 갑甲이 없으면 자립할 수 없고 정丁이 없으면 이름을 이룰 수 없다. 두 가지 중에서 하나라도 없으면 평범한 사람이다. 정丁이 없어 병화를 용신으로 하면, 임壬·계癸가 모두 병신病神이다. 지지에 화국火局이 있고 다시 병丙·정丁이 천간에 있어 임壬·계癸를 얻어 제압하면 자연스럽게 부귀하게 된다. 수로 화를 제압함이 없으면 병이 있고 불구자이다.

火局無比劫食傷, 作從煞論, 富貴非輕, 但多夭折.

화국火局에 비겁과 식상이 없으면 종살從煞로 논하고 부귀가 가볍지 않은데 다만 대부분 요절한다.

支全水局, 不見丙丁, 名井欄叉格, 極品之貴. 三月井欄叉, 宜行金水運.

지지에 수국水局이 온전하고 병丙·정丁이 없으면, 정란차격井欄叉格이라고 하는데, 최고로 귀하게 된다. 3월의 정란차격井欄叉格은 금金·수水운으로 가야 한다.

(4) 4월의 경금[巳月庚金]

庚金長生在巳, 丙戊臨官亦在巳, 有土洩火, 丙不鎔金. 有火燥土, 戊不生金, 火炎土燥, 必須用壬癸水爲救, 方得中和. 書云群金生夏, 妙用元武. 元武者, 壬癸水也. 夏金見水, 名爲反生. 月令火土太旺, 得水潤澤, 庚金方有生意. 除非金水兩旺, 方能別取用神也. 壬丙戊三者, 皆得所或出干, 富貴無雙. 蓋庚丙戊體用同宮, 壬水眞神, 合于需要也. 丙火透出, 七煞乘旺, 得壬水出干制之, 爲食神制煞格, 主大富貴, 壬藏富貴皆小, 且恐名過其實, 無壬爲救, 此人刑妻剋子, 有名無實. 金用壬癸, 非取其洩, 故甲木爲忌神, 見甲洩水生火, 反增火旺, 勞碌奔波之人.

경금은 사巳에서 장생하고, 병丙·무戊는 사巳에서 또한 임관하는데, 수水가 화火를 누설함으로 병丙이 금을 녹이지 못한다. 화가 있어 토가 건조함으로 무戊가 금을 낳지 못하고, 화가 불타고 토가 건조함으로 반드시 임壬·계癸수로 구제해야 중화를 얻을 수 있다. 책에서 '무리지은 금이 여름에 나와 원무元武를 묘하게 용신으로 한다'고 하였는데, 원무元武는 임壬·계癸수이다. 여름의 금이 수를 보면 '도리어 생해준다[反生]'고 한다. 계절의 화와 토가 너무 왕성하니, 수의 적셔줌을 얻어야 경금이 활력을 얻는다. 오직 금金·수水가 모두 왕성해야 별도로 용신을 취할 수 있다. 임壬·병丙·무戊 세 가지가 모두 혹 천간에 있으면 부귀가 비할 바가 없다. 경庚·병丙·무戊는 몸체와 용신이 같은 궁이고, 임수는 진신眞神이어서 수요에 합한다. 병화가 투간되어 나와 있고 칠살이 왕성함에 천간의 임수를 얻어 제재하면 식신제살격食神制煞格으로 명주가 아주 부귀하게 되고, 임수가 지장간에 있으면 부귀가 모두 적은데다가 또 이름이 실질을 지나칠 것이 두려우며, 임수의 구제함이 없으면 이런 사람은 처자를 형극하고 유명무실하다. 금이 임壬·계癸를 용신하면 그 누설을 취한 것이 아니기 때문에 갑목이 기신忌神이 되고, 갑甲이 수를 누설함으로 화를 낳으면, 도리어 화의 왕성함을 도우니, 바쁘게 분주한 사람이다.

支成火局無水, 不得已用戊己, 土晦火存金, 終嫌埋沒不顯, 運宜金水.
지지에 화국이 있고 수가 없으면 어쩔 수 없이 무戊·기己를 용신으로 하여 토가 화를 가리고 금을 보존하는데, 마침내 매몰되어 드러나지 않을 것을 싫어하니, 운이 금金·수水로 흘러야 한다.

支成金局, 酉丑會巳成局, 庚金變弱爲强, 丙火不能鍛金, 須以丁制爲貴. 用丁又忌壬癸傷丁, 故不見壬癸, 富而且貴. 無丁無用之人. 官星不宜重見, 若丁出二三, 又爲鍛制太過, 到老奔波.

지지에 유酉·축丑이 사巳와 국을 이뤄 금국金局이 있다면 경금이 약한 것을 강한 것으로 변화시킴으로 병화가 금을 단련할 수 없으니 반드시 정화가 제압해야 귀하게 된다. 정화를 용신으로 하면 또 임壬·계癸가 정화를 해치는 것을 꺼리기 때문에 임壬·계癸를 보지 않아야 부유하고 또 귀하게 된다. 정화가 없으면 쓸모 없는 사람이다. 관성은 거듭 있어서는 안되니, 정화가 2개 3개로 있다면 단련하고 제압하는 것이 너무 지나쳐 늙을 때까지 분주하다.

按夏金見水, 冬木見火, 取其反生, 其理相同. 亥宮甲木, 巳宮庚金, 雖長生不旺, 見會局卽轉弱爲旺, 理亦相同.

살펴보건대, 하금夏金이 수水를 보고 동목冬木을 화火를 보고 노리어 생하는 것을 취함에 그 이치는 서로 같다. 해亥궁의 갑목과 사巳궁의 경금은 장생일지라도 왕성하지 않으니, 회국會局을 보면 바로 약한 것을 왕성한 것으로 바꾸는 것은 그 이치가 서로 같다.

(5) 5월의 경금[五月庚金]

午宮丁火旺而烈, 庚金至午爲敗地, 鍛制太過, 專用壬癸爲救, 理同四月. 但壬癸至午, 休囚已極, 無金相生, 水易乾涸, 故用壬癸, 更須見庚辛(比劫)爲佐. 壬透癸藏, 支有庚辛金生之, 富貴易於反掌. 切忌戊土出干制水, 便是常人. 有戊須甲木爲制, 不失儒秀. 若壬藏戊出, 木不能制, 亦是常人.

오午궁의 정화는 왕성하고 맹렬한데, 경금은 오午에서 패지敗地라서 단련하고 제압하는 것이 너무 지나쳐 오로지 임壬·계癸를 용신으로 하여 구제하니, 이치는 4월과 같다. 다만 임壬·계癸는 오午에서 휴休·수囚가 이미 지극하여 금이 서로 생하는 것이 없음으로 수水가 쉽게 말라버리기 때문에 임壬·계癸를 용신으로 하고 다시 반드시 (비겁인) 경庚·신辛으로 보좌를 해야 한다. 임수가 투간되어 있고 계수가 지장간에 있는데, 지지에서 경庚·신辛이 낳아준다면 부귀는 손바닥을 뒤집는 것보다 쉽다. 무토가 천간에 있어 수를 제재하면 평범한 사람인 것을 절대로 꺼린다. 무토가 있는 것은 반드시 갑목으로 제압하면 뛰어난 학자이다. 임수가 지장간에 있고 무토가 천간에 있는데 목이 제압할 수 없으면 평범한 사람이다.

支成火局, 無水爲救, 勞碌奔波, 得壬癸出干, 定主異途顯達, 惟忌戊土出干制水, 便是尋常人物.

지지에 화국火局이 있고 수水의 구제가 없다면 열심히 고생하며 돌아다니는 사람인데, 임壬·계癸가 천간에 있으면 반드시 명주가 길을 달리하여 출세하니, 오직 무토가 천간에 있음으로 수를 제압하여 평범한 사람인 것을 꺼린다.

午宮丁己同宮, 己土陰柔, 可以洩火補庚. 如四柱無水, 而見己土出干者, 作富命推之. 惟不免勞碌耳. 運宜濕土金水之地. 戊土厚重雖能晦火存金, 終嫌埋金, 難期顯達.

오午궁의 정丁·기己는 같은 궁에 있으니, 기토는 음유陰柔하여 화火를 누설하여 경庚을 도울 수 있다. 사주가 수가 없고 기토가 천간에 있을 경우 부유한 명조로 추리하는데, 열심히 고생하는 것을 면하지 못할 뿐이니, 운이 토를 적셔주는 금金·수水의 곳으로 흘러가야 한다. 무토는 두텁고 무거워 화를 가려 금을 보존할 수 있을지라도 끝내 금을 묻어버리는 것을 싫어하니 출세를 기약하기 어렵다.

一派木火, 無食傷印綬比劫者, 作從煞論. 惟午月生者, 胎元大都在申酉, 庚金有根, 不能言從, 午宮又有己土正印, 宜細辨之.

목木·화火가 무리지어 있고 식상 인수 비겁이 없을 경우에는 종살從煞로 논한다. 다만 오월에 태어난 자는 태원胎元이 대체로 신申·유酉에 있어 경금이 뿌리가 있으니 따른다고 말할 수 없고, 오午궁에는 또 기토 정인이 있으니 자세히 구별해야 한다.

(6) 6월의 경금[六月庚金]

六月己土秉令, 金氣將進, 土旺金頑, 宜用丁火鍛煉. 未中之丁, 氣洩于己, 雖有如無, 必須丁火出干, 更見甲木破土引丁. 庚金生旺, (庚申)能任才官, 富貴無疑. 用丁忌見癸水傷丁, 有丁無甲不過儒秀, 有甲無丁, 尋常人物, 丁甲全無下格.

6월에는 기토가 권력을 휘두르고 있고 금의 기운은 나오고 있어 토는 왕성하고 금은 완고하니, 정화를 용신으로 하여 단련하여야 한다. 미未 속의 정丁은 기운이 己로 누설되어 있을지라도 없는 것 같으니, 반드시 정화가 천간에 있어야 하고 다시 갑목이 토를 파괴하면서 정丁을 이끌어야 한다. 그런데 경금이 (경신庚申으로) 생生·왕旺하여 재才·관官을 감당할 수 있으면 부귀는 의심할 것이 없다. 정화를 용신을 함에 계수가 있어 정화를 해치는 것을 꺼리는데, 정화가 있고 갑목이 없으면 뛰어난 학자에 불과하고, 갑목이 있고 정화가 없으면 평범한 사람이며, 정화와 갑목이 전혀 없으면 하격이다.

丙火出干, 支會火局, 庚金氣弱, 仍以壬水爲用, 同上五月.

병화가 천간에 있고 지지에 화국火局이 있으면 경금의 기운이 약하니, 여전히 임수를 용신으로 하는 것은 위의 5월과 같다.

支會木局, 財旺生官, 富重貴輕.

지지에 목국木局이 있으면 재성이 왕성하여 관성을 낳으니, 부유
함은 무겁고 부귀함은 가볍다.

支聚四庫, 宜先取甲木破土, 次用丁火, 富而且貴.
지지에 사고四庫가 있으면 갑목을 취해 토를 파괴해야 하고 이어
정화를 용신으로 하니 부유하게 되고 또 귀하게 된다.

(7) 7월의 경금[七月庚金]

七月庚金, 月令建祿, 剛銳已極. 專用丁火鍛煉, 次用甲木引丁. 書云,
秋金銳銳最爲奇, 壬癸相逢總不宜. 如逢木火來成局, 試看福壽與天齊. 凡
陽干生旺, 喜剋不喜洩, 故宜用丙丁, 不宜用壬癸. 書又云, 建祿生提月,
財官喜透天, 不宜身再旺, 惟喜茂財源, 亦指陽干生旺而言. 如得丁甲兩
透, 財旺生官, 運行木火旺地, 富貴無疑, 用官星, 須有財相生. 有丁無
甲, 丁火無所附麗, 不過儒士, 有甲無丁, 爲金剛木明, 行商坐賈之人, 丁
甲兩無, 下格. 無丁用丙, 身强煞淺, 假煞爲權, 運行木火, 必掌軍符, 握
兵柄, 爲第一流人物.

7월에는 경금이 계절이 건록이어서 강하고 예리함이 이미 궁극이
니 정화를 용신으로 하여 단련하고 이어서 갑목을 용신으로 하여 정
화를 끌어당긴다. 책에서 "추금은 예리하고 예리함이 가장 특출한데,
임壬·계癸가 서로 만나서는 안되고, 목木·화火가 와서 국局을 이루면

복과 수명이 하늘과 가지런하게 됨을 보게 될 것이다"라고 하였다. 양간이 생生·왕旺하면 극함을 반기고 누설됨을 반기지 않기 때문에 병丙·정丁을 용신으로 해야 하고 임壬·계癸를 용신으로 하지 말아야 한다. 책에서 또 "건록이 그 달의 끝에 나왔으면 재才·관官이 투간되어 있는 것이 반갑고 자신이 다시 왕성해서는 안되며, 오직 재성의 근원이 무성한 것을 반길 뿐이다"라고 하였으니, 또 양간이 생왕함을 가리켜 말한 것이다. 정丁·갑甲이 모두 투간되어 있고 재성이 왕성하여 관성을 낳음에 운이 목木·화火가 왕성한 곳으로 흘러가면, 부귀를 의심할 것이 없으니, 관성을 용신으로 함에 반드시 재성이 서로 생하여 줌이 있어야 하는 것이다. 정丁이 있고 갑甲이 없으면, 정화가 의지할 곳이 없음으로 선비가 되는 것에 지나지 않고, 갑甲이 있고 정丁이 없으면, 금金은 강하고 목木은 밝음으로 돌아다니며 팔거나 앉아서 파는 상인이 되며, 정丁·갑甲이 모두 없으면 하격이다. 정丁이 없어 병丙을 용신으로 하면 자신은 강하고 살이 약함으로 살煞을 빌려 권력을 행사하는데, 운이 목木·화火로 흘러가면 반드시 군권을 장악하여 최고의 인물이 된다.

支成水局, 柱見丙丁, 必須以甲木爲引, 何也. 孟秋旺金生水, 勢力並行, 不見甲木, 丙丁必爲水困, 何能出人頭地. 柱無丙丁, 名井攔叉格, 喜行東方木地, 以洩水之氣, 所謂用神多者, 宜洩之, 是也.

지지에 수국水局이 있고 사주에 병丙·정丁이 있으면 반드시 갑목을 끌어와야 하는 것은 무엇 때문인가? 맹추孟秋에는 왕성한 금이 수를 낳아 세력이 병행하는데 갑목이 없으면 병丙·정丁이 반드시 수 때문에 곤란하게 되니, 어떻게 다른 사람들보다 낫게 될 수 있겠는가? 사주에 병丙·정丁이 없으면 정란차격井欄叉格이라고 하는 것은 운이 동방의 목이 있는 곳으로 흘러 수의 기운을 누설하는 것을 반기는 것이니, 이른바 용신이 많을 경우에 누설해야 한다는 것이 여기에 해당한다.

支成土局, 四柱土重, 先甲後丁爲用, 以財爲主大富之人.

지지에 토국이 있고 사주에 토가 중첩되면 갑甲을 우선으로 정丁을 다음으로 용신을 삼아야 하는 것은 재성이 아주 부귀한 사람의 근본이기 때문이다.

(8) 8월의 경금[八月庚金]

八月庚金, 月令陽刃, 剛銳愈甚, 專用丁丙, 甲木爲佐, 丁丙或藏或透, 柱有甲木生助官煞. 丁丙至八月衰弱, 故須木神生助. 名爲陽刃駕煞. 主出將入相, 威權顯赫, 富貴無雙. 惟忌壬癸困住丙丁, 便爲下格. 見壬癸, 須有戊己出制. 但戊己洩火生金, 金旺不勞印生, 火弱何堪再洩. 故無水而見戊己, 亦爲破格, 中等之命. 須戊己制水, 而不礙煞刃相制之用, 則不失爲富貴之命.

　8월의 경금은 월령이 양인이라 굳세고 예리한 더욱 심하니, 오로지 병丙·정丁을 용신으로 하고 갑목을 보좌로 한다. 정丁·병丙이 혹 지장간에 있거나 투간되어 있고 사주에 갑목이 있어 관살을 낳고 도우면, 정丁·병丙은 8월에 쇠약해지기 때문에 반드시 목신이 낳아 도와야 한다. '양인이 살을 타고 있다[陽刃駕煞]'이라고 하니, 문무를 겸비하여 권위가 빛나고 부귀가 비교할 수 없을 정도이다. 다만 임壬·계癸가 병丙·정丁을 꼼짝 못하게 하면 하격일 뿐이다. 임壬·계癸가 있으면 반드시 무戊·기己가 나와 있어 제압해야 한다. 다만 무戊·기己가 화를 누설함으로 금을 낳으면, 금이 왕성해짐으로 인성의 낳아줌에 힘쓰지 않고 화가 약해짐으로 거듭 누설하는 것을 감당할 수 없기 때문에 없는데 무戊·기己가 있어도 파격으로 중등의 명조이다. 반드시 무戊·기己는 수를 제압하여 살煞·인刃이 서로 제압하는 쓰임을 방해하지 않으면, 부귀한 명조가 된다.

　柱見重重甲乙而無丙丁, 無用人也. 金旺木衰, 非火莫制, 不見丙丁, 必作藝術之流.

　사주에 갑甲·을乙이 거듭 중첩되어 있고 병丙·정丁이 없으면 쓸모없는 사람이다. 금이 왕성하고 목이 쇠약하여 화가 아니면 어떤 것도 제압할 수 없는데, 병丙·정丁이 없으면 반드시 예술가가 된다.

丙丁甲乙全, 無支會金局, 有水洩金氣, 名從革格, 行西北運, 富中有貴. 但多刑剋, 運入火鄉, 逆其旺氣, 破格, 命不能延. 若柱中原有火者, 從革破格, 飄流孤苦之命. 運人木鄉, 衣食稍充, 然總爲藝術之士.

병丙·정丁·갑甲이 온전하고 지지에 금국金局이 없음에 수가 있어 금의 기운을 누설하면, 종혁격從革格이라고 하는데, 서북으로 운이 흘러가면 부유한 가운데 귀하게 된다. 다만 형극刑剋이 많고 운이 화의 고향으로 들어가 그 왕성한 기운을 거스르면 파격으로 명이 길어질 수 없다. 사주에 원래 화가 있을 경우에는 종혁의 격이 깨져 표류하는 외롭고 힘든 명조이다. 운이 목의 고향으로 들어가면 의식이 점차로 충족되지만 모두 예술가이다.

(9) 9월의 경금[九月庚金]

九月戊土司令, 大懼土厚埋金, 不可無甲木疏土, 然甲木僅爲緊要之配合. 三秋之金, 猶有餘氣, 加以月令旺土生金, 用壬水, 或用丁火, 皆可以取貴. 壬水爲方進之氣, 丁火爲墓庫之光, 且體用同宮. 戌爲火墓, 中藏土金火. 配合適宜, 用之皆貴. 用壬水者, 忌見戊己, 用丁火者, 忌見壬癸.

9월에는 무토가 권력을 잡고 있어 토의 두터움이 금을 묻어버릴까 아주 두려우니 갑목이 토를 갈아엎지 않아서는 안되지만 갑목은 가까스로 긴요한 배합이다. 삼추의 금은 여전히 남아있는 기운이 있는데 월령의 왕성한 토가 금을 낳으니, 임수를 용신으로 하거나 혹 정화를 용신으로 하는 것은 모두 귀함을 취할 수 있다. 임수는 나아가는 기운이고 정화는 묘고墓庫의 빛인데, 또 몸체와 용신이 같은 궁에 있어 술戌은 화의 묘墓로 가운데 토土·금金·화火를 소장하고 있다. 배합이 적절하니 용신으로 하면 모두 귀하게 된다. 임수를 용신으로 할 경우에는 무戊·기己가 있는 것을 꺼리고, 정화를 용신으로 하는 경우에는 임壬·계癸가 있는 것을 꺼린다.

甲壬兩透, 用甲疏土, 用壬洗金, 富貴有準. 卽使甲木藏支, 有壬出干, 亦不失淸貴.

갑갑·임壬이 모두 투간되어 있음에 갑목을 용신으로 토를 갈아엎고, 임수를 용신으로 금을 씻으면 부귀가 따른다. 갑목이 지장간에 있고 임수가 천간에 있을지라도 맑고 귀하게 된다.

無壬而見丁火, 用甲木破土引丁, 亦必貴顯. 無丁用丙亦同. 三秋庚金, 餘氣猶盛, 柱有申酉, 干透辛金, 卽是陽刃, 見丙火爲煞刃格, 主威權顯赫, 職掌兵刑. 丙辛宜隔位不合, 或辛透丙火藏已得所, 有相制之用爲妙. 支成火局, 柱有比劫, 格同煞刃, 主功名魁首, 方面之尊. 三秋金旺火衰, 不宜壬癸制煞也.

임수가 없고 정화가 있어 갑목을 용신으로 하여 정화를 끌어와도 반드시 귀하게 된다. 정화가 없어 병화를 용신으로 할지라도 같다. 삼추의 경금은 남아있는 기운이 여전히 성대한데, 사주에 신申·유酉

가 있고 천간에 신금辛金이 투간되어 있음으로 양인이며 병화가 있음으로 살인격煞刃格이면, 명주의 권위가 혁혁하고 직분이 군대와 법을 담당한다. 병丙·신辛은 떨어져서 합하지 않아야 하는데, 혹 신금辛金이 투간되어 있고 병화가 지장간에 있어 이미 제 있을 곳을 얻었다면 서로 제압하는 쓰임이 묘하게 된다. 지지에 화국火局이 있고 사주에 비겁이 있으면 살인격煞刃格과 같으니, 명주가 공명으로 한 쪽에서 존귀한 제 1인자가 된다. 삼추에는 금이 왕성하고 화가 쇠약하니, 임壬·계癸로 살煞을 제압해서는 안된다.

四柱戊多生金, 無甲木破土, 混濁朴拙, 即有衣祿, 不能長久. 若僅日元一庚, 必遭埋沒, 愚蠢下賤之流.

사주에 무토가 많아 금을 낳는데 갑목이 토를 파괴하는 것이 없다면, 혼탁하고 고지식하여 봉록이 있으나 길지 않다. 겨우 일간에 경금 하나라면 반드시 매몰되니, 어리석고 비천한 무리이다.

(10) 10월의 경금[拾月庚金]

三冬庚金, 一理共推, 可參用之.

삼동의 경금은 하나의 이치로 함께 추측하니, 참고하여 용신으로 해야 한다.

十月水冷氣寒, 非丁不能造庚金, 非丙不能暖金水. 書云, 水冷金寒愛丙丁. 又云, 金水傷官喜見官, 是也. 但亥子月爲庚金病死之地, 加以旺水洩氣, 庚金己失堅剛之性, 非支臨生旺(申酉辰丑), 不能任用丙丁. 如原局日元衰弱而見丙丁, 必須運行身旺之地, 方能飛皇騰達, 所謂傷官最喜劫財鄕是也. 特三冬庚金, 不能缺丙丁, 無丙丁不成局, 故先取之.

10월에는 수가 얼고 기온이 차가우니, 정화가 아니면 경금을 일으킬 수 없고, 병화가 아니면 금金·수水를 따스하게 할 수 없다. 책에서 "수가 얼고 금이 차가워 병丙·정丁을 아낀다"고 하였고, 또 "금金·수水 상관은 관을 반긴다"고 한 것이 여기에 해당한다. 다만 해월과 자월에는 경금이 병病·사死하는 곳인데 더하여 왕성한 수가 그 기운을 누설하면, 경금이 이미 굳세고 강한 특성을 잃었으니, 지지가 (신申·유酉·진辰·축丑의) 생生·왕旺에 있지 않으면 병丙·정丁을 용신으로 하는 것을 감당할 수 없다. 원국의 일간이 쇠약한데 병丙·정丁이 있다면, 반드시 자신이 왕성하게 되는 곳으로 운이 흘러가야 왕에게 날아가 출세할 수 있으니, 이른바 상관에서는 겁재의 고향을 가장 반긴다는 것이 여기에 해당한다. 다만 삼동의 경금은 병丙·정丁이 없을 수 없는 것은 그것들이 없으면 국국을 이루지 못하기 때문에 먼저 취하는 것이다.

丁不離甲, 十月亥宮, 自有甲木, 見丙丁兩透, 或丁透丙藏寅巳, 富貴無疑, 丙透丁藏, 異途顯職. 但不宜見子水困住丙丁. 見子水, 有己土出制者, 亦不失爲中等格局.

정丁이 갑甲을 떠나지 못함에 10월의 해亥궁에 본래 갑목이 있고 병丙·정丁이 모두 투간되어 있거나 혹 정화가 투간되어 있으며 병화가 인寅·사巳의 지장간으로 있다면 부귀를 의심할 것이 없고, 병화가 투간되어 있고 정화가 지장간에 있다면 다른 길에서 출세한다. 다만 자子수가 병丙·정丁을 꼼짝 못하게 해서는 안된다. 자子수가 있는데 기토가 나와 있어 제압할 경우에도 중등의 격국은 된다.

有丙甲而無丁者, 富而不貴. 金水混雜, 全無丙丁者, 下格, 支成金局, 無火者, 僧道孤貧之命.

병丙·갑甲이 있고 정丁이 없을 경우에는 부유하게 되지만 귀하게 되지는 않는다. 금金·수水가 혼잡되어 있는데 전혀 병丙·정丁이 없을 경우에는 하격이고, 지지에 금국이 없는데 화가 없을 경우에는 스님이 되거나 외롭고 가난한 명조이다.

(11) 11월의 경금[十一月庚金]

仲冬金寒水冷, 不離丙丁甲取用, 理同十月.

중동仲冬에는 금이 차갑고 물이 얼어 병丙·정丁·갑甲을 떠나 용신을 취하지 못하니 이치는 10월과 같다.

丁甲兩透, 丙藏寅巳, 富貴無疑, 丙甲兩透, 丁藏支下, 異途顯職. 無甲木, 丙丁無根, 富眞貴假, 丙藏寅巳, 見有二三, 亦是富格. 癸水出干, 困住丙丁, 便是常人. 癸少丙多, 可許一富, 但多勞碌鄙俗. 不見丙丁甲者, 下格.

정丁·갑甲이 모두 투간되어 있고 병화가 인寅·사巳의 지장간에 있다면 부귀를 의심할 것이 없고, 병丙·갑甲이 모두 투간되어 있고 정화가 지장간에 있다면 길을 바꾸어 출세한다. 갑목이 없고 병丙·정丁의 뿌리가 없다면 부유함은 진실되나 귀함은 임시이고, 병화가 인寅·사巳에 감추어져 있는 것이 두세 개 있어도 부유한 격이다. 계수가 천간에 있어 병丙·정丁을 꼼짝 못하게 하면 평범한 사람이다. 계수가 적고 병화가 많을 경우에는 큰 부자가 되는데, 다만 대부분 바쁘게 일하고 비속하다. 병丙·정丁·갑甲이 없을 경우에는 하격이다.

支成水局, 不見丙丁, 名井欄叉格, 傷官格之變也, 運行東南木火之地大貴.

지지에 수국水局이 있고 병丙·정丁이 없으면 정란차격井欄叉格이라고 하니, 상관격이 변한 것으로 운이 동남東南 목화木火의 곳으로 흐르면 아주 귀하게 된다.

水旺洩金, 見戊透者, 亦爲大貴, 但須丙火爲助, 蓋從全局論之, 格局變爲金水潤下, 見丙戊爲才官也.

수가 왕성하여 금을 누설하는데 무토가 투간되어 있을 경우에도 아주 귀하게 되는데, 오직 반드시 병화가 도와야 한다. 전체 국면으로 논함에 격국이 금金·수水 윤하潤下로 변하면, 병丙·무戊가 있어 재才·관官이 되어야 한다.

(12) 12월의 경금[十二月庚金]

十二月氣候嚴寒, 丑宮土旺, 濕泥互凍, 非丙火不解, 故以丙爲重, 次取丁火鍛金, 甲木爲佐. 丙丁兩透, 再加甲木, 大富大貴. 無甲異途顯職. 嚴寒之時, 調候爲先. 有丙通根寅巳, 卽無丁甲, 亦富貴命, 特富大貴小. 若有丁甲而無丙, 不過才能儒秀而已. 癸透困丙丁, 雖有衣祿, 尋常人物.

12월에는 기후가 혹독하게 춥고 축丑궁의 토의 왕성함이 진흙창으로 얼어붙어 병화가 아니면 녹일 수 없기 때문에 병화를 중요하게 보고 다음에 정화를 취해 금을 단련하며 갑목으로 보좌한다. 병丙·정丁이 모두 투간되어 있는데, 다시 갑목이 더해지면 크게 부귀하게 된다. 갑목이 없으면 길을 달리하여 요직을 차지한다. 혹독하게 추울 때에는 조후가 우선이다. 병화가 인寅·사巳에 뿌리를 내리고 있으면 정丁·갑甲이 없을지라도 부귀한 명조인데, 단지 부유함이 크고 귀함이 작다. 정丁·갑甲이 있고 丙이 없다면 재능 있는 학자일 뿐이다. 계수가 투간되어 병丙·정丁을 꼼짝 못하게 하면, 봉록이 있을지라도 평범한 사람이다.

支聚四庫, 土暖金溫, 單見丁火, 卽以貴格推之.

지지에 사고四庫가 있는데, 토土·금金이 따스하면 귀격으로 추리한다.

支成金局, 無火, 貧賤之人, 若巳在時上, 當以丙火得所推之.

지지에 금국金局이 있고 화가 없다면 빈천한 사람인데, 사巳가 시에 있다면 병화가 제 자리에 있는 것으로 추리한다.

8) 신금 선용법[辛金選用法]

(1) 정월의 신금[正月辛金]

正二月辛金, 一理共推, 可參用之.

정월과 2월의 신금辛金은 하나의 이치로 함께 추측하니, 참고하여 용신으로 하여야 한다.

辛爲溫潤之金, 生于寅月衰絶之地, 其弱可知. 失令之金, 性愛濕泥滋養, 先取己土爲生身之本, 次取壬水淘洗, 方能顯辛金之用. 寅宮甲木秉令, 甲爲財星, 微弱之辛, 何能剋之. 更防財旺破印, 必須得庚金扶助, 庚金破甲, 所以救己土也. (有庚爲助, 不見己土亦無妨礙也.) 總之正月辛金衰絶, 得印劫生扶, 方能用壬水也.

신금辛金은 따스하게 적셔주는 금인데 인寅월의 쇠약한 절지에서 태어났으니 그 약함을 알만하다. 계절을 잃은 금은 진흙이 길러줌과 서로 친애하니, 먼저 기토를 취해 자신을 낳는 근본으로 삼고, 다음에 임수를 취해 깨끗하게 씻어내면 신금의 작용을 드러낼 수 있다. 인寅궁의 갑목이 권력을 휘두르고 있음에 갑목이 재성이라도 미약한 신금이 어떻게 극할 수 있겠는가? 다시 재성의 왕성함이 인성을 깨버리는 것을 막으려니, 반드시 경금의 도움을 얻어야 한다. 경금이 갑목을 깨버리는 것이 기토를 구제하는 것이기 때문이다. (경금이 돕는다면 기토가 없어도 무방하다.) 총괄하자면 정월의 경금은 쇠약한 절지에 있으니, 겁재와 인성의 도움을 얻어야 임수를 용신으로 할 수 있다.

己壬兩透, 柱有庚金制甲, 富貴無疑. 如甲木藏寅, 不傷己土, 不必定要庚金. 己土藏午, 壬庚藏申, 亦主異途顯達. 己壬缺一, 名君臣失勢. 有己無壬者, 不貴. 有壬無己庚者, 貧賤.

기토와 임수가 모두 투간되어 있고 사주에 경금이 갑목을 제압한다면 부귀를 의심할 것이 없다. 갑목이 인목의 지장간으로 있어 기토를 해치지 않으면 굳이 경금이 반드시 있어야 하는 것은 아니다. 기토가 오午의 지장간에 있고 임壬·경庚이 신申의 지장간에 있어도 명주가 길을 달리하여 출세한다. 기토와 임수 중에서 하나라도 없으면 임금과 신하가 세력을 잃은 것이라고 한다. 기토가 있고 임수가 없을 경우에는 귀하게 되지 않는다. 임수가 있고 기토와 경금이 없을 경우에는 빈천하다.

有己庚生扶, 而用丙火者, 貴多就武, 顯于異途. 支成火局, 卽有壬水己土, 不能承受, 蓋壬水至寅病地, 氣洩于木, 難制過旺之火. 火剋辛金太過, 常人而己. 須庚壬兩透, 壬以破火, 庚發水源, 定主富貴顯達.

기토와 경금이 낳아주고 돕고 병화를 용신으로 하는 경우에는 귀함을 대부분 무관에서 이루고 길을 달리하는 것에서 출세한다. 지지에 화국火局이 있어 곧 임수와 기토가 서로 이어받을 수 없으니, 임수가 인寅에서 병지라 기운이 목으로 누설되어 지나치게 왕성한 화를 제압하기 어렵다. 화가 신금을 극함이 지나치면 평범한 사람일 뿐이다. 경금과 임수가 모두 투간되어 있어 임수가 화를 파괴하고 경금이 수의 근원을 열어놓으면 반드시 명주가 부귀로 출세한다.

支多亥子, 不見丙火, 爲金弱沉寒, 尋常人物. 丙透爲暖, 便主富貴. 參閱三冬辛金節.

지지에 해亥·자子가 많고 병화가 없어 금이 약해짐으로 가라앉아 버리고 차가워지면 평범한 사람이다. 병화가 투간되어 있어 따스하면 명주가 부귀하게 된다. 삼동의 신금辛金절을 참고하라.

(2) 2월의 신금[二月辛金]

二月辛壬失令, 氣勢衰絕, 全恃配合生扶, 柱見酉丑, 辛金有根 用壬用丁, 皆可以取貴.

2월의 신금辛金은 계절을 잃어 기운의 기세가 쇠약한 절지로 모든 것을 배합의 도움에 의지하니, 사주에 유酉·축丑이 있고 신금辛金에 뿌리가 있어 임수를 용신으로 하고 정화를 용신으로 하면 모두 귀함을 취할 수 있다.

衰絕之辛, 喜己土相生, 忌戊土埋金. 但用壬水者, 亦忌己土混濁, 須取甲木爲救. 乙木雖當旺不能破戊己, 僅有相剋之情, 故主虛名虛利, 徒然姦詐刻薄耳.

쇠약한 절지의 신금은 기토가 서로 낳아주는 것을 반기고 무토가 금을 묻어버리는 것을 꺼린다. 다만 임수를 용신으로 할 경우에는 또한 기토가 혼탁한 것을 끼리니 반드시 갑목으로 구제해야 한다. 을목은 왕성할지라도 무戊·기己를 파괴할 수 없어 가까스로 서로 극하는 마음만 있기 때문에 명주가 공허하기 명리를 쫓고 공연히 간사한 짓을 하고 각박하게 행동할 뿐이다.

辛金通根酉丑, 見壬甲兩透, 富貴顯達無疑. 得申中之壬者, 異途顯達, 庚金臨官在申, 可助辛旺也. 壬藏亥中, 不見戊土出干者, 亦爲才能秀士,衣祿充足. 無壬用癸, 尋常人物. 一派壬水, 名金水汪洋, 淘洗太過, 萬事不能承受, 合此男女俱不吉, 反宜戊土制之.

신금辛金이 유酉·축丑에 뿌리를 두고 임壬·갑甲이 모두 투간되어 있다면 부귀로 출세할 것은 의심의 여지가 없다. 신申의 지장간 임수를 얻을 경우에는 길을 달리하여 출세하니, 경금이 신申에서 임관하여 신금의 왕성함을 도울 수 있기 때문이다. 임수가 해亥의 지장간에 있고 무토가 천간에 없을 경우에도 재능있는 뛰어난 선비로 봉록이 충분하다. 임수가 없어 계수를 용신으로 하면 평범한 인물이다. 임수가 무리지어 있음으로 금金·수水가 넓고 커서 씻어내는 것이 너무 지나치면 모든 일을 이어받을 수 없다. 여기에 합하면 남녀 모두 불길하니, 도리어 무토로 제압해야 한다.

二月卯宮自有丁火, 才星秉令. 才旺自能生官, 辛金柱有生扶, 用丁火, 富貴顯達非常. 用丁者, 忌壬癸傷丁, 忌戊土埋金, 己土不忌. 見戊, 須甲木出干制之. 若火土太旺, 名官印相爭金水兩傷, 下格. 得二壬出制, 富貴反奇.

2월에는 묘卯궁에 본래 정화가 있어 재성이 권력을 흔들고 있다. 재성의 왕성함이 저절로 관성을 낳을 수 있고, 신금辛金이 사주에서 낳아서 도와주는 것이 있어서 정화를 용신으로 한다면 부귀로 출세함이 비상하다. 정화를 용신으로 하는 경우에는 임壬·계癸가 정화를 해치는 것을 꺼리고 무토가 금을 묻어버리는 것을 꺼리니, 기토는 꺼리지 않는다. 무토가 있으면 반드시 갑목이 천간에 있어 제압해야 한다. 화火·토土가 너무 왕성하여 관官·인印이 금金·수水와 서로 싸움으로 모두 다친다고 하니, 하격이다. 천간에 두 개의 임수가 있다면 부귀가 도리어 특출하게 된다.

支成木局, 木堅金缺, 必須用庚. 庚透富貴, 無庚庸人.

지지에 목극이 있고 목이 견고하고 금이 모자란다면 반드시 경금을 용신을 하여야 한다. 경금이 투간되어 있으면 부귀하고 없으면 평범한 사람이다.

辛金生于春季, 微弱無根, 再見一派壬水, 從全局論之, 當作壬水汪洋論, 須用丙戊, 故壬丙兩透者, 可許大富貴. 無丙火, 卽能顯達, 家無宿春.

辛金의 봄의 끝달에 태어나 미약하고 뿌리가 없는데, 다시 임수가 무리지어 있다면 전체 국면에 따라 '임수가 넓고 큰 것[壬水汪洋]'으로 논해야 하고, 병화와 무토를 용신으로 하여야 하기 때문에 임수와 병화가 모두 투간되어 있을 경우에는 크게 부귀하다고 할 수 있다. 병화가 없다면 출세할 수 있을지라도 집안에 봄까지라도 머물러 있게 하지 못한다.

(3) 3월의 신금[三月辛金]

三月戊土秉令, 辛承正印, 母旺子相. 辛金陰干, 喜洩不喜剋, 仍以壬水爲正用. 土旺之時, 戊土雖不出干, 亦防其埋金塞壬, 故以甲木破戊爲佐. 有甲, 則金水之氣自然流通, 不患阻塞, 故壬甲兩透, 富貴顯達無疑. 一透一藏, 異途顯達, 富貴有準. 無壬甲下格.

3월에는 무토가 권력을 잡고 있어 신신이 정인正印을 계승하니, 어미가 왕旺하여 자식이 상상相하는 것이다. 신금辛金은 음간이라 누설함을 반기고 극함을 반기지 않으니, 그대로 임수를 바른 용신으로 한다. 토가 왕성할 때는 무토가 천간에 있지 않을지라도 둑이 되어 금을 묻어버리고 임수를 막기 때문에 갑목이 무토를 파괴하는 것으로 보좌한다. 갑목이 있으면 금수의 기운이 저저로 유통되어 막힐 것을 걱정하지 않기 때문에 임壬·갑甲이 모두 투간되어 있으면 부귀하게 출세할 것을 의심하지 않는다. 하나가 투간되어 하나가 지장간에 있으면, 길을 달리하여 출세하고 부귀가 따른다. 임壬·갑甲이 없으면 하격이다.

三月辛金, 最忌丙辛相合, 土旺之時, 不能化氣, 辛金喜壬爲用. 見丙貪合, 有不顧用神之嫌, 如日時見丙, 得癸水破之, 可許儒秀, 惟不免寒蹇耳. 或支臨亥申子丑, 壬癸暗藏, 可以破丙解合, 而用亥宮壬水, 異途顯達, 祿位崇高. 惟忌戊土出干剋制壬水. 無甲木破戊者, 才學雖富, 終爲寒士. 如駱文忠命(秉章), 癸丑丙辰辛亥戊子, 癸水出干破丙, 用亥宮壬水, 喜亥宮有甲破戊, 貴爲四川總督. (亥申中壬水皆可用, 惟亥宮有甲, 申宮無甲, 爲不同也.)

3월의 신금辛金은 병丙·신辛이 서로 합하는 것을 가장 꺼리고, 토가 왕성할 때에는 기운을 변화시킬 수 없어 신금辛金은 임수가 용신인 것을 반긴다. 병화는 합을 탐해 용신을 돌보지 않는다는 의심이 있으니, 일시에 병화가 있어 계수를 얻어 파괴하면 뛰어난 선비가 될 수 있으나 다만 가난으로 고생하는 것은 면하지 못한다. 혹 지지에 신申·해亥·자子·축丑에 있고 임계가 지장간에 감추어져 있으면 병화를 파괴하여 합을 풀 수 있고, 해亥궁의 임수를 용신으로 하면 길을 달리하여 출세함으로 봉록과 직위가 높으나 다만 무토가 천간에 있어 임수를 극하여 제압하는 것을 꺼린다. 갑목이 무토를 파괴함이 없는 경우에는 재능과 학문이 풍부할지라도 끝내 가난한 선비이다. 이를테면 낙문충駱文忠 병장秉章의 명조 계축癸丑 병진丙辰 신해辛亥 무자戊子로 계수가 천간에 있어 병화를 파괴하고 해亥궁의 임수를 용신으로 하여 해궁의 갑목이 무토를 파괴하는 것을 반기니, 귀하기로는 사천四川의 총독이 되었다. (해亥와 신申의 임수를 모두 용신으로 할 수 있는데, 다만 해亥궁에는 갑목이 있고 신申궁에는 갑목이 없는 것이 다르다.)

四柱多火, 無一壬字, 名火土雜亂, 雖有甲, 亦不妙, 定主孤貧. 無壬見癸, 可解其凶.

사주에 화가 많고 하나의 임수도 없으면 화토가 어지럽게 섞였다고 하니, 갑목이 있을지라도 묘하지 않아 반드시 명주가 외롭고 가난하게 된다. 임수가 없고 계수가 있으면 그 흉함을 풀 수 있다.

支見四庫, 名土厚埋金, 無甲破土, 愚頑之輩.

지지에 사고가 있으면 토가 두터워 금을 묻어버린다고 하니, 갑목이 토를 파괴함이 없으면 우둔한 무리이다.

比劫重重, 壬癸淺弱, 主夭. 土旺之時, 滴水不足以淘洗辛金, 無濟于事. 見甲出干, 破土, 無庚制甲, 則主貴顯.

비겁이 거듭 중첩되고 임계가 얕고 약하면 명주가 요절한다. 토가 왕성할 때는 몇 방울의 물로는 신금辛金을 씻어 깨끗하게 하기에 부족하니, 일을 구제할 수 없다. 갑목이 천간에 있어 토를 파괴하는데, 경금이 갑목을 제압함이 없으면 명주가 귀하게 출세한다.

(4) 4월의 신금[巳月辛金]

辛金溫潤, 珠玉之質, 最怕洪爐之火(旺火), 又懼厚土埋金. 時逢首夏, 丙戊臨官, 爍石流金, 非水無以爲救. 水至己宮絶地, 非金相生, 無源之水易涸, 如支見金局, 壬水出干, 又得甲木破戊, 名一淸澈底, 富貴皆臻極品. 癸透壬藏亥申, 富眞貴假, 異路功名可取. 不能見戊己制水, 見戊己便是常人. 壬癸皆藏, 無戊己者, 略富. 若壬癸俱無, 但見烈烈火攻, 貧賤下格.

신금은 따스하게 젖어 있는 진주나 구슬 같은 것으로 (왕성한 화인) 큰 화로의 불을 가장 두려워하고, 또 두터운 토가 금을 묻어버리는 것을 겁낸다. 때가 여름의 시작이라 병丙·무戊의 임관에 돌이 타고 금이 녹아버리니, 수가 아니면 구제할 길이 없다. 수가 사巳궁 절지에 있어 금이 상생해주지 않으면 근원 없는 물이 쉽게 마르는데, 지지에 금국金局이 있고 임수가 천간에 있으며 또 갑목이 무토를 파괴하면, 맑음 하나가 철저하다고 하니, 부귀가 모두 최고까지 오른다. 계수가 투간되어 있고 임수가 해亥와 신申의 지장간에 있으면, 부유함은 진실되지만 귀함은 임시이니, 길을 달리하여 공명을 취할 수 있다. 무戊·기己가 수를 제압할 수 없는데, 무戊·기己가 있으면 평범한 사람이다. 임壬·계癸가 모두 지장간에 있고 무戊·기己가 없을 경우에는 대충 부자가 된다. 임壬·계癸가 모두 없는데 뜨겁고 뜨겁게 화가 공격할 뿐이라면 빈천한 하격이다.

支成火局木局, 俱爲下格. 有制則吉, 無制則兇. 凡火旺無水, 取己土洩之, 乃不得己而思其次也.

지지에 화국火局과 목국木局이 있으면 모두 하격인데, 제압함이 있으면 길하게 되고, 제압함이 없다면 흉하게 된다. 화가 왕성한데 수가 없어 기토를 취하여 누설하는 것은 어쩔 수 없이 그 다음을 생각한 것이다.

(5) 5월의 신금[五月辛金]

　五月丁己司權, 辛金失令, 何堪旺火鍛煉. 須己壬癸並用, 何也. 柔弱之金, 其情必依乎母, 己土, 辛之母也. 但丁己同宮, 火旺土燥, 須壬癸制火潤土, 方能生金. 己無壬不濕, 辛無己不生, 故壬己並用. 無壬, 亦可用癸, 但癸力小. 若壬己兩透, 支臨亥子丑, 權高位顯, 富貴極品. 壬藏癸透者, 不失爲知名之士. 無壬而有己癸, 異途功名可取. 壬癸須有庚金相生(或金局), 食祿王家, 可以操券. 大忌戊土剋壬, 四柱有水, 尚可用甲破戊. 無水用甲, 更增火旺, 無益反害也.

　5월에는 정丁·기己가 권력을 장악하고 신금은 권력을 잃었으니, 어떻게 왕성한 화의 단련을 감당할 수 있겠는가? 반드시 기己·임壬·계癸를 함께 용신으로 하는 것은 무엇 때문인가? 유약한 금은 그 마음이 반드시 어미에게 의탁하는데, 기토는 신금辛金의 어미다. 다만 정화와 기토가 같은 궁에 있어 화가 왕성하여 토가 메말랐으니, 반드시 임壬·계癸로 화를 제압하여 토를 적셔주면 금을 생할 수 있다. 기토는 임수가 아니면 축축하게 되지 않고 신금은 기토가 아니면 낳아주지 않기 때문에 임수와 기토를 함께 용신으로 하는 것이다. 임수가 없으면 계수를 용신으로 해도 되는데, 다만 계수는 힘이 적을 뿐이다. 임수와 기토가 모두 투간되어 있고 지지에 해亥·자子·축丑이 있으면 권세와 직분이 높이 올라가고 드러나 부귀가 최고에 이른다. 임수가 지장간에 있고 계수가 투간되어 있을 경우에는 저명한 선비가 된다. 임수가 없고 기토와 계수가 있으면 길을 달리하여 공명을 취할 수 있다. 임수와 계수에 경금이 서로 생하여 줌이 있으면 (혹 금국이 있으면) 왕의 집안에서 봉록을 받고 확실히 성공할 수 있다. 무토가 임수를 극하는 것을 극히 꺼리고, 사주에 수가 있으면 오히려 갑목을 용신으로 하여 무토를 파괴해야 한다. 무가 없는데 갑목을 용신으로 하면 화의 왕성함을 돋워 무익하고 도리어 해롭다.

支成火局, 雖癸水疊見, 難救車薪之火. 見壬出兼癸破火, 必主人才出衆, 社會知名. 無壬又逢戊合癸水, 癸年必是戊午月. 午宮己土不得水潤, 名爲煤泥成灰, 辛金必被鍛鎔, 定爲孤貧丐仆之命. 有一二比肩者, 不致孤獨.

지지에 화국이 있으면 계수가 중첩되어 있을지라도 수레에 가득한 불길을 잡기 어렵다. 임수가 있는데다가 계수가 있어 화를 파괴하면 반드시 명주의 재주가 출중하여 사회에 이름을 날린다. 임수가 없는데 또 계癸년에는 반드시 무오戊午월로) 무토가 계수와 합을 하면,

오午궁의 기토가 수의 적셔줌을 얻을 수 없어 마른 진흙이 재로 변했다고 하니, 신금辛金이 반드시 화에게 녹여짐으로 외롭고 가난하게 사는 명조이다. 한두 개의 기견이 있을 경우에는 고독하게 되지는 않는다.

　總之庚辛生于夏月, 要壬癸得地, 專取壬癸以成反生. 月令丁己得祿, 有印不能言從, 只能取土晦火存金. 若木多火多, 柱無金水, 決非上格, 逢金水運, 杯水車薪, 反激其燄, 必遭不測之災.

　총괄하자면 경금과 신금辛金이 하월夏月에 태어나면 임수와 계수가 제 자리에 있기를 원하고 오로지 임수와 계수를 취해 도리어 생해 주게 한다. 월령의 정화와 기토가 건록인데 인성이 있으면 따른다고 할 수 없으니, 단지 토를 취해 화를 어둡게 함으로 금을 보존할 수 있을 뿐이다. 목이 많고 화가 많고 사주에 금金·수水가 없으면 결코 상격이 아닌데, 운에서 금金·수水를 만나면 한 잔의 물로 수레에 가득한 불길을 끌 수 없어 도리어 그 화염을 격하게 할 뿐이니, 반드시 예측할 수 없는 재앙을 당한다.

(6) 6월의 신금[六月辛金]

　六月己土當旺, 丁火雖衰, 猶有餘氣, 火土干燥, 專用壬水. 理同五月. 土旺秉令, 故取庚金洩土生壬爲佐. 壬庚兩透, 必貴之格, 卽壬庚藏申,

(庚金得地, 壬水逢生.) 亦主富貴. 但忌戊己出干制水, 須以甲木爲救. 但用甲制戊, 又慮庚金出干制甲, 定主貧賤. (庚藏支無疑.) 用甲制己, 又慮甲己貪合化土, 名土埋汚金. 混塞壬水, 亦主貧賤. 甲己須隔位不合, 方可言富貴也.

  6월에는 기토가 왕성하고, 정화는 쇠했을지라도 여전히 남아 있는 기운이 있으니, 화와 토가 말라서 건조한 것은 오로지 임수를 용신으로 한다. 그 이치는 5월과 같다. 토가 왕성하여 권력을 잡고 있기 때문에 경금이 토를 누설하여 임수를 생하는 것으로 보좌하니, 임壬·경庚이 모두 투간되어 있으면 반드시 귀한 격이고, 임壬·경庚이 (경금이 제자리를 얻고 임수가 장생하는) 신申의 지장간에 있을지라도 명주가 부귀하게 된다. 다만 무戊·기己가 천간에 있음으로 수를 제압하는 것을 꺼려 반드시 갑목으로 구제한다. 다만 갑목을 용신으로 하여 무토를 제압함에 또 경금이 천간에 있음으로 갑목을 제압하여 반드시 명주가 빈천하게 되는 것을 연려할 뿐이디. (경금이 지장산에 있으면 의심할 필요가 없다.) 갑목을 용신으로 하여 기토를 제압하면, 또 갑甲·기己가 합을 탐함으로 토로 변하는 것을 우려하니, 토가 금을 묻어 더럽힌다고 한다. 임수를 혼탁하게 하여 막아버려도 빈천하게 된다. 갑甲과 기己는 반드시 떨어져 있어 합하지 않아야 부귀를 말할 수 있다.

若只未中一己, 不可見甲, 專用壬庚, 便是富貴之格. 火土旺燥之時, 一見壬水, 便爲濕泥生金. 見甲破己, 反作平人.

오직 미未의 지장간인 하나의 기토가 갑목을 봐서는 안되어 오로지 임수와 경금을 용신으로 하면 부귀하게 될 격이다. 화토가 왕성하여 메마른 때에 한 번 임수를 보면 진흙이 금을 낳게 된다. 갑목이 기토를 파괴하면 도리어 평범한 사람이 된다.

若未中丁己出干, 見申宮庚壬, 便以富貴推之. 天干己土, 不能制支中之壬, 無須甲木爲救也. 倘不見申, 庚透無壬, 富貴便假.

미未의 지장간인 정丁·기己가 천간에 있고 신申궁의 경庚·임壬이 있으면, 부귀한 것으로 추리한다. 천간의 기토가 지장간의 임수를 제압할 수 없으면, 갑목일 구제할 필요가 없다. 혹 신申이 없는데 경금이 투간되어 있고 임수가 없다면 부귀한 것은 곧 임시적이다.

支成木局, 獨壬不貴, 因壬水之氣洩于木也, 須得庚金制木, 發壬水 之源, 乃主富中取貴. 木爲財, 故主富.

지지에 목국이 있는데 임수 하나만 있으면 귀하지 않은 것은 임수의 기운이 목으로 누설되기 때문이니, 반드시 경금으로 목을 제압해 임수의 근원을 시작해야 명주가 부유한 가운데 취함을 취하게 된다. 목이 재성이기 때문에 명주가 부유하게 되는 것이다.

總之用甲破土, 忌合忌庚, 用己壬而以庚爲佐者, 又忌火破庚, 甲制己, 須細推之.

총괄하자면 갑목을 용신으로 하여 토를 파괴하면 합을 꺼리고 경금을 꺼리고, 기토와 임수를 용신으로 하여 경금으로 보좌하는 경우에는 화가 경금을 파괴하는 것을 꺼리니, 갑목이 기토를 제압하는 것은 반드시 세심하게 추리해야 한다.

(7) 7월의 신금[七月辛金]

七月庚金臨官, 辛金不旺自旺. 申宮壬水長生, 取此一點壬水, 洩辛金之秀, 淸貴顯達. 不宜戊土制之, 見戊爲病, 須取甲木爲藥. 有病有藥, 亦主衣綠.

7월에는 경금이 임관하여 신금辛金은 왕성하지 않을지라도 저절로 왕성하게 된다. 신申궁에서는 임수가 장생하니, 여기의 임수 하나를 취하여 신금의 뛰어남을 누설하면 맑고 고귀함으로 출세한다. 무토가 제압하면 안되니, 무토가 있어 병이 되면 반드시 갑목을 취해 약으로 해야 한다. 병이 있고 약이 있어도 명주의 봉록이 있다.

申中庚祿壬生, 勢力竝行. 見一派壬癸洩金, 又當取戊土爲救. 蓋辛金柔弱, 不比庚金, 生于七月, 不比春夏, 喜壬之洩, 又懼洩之太過, 見一點戊, 制水生金, 反爲辛用, 主有富貴. 見甲破戊, 或原局無戊, 俱屬常人.

신申의 지장간 경금은 건록이고 임수는 장생이니, 세력이 병행한다. 임壬·계癸가 무리지어 있어 금을 누설하면 또 무토로 구제해야 한다. 신금辛金이 유약하면 경금을 가까이 하지 않는 것은 7월에 태어나 봄과 여름을 가까이 하지 못하고 임수의 누설을 반기고, 또 누설이 지나칠까 염려함에 하나의 무토가 있음으로 수를 제압하여 금을 낳으면 도리어 신금의 용신이 되니 명주가 부귀하게 된다. 갑목이 있어 무토를 파괴하거나 혹 원국에 무토가 없으면 모두 평범한 사람들이다.

總之七月辛金, 壬少爲富. 書云, 水淺金多, 號曰體全之象, 是也. 專取壬水爲尊, 戊甲爲病藥輔佐, 參酌用之. 丙丁鍛金, 總不宜取作用神.

총괄하자면 7월의 신금辛金은 임수가 적어야 부유하게 된다. 책에서 "수가 적고 금이 많으면 몸체가 온전하게 되는 상이다"라고 한 것이 여기에 해당한다. 오로지 임수를 취하면 존귀하게 되고, 무토와 갑목이 병과 약으로 보좌하는 것은 참작하여 쓴다. 병화와 정화가 금을 단련하는 것은 모두 용신으로 취해서는 안된다.

(8) 8월의 신금[八月辛金]

八月辛金, 當權得令, 旺之極矣, 專用壬水洩之爲貴. 金見水以流通. 大忌戊己阻塞, 故又取甲木爲佐.

8월에는 신금辛金이 권력을 휘두르며 극도로 왕성하니, 오로지 임수를 용신으로 누설하는 것이 귀한 것은 금이 수가 있어 유통한 것이다. 무戊·기己가 막는 것을 극도로 꺼리기 때문에 또 갑목을 취해 보좌한다.

用壬水洩旺金之氣, 壬不在多. 書云, 水淺金多, 號曰體全之象. 如一派辛金, 見一點壬水洩之, 必主富中取貴. 干透二辛, 支成金局, 旺金喜洩, 得一壬高透, 淘洩群金, 乃允文允武, 邦家之材. 辛金無用丁之法, 所謂珠玉之質, 不宜鍛煉也. 生于八月旺極之時, 無壬洩氣, 不得已用丁火制之, 配以己土, 取煞印相生亦爲美格. 終以缺乏秀氣, 富重貴輕. 無洩無剋, 必是剛强敗度, 不良之輩. 若爲僧道, 可免兇厄.

임수를 용신으로 하여 왕성한 금의 기운을 누설함에 임壬은 많을 필요는 없으니, 책에서 "수가 적고 금이 많은 것은 몸체가 온전한 상이다"라고 하였다. 신금辛金이 무리지어 있는데 하나의 임수가 있어 누설한다면 반드시 명주가 부유한 가운데 귀함을 취한다. 천간에 두 개의 신금辛金이 투간되어 있고 지지에 금국이 있는 것은 왕성한 금이 누설을 반기는 것으로 하나의 임수가 높이 투간되어 있어 무리지어 있는 금을 씻어 깨끗하게 하면 그야말로 문관에 해당하고 무관에 해당하니 국가의 재목이다. 신금辛金은 정화를 용신으로 하는 법은 없으니, 이른바 진주나 구슬 같은 것은 단련해서는 안된다는 것이다.

극도로 왕성한 8월에 태어나고 임수가 기운을 누설함이 없다면, 어쩔 수 없이 정화를 용신으로 하여 제압하고 기토로 배합하는 것은 살인상생煞印相生을 취하는 것으로 아름다운 격이다. 그러나 끝내 뛰어난 기운이 결핍되었으니, 부유함은 무겁고 귀함은 가볍다. 누설함이 없고 극함이 없다면 반드시 굳세고 강함으로 법도를 무너뜨리는 불량한 무리인데 승려가 된다면 흉액은 면할 수 있다.

傷官宜其生財, 而財亦不宜多. 如一派辛金, 而得一壬一甲, 必然受祿萬種, 異途顯達. 若多見甲木洩壬, 名爲用神無力, 主爲富不仁, 須得庚金爲救. 得庚透者大富貴, 且主仁義. 但不宜見丁, 蓋丁火破庚合壬, 雖見丁在支, 亦破格局, 不過風雅淸高, 衣食饒裕而已, 卑無遠志.

상관이 재財를 낳아야 하지만 재성이 또한 많아서는 안된다. 신금이 무리지어 있고 하나의 임수와 하나의 갑목이 있다면 반드시 만종萬種의 봉록을 받고 길을 달리하여 출세한다. 갑목이 많아 임수를 누설한다면 용신이 무력하다고 하는 것으로 명주가 부유하지만 어질지 않아 반드시 경금을 얻어 구제해야 한다. 경금이 투간되어 있을 경우에는 크게 부귀하게 되고 또 명주가 어질고 의롭다. 다만 정화가 있어서는 안되는 것은 정화가 경금을 파괴하고 임수와 합을 하면, 정화가 지지에 있을지라도 격이 깨진 형국이니, 고상하게 멋이 있어 맑고 높으며 의식주가 풍족할 뿐으로 원대한 뜻이 없어 저속하다.

金水傷官, 以淸爲貴, 忌戊己混濁. 戊土生旺, 埋金塞壬, 須甲木制之. 無甲便是有病無藥, 故壬甲兩透, 戊己藏支者, 不但富貴顯達, 且才略蓋世. 無戊不必用甲, 所謂有病方須用藥也. 戊甲俱藏, 不失儒秀. 若壬水少, 戊土多見, 埋金塞壬, 而無甲爲救者, 此人愚懦無能. 見一甲破戊, 便可白手成家, 創基立業. 若一派壬水洩金, 又宜戊土制之, 無戊見己, 名沙水同流, 主貧苦奔波. 或支藏戊止流, 其人頗有才略, 主以藝術顯.

 금金·수水 상관은 맑은 것이 귀해 무戊·기己가 혼탁하게 하는 것을 꺼린다. 무戊·기己가 생생·왕旺하여 금을 묻어버리고 임수를 막아버리면 반드시 갑목으로 제압해야 한다. 갑목이 없으면 병은 있으나 약이 없기 때문에 임수와 갑목이 모두 투간되어 있고 무戊·기己가 지장간에 있을 경우에는 부귀로 출세할 뿐만이 아니라 지략이 세상을 덮어 버린다. 무토가 없다면 굳이 갑목을 용신으로 할 필요가 없으니, 이른바 병이 있어야 반드시 약을 용신으로 한다는 것이다. 무토와 갑목이 모두 지장간에 있으면 뛰어난 학지이다. 임수가 직고 무토가 많아 금을 묻어버리고 임수를 막아버리는데 갑목이 구제하지 않는다면 이런 사람은 어리석고 무능하다. 하나의 갑목이 무토를 파괴하면 맨손으로 집안을 이르고 기업을 세운 것이다. 임수가 무리지어 있어 금을 누설하면 또 무토로 제압해야 하는데, 무토가 없고 기토가 있다면, 모래와 물이 함께 흘러간다고 하니, 명주가 가난에 쪼들리며 바쁘게 돌아다니는 것이다. 혹시 지장간의 무토가 그 흐름을 멈추게 하면 그 사람은 다소 지략이 있으니, 명주가 예술로 출세한다.

　一派己土汚金, 乃是無名之輩, 有壬有甲, 不賤不貴, 梢有能力. 多見己土, 支藏一甲, 一生厚重, 衣祿不虧. 或支藏庚丁, 異途小富貴.

　기토가 무리지어 금을 더럽히면 그야말로 이름 없는 무리인데, 임수가 있고 갑목이 있으면 천하지도 않고 귀하지도 않으면서 점차로 능력이 있게 된다. 기토가 많은데 지장간에 갑목이 있다면 평생 중후하게 살고 봉록이 무너지지 않는다. 혹 지지에 경금과 정화가 있다면 길을 달리하여 다소 부귀하게 된다.

　一派乙木, 無甲無壬, 才多身弱, 終難發達. 見庚制乙, 可主小富貴, 但多姦詐. 如比劫太多, 亦是貧賤之命.

　을목이 무리지어 있고 갑목이 없으며 임수가 없으면 재다신약才多身弱으로 평생 출세하기 어렵다. 경금이 있어 을목을 제압하면 명주가 다소 부귀하게 되는데, 다만 간사한 짓을 잘한다. 비겁이 너무 많다면 또한 빈천한 명조이다.

　支成金局, 戊己出干, 壬透無火, 名白虎格(卽從革格). 運行西北, 不人東南, 富貴非常. 子星不多, 遇火運孤貧.

　지지에 금국이 있고 무기가 천간에 있고 임수가 투간되어 있는데 화가 없다면 백호격白虎格 (곧 종화격從革格)이라고 한다. 운이 서북으로 흘러 동남으로 들어가지 않으면 부귀가 뛰어나다. 자식의 별이 많지 않은데 화운을 만나면 고독하고 가난하다.

時逢丙火, 丙辛化合, 但不逢時, 雖見壬辰, 亦屬平常之人. 丁透破局, 無癸出制, 貧賤之格. 有癸先貧後富.

시에서 병화를 만나면 병화와 신금辛金이 합을 하는데, 시에서 만나지 않으면 임진이 있을지라도 평범한 사람이다. 정화가 투간되어 있어 형국을 파괴하는데 계수가 나와 제압하는 것이 없으면 빈천한 격이다. 계수가 있으면 먼저는 가난하고 뒤에 부유하게 된다.

總之八月辛金太旺, 專用壬水, 次取甲木破土, 水得流通爲妙.

총괄하자면 8월의 신금은 너무 왕성하여 오로지 임수를 용신으로 하고, 다음에는 갑목을 취해 토를 파괴하면 수가 유통되어 오묘하게 된다.

(9) 9월의 신금[九月辛金]

辛金陰柔之質, 最畏土旺埋金. 戌月戊土秉令, 厚重亢燥甚于辰月, 喜甲疏季土, 壬洩旺金, 壬甲必須並用. 當令之土如至四五, 即有一甲出干, 難爲剋制. 厚土埋金, 定主愚儒. 得壬水並出, 冲刷土層滋助甲木, 並洩旺金, 雖不云貴, 終能勞碌致富.

  신금辛金은 음으로 유약한 것이라 토가 왕성하여 금을 묻어버리는 것을 가장 두려워한다. 술월戌月에는 토가 권력을 휘두르고 있어 중후하게 높이 올라가 있고 메마른 것이 진월辰月보다 심해 갑목이 계절 마지막 달의 토를 갈아엎어버리고 임수가 왕성한 금을 누설하는 것을 반기니, 임壬·갑甲을 반드시 함께 용신으로 해야 한다. 월령에 해당하는 토가 4·5개가 되면 갑목이 천간에 있을지라도 극하여 제압하기 어렵다. 두터운 토는 금을 묻어버리니, 반드시 명주가 어리석고 나약하게 된다. 임수가 나란히 나와 겹친 토를 충하여 씻어내고 갑목을 적셔주고 아울러 왕성한 금을 누설한다면 귀하다고 할 수는 없을지라도 끝내 부지런히 노력함으로 부유하게 될 수 있다.

  戊土出干與否關系極重, 如甲戌月, 卽使支聚四庫, 亦能去濁留淸. 若爲戊戌月, 雖有甲木藏支亦難成名, 必須甲木出干, 方能破土也.

  무토가 천간에 있는지의 여부가 아주 중요한 관건이니, 갑술甲戌월이라면 지지에 사고四庫가 있을지라도 혼탁한 것을 제거하여 맑게 될 수 있다. 무술戊戌월이라면 갑목이 지장간에 있을지라도 이름을 날리기 어려우니, 반드시 갑목이 천간에 있어 토를 파괴할 수 있어야 한다.

故壬甲兩透, 支成水局, 富貴無疑. 壬透戊土藏支, 而支中有甲制戊者, 亦不失爲俊秀之士. 支中多戊, 有甲出干, 雖壬水藏支, 亦必異途顯達, 富中取貴.

그러므로 임갑이 모두 투간되어 있어 지지에 수국水局이 있다면 부귀를 의심할 것이 없다. 임수가 투간되어 있고 무토가 지장간에 있는데 지장간에서 갑목이 무토를 제재할 경우에도 준수한 선비가 된다. 지장간에 무토가 많고 갑목이 천간에 있으면, 임수가 지장간에 있을지라도 반드시 길을 달리하여 출세하고 부유한 가운데 귀함을 취한다.

甲木所以破戊, 如戊土不透而見庚壬出干, 庚發水源, 壬水冲刷, 辛金無被埋之憂, 自是一淸澈底, 大富貴奚疑. 如張廷玉命, 壬子庚戌辛巳壬辰, 庚壬並透, 固不必再求甲木破戊矣.

갑목은 무토를 파괴하는 것인데 무토가 투간되어 있지 않고 경庚·임壬이 천간에 나와 있어 경庚이 수의 근원을 시작하고 임수가 충하여 씻어냄으로 신금은 묻혀버리는 우환이 없으면, 그대로 한결같이 철저하게 맑으니 크게 부귀하게 됨을 어떻게 의심하겠는가? 이를테면 장정옥張廷玉의 명조 임진壬子 경술庚戌 신사辛巳 임진壬辰으로 경庚과 임壬이 함께 투간되어 있으니, 굳이 갑목이 무토를 파괴할 필요는 없다.

無壬用癸, 無沖刷之功, 亦有淸金潤金之用, 富貴自艱辛得之.

임수가 없어 계수를 용신으로 함에 충하여 씻어내는 공은 없을지라도 금을 맑게 하고 적셔주는 작용은 있으니, 부귀를 본래 간신히 얻는다.

若木多土少, 但有戌中一戊, 又無一水者, 尋常人物.

목이 많고 토가 적어 술戌의 지장간 무토 하나뿐인데다가 또 하나의 수도 없는 경우는 평범한 사람이다.

己土出干, 四柱無壬有癸, 亦能滋潤辛金, 稍有富貴. 多己便止一濁富之人.

기토가 천간에 있는데, 사주에 임수가 없고 계수가 있어도 신금辛金을 더해주고 적셔줄 수 있으니 다소 부귀하게 된다. 기토가 많으면 부정한 돈으로 부자가 되는 한 사람일 뿐이다.

戌宮辛戊丁同宮, 見丁戊透, 仍不能無壬甲爲用. 辛金珠玉之質, 忌爐冶之火, 加以戊土, 有埋金之懼. 不以煞印相生, 遂以貴取也.

술戌궁의 신辛·무戊·정丁가 같은 궁에 있음에 천간에 정丁·무戊가 투간되어 있으면 여전히 임壬·갑甲이 용신이 되지 않을 수 없다. 신금辛金은 진주나 구슬 같은 재질이라 화로의 불을 꺼리는데 무토를 더하면 금을 묻어버린다는 우려가 있으니, 살인상생煞印相生으로는 마침내 귀함을 취하지 못한다.

見丙火出干暖金, 官印相生, 不過小富. 須支成申酉戌西方, 更見辰字, 斯爲眞化水, 大富大貴.

병화가 천간에 금을 따뜻하게 함으로 관인상생官印相生하면 작은 부자에 부불과하다. 그러니 반드시 지지에 신申·유酉·술戌 서방이 있고 다시 진辰자가 있으면, 이것은 진실로 수로 변화한 것이어서 아주 부귀하게 된다.

總之九月辛金, 火土爲病, 水木爲藥, 專用壬水, 佐以甲木, 丙癸酌用.

총괄하자면 9월의 신금은 화토가 병이고 수목이 약으로 오로지 임수를 용신으로 하고 갑목으로 보좌하니 병화와 계수를 참작해서 사용한다.

(10) 10월의 신금[拾月辛金]

辛金喜用壬水, 十月壬水秉令, 爲金水眞傷官. 時値小陽, 陽氣初潛, 寒氣未盛, 故先用壬水, 次取丙火暖水溫金, 所謂金水傷官喜見官也. 但亥爲辛金病地, 旺水洩病金之氣, 須原命有此劫生扶(庚), 支臨生旺(酉丑), 方能用之. 原命水暖金溫, 宜行此劫之鄕, 金寒水冷, 宜丙火調候之地. 參閱十月庚金節.

신금은 임수를 용신으로 하는 것을 반기는데, 10월에는 임수가 권력을 휘두르고 있으니 금金·수水의 진상관眞傷官이다. 시에서 소양을 만나 양기가 잠기는 시작이고 차가운 기운이 아직 성대하지 않기 때문에 먼저 임수를 용신으로 하고 다음에 병화를 취해 수와 금을 따뜻하게 하니, 이른바 금金·수水 상관에 관이 있는 것을 반긴다는 것이다. 다만 해亥는 신금辛金의 병지인데 왕성한 수가 병지에 있는 금의 기운을 누설하고 있는데, 반드시 원국에 여기 겁재 (경庚)의 낳아주고 도와줌이 있고 지지가 (유酉·축丑의) 생生·왕旺에 있으면 그것을 용신으로 할 수 있다. 원국의 수水·금金이 따스하면, 여기 겁재의 고향으로 흘러가야 하고, 금金·수水가 차갑다면 병화 조후의 곳으로 흘러가야 한다. 10월 경금의 절을 참고하라.

　壬丙兩透, 丙辛不合, 富貴無疑, 何也. 亥月壬水乘權, 丙火暖金水 而不合辛, 名金白水清. 即一透一藏, 亦不失異途顯達, 富中取貴也.

　임수와 병화가 모두 투간되어 있고 병화와 신금辛金이 합하지 않으면 부귀함을 의심하지 못함은 무엇 때문인가? 해亥월에는 임수가 권력을 장악하고 있고 병화와 금이 따스한데 신금과 합하지 않으니, '금은 깨끗하고 수는 맑다[金白水清]'고 한다. 하나는 투간되어 있고 하나는 지장간에 있을지라도 길을 달리하여 출세하고, 부유한 가운데 귀함을 취한다.

亥宮壬水乘權, 如四柱一派壬水, 洩弱辛金, 名金水汪洋. 格局轉變, 從全局觀之, 與十月壬水見辛金滋扶同論. 喜用丙戊, 見戊土出干爲堤防, 以制當權之壬水, 更見丙火調候以助戊土, 富貴兼全. 丙戊藏于寅巳, 亦不失爲社會聞人. 無丙有戊, 不過一富, (參閱十一月節.) 若壬癸太多, 而無丙戊可用, 則爲奔流勞碌之命. (變爲潤下格者, 又當別論, 參閱下十一月節)

해亥궁의 임수가 권력을 잡고 있는데, 사주에 임수가 무리지어 있으면서 약한 신금辛金을 누설하면, '금·수가 흘러넘친다[金水汪洋]'고 한다. 격국이 변한 것을 대세로 봐서 10월의 임수가 신금이 있어 낳아서 돕는 것과 동일하게 논한다. 병丙·무戊를 용신으로 하는 것을 반기니, 무토가 천간에 있음으로 제방이 되어 권세를 휘두르는 임수를 제압하고, 다시 병화가 조후로 무토를 도우면 부귀가 모두 온전하다. 병丙·무戊가 인寅·사巳의 지장간에 있어도 사회에서 유명한 사람이 된다. 병화가 없고 무토가 있으면 큰 부자에 지나지 않는다. (11월 절을 참고하라.) 임수와 계수가 너무 많은데 용신으로 사용할 병화와 무토가 없다면 부지런히 돌아다니면 노력하는 명조이다. (윤하격潤下格으로 변할 경우에는 별도로 논해야 하니, 아래의 11월절을 참고하라.)

貼身透丙火, 而無戊土內辛相合, 支成水局, 更見壬辰, 斯爲眞化水格, 大富大貴. 如淸太宗, 壬辰辛亥辛亥丙申, 運行木火, 亦不忌, 懼戊土破格. 然此類格局, 亦可以用神多者, 宜洩之法論之, 取胎元寅宮甲木, 洩壬水之氣, 壬丙輔映取貴, 不必定以化氣論也.

　병화가 일간에 붙어 투간되어 있고 무토가 없으며 병丙·신辛이 서로 합하고 지지에 수국水局이 있는데 다시 임진壬辰이 있다면 이것은 진실로 수격水格으로 변한 것으로 아주 부귀하게 된다. 이를테면 청淸나라 태종太宗 임진壬辰 신해辛亥 신해辛亥 병신丙申으로 운이 목木·화火로 흘러도 꺼리지 않는데 무토가 격을 깨는 것은 두려워한다. 그러나 이런 종류의 격국도 용신으로 할 수 있는 것이 많을 경우에는 그것을 누설하는 법으로 논해야 하니, 태원胎元인 인寅궁의 갑목을 취해 임수의 기운을 누설하고, 임수와 병화가 빛을 도와 귀함을 취하는 것은 굳이 화기화氣로 논할 것은 없다.

　辛金忌用丁火(偏官), 但在十月, 則亦可用. 蓋亥月絕地之火, 不能鎔金. 如見戊己制住壬水滋扶辛金, 弱轉爲旺, 亥宮甲木長生, 得水土滋培, 財星有氣.

　신금은 (편관) 정화를 용신으로 하는 것을 꺼리는데, 오직 10월에만 용신으로 할 수 있다. 해亥월에는 절지에 있는 화가 금을 녹일 수 없는데, 무戊·기己가 임수를 제압하여 머무르게 하고 신금辛金을 낳아서 돕는다면, 약한 것이 왕성한 것으로 변한 것으로 해亥궁의 갑목이 장생하여 수의 배양을 얻으면 재성에 기운에 있게 될 것이다.

用丁火財滋弱煞, 貴多就武, 用丙火財旺生官, 貴多就文. 此與金水傷官調候用丙有不同. 見壬癸出干, 困住丙丁, 便不能用.

정화를 용신으로 하면 재성이 약한 살을 돕는 것으로 귀함이 대부분 무관직으로 나아가고, 병화를 용신으로 하면 재성이 왕성하여 관을 낳은 것으로 귀함이 대부분 문관직으로 나아간다. 이것은 금수상관이 조후로 병화를 용신으로 한 것과 같지 않다. 임壬·계癸가 천간에 있어 병정을 꼼짝 못하게 하면 용신으로 할 수 없다.

金水傷官, 忌戊己混濁, 若不取傷官, 則不忌戊己. 休囚之辛, 喜印相生, 但不宜多. 如甲多戊少, 以藝術致富. 己多見甲不合, 便作富翁. 蓋亥宮甲木長生, 財星有氣, 身旺能任其財, 即是富格. 惟忌戊己太多, 土重埋金, 則主困薄.

금金·수水 상관은 무戊·기己가 혼탁하게 하는 것을 꺼리는데, 상관을 취하지 않는다면 무戊·기己를 꺼릴 것이 없다. 휴休·수囚의 신辛은 인성이 서로 낳아주는 것을 반기는데 다만 많지 않아야 한다. 갑목이 많이 있는데 무토가 적다면 예술로 부유하게 된다. 기토가 많은데 갑목이 합하지 않으면 부유한 늙은이가 된다. 해궁에는 갑목이 장생하여 재성에 기운이 있으니, 자신이 왕성하여 그 재성을 감당할 수 있으면 부격富格이다. 다만 무戊·기己가 너무 많은 것을 꺼리니, 토가 많아 금을 묻어버리면 명주가 빈곤하고 천박하다.

(11) 11월의 신금[十一月辛金]

　十一月金寒水冷, 專取丙火調候爲要. 子中癸水乘權, 癸爲寒冬雨雪, 大忌出干凍金, 而困丙火, 不如壬水爲淸. 但不宜見戊, 戊土固可制癸, 亦能晦壬丙之光, 爲金水傷官所忌也. 壬丙兩透, 不見戊土出干, 科甲顯宦. 壬水藏支, 有丙火溫金暖水, 亦有功名. 理同拾月, 宜參閱之.

　11월에는 금은 차갑고 수는 얼어붙었으니, 오로지 병화의 조후를 취하는 것이 긴요하다. 자子의 지장간 계수가 권력을 휘두르고 있는데, 계수는 추운 겨울의 비와 눈으로 천간에 있어 금을 얼어붙게 하고 병화를 곤란하게 하는 것을 아주 꺼리니, 임수가 맑게 하는 것보다 못하다. 다만 무토가 있어서는 안되니, 그것은 진실로 계수를 제압하고 또한 임수와 병화의 빛을 가려 금金·수水 상관이 꺼리는 것이기 때문이다. 임수와 병화가 모두 투간되어 있는데 무토 천간에 있지 않으면 장원급제하는 뛰어난 신하가 된다. 임수가 지장간에 있고 병화가 금金·수水를 따스하게 하면 또한 공명이 있다. 이치는 10월과 같으니, 그것을 참고하면 된다.

　壬癸太多, 洩弱辛金之氣, 金水汪洋, 格局轉變, 宜取丙戊爲用. 從全局論以壬水爲主, 不以辛金爲主. 如傳宗耀命, 壬申壬子辛亥癸巳, 專取巳宮戊土堤防爲主, 丙火調候兼生戊土爲助, 與三冬壬水太旺, 喜用才煞同論. (參閱十月節.) 如支成水局, 加以丙透, 有二戊出干, 主大富貴. 無戊出制, 貧苦常人. 壬多無丙戊, 洩金太過, 定作寒儒. 宜取甲木洩之爲妙, 所謂用神多者宜洩之是也. 如壬多甲乙亦多, 不見丙火, 乃寒儒秀士. 金水氣淸, 故不失聰明儒秀.

임壬·계癸가 너무 많아 약한 신금辛金의 기운을 누설하면, 금수가 흘러넘쳐 격국이 바뀌니, 병화를 용신으로 해야 하지만 대세를 따라 논하면 임수를 근본으로 하고 신금辛金을 근본으로 하지 않는다. 이를테면 전종요傳宗耀의 명조 임신壬申 임자壬子 신해辛亥 계사癸巳로 사巳궁의 무토 제방을 취해 근본으로 하고 병화의 조후로 무토를 아울러 낳는 것으로 도우니, 삼동三冬에 임수가 너무 왕성하여 재才·살煞을 용신으로 하는 것을 반기는 것과 동일하게 논한다. (10월의 절을 참고하라.) 지지에 수국水局이 있고 더하여 병화가 투간되어 있는데, 두 개의 무토가 천간에 있다면 명주는 아주 부귀하게 된다. 무토의 나와 제압하는 것이 없다면 빈곤으로 고생하는 평범한 사람이다. 임수가 많고 병화와 무토가 없음으로 금을 누설하는 것이 너무 지나쳐 반드시 가난한 선비가 된다. 갑목을 취해 그것을 누설하여 묘하게 하면 이른바 용신이 많은 경우에는 누설해야 한다는 것이 여기에 해당한다. 이를테면 임수가 많고 갑목과 을목도 많은데, 병화가 없다면 가난한 학자이고 뛰어난 선비이다. 금수의 기운이 맑기 때문에 총명한 학자가 된다.

壬癸水支成方局, 潤下通源. 干透庚辛, 不見戊土, 則金水傷官變爲潤下格, 富貴非常. 運喜西北, 忌東南. 如無庚辛而干見乙己, 又無丙戊 必爲僧道. 支成金局, 見丁火透, 淸貴之品. 蓋寒冬衰絕之火不能鎔金, 而有相制之妙也. 然必須有甲引丁, 財滋弱煞, 方可許此.

壬水와 癸水가 지지에 방국이 있다면 윤하潤下가 근원을 둔 것이다. 천간에 경庚·신辛이 투간되어 있고 무토가 없다면, 금수 상관이 윤하격으로 변한 것으로 부귀가 평범하지 않은데, 운은 서북을 반기고 동남을 꺼린다. 경庚·신辛이 없고 천간에 을乙·기己가 있는데 또 병丙·무戊가 없다면 반드시 승려가 된다. 지지에 금국金局이 있는데 정화가 투간되어 있다면 맑고 귀한 품격이다. 차가운 겨울에 쇠지와 절지에 있는 화가 금을 녹일 수 없으나 서로 제압하는 묘함이 있는 것이다. 그러나 반드시 갑이 정화를 이끌고 옴으로 재성이 약한 살煞을 도와야 이렇게 될 수 있다.

(12) 12월의 신금[十二月辛金]

十二月己土乘權, 月令又値金墓, 辛金不弱. 隆冬嚴寒, 淫泥沍凍, 非丙火凍凝不解, 非壬水金氣不秀. 故以丙取富, 以壬取貴, 壬丙兩透, 富貴廊廟之材. 一透一藏, 衣祿功名不少. 有丙無壬, 富眞貴假. 有壬無丙, 秀士寒儒. 丙多無壬, 而有癸者, 商賈貿易之流.

12월에는 기토가 권력을 쥐고 있고 월령이 또 금의 묘지를 만나 신금辛金이 약하지 않다. 한겨울의 혹한에 진흙이 서로 얼어붙어 병화가 아니면 얼어붙은 것이 녹지 않고, 임수가 아니면 금의 기운이 뛰어나게 되지 않는다. 그러므로 병화로 부유함을 취하고 임수로 귀함을 취하니, 임수와 병화가 모두 투간되어 있으면 부유하고 귀한 조정의 인재이다. 하나가 투간되어 있고 하나가 지장간에 있으면 봉록과 공명이 적지 않다. 병화가 있고 임수가 없으면 부유함은 참되고 귀함은 임시적인다. 임수가 있고 병화가 없으면 뛰어난 선비로 가난하게 산다. 병화가 많고 임수가 없어 계수가 있을 경우에는 무역하는 상인의 부류이다.

丑宮己癸辛同宮, 如見己癸並透, 雖是貴秀, 究嫌寒寒氣凍凝, 非丙火解凍, 不足以言富貴.

축丑궁에 기己·계癸·신辛이 같이 있는데, 기己·계癸가 모두 투간되어 있으면 귀하게는 뛰어날지라도 결국 차디찬 기운으로 얼어붙은 혐의가 있으니, 병화가 녹여주지 않으면 부귀를 말할 수 없다.

無丙而見甲丁, 仍須壬透, 方是淸貴之格. 如王湘綺命, 壬辰癸丑辛丑甲午, 壬透洩秀, 故文名遍海內, 甲丁不足以解凍, 故爲名儒而不爲名宦也.

병화가 없고 갑목과 정화가 천간에 있어도 여전히 반드시 임수가 투간되어 있어야 맑고 귀한 격이다. 이를테면 왕상기王湘綺의 명조 임진壬辰 계축癸丑 신축辛丑 갑오甲午로 임수가 투간되어 누설하는 것이 빼어나기 때문에 문명文名을 천하에 떨쳤고, 갑목과 정화는 얼어붙은 것을 녹이기 부족하기 때문에 유명한 학자로 지냈고 뛰어난 관리가 되지 못하였다.

倘取丁火制金甲木爲引, 則甲木必須通根會局, 才官有氣, 方能用之. 如一命, 甲申丁丑辛卯己亥, 甲木引丁亥卯會局, 才旺生煞, 貴爲撫院. 否則甲木無根, 丁火力弱, 亦不足以取貴. 如一命, 甲子丁丑辛丑己丑, 凍木無燄, 終爲一寒儒.

혹 정화로 금을 제재하는 것을 갑목으로 끌어온다면, 갑목이 반드시 회국會局에 뿌리를 내려야 재관에 기운이 있어 용신으로 할 수 있다. 이를테면 어떤 명조 갑신甲申 정축丁丑 신묘辛卯 기해己亥로 갑목이 정화와 해亥·묘卯 회국會局을 끌어옴으로 재성이 왕성하고 살煞을 낳으니 무원撫院이 될 정도로 귀하게 되었다. 그렇게 되지 않으면 갑목은 뿌리가 없어 정화는 힘이 약해 또한 귀함을 취할 수 없다. 이를테면 어떤 명조 갑자甲子 정축丁丑 신축辛丑 기축己丑은 얼어붙은 목이 불을 피우지 못해 끝내 가난한 선비가 되었다.

9) 임수 선용법[壬水選用法]

(1) 정월의 임수[正月壬水]

壬水至寅月, 病地, 失令之水, 雖有汪洋之象而無沖奔之勢. 秉性已弱, 當以庚金爲先. 月令丙戊長生, 水見丙戊出干, 才煞兩旺, 用印必貴之品. 庚戊出干, 丙藏于寅, 亦主富貴恩榮. 一庚無破, 丙戊皆藏, 亦有功名. 以上用印.

임수가 인寅월에는 병지로 계절을 잃은 수이니, 흘러넘치는 상이 있을지라도 충하여 내달리는 기세는 없다. 천성이 이미 약하니 경금을 우선해야 한다. 월령에서 병丙·무戊가 장생하니, 천간에 그것들이 있으면 재才·살煞이 왕성한 것으로 인성을 용신으로 하면 반드시 귀하게 될 품격이다. 경庚·무戊가 천간에 있고 병丙이 인寅의 지장간에 있어도 명주가 부귀하고 임금의 혜택을 영화롭게 입는다. 하나의 경庚이 파괴됨이 없고 병丙·무戊가 모두 지장간에 있어도 공명이 있다. 이상은 인성을 용신으로 한 것이다.

壬不離丙, 丙不離壬, 水輔陽光, 其象至淸. 所宜注意者, 壬水臨病地, 是否能任才也. 若丙火出干, 有得祿之甲木生之, 柱有庚辛印, 身旺任才. 或寅午戌會局透丙火, 才旺用印, 皆是貴格. 見戊己出干晦丙塞壬, 便富而不貴. 用才或用印

임수가 병화를 떠나지 않고 병화가 임수를 떠나지 않아 수가 양광

陽光을 도우면 그 상이 지극히 맑다. 주의할 것은 임수가 병지에 있어 재才를 마음대로 할 수 없다는 것이다. 병화가 천간에 있고 건록을 얻은 갑목이 낳아줌이 있는데 사주에 경庚·신辛 인성이 있으면 자신이 왕성하여 재才를 마음대로 할 수 있다. 혹 인寅·오午·술戌 회국에 병화가 투간되어 있는데 재才가 왕성하고 인성을 용신으로 하는 것은 모두 귀격이다. 무戊·기己가 천간에 있어 병화를 가리고 임수를 막으면, 부유하지만 귀하지는 않다. 재才를 용신으로 하거나 인印을 용신으로 한다.

寅宮所藏甲丙戊三神, 皆屬可用. 如壬水通根, 支聚劫印, 爲弱極復旺之象. 得甲丙出干, 取食神生財, 富貴兼全之格. 四柱無比肩陽刃, 不必用戊. 如支見陽刃, 壬水汪洋, 見戊土出干, 丙戊同生于寅, 才滋弱煞, 異途富貴, 武職更顯. 或戊土太多, 干透支藏, 得一甲出干, 名一將當關, 群邪自伏, 權位非輕. 喜用同宮

인寅궁의 지장간 갑甲·병丙·무戊 세 신은 모두 이어서 용신으로 할 수 있다. 임수가 뿌리를 내리고 있고 지지에 겁劫·인印이 모여 있으면, 약한 것이 끝나 왕성함을 회복하는 상이다. 갑甲·병丙이 천간에 있어 식신생재食神生財로 부귀를 모두 온전하게 하는 격이다. 사주에 비견과 양인이 없으면 굳이 무토를 용신으로 할 필요는 없다. 지지에 양인이 있으면 임수가 흘러넘치고, 무토가 천간에 있으면 병丙·

무戊가 동일하게 인寅에서 장생하니, 재才가 약한 살을 도움으로 길을 달리하여 부귀하게 되며 무관직으로 출세한다. 혹 무토가 너무 많아 천간에 투간되어 있고 지장간에 있는데 하나의 갑목이 천간에 있으면, 장수 하나가 문을 지키고 있어 나쁜 무리들이 저절로 복종한다고 하니 권세와 직분이 가볍지 않다. 같은 궁에서 용신으로 하는 것을 반긴다.

支成火局, 水火既濟, 退氣之壬, 洩于旺木, 木又生火, 格成從才. 但水火兩不逢時, 名利皆虛. 壬水根輕, 才多身弱, 又無印爲用, 更爲下矣.

지지에 화국火局이 있는데 수화기제水火既濟이면, 물러가는 기운의 임수가 왕성한 목으로 누설되고, 목은 또 화를 낳아 격국이 종재從才로 된다. 다만 수水·화火 양쪽이 만나지 못할 때에는 명예와 이익이 모두 헛되다. 임수의 뿌리가 가벼우면 재다신약인데 또 인성을 용신으로 함이 없으면 다시 하격이나.

如比劫疊見, 壬水汪洋, 又用戊土爲堤防, 但月令乙木秉令, 宜取庚辛制傷化煞, 兼發水源, 不宜用火. 戊辛兩透, 富貴有準, 戊土出干, 辛藏于酉, 恩封可期.

비겁이 겹겹이 있고 임수가 흘러넘치면 또 무토인 제방을 용신으로 하는데, 다만 월령의 목이 권력을 휘두르고 있음으로 경신으로 상관을 제압하여 살로 변화시켜야 하고, 겸하여 수의 근원을 시작하는 것에는 화를 용신으로 해서는 안된다. 무戊·신辛이 모두 투간되어 있으면 부귀가 따르고, 무토가 천간에 있고 신辛이 유酉의 지장간에 있으면 은봉恩封을 기약할 수 있다.

戊辛兩藏, 無甲丁出干, 破戊制辛者, 亦有功名.

무戊·신辛이 모두 지장간에 있고 갑甲·정丁이 천간에 없으면, 무戊를 파괴하고 신辛을 제압할 경우에는 또한 공명이 있다.

(2) 2월의 임수[二月壬水]

水死于卯, 加以旺木洩死水之氣, 其弱可知. 專取庚辛, 制旺木而發水源, 故有庚者富貴, 庚透大富, 庚藏小富.

수의 사지死地가 묘卯인데, 왕성한 목이 사지에 있는 목의 기운을 누설하니 그 약함을 알만하다. 오로지 경庚·신辛을 취하여 왕성한 목을 제압하고 수의 근원을 열어놔야 하기 때문에 경이 있을 경우에는 부귀하게 된다. 경금이 투간되어 있으면 크게 부유하게 되고, 경금이 지장간에 있으면 다소 부유하게 된다.

支成木局, 庚金透干, 富貴名宦, 庚藏, 異途顯達. 木多無金, 壬水洩弱, 雖儒士, 亦傍人度日.

지지에 목국이 있고 경금이 투간되어 천간에 있으면 부귀한 명신이고, 경금이 지장간에 있으면 길을 달리하여 출세한다. 목이 많고 금이 없으면, 누설되어 약하니, 뛰어난 선비가 될지라도 주변 사람들이 어렵게 산다.

木多見火, 爲木盛火炎, 用印, 宜兼取比肩幇身, 一滴可潤萬里, 富貴無疑. 木多無火, 宜專用印(庚辛), 用壬衣祿常人.

목이 많은데 화가 있으면 목이 성대하여 화가 타오름으로 인수를 용신으로 하고 아울러 비견을 취하여 자신을 도와야 하는데, 한 방울의 물로 만 리를 적실 수 있으니 부귀를 의심할 것이 없다. 목이 많은데 화가 없으면 오로지 (경庚·신辛) 인수를 용신으로 해야 하는데, 임수를 용신으로 하면 의식이 충분한 일반인이다.

如比劫疊見, 壬水汪洋, 又用戊土爲堤防, 但月令乙木秉令, 宜取庚辛制傷化煞, 兼發水源, 不宜用火. 戊辛兩透, 富貴有準, 戊土出干, 辛藏于酉, 恩封可期.

비겁이 거듭 있고 임수가 흘러넘침으로 또 무토인 제방을 용신으로 하는데, 다만 월령 을목이 권력을 잡고 있음으로 경庚·신辛을 취하여 상관을 제압하고 살煞을 변화시켜 아울러 수의 근원을 일으켜야 하니, 화를 용신으로 해서는 안된다. 무戊·신辛이 모두 투간되어 있으면 부귀가 따르고, 무토가 천간에 나와 있고 신금辛金이 유酉의 지장간에 있으면 은봉恩封을 기약할 수 있다.

戊辛兩藏, 無甲丁出干, 破戊制辛者, 亦有功名.

무戊·신辛이 모두 지장간에 있고 갑甲·정丁이 천간에서 무戊를 파괴하고 신辛을 제재함이 없어도 공명이 있다.

(3) 3월의 임수[三月壬水]

辰爲水之墓地, 而戊土司權, 恐有壅塞之患, 先取甲木疏土, 次取庚金發水源.

진辰은 수의 묘지인데 무토가 권력을 잡고 있음으로 막히는 우환이 있을 것이 염려되니, 먼저 갑목을 취해 토를 갈아엎고, 이어 경금을 취하여 수의 근원을 일으킨다.

甲庚兩透, 必爲顯宦, 甲透庚金藏支, 名位不少, 甲藏寅亥, 有庚透, 亦有功名.

갑甲·경庚이 모두 투간되어 있으면 반드시 뛰어난 신하가 되고, 갑목이 투간되어 있고 경금이 지장간에 있으면 명성과 지위가 적지 않으며, 갑목이 해亥·인寅의 지장간에 있고 경금이 투간되어 있어도 공명이 있다.

癸水出干, 滋甲疏土, 異途顯達. 蓋水木土同藏月令, 皆爲有用之物, 乙木不能疏土, 故易以甲也. 若獨甲藏支, 不過一富, 獨庚藏支, 常人而已.

계수가 천간에 있어 갑목을 적셔 토를 갈아엎으면 길을 달리하여 출세한다. 수·목·토가 함께 월령의 지장간에 있어 모두 용신으로 할 수 있는 것들인데, 을목은 토를 갈아엎을 수 없기 때문에 갑으로 바꾼다. 갑목만 지장간에 있다면 큰 부자가 되는 것에 불과하고, 경금만 지장간에 있다면 평범한 사람이다.

支聚四庫, 無甲透疏土者, 名煞重身輕, 終身有損. 得二甲出干, 不見己土來合甲濁壬, 定主富貴.

지지에 사고가 있는데 갑목이 투간되어 토를 갈아엎지 않을 경우에는 살煞이 무겁고 자신이 가볍다고 하니 평생 손상이 있다. 두 개의 갑목이 천간에 있는데 기토가 와서 합하고 임수를 혼탁하게 하지 않으면 반드시 명주가 부귀하게 된다.

丁火出干合壬, 當以庚辛爲用. 財星來合, 格局取富, 無庚辛支聚寅卯, 丁壬化木, 當以水爲用. 無水而見火洩木氣者, 常人而已.

정화가 천간에서 임수와 합하면 경庚·신辛을 용신으로 해야 한다. 재성이 와서 합하면 격국이 부유함을 취했는데, 경庚·신辛이 없고 지지에 인寅·묘卯가 모여 있으면 정임이 목으로 변하니 수를 용신으로 해야 한다. 수가 없고 화가 수의 기운을 누설할 경우에는 평범한 사람일 뿐이다.

總之三春壬水, 木旺用金, 乃是有用之命, 蓋壬水洩弱故也. 若水旺 則不宜用金. 多見庚金, 乃無用之人, 必須以丙火制之. 三月土旺用事, 無形之中, 有晦丙塞壬之患. 用丙火, 又須甲木出干制土, 氣勢澄清, 壬丙交映生輝, 方能取貴. 若無甲木, 一富而已.

총괄하면, 삼춘三春의 임수가 목이 왕성하여 금을 용신으로 한 것은 그야말로 용신이 있는 명조로 임수가 누설되어 약하기 때문이다. 수가 왕성하면 금을 용신으로 해서는 안된다. 경금이 많으면 그야말로 쓸모없는 사람으로 반드시 병화로 제압해야 한다. 3월에는 토가 왕성하여 일을 주관하니, 형태 없는 가운데 병화를 가리고 임수는 막는 우환이 있다. 병화를 용신으로 하는데 또 반드시 갑목이 천간에 있음으로 토를 제압해 기세가 맑아지면 임수와 병화가 서로 비춰 빛을 내니 귀함을 취할 수 있다. 갑목이 없다면 큰 부자가가 되는 것일 뿐이다.

(4) 4월의 임수[巳月壬水]

巳月壬水絕地, 丙戊司權, 水爲火土所逼, 有乾涸之懼. 單見比劫爲助, 猶嫌不足, 更須有庚辛金發水源, 單用壬癸, 防爲旺土所制, 單用庚辛, 防爲旺火所剋, 印比交相爲用. 透辛防丙合, 透癸防戊合, 旣不能化, 徒傷用神, 故以爲忌. 壬辛兩透, (專用印比) 富貴有準. 無壬用癸得癸辛透, 更須甲木出干, 暗制戊土, 劫印方爲有力. 否則丙暗合辛, 戊暗制癸, 無形之中, 劫印受其損傷, 只作財多身弱看. 故無甲者, 富貴門下閑人, 百事不能承受也.

　4월은 임수의 절지로 병화와 무토가 권력을 장악하고 있으니, 수가 화와 토에 의해 핍박을 받아 말라버릴 우환이 있다. 비겁의 도움만 있어서는 부족하다는 혐의가 있음으로 다시 반드시 경庚·신辛이 수의 근원을 일으켜야 하니, 임壬·계癸만 용신으로 해서는 왕성한 토에 제압을 당해 막히고 경庚·신辛만 용신으로 해서는 왕성한 화에 제압을 당해 막힘 인성과 비겁을 서로 용신으로 한다. 투간된 신금辛金이 병화와 합으로 막히고 투간된 계수가 무토와 합으로 막히면 이미 변화할 수 없고 용신을 해칠 뿐이기 때문에 꺼린다. 임수와 신금이 모두 투간되었으면 (오로지 인성과 비견을 용신으로 한다.) 부귀가 따른다. 임수가 없어 계수를 용신으로 함에 계수와 신금辛金이 투간되고 다시 반드시 갑목이 천간에 있어 암암리에 무토를 제압해야 하면 비겁과 인성이 힘이 있게 된다. 그렇지 않으면 병화가 암암리에 신금辛金과 합하고 무토가 은밀히 계수를 제압하니, 드러나지 않은 가운데 비겁과 인성이 해침을 당함으로 재다신약財多身弱으로 볼 뿐이다. 그러므로 갑목이 없을 경우에는 부귀한 집안의 문지기로 모든 일을 이어받을 수 없다.

　火多無比劫印綬, 作棄命從才看, 因妻致富. (參閱五月節) 癸透無庚辛金相生, 又無壬水比助, 熬乾癸水, 定主殘疾.

　화가 많은데 비겁과 인수가 없으면 기명종재棄命從才로 보니 처 때문에 부유하게 된다. (5월의 절을 참고하라.) 계수가 투간되었는데 경금과 신금이 서로 낳아줌이 없고 또 임수 비견의 도움이 없어 계수를 마르게 하면 반드시 명주가 병을 오래도록 앓는다.

　如滿槃金水, 支見申酉亥子, 壬水逢生坐實, 變弱爲强, 反用巳宮當權之丙戊, 理同劫印化晉格. (見四月癸水節) 上承遺蔭, 創立宏基, 富貴顯達非常. 若見寅字, 與巳相刑, 名土木交鋒, 木助火旺, 柱雖多金, 亦畏火矣. 主小兒疳積, 大人暗病, 名利皆虛, 終無創立.

　금과 수로 꽉 차있어 지지에 신申·유酉·해亥·자子가 있는데 임수가 장생지나 실지實地에 있으면 약한 것이 강한 것으로 변해 도리어 사巳궁에서 권력을 장악한 병화나 무토를 용신으로 하니, 이치는 겁인화진격劫印化晉格과 같다. (4월 계수절을 참고하라) 위로 유산을 물려받아 넓은 기반을 창립하여 부귀와 출세가 비상하다. 인寅자가 있어 사巳 서로 형이 되면 토와 목이 서로 날카롭게 사귄다고 하는데, 목이 화의 왕성함을 도우니 사주에 금이 많을지라도 화를 두려워한다. 명주가 어릴 때부터 화류병에 자주 걸리고 어른이 되어서도 남 모르는 병이 있으며 명성과 이익이 헛되고 끝내 창립하는 것이 없다.

柱多甲乙, 洩壬水之氣, 辛金無力, 宜用庚金壬癸爲助. 庚透者貴, 庚藏常人.

사주에 갑목과 을목이 많으면 임수의 기운을 누설하여 신금辛金이 무력하니, 경금을 용신으로 하고 임수와 계수로 보조해야 한다. 경금이 투간된 경우에는 귀한 신분이 되고 경금이 지장간에 있을 경우에는 평범한 사람이다.

丁火合壬, 不能化木, 徒然引比劫之爭, 卑無遠志. (日主向財) 故柱無丁火而多見壬癸者, 聰明顯達之人, 支成水局者, 大貴.

정화가 임수와 합을 해서 목으로 변화할 수 없으면 단지 (일주가 재를 향함으로) 비겁이 다툼만 일으키고 저속하여 원대한 뜻이 없다. 그러므로 사주에 정화가 없고 임수와 계수가 많을 경우에는 총명하고 유능한 사람이고 지지에 수국이 있을 경우에는 아주 귀하게 된다.

總之四月不離印比爲用. 有庚無壬癸者, 奔流下賤, 無壬水辛金者, 貧賤鄙夫.

총괄하자면 4월에는 인수와 비겁을 용신으로 하는 것을 떠날 수 없다. 경금이 있고 임수와 계수가 없을 경우에는 떠돌아다니는 비천한 사람이고, 임수와 신금이 없을 경우에는 빈천하고 어리석은 사람이다.

(5) 5월의 임수[五月壬水]

午月丁己同宮, 財官兩旺. 但壬水至午, 休囚已極, 不能任財官, 必須取印劫生助. 無庚不能蓄源, 無癸不能傷丁, 故取庚爲君, 癸爲臣. 恐丁旺傷辛, 故取庚金, 恐壬水合丁, 故取癸水, 如不傷不合, 辛壬同一效用. 庚癸兩透, 富貴有準, 庚壬兩透, 才略權位非常, 有金無水, 金 被火傷, 平常之人. 理同四月.

오午월에는 정丁·기己가 같은 궁에 있어 재財·관官이 모두 왕성하다. 다만 임수가 오월에는 휴休·수囚로 이미 다해 재財·관官을 마음대로 할 수 없으니, 반드시 인성·비겁으로 낳고 도와주어야 한다. 경금이 없으면 근원을 쌓을 수 없고, 계수가 없으면 정화를 해칠 수 없기 때문에 경금으로 임금을 삼고 계수로 신하를 삼는다. 정화가 왕성하여 신금辛金을 해칠 것이 염려되기 때문에 경금을 취하였고, 임수가 정화와 합할 것이 염려되기 때문에 취하였으니, 해치지 않고 합하지 않는다면 신금辛金과 임수가 효용에서는 동일하다. 경금과 계수 모두 투간되었으면 부귀가 따르고, 경금과 임수가 투간되었으면, 재주와 지략 및 권세와 지위가 비상하다. 금이 있고 수가 없어 금이 화의 피해를 당하면 평범한 사람이다. 이치는 사월과 같다.

   壬水生四五月, 柱無金水, 未可便作從才論, 蓋胎元在申酉宮, 壬水有根故也. 故支成火局無金水生助, 名財多身弱, 富屋貧人, 不成從格. 若胎元在戌未宮, 則爲從才格, 因妻致富, 生四月者, 十一月胎元在未, 生五月者, 九月胎元在戌 須細審之, 木多有火無水, 貧賤夭折之命.

  임수가 4월·5월에 태어나고 사주에 금金·수水가 없으면 종재從才로 말할 수 없으니, 태원胎元이 신申·유酉궁에 있으면 임수가 뿌리가 있기 때문이다. 그러므로 지지에 화국 있고 금金·수水가 낳아 돕는 것이 없으면 재다신약財多身弱으로 부잣집의 일꾼이라고 하니 종격이 되지 않는다. 태원이 술戌·미未궁에 있다면, 종재격으로 처 때문에 부자가 되니, 4월에 태어난 자는 11월 태원이 미未에 있고 5월에 태어난 자는 9월 태원이 술戌에 있음. 반드시 자세히 살펴야 한다. 목이 많고 화가 있고 수가 없으면 빈천하고 요절하는 명조이다.

(6) 6월의 임수[六月壬水]

  未宮己土當權, 壬水有涸竭之虞, 先用辛金蓄水之源. 如見戊己透出, 須有甲木出干制之, 辛甲兩透, 富貴有準. 甲藏辛透, 儒秀清貴之品, 辛藏甲透, 異途顯達. 凡土居生旺位, 雖取木制土, 仍用辛金.

  미궁에서는 기토가 권력을 휘둘러 임수가 말라버리는 근심이 있으니, 먼저 신금辛金을 용신으로 하여 수의 근원을 쌓는다. 그런데 무戊·기己가 투출되어 있다면 반드시 갑목이 천간에 있어 제압해야 하고, 신금과 갑목이 모두 투출되어 있다면 부귀가 따른다. 갑목이 지장간에 있고 신금이 투출되었다면 뛰어난 학자로 맑고 귀한 품격이고, 신금辛金이 지장간에 있고 갑목이 투출되었다면 길을 달리하여 출세한다. 토가 생왕의 자리에 있으면 목으로 토를 제압할지라도 다시 신금辛金을 용신으로 해야 함.

如戊己在支, 可不用甲, 土燥水涸, 宜用庚壬. 庚壬兩透無傷, 才高位顯, 卽壬出庚藏, 亦才能出衆, 不失相當地位. 最忌見丁, 合壬破庚, 雖淸高而主窮困.

무戊·기己가 지지에 있는데 갑목을 용신으로 하지 않아야 하면 토가 건조해서 수가 마르니 경庚·임壬을 용신으로 해야 한다. 경庚·임壬이 모두 투출되어 피해를 입지 않고 있다면 재주가 높고 지위가 드러나고, 곧 임수가 나와 있고 경금이 지장간에 있어도 재능이 출중하여 상당한 지위를 잃지 않는다. 그런데 정화가 있어 임수와 합하면서 경금을 파괴하는 것을 아주 꺼리니, 맑고 고귀할지라도 명주가 궁핍하다.

一派己土, 官化爲煞, 己土濁壬而不能止水, 須甲乙出干制之. 有制 方有衣祿, 且不姦詐.

기토가 무리지어 있으면 관官이 살煞로 변하는데, 기토는 임수를 혼탁하게 하고 수를 멈추게 할 수 없으니, 반드시 갑을이 천간에 있어 제재해야 한다. 제재하면 의식이 충분하고 또 간사한 짓을 하지 않는다.

支成木局, 洩弱壬水之氣, 當用金水生助, 方成貴格.

지지에 목극이 있으면 약한 임수의 기운을 누설하니, 금金·수水를 용신으로 하여 낳아서 도와야 귀격이 된다.

(7) 7월의 임수[七月壬水]

申宮庚祿壬生, 母旺子相, 勢力並行, 有冲奔之象, 專取戊土爲提防. 庚金祿旺防其洩土生水, 故以丁火制庚爲佐. 丁壬忌合, 無丁取丙火爲佐. 如戊不出干, 宜用戊宮之上. 申宮受病之土, 不足以制旺水也. 戊透加以丁透年干, 不與壬合, 名臣顯宦, 戊透, 丁藏午戌, 異路恩封. 但忌見癸, 破丁合戊, 羈合用神, 則失其用. 支見寅戌, 丙戊出干無傷, 亦必顯貴, 丙戊兩藏, 富中取貴.

신신申궁에서는 경금이 건록이고 임수가 장생이라 어미가 왕旺이고 자식이 상상相으로 세력이 병행하여 부딪히며 달리는 상이 있으니, 오로지 무토를 취해 제방으로 해야 한다. 경금은 건록으로 왕성하여 토를 누설하여 수를 낳은 것을 막고 있기 때문에 정화로 경금을 제재하는 것으로 도와야 한다. 정화와 임수는 합을 꺼리니, 정화가 없으면 병화로 돕는다. 무토가 천간에 있지 않으면 술戌궁의 토를 용신으로 해야 한다. 신申궁 병지의 토는 왕성한 수를 제압하기에 부족하다. 무토가 투출되었는데 또 연간에 정화가 투출되어 있으면서 임수와 합을 하지 않았다면 뛰어난 신하가 되고, 무투가 투출되고 정화가 오午·술戌의 지장간으로 있다면 길을 달리하여 은택을 입는다. 다만 계수가 있어 정화를 파괴하면서 무토와 합하는 것을 꺼리니, 용신을 끌어당겨 합하면 그 작용을 잃기 때문이다. 지지에 인寅·술戌이 있고 병丙·무戊가 천간에 있어 피해를 입지 않아도 반드시 귀함을 드러내고, 병丙·무戊가 모두 지장간에 있으면 부유한 가운데 귀함을 취한다.

四柱多壬, 見一戊出干, 名假煞爲權, 權位非常. 須有丙丁生土, 忌甲木破土. 若支藏甲木, 亦可不忌. 月令庚金得祿, 自能破之. 若甲多出干, 制過七煞, 尋常人物. 申中之庚, 不能破天干之甲, 不過衣祿無憂而已. 戊土太多, 又須甲木制之, 見一甲出干, 略有富貴, 無甲, 困窮到老.

사주에 임수가 많고 하나의 무토가 천간에 있으면 살煞을 빌어 권세로 한다고 하는데 권세와 지위가 비상하니, 반드시 병丙·정丁이 토를 낳아야 하고, 갑목이 토를 파괴하는 것을 꺼린다. 지장간에 갑목이 있은 것은 또한 꺼리지 않아도 되니, 월령의 경금이 건록이라 본래 파괴할 수 있기 때문이다. 그런데 갑목이 천간에 많이 있어 제압함이 칠살을 치나지면 평범한 인물이니, 신申의 지장간 경금은 천간의 갑을 파괴할 수 없어 의식주에 걱정이 없을 뿐이기 때문이다. 무토가 너무 많은데 또 반드시 갑목이 그것을 제재해야 하니, 하나의 갑목이 천간에 있으면 다소 부귀하게 되고, 갑목이 없으면 늙을 때까지 빈곤하다.

　一派甲木, 又見火多, 必須庚金出干爲救, 申中之庚, 不能制天干之甲. 無庚出干, 離鄕別井, 衣祿隨緣.
　갑목이 무리지어 있고 또 화가 많으면 반드시 경금이 천간에 있어 구제해야 하니, 신申의 지장간에 있는 경금은 천간의 갑목을 제압할 수 없기 때문이다. 경금이 천간에 없으면 고향을 떠나서 살고 의식주는 인연에 따라 변한다.

(8) 8월의 임수[八月壬水]

　壬水至酉, 月令正印秉令, 金水相生, 名金白水淸. (壬水旺, 不取印者, 非是.) 忌戊土阻塞, 己土混濁, 故以干透甲木爲妙. 甲透, 壬水澈底澄淸, 必爲顯宦. 柱有戊己, 見甲木出干, 而多去濁留淸, 沙水有交歡之象, 詞臣顯宦無疑. 甲透時干, 名爲文星, 主文人學士, 淸貴之品. 忌庚金破甲, 甲木藏支, 無庚破之, 亦主儒林之秀.

　임수가 유酉월에는 월령 정인이 권력을 휘둘러 금金·수水가 서로 생해주고 있음으로 금金은 희고 수水는 맑다고 한다. (임수가 왕하면 인성을 취하지 않는다는 것은 옳지 않다.) 무토가 막아버리고 기토가 혼탁하게 하는 것은 꺼리기 때문에 투간된 갑목을 묘한 것으로 여긴다. 갑목이 투간되면 임수의 맑고 맑음이 반드시 높은 관직에 오른다. 사주에 무戊·기己가 있고 갑목이 천간에 나와 있으면 대부분 혼탁한 것을 제거하여 맑아짐으로 모래와 물이 기쁨을 교환하는 상이 있으니, 대신이 되고 높은 관직에 오름을 의심할 것이 없다. 갑목이 시간에 투출되어 있는 것은 이름이 문성文星이니, 명주가 문인과 학사로 맑고 귀한 품격이다. 경금이 갑목을 파괴하는 것을 꺼리는데, 갑목이 지장간으로 있어 경금이 파괴함이 없으면 또한 명주가 뛰어난 학자가 된다.

　壬水多支有申亥, 此不作金白水淸看, 不用甲而用戊, 丙丁爲佐, 理同七月. 壬多無戊, 人淸才濁, 終主困窮.

　임수가 많고 지지에 신申·해亥가 있으면, 이것은 금이 희고 수가 맑은 것으로 보지 않아 갑목을 용신으로 하지 않고 무토를 용신으로 하고 병정으로 보좌하니, 이치는 7월과 같다. 임수가 많고 무토가 없으면 사람은 맑은데 재주가 혼탁해 끝내 명주가 곤궁하게 된다.

四柱無甲, 滿槃皆金, 名濁水三犯庚辛, 號曰體全之象. 以金爲體, 水爲用, 如孔祥熙命, 卽是此格, 見下八月癸水節.

사주에 갑목이 없고 상에 가득한 것이 모두 금이라면 탁한 수가 경庚·신辛을 3번 범했다고 하고 몸체가 온전한 상이라고 한다. 금으로 몸체를 삼고 수를 용신으로 하는 것은 이를테면 공상희孔祥熙의 명조로 곧 이런 격은 아래의 계수 8월절에 있다.

(9) 9월의 임수[九月壬水]

壬水至戌月爲冠帶位. 其氣將進, 戌宮戊土司權, 壬水雖多, 無泛濫之憂. 壬少, 則有阻塞之患, 故必以甲木爲用, 甲透月干, 功名可許.

임수가 술戌월에는 관대의 자리에 있어 그 기운이 나아가고 있는데, 戌궁에서는 무토가 권세를 쥐고 있으니, 임수가 많을지라도 범람하는 우환은 없다. 임수가 적으면 막히는 우환이 있기 때문에 반드시 갑목을 용신으로 하니, 갑목이 월간에 투출되어 있으면 공명을 떨칠 수 있다.

如壬水有印劫生助, 月令戊土出干, 時透一甲制戊, 正是食神制煞格, 所謂一將當關, 群邪自伏也. 但宜見丙火, 通根寅巳爲妙. 蓋三秋水冷木枯而氣寒, 見寅字則甲丙戊皆有根, 全局靈活. 故有丙, 便主衣祿富貴, 淸雅之品. 一派戊土, 時透甲木, 煞重有制, 定主玉堂淸貴. 忌己土合甲, 庚金破甲, 又須丁火爲救. 無丁貧賤, 甲透見丁, 略有富貴.

임수가 인성과 겁재가 있음으로 낳아서 돕는데, 월령의 무토가 천간에 있고 시에 하나의 갑목이 투출되어 무토를 제압한다면 바로 식신제살격食神制煞格으로 이른바 장군 하나가 문을 지키고 있음에 모든 적들이 저절로 항복한다는 것이다. 다만 병화가 있어야 하는데, 인寅·사巳에 뿌리를 내리고 있는 것이 묘하다. 대개 삼추에는 수는 차갑고 목은 메마르고 기온은 차가운데 인寅자가 있으면, 갑甲·병丙·무戊가 모두 뿌리가 있어 전국이 모두 원활해진다. 그러므로 병화가 있으면 명주의 봉록이 부귀하고 청아한 품격이다. 무토가 무리지어 있고 시에 갑목이 투출되어 있으면 살煞이 무거운 것을 제압한 것으로 반드시 명주가 옥당에서 맑고 귀하게 된다. 기토가 갑목과 합하는 것을 꺼리고 경금이 갑목을 파괴하면 또 반드시 정화가 구제해야 한다. 정화가 없으면 빈천하고, 갑목이 투간되고 정화가 있으면 다소 부귀하게 된다.

柱有子水陽刃, 又取戊土制刃爲用, 爲煞刃格, 貴多就武. 但亦須辛金蓄水源, 丙火藏寅巳, 配合得好以成貴格. 否則, 水冷土寒, 煞刃無情, 便非上品.

사주에 자수가 있는 것은 양인으로 또 무토가 인刃을 제압하는 것으로 용신을 삼아 살인격인데, 귀함이 대부분 무관으로 나아간다.

다만 또한 반드시 신금 수의 근원을 쌓고 병화가 인寅·사巳의 지장간에 있어 배합이 좋음으로 귀격이 되어야 한다. 그렇지 않으면 수와 토가 차가워 살煞·인刃이 무정함으로 높은 품격이 아니다.

(10) 10월의 임수[拾月壬水]

亥宮壬水臨宮, 汪洋浩瀚, 勢不可當, 必須取戊土爲堤防, 丙火爲佐. 書云, 建祿生提月, 財官喜透天是也. 丙戊兩出, 運行南方火土, 必然名利雙全, 有丙無戊, 商賈貿易之人, 有戊無丙, 氣象太寒, 常遭跌失, 不能聚財, (參閱十一月節) 無丙戊用丁己富而不貴.

해亥궁에서는 임수가 임관이라 흘러넘치고 거세어 기세를 감당할 수 없으니, 반드시 무토를 취하여 제방으로 해야 하고 병화로 보좌해야 한다. 책에서 "건록이 그믐에 태어났으면 재관이 천간에 투간된 것을 반긴다"고 한 것이 여기에 해당한다. 병丙·무戊가 모두 나와 있고 운이 남방의 화火·토土로 흘러간다면, 반드시 명리名利가 모두 온전하고, 병화가 있고 무토가 없으면, 무역하는 상인이며, 무토가 있고 병화가 없으면, 기상이 너무 차가워 항상 잘못됨으로 재산을 모을 수 없고, (11월절을 참고하라.) 병丙·무戊가 없어 정丁·기己를 용신으로 하면, 부유하게는 되나 귀하게 되지는 않는다.

亥宮甲木長生, 見甲出干, 必破戊土, 須以庚金爲救. 故戊庚兩透, 官高位顯, 或有戊庚無甲, 支藏丙火, 不但富貴, 且多福壽, 戊藏支, 無甲木剋制, 亦主儒秀, 甲出制戊, 無庚爲救, 反致困窮.

해亥궁에서 갑목이 장생하는데 갑이 천간에 있으면, 반드시 무토를 파괴하니, 꼭 경금으로 구제해야 한다. 그러므로 무戊·경庚이 모두 투간되었으면 고관으로 출세하고, 혹 무戊·경庚이 있고 갑목이 없는데 지장간에 병화가 있다면 부귀할 뿐만 아니라 또 복이 많고 수명이 길며, 무토가 지장간에 있어 갑목이 극하여 제압함이 없으면 또한 명주가 뛰어난 학자가 되고, 갑목이 나와 있어 무토를 제압하는데 경금의 구제가 없으면 도리어 빈궁하게 된다.

支成木局, 又見甲透, 洩弱壬水之氣, 有庚制者富貴, 無庚常人.

지지에 목국이 있고 또 갑목이 투출되었다면 약한 임수의 기운을 누설하니, 경금의 제재가 있을 경우에는 부귀하게 되고 경금이 없을 경우에는 일반적인 사람이다.

支成水局, 不見戊己, 名潤下格, 運入西北大富貴, 行東南運, 貧賤蕭條.

지지에 수국이 있고 무戊·기己가 없으면 윤하격潤下格이라 하니, 운이 서북으로 흘러가면 크게 부귀하게 되고, 동남으로 흘러가면 빈천하고 쓸쓸하게 산다.

(11) 11월의 임수[十一月壬水]

壬水至子月陽刃之地, 旺逾其度, 專取戊土相制以成格. 時値嚴寒, 水土皆凍, 非丙火解凍, 不足以取富貴. 故丙戊兩全者, 權高位重, 才能德業無雙. 有戊無丙, 不過處世有道, 名利難全. 有丙無戊, 好謀無實之人.

임수는 자월에 양인의 자리로 왕성함이 그 정도를 넘었으니 오로지 무토가 서로 제압함을 취해 그것으로 격을 이룬다. 다만 혹한의 시기에 수水·토土가 모두 얼어붙었으니, 병화가 얼어붙은 것을 녹여주지 않으면 부귀를 취하기에 부족하다. 그러므로 병丙·무戊가 모두 온전한 경우에는 권세와 직위가 높고 중대해지며, 재능과 덕업이 비교할 수 없게 된다. 무토가 있고 병화가 없으면 처세를 잘하는 정도에 불과하고 명리名利가 온전하기는 어렵다. 병화가 있고 무토가 없으면 모사를 좋아하나 내실이 없는 사람이다.

支成水局, 不見丙火, 卽有戊土而不得所, (辰戌之戊或寅中之戊,) 常人而已. 如丙戊藏巳, 解凍止流, 功名顯達非常. (戊透丙藏寅支亦同,) 但須運好, 運左便非. 卽煞刃格也, 刃旺宜行煞旺運.

지지에 수국이 있고 병화가 없으면 (진辰·술戌의 지장간 무戊나 寅의 지장간 무戊로) 무토가 있을지라도 제 있을 곳을 얻지 못해 평범한 사람일 뿐이다. 병丙·무戊가 사巳의 지장간으로 있다면, 얼어붙은 것을 녹이고 흘러넘치는 것을 막으니 공명과 출세가 비상하다. (무토가 투간되어 있고 병화가 인寅의 지장간에 있을지라도 같음) 다만 운이 좋게 흘러가야 하니, 운이 북쪽으로 흘러가면 아니다. 곧 살인격煞刃格으로 살煞이 왕성하면 살煞이 왕성한 운으로 흘러가야 함.

支成水局, 身旺任財, 一富而已.
지지에 수국水局이 있으면 자신이 왕성하여 재성을 마음대로 할 수 있으니 큰 부자일 뿐이다.

兩壬爭合一丁, 或兩丁爭合一壬, 皆爲平常人物, 名利難成. 若支見四庫, 水不泛濫, 財星相合, 又主富貴. 壬午日丁未時, 亦主權重位高, 何也. 子中癸水陽刃, 午宮己土得祿, 官刃成格, 財旺生官, 名用神得地, 與用丙戊理同, 富貴兼全之命也.

두 임수가 하나의 정화와 합하기를 다투거나 혹 두 정화가 하나의 임수와 합하기를 다투는 것은 모두 평범한 사람으로 명리名利를 이루기 어렵다. 지지에 사고四庫가 있어 수가 범람하지 않고 재성이 서로 합하면 또 명주가 부귀하게 된다. 임오壬午일 정미丁未시가 또한 명주의 권세와 직위가 크고 높은 것은 무엇 때문이겠는가? 자子의 지장간 계수가 양인이고, 오午궁의 기토가 건록이라 관官·인刃으로 격이 성립하고, 재성이 왕성함으로 관을 낳으며, 용신이 제 자리를 얻었다고 하니, 병무를 용신으로 하는 것과 동일한 이치로 부귀가 모두 온전한 명조이다.

(12) 12월의 임수[十二月壬水]

壬水至十二月, 旺極將衰. 上半月癸辛主事, 壬水餘氣猶盛, 專用丙火解凍, 辛金助壬. 丙辛俱透不合, 富貴有準. 無丙, 定主單寒. 丙透遇辛相合, 亦不爲妙. 見丁頗吉.

임수가 12월에는 왕성함이 다하여 쇠약해지려고 한다. 앞의 반달에는 계癸·신辛이 일을 주도하고 임수의 남아 있는 기운이 여전히 성대해 오로지 병화를 용신으로 얼어붙은 것을 녹이고, 신금辛金은 임수를 돕는다. 병丙·신辛이 모두 투간되고 합하지 않으면 부귀가 따른다. 병화가 없으면 반드시 명주의 출신이 한미하다. 병화가 투간되어 신금辛金과 만나 서로 합을 해도 묘하지 않고, 정화가 있어도 다소 길함.

下半月己土主事, 壬水氣衰, 丙火爲先, 更取甲木爲佐. 丙透甲出, 富貴無疑, 四柱無比劫奪財方妙. 如此劫出干, 丙藏支中, 尋常人物, 見戊制比劫, 不失儒秀, 且有祿壽.

뒤의 반달에는 기토가 일을 주도하고 임수는 기운이 쇠약하니, 병화를 우선으로 하고 다시 갑목을 취하여 보좌한다. 병화가 투출되고 갑목이 나와 있으면 부귀를 의심할 것이 없는데, 사주에 비겁이 재를 약탈하는 것이 없어야 묘하다. 비겁이 천간에 있고 병화가 지장간에 있으면 평범한 인물이고, 무토가 비겁을 제압하면 뛰어난 학자로 또 봉록이 있고 수명이 길다.

支成金局, 不見丙丁, 名金水沉寒寒到底, 一世孤貧. 見火解寒, 方可言衣祿.

지지에 금국金局이 있고 병丙·정丁이 없으면, 금이 수에 가라앉아 차디차게 된다고 하니, 평생 외롭고 가난하다. 화가 있어 차가운 것을 녹여야 봉록이 있다고 할 수 있다.

10) 계수 선용법[癸水選用法]

(1) 정월의 계수[正月癸水]

癸爲弱水, 至寅月(病位), 陽回大地, 木火發皇之時, 性尤微弱, 有如雨露之精. 專取辛金發其源, 次取丙火照暖, 名陰陽和合, 萬物發生. 得辛丙兩透, 不合, 富貴非常. 蓋辛金生癸, 涓涓不絶, 乃成江湖. 寅宮甲祿丙生, 傷官生才, 眞神得用也. 丙火出干, 辛藏酉丑, 或辛透丙藏, 皆主異途顯達. 丙辛皆藏, 富中取貴, 無辛丙, 定主貧賤. 以上用印.

계수는 약한 수인데 인월의 병지病地에서는 태양이 대지로 향해 목木·화火가 성대하게 되는 때라 그 특성이 더욱 미약하게 되어 비나 이슬 같은 정기 있게 된다. 오로지 신금辛金을 취해 그 근원을 시작하고 이어 병화를 취해 따스하게 하니, 음양이 화합하여 만물이 발생한다고 한다. 신辛·병丙이 모두 투간되었는데 합하지 않으면 부귀가 비상하다. 신금이 계수를 낳아 시내처럼 졸졸 흐르며 끊어지지 않게 해야 강과 호수가 된다. 인寅궁의 갑목은 건록이고 병화는 장생이라 상관생재傷官生才로 진신眞神이 쓰임을 얻는 것이다. 병화가 천간에 있고 신금辛金이 유酉·축丑의 지장간에 있거나 혹 신금이 투간되고 병화가 지장간에 있으면 모두 명주가 길을 달리하여 출세한다. 병丙·신辛이 모두 지장간에 있으면 부유한 가운에 귀함을 취하고, 신辛·병丙이 없으면 반드시 명주가 빈천하게 된다. 이상은 인성을 용신으로 하는 것임.

支成火局, 辛金受困, 柱有壬水, 制火護辛, 便以富貴推之. 無壬貧賤. 以上用劫.

지지에 화국火局이 있어 신금辛金이 곤란을 당하는데 사주에 임수가 있음으로 화를 제압해 신금辛金을 보호한다면 부귀한 것으로 추측하고, 임수가 없으면 빈천히게 된다. 이상은 겁재를 용신으로 하는 것임.

支成水局, 癸水轉弱爲旺. 丙火透, 而無壬劫出干爭財者, 主富, 雖爲常人, 衣祿有餘. 如更見壬水出干, 當取戊土爲制. 寅宮甲木臨官, 丙戊長生, 木旺土崩, 戊不能用. 若見丙火多, 化傷生官, 當有異途之貴. 癸水本不宜用戊, 支見亥子透壬, 則不能不用戊土, 更取丙火化傷生官. 以上用財及財官.

　지지에 수국水局이 있으면 약한 계수가 왕성하게 된다. 병화가 투간되고 임수 겁재가 천간에서 재성을 쟁탈함이 없을 경우에 명주가 부유하게 되니, 평범한 사람이 될지라도 의식은 충분하다. 다시 임수가 천간에 있으면 무토로 제압해야 한다. 인寅궁에서 갑목은 임관이고 병화와 무토는 장생하는데 목이 왕성하여 토가 붕괴되니 무토는 용신이 될 수 없다. 병화가 많아 상관을 변화시켜 관을 낳으면 길을 달리하여 귀하게 된다. 계수는 본래 무토를 용신으로 해서는 안 되지만 지지에 해亥·자子가 있고 임수가 투간되었으면, 무토를 용신으로 하지 않을 수 없고, 다시 병화를 취해 상관을 변화시켜 관을 낳게 한다. 이상은 재財와 재財·관官을 용신으로 하는 것임.

　干透戊土, 戊癸相合, 得丙辰時, 年干更透丙丁, 柱無比劫者, 眞從化格. 化火格以木火爲用, 富貴無兩. 見亥申刑冲破格, 便是常人. 變格.

　무토가 천간에 투간되어 무戊·계癸가 서로 합하는데 병진丙辰 시를 얻고 연간에 다시 병丙·정丁이 투간되고 사주에 비겁이 없을 경우에는 진실로 종화격從化格이다. 화로 변한 것은 본래 목화를 용신으로 하면 부귀가 비할 것이 없다. 신申·해亥가 있어 형刑하고 충冲하면 파격破格으로 평범한 사람이다. 격이 변함.

總之, 正月癸水, 專以辛金爲主, 無辛用庚, 丙不可少. 無庚辛雖有丙丁, 亦無用之人. 若火土多, 熬乾癸水, 定主殘疾.

총괄하면 정월의 계수는 오로지 신금辛金을 근본으로 하고 그것이 없으면 경금을 용신으로 한다. 경庚·신辛이 없으면 병丙·정丁이 있을지라도 쓸모 없는 사람이다. 화火·토土가 많으면 계수를 볶고 메마르게 하니, 반드시 명주가 병이 있다.

(2) 2월의 계수[二月癸水]

卯月爲水之死地, 木神當旺. 癸水洩弱無神, 專用庚金破乙, 恐乙庚相合, 更佐以辛金, 庚辛俱透, 無丁剋制, 富貴無疑. 無庚辛用申酉丑金, 或透或藏, 亦必異途顯達, 富中取貴. 無庚辛貧賤之人.

묘卯월은 수의 사지死地로 목신木神이 왕성한 때이다. 계수가 누설되어 약함으로 정신이 없게 됨에 오로지 경금이 을목을 파괴하는 것으로 용신을 삼는다. 아마도 을乙·경庚이 서로 합하고 다시 신금으로 돕는데 경庚·신辛이 모두 투간되고 정화가 극하여 제재함이 없으면 부귀를 의심할 것이 없다. 경庚·신辛이 없어 신유축의 금을 용신으로 함에 혹 투간되거나 지장간에 있거나 또한 길을 달리하여 출세하고 부유한 가운데 귀함을 취한다. 경庚·신辛이 없으면 빈천한 사람이다.

庚辛太多, 癸水弱轉爲旺, 得丁己兩透者, 作大貴推. 蓋取丁火破庚辛, 生己土而化乙木也. 癸水不見壬劫竝透, 不用戊土, 故以己土偏官取貴.

경庚·신辛이 너무 많아 계수가 약한 것에서 왕성하게 됨에 정丁·기 己가 모두 투간되었을 경우에는 아주 귀하게 되는 것으로 추리한다. 정화로 경庚·신辛을 파괴하고 기토를 낳아 을목을 따르고 계수가 임 수 겁재 없이 나란히 투간되었는데 무토를 용신으로 하지 않기 때문 에 기토 편관으로 귀함을 취한다.

支成木局, 時月又有木出干, 洩水太過, 窮困多災. 運入西方, 亦不甚 淸泰. 乃無用之人. 水木從兒, 不能變作曲直仁壽格.

지지에 목국이 있고 시와 월에 또 목이 천간에 있어 수를 누설함 이 너무 지나치면 곤궁하고 재앙이 많다. 운이 서방으로 흘러들어가 도 아주 고요하고 편안하지 못하니 쓸모없는 사람이다. 수水·목木의 종아從兒는 곡직인수격曲直仁壽格으로 변할 수 없다.

(3) 3월의 계수[三月癸水]

辰宮爲水之墓地, 又値土旺, 須分上下半月論之. 上半月 淸明後, 穀雨 前. 丙火未熾, 癸水有回光返照氣, 如有金水生助, 可以用丙火, 名陰陽承 藹, 亦能取貴. 下半月 穀雨後 土旺兼令, 丙火雖爲配合, 所不可少, 用神 不能無庚辛. (才印須不相礙) 蓋戊土厚重非金引化, 則癸水不靈. 故生上半月, 有庚辛蓄水源, 可以用財星. 生下半月, 必須專用庚辛, 而無丙丁傷合, 方可以取富貴.

진辰궁은 수의 묘지인데 또 토의 왕함을 만났으니, 반드시 상하로 반달씩 나눠 논해야 한다. 청명 이후 곡우 이전 앞의 반달에는 병화가 아직 불타오르지 않고 계수가 회광반조回光返照하는 기운이 있음으로 금金·수水가 서로 돕는 것과 같고, 병화를 용신으로 할 수 있어 음양이 이어지며 우거졌다고 하니, 또한 귀함을 취할 수 있다. 곡우 이후 뒤의 반달에는 왕성한 토가 권력을 휘두르고 있어 병화가 짝으로 합할지라도 적다고 할 수 없으니 용신에 경신이 없을 수 없다. (재才·인印이 반드시 서로 방해하지 않아야 함) 무토가 두텁고 무거워 금이 끌어당겨 변화시키지 않으면 계수가 영묘하게 되지 않는다. 그러므로 앞의 반달에 태어났으면, 경庚·신辛이 있어 수의 근원을 쌓아야 재성을 용신으로 할 수 있고, 뒤의 반달에 태어났으면, 반드시 오로지 경庚·신辛을 용신으로 하고 병丙·정丁이 해치고 합하는 것이 없어야 부귀를 취할 수 있다.

支聚四庫, 土重爲病, 雖用庚辛, 更須甲木出干破土, 方可許富貴. 無甲者, 孤貧之命.

지지에 사고四庫가 있으면 토가 무거워 병병이 되니, 경庚·신辛을 용신으로 할지라도 다시 갑목이 천간에 있어 토를 파괴해야 부귀를 허락할 수 있다. 갑목이 없을 경우는 외롭고 가난한 명조이다.

　戊土出干, 從化者多, 得化者榮祿. 不化者, 仍用庚辛洩土生水, 金旺才官印相生, 亦主富貴. 若土重金輕, 平常之命.

　무토가 천간에 있으면 따라서 변하는 경우가 많고, 변함을 얻은 경우에는 영예와 녹봉이 있다. 변화하지 않은 경우에는 경庚·신辛을 용신으로 하여 토를 누설함으로 수를 낳으니, 금이 왕성하고 재才·관官·인印이 서로 생할지라도 명주가 부귀하게 된다. 토가 무겁고 금이 가벼우면 평범한 명조이다.

　支成水局, 癸水變弱爲旺, 見己土出干, 得丙火生助, 乃假煞爲權, 亦貴. 若見甲木破己, 常人而已. 甲己雖合, 總屬破己.

　지지에 수국水局이 있어 약한 계수가 왕성하게 되었는데, 기토가 천간에 있으면서 병화의 낳아주는 도움을 얻으면 그야말로 살煞을 빌어 권세를 행하는 것이니 또한 귀하게 된다. 갑목이 기토를 파괴하면 평범한 사람일 뿐이다. 갑甲·기己가 합할지라도 결국 기己를 파괴하는 데 속함.

　支成木局 (成方同), 無金氣乃傷官生財格, 主有智學財祿. 但以洩水太過, 主早年多滯 而無實財, 終以見金制木生水, 方成上格.

지지에 (방합을 이룬 것과 같이) 목국木局이 있고 금기가 없으면 그야말로 상관생재격傷官生才格으로 명주에게 지혜·학문·재록財祿이 있다. 다만 수를 누설함이 너무 지나치면 명주가 젊은 시절에 자주 막혀 실재의 재가 없고 마침내 금이 있어 목을 제압함으로 수를 낳아야 상격이 된다.

(4) 4월의 계수[巳月癸水]

巳月水之絕地. 癸水微弱, 喜辛相生. 無辛庚亦可用, 但不自然, 貴出異途. 四月火土當旺, 單見庚辛, 力猶不足, 須以壬癸比劫制火存金爲佐. 金水二者, 交互相生, 方爲上格. (參閱四月壬水節) 辛金出干, 加以壬水爲助, 富貴極品. 如見丁火(或午火)制辛, 或午破酉, 皆爲破格, 貧苦常人. 見壬合丁, 貧不太甚. 見癸制丁, 衣祿頗充, 但不免剋妻耳. 辛金藏支無丁傷剋, 運行金水之地大富貴. 運不得地, 亦不失儒林俊秀.

사巳월은 수의 설지로 계수가 미약해 신금辛金이 상생하는 것을 반긴다. 신금辛金이 없으면 경금도 또한 용신으로 할 수 있는데 다만 자연스럽지 않아 귀함이 길을 달리 하는 데에서 나온다. 4월에는 화火·토土가 왕성하여 경庚·신辛만 있어서는 힘이 여전히 부족하니, 반드시 임壬·계癸 비겁이 화를 제압해 금으로 보존하는 것을 도와야 한다. 금金·수水 둘이 번갈아가며 서로 낳아주면 상격이다. (4월 임수절을 참고하라) 신금이 천간에 있는데다가 임수로 보조하면 부귀가 최상이다. 정화 (혹 오화)가 신금을 제압하거나 오화가 유금을 파괴하면 모두 파격이니, 가난으로 고생하는 평범한 사람이다. 임수가 정화와 합하면 가난이 아주 심하지는 않다. 계수가 정화를 제압하면 의식주는 다소 충족되는데 다만 처를 극하는 것을 면하지 못한다. 신금辛金이 지장간에 있어 정화가 해치고 극함이 없고 운이 금金·수水의 영역으로 흐르면 아주 부귀하게 된다. 운이 제 자리를 얻지 못해도 유림의 뛰어난 인재는 된다.

無辛用庚. 巳宮雖爲庚金長生之地, 然巳中之庚, 爲火土所逼, 不能生水, 必須別見庚金, 方能用之. 庚壬並透, 異途取貴. 若見丁火剋庚, 或合住壬水, 斷作廢人. 無丁, 卽使無壬水輔庚, 亦不失爲儒林秀士, 但迂而不顯耳. 以上用印劫.

신금辛金이 없어 경금을 용신으로 한다. 사巳궁은 경금이 장생하는 곳일지라도 사巳의 지장간 경금은 화토가 핍박해서 수를 낳을 수 없으니 반드시 따로 경금이 있어야 그것을 용신으로 할 수 있다. 경庚·임壬이 나란히 투간되어 있으면 길을 달리하여 귀함을 취한다. 정화가 경금을 극하거나 혹 임수와 합하여 꼼짝 못하게 하면 반드시 폐인이 된다. 정화가 없으면 임수가 경금을 돕지 않을지라도 유림의 뛰어난 인재는 되는데, 다만 고지식해서 드러나지 않을 뿐이다. 이상은 인겁을 용신으로 하는 것임.

一派火土無庚辛, 又無比劫, 名火土熬乾癸水, 主殘疾損目或夭折.

화火·토土가 무리지어 있고 경庚·신辛이 없는데 또 비겁이 없다면, 화火·토土가 계수를 볶아 말리는 것이라고 하니, 명주가 병으로 눈이 나빠지거나 요절한다.

一派金水制火潤土, 癸有根源, 變弱爲旺, 反取巳宮之丙戊爲用. 財官當旺, 名劫印化晉格, 如明永樂帝命, 庚子辛巳癸酉辛酉, 正是此格. 上承厚蔭, 再創宏基, 運行火土, 逐登帝位. 若原命見一丁火出干, 剋庚合壬, 格局益破, 雖爲貴介, 無用之人耳.

금金·수水가 무리지어 화를 제압해 토를 적셔주면 계수가 근원이 있음으로 약한 것이 강하게 되니, 도리어 사巳궁의 병丙·무戊를 취해 용신을 한다. 재관이 왕성하여 겁인화진격劫印化晉格이니, 이를테면 명나라 영락제永樂帝의 명조 경자庚子 신사辛巳 계유癸酉 신유辛酉가 바로 이런 격이다. 위로 두터운 음덕을 이어빋고 다시 넓은 터전을 만듦에 운이 화火·토土로 흐르니, 마침내 황제의 지위에 올랐다. 원래의 명조에 하나의 정화가 천간에 있어 경금을 극하고 임수와 합을 함으로 격국이 더욱 깨져버렸다면, 귀인일지라도 쓸모없는 사람일 뿐이다.

(5) 5월의 계수[五月癸水]

癸水至午, 氣弱無根, 喜庚辛爲生身之本. 午宮丁火司權, 庚辛爲其所制, 何能滋癸. 須取比劫爲助, 方得庚辛之用. 理同四月.

계수가 오午월에는 기운이 약하고 뿌리가 없어 경庚·신辛이 자신을 낳아주는 근본이 되는 것을 반긴다. 그런데 오午궁에서는 정화가 권세를 휘두르고 있어 경庚·신辛이 그것에게 제압을 당했으니 어떻게 힘을 보태주겠는가? 반드시 비겁으로 도와야 경庚·신辛을 용신으로 할 수 있다. 이치는 4월과 같다.

印劫並透, 支會金水之局, 癸水弱中變旺, 而用午宮丁己才官, 必主鐘鼎名家, 身爲顯宦. 書云, 金水會夏天, 富貴自天來. 運行火土地, 名利總無邊是也. 若才官太旺, 而用印劫, 亦必富貴雙全. 印劫須並見, 交互爲用方妙. 劫透無印, 胎元在酉, 生五月者, 十月胎元在酉. 自有滋癸之用, 貴氣不失. 九月胎元不以此論. 若印透無劫, 雖支見一水, 不過一巨富之格, 書云, 水源會夏天, 貴輕富自然是也.

인印·겁劫이 나란히 투간되고 지지에 금金·수水의 국이 있으면 계수가 약한 가운데 왕성하게 되니, 오午궁의 정丁·기己 재才·관官을 용신으로 하면 반드시 명주가 부귀하고 유명한 가문으로 그 자신은 높은 관직에 오른다. 책에서 "금수가 여름 하늘에 있으면 부귀가 하늘에서 오고, 운이 화火·토土의 곳으로 흐르면 명리名利가 모두 끝이 없다"고 한 것이 여기에 해당한다. 재才·관官이 너무 왕성하여 인印·겁겁劫을 용신으로 하여도 반드시 부귀가 모두 온전하다. 인印·겁겁劫이 반드시 모두 있어 번갈아가며 용신으로 하는 것이 묘하다. 겁겁劫이 투간되고 인印이 없고 태원胎元이 유酉에 있으면, 5월에 태어난 자는 10월의 태원이 유酉에 있음. 저절로 계수에게 더해주는 용신이 있어 귀한 기운이 사라지지 않는다. 9월의 태원은 이렇게 논하지 않음. 인印이 투간되고 겁겁劫이 없다면 지지에 하나의 수가 있을지라도 최고의 거부가 되는 것에 지나지 않을 뿐이니, 책에서 "수의 근원이 여름 하늘에 모여 있으면 귀함은 가볍고 부유함은 저절로 이루어진다"고 한 것이 여기에 해당한다.

支成火局, 貼身見戊, 格成化火, 如無戊土, 不作從才論. 蓋胎元在酉, 癸水不爲無根, 九月胎元, 亦可作從論. 無壬爲救, 熬干癸水, 定主殘疾夭折. 見壬庚爲救, 必然衣錦腰金. (同上才官旺, 用印劫.)

지지에 화국火局이 있어 자신에게 무토가 바짝 붙어 있다면 격이 화화火로 변하는데, 무토가 없다면 종재從才로 논하지 않는다. 태원胎元이 유酉에 있다면 계수에 뿌리가 없는 것이 아니나 9월의 태원은 또한 종從으로 논하지 않음. 임수의 구원이 없다면 천간의 계수를 볶아 반드시 명주가 병이 있어 요절한다. 임경의 구원이 있으면 반드시 비단옷을 입고 금을 두르고 산다. (앞의 재才·관官이 왕성하면 인

印·겁겁을 용신으로 하는 것과 같음.)

　一派己土無劫, 又無甲木制土, 可作從殺, 富貴非輕. 蓋午宮己丁並旺, 丁火之氣洩於己土, 土得癸水潤澤, 卽能生金, 故不能從才. 若己土多, 制住癸水, 午破胎元之酉, 劫可從殺. 但總以九月胎元爲從之眞也, 凡從格見刑沖破害, 必然破格, 貧賤之命.

　기토가 무리지어 있고 겁재가 없는데 또 갑목이 토를 제압함이 없다면, 종살從殺로 되어 부귀가 가볍지 않다. 오午궁에는 기己·정丁이 나란히 왕성하여 정화이 기운이 기토로 누설되니, 토가 계수의 적셔 주는 혜택을 받으면 금을 낳을 수 있기 때문에 재才를 따를 수 없다. 기토가 많아 계수를 꼼짝 못하게 하고 오午가 태원의 유酉를 파괴한다면, 겁재가 살殺을 따를 수 있다. 다만 총체적으로 9월의 태원을 종從의 진眞으로 여길 뿐인데, 종격從格이 형刑·충沖·파破·해害를 당하면 반드시 파격으로 빈천한 명조이다.

(6) 6월의 계수[六月癸水]

　未月爲金氣將進未進之際, 推測最難準确. 大暑之前庚辛無氣, 用印必須有比劫爲助, 方許富貴. 看法同五月. 無比劫常人. 大暑之後, 庚辛進氣, 不畏丁火傷剋, 見庚辛透, 便推富貴, 不必定要比劫爲助. 然亦忌丁火出干, 或見午火, 皆不秀也.

미未월에는 금의 기운이 나아가려 하지만 아직 나아가지 못하는 때라 추측해서 기준을 확정하기가 가장 어렵다. 대서大暑 이전에는 경庚·신辛이 기운이 없으니, 인성을 용신으로 하려면 반드시 비겁이 돕도록 해야 부귀하게 될 수 있다. 보는 법은 5월과 같으니, 비겁이 없으면 평범한 사람이다. 대서 이후에는 경庚·신辛이 나아가는 기운이라 정화가 해치고 극하는 것을 두려워하지 않으니, 경庚·신辛이 투간되었으면 곧 부귀하다고 할 수 있고 굳이 비겁으로 도울 필요는 없다. 그러나 정화가 천간에 있거나 혹 오午화가 있으면 모두 뛰어나지 않게 된다.

六月癸水, 不能從煞. 蓋未爲木墓, 乙己同宮, 欲破不破, 如見金制乙, 卽生癸水, 故不能作從煞論. 生大暑後, 金水氣進, 柱見印劫, 癸水變弱爲旺, 用未宮當旺之己土. 假煞爲權, 小富小貴, 因己土受乙木之制, 欲奮飛無翼也. 生上半月, 金水雖多, 仍用印劫, 無取火土之理.

6월의 계수는 살殺을 따를 수 없다. 미未는 목의 묘로 을乙·기己가 같은 궁에 있어 파괴하고 싶어도 파괴하지 못한다. 금이 있어 을목을 제압하면 곧 계수를 낳기 때문에 종살從煞로 논할 수 없다. 대서大暑 이후에 태어나 금수의 기운이 나아가고 사주에 인印·겁劫이 있으면 계수가 약한 것이 왕성하게 되어 미未궁의 왕성한 기토를 용신으로 한다. 이것은 살煞을 빌어 권세를 행하는 것으로 다소 부귀하게 되니, 기토가 을목의 제재를 받아 떨쳐 날아가고자 해도 날개가 없기 때문이다. 앞의 반달에 태어나면 금金·수水가 많을지라도 그대로 인印·겁劫을 용신으로 하니, 화火·토土를 취하는 이치는 없다.

(7) 7월의 계수[七月癸水]

水生於申, 申宮庚金臨官, 母旺子相, 癸水不旺自旺. 然癸爲弱水, 壬不出干, 無用戊土之理. 戊土之氣洩於庚, 印旺, 何勞官煞相生. 非配合適宜, 戊己亦不能用也. 月令庚金剛頑, 專用丁火以破旺金, 丁不離甲. 丁透帶甲, 名有焰之火, 爲人光輝難掩, 富貴非輕. 丁透無甲, 無壬癸制丁者, 雖無甲木作引, 亦不失儒林俊彦. 得二丁制金更吉. 金多無制, 必主貧賤.

수가 신申월에 나오면 신申궁의 경금이 임관이라 어미가 왕旺이고 자식이 상相이니, 계수가 왕성하지 않더라도 저절로 왕성해진다. 그러나 계수는 약한 수라서 임수가 천간에 나오지 않았다면 무토를 용신으로 하는 이치는 없다. 무토의 기운이 경금으로 누설되어 인성이 왕성하면 무엇 때문에 관살이 서로 낳아줄 필요가 있겠는가? 배합이 적절하지 않으면 무戊·기己도 용신으로 할 수 없다. 월령 경금은 굳세고 완고함에 오로지 정화를 용신으로 하여 왕성한 금을 파괴하니, 정화는 갑목을 떠나지 못한다. 정화가 투간되고 갑목을 두르고 있다면 피워주는 것이 있는 불이라고 하고, 사람들이 빛나는 것을 가리기 어려우니 부귀가 가볍지 않다. 정화가 투간되고 갑목이 없고 임

壬·계癸가 정화를 제재함이 없을 경우에는 갑목이 일으켜 세우고 당겨주지 않아도 뛰어난 선비는 된다. 두 개의 정화가 금을 제압하면 길하다. 금이 많은데 제압함이 없으면 반드시 명주가 빈천하게 된다.

丁祿在午, 如見一丁藏午, 名獨財得位, 富中取貴. 丁藏未中或戌中, 微弱無力, 不過常人, 稍有能力而己. 沖歲運, 可以發財, 雖柱有甲木引丁, 不以貴取. 如戌未並見, 或二戌一未, 無印劫生助, 土多水寒, 又不作富貴推. 見甲木出干破土亦無用, 蓋弱水忌剋洩交集也.

정화의 건록이 오후에 있는데, 하나의 정화가 오후의 지장간으로 있다면 하나의 재財가 제 자리를 얻었다고 하니, 부유한 가운데 귀함을 취한다. 정화가 미未나 술戌의 지장간으로 있다면, 미약하고 무력하여 평범한 사람에 불과하고 다소 능력이 있을 뿐이다. 세운과 충하면 돈을 벌 수 있는데, 사주에 갑목이 있어 정화를 끌어당겨올지라도 귀한 것으로 취하지 않는다. 술戌·미未가 나란히 있거나 혹 두 개의 술戌에 하나의 미未라면 인印·겁劫이 낳아서 돕는 것이 없고, 토가 많고 수가 차가우니, 또 부귀한 것으로 추리하지 않는다. 갑목이 천간에 있어 토를 파괴해도 쓸모가 없으니, 약한 수는 극하고 설하는 것이 동시에 있는 것을 꺼리기 때문이다.

(8) 8월의 계수[八月癸水]

八月辛金秉令, 辛金虛靈之體, 不比庚金之頑, 無須丁火爲制. 癸水至酉, 正是金白水淸之時. 見丙火, 則金溫水暖, 故取辛爲用, 丙火爲佐. 但丙辛忌合, 合則兩失其用矣. 丙辛同透, 隔位不合, 定主富貴. 卽一透一藏, 亦不失爲中等貴格. 金水取其淸靈流利, 如四柱戊己太多, 塞水埋金, 則爲尋常貿易之人.

8월에는 辛金이 명령권을 쥐고 있으나 그 마음의 형체는 경금의 완고함과 다르니, 굳이 정화로 제재할 것이 없다. 계수가 유酉월에는 금이 희고 수가 맑은 때인데, 병화가 있으면 금수가 따스해지기 때문에 신금辛金을 취해 용신으로 하고 병화로 보좌한다. 다만 병丙·신辛은 합을 꺼리니, 합을 하면 모두 그 작용을 잃기 때문이다. 병丙·신辛이 모두 투간되었으면 자리가 떨어져있어 합하지 않아야 반드시 명주가 부귀하게 된다. 하나가 투간되고 하나가 지장간에 있어도 중간 정도의 귀한 격은 된다. 금金·수水는 그 원활하고 막히지 않는 것을 취하는데, 사주에 무戊·기己가 너무 많아 수가 막히고 금이 묻히면 평범하게 장사하는 사람이다.

滿槃皆金, 獨有日元一點水, 名獨水三犯庚辛, 號曰體全之象, 如孔祥熙命,

가득 채운 것이 모두 금인데, 오직 일원이 한 방울의 물로 있다면 홀로 있는 물이 3번 경庚·신辛을 만난 것이라고 하고 몸체가 온전한 상이라고 부르니, 이를테면 공상희孔祥熙의 명조이다.

 庚辰乙酉癸卯庚申, 正是此格, 以金爲體, 水爲用. 滴天髓云, 母慈滅子, 須扶其子, 子旺則母自安是也, 此類格局主福澤深厚, 百事現成.

 경진庚辰 을유乙酉 계묘癸卯 경신庚申이 이런 격으로 금을 몸체로 수를 용신으로 한 것이다. 『적천수』에서 "어미가 도와 자식을 없애면 반드시 그 자식을 도와야 하니, 자식이 왕성하면 어미가 저절로 편안하기 때문이다"라고 한 것이 여기에 해당하니, 이런 격국은 명주의 복택이 심후하고 모든 일이 드러나게 이루어진다.

 四柱只有金水二神, 無丙火者, 名金水同心. 格同從革, 運喜西北, 忌東南, 若見壬水出干, 則與壬水同論. 參閱八月壬水節.

 사주에 금金·수水 두 신神만 있고 병화가 없을 경우에는 금金·수水가 같은 마음이라고 한다. 격은 종혁從革과 같아 운이 서북으로 가는 것을 반기고 동남으로 가는 것을 꺼리니, 임수가 천간에 있다면 임수와 동일하게 논한다. 8월의 임수절을 참고하라

(9) 9월의 계수[九月癸水]

 九月戊土司權, 癸水涸竭, 專取辛金發水源. 土旺水塞, 宜取甲木破土,金水之氣流通爲妙. 生於霜降前, 喜辛丙爲用, 金溫水暖以成貴格, 甲木疏土生財爲佐, 理同八月. 生霜降後, 土旺用事, 水亦進氣, 見壬水出干, 支臨生旺, 弱轉爲強. 戊土獨透, 假煞爲權, 或身煞兩旺, 用甲木食神制煞格皆取貴, 理同壬水. (參閱九月壬水節) 但水涸氣寒, 不可無辛丙爲輔, 故九月癸水, 見辛甲丙齊備者, 富貴非輕. 三者缺一, 宜得運助, 三者俱無, 貧賤之命.

9월에는 무토가 권세를 흔들고 있어 계수가 말라버리니, 오로지 신금을 취하여 수의 근원을 열어놓는다. 토가 왕성하여 수가 막힘에 갑목을 취하여 토를 파괴하면 금수의 기운이 유통하는 것이 묘하다. 삼강霜降 이전에 태어났으면 신辛·병丙이 용신인 것을 반기니, 금金·수水가 따뜻하여 귀한 격을 이룸에 갑목이 토를 갈아엎어 돕는 것은 이치가 8월과 같다. 삼강 이후에 태어났으면 토가 왕성하여 일을 주도하고 수도 나아가는 기운인데, 임수가 천간에 있고 지지의 생生·왕旺에 있다면, 약한 것이 강한 것으로 된다. 무토가 홀로 투간되면 살煞을 빌려 권세를 행하는 것이고, 혹 자신과 살煞이 모두 왕성하면 갑목 식신을 용신으로 살煞을 제압하는 격으로 모두 귀함을 취하니 이치는 임수와 같다. (9월 임수절을 참고하라) 다만 수가 마르고 기운이 차가워 신辛·병丙으로 보좌하지 않을 수 없기 때문에 9월의 계수로 신辛·갑甲·병丙이 가지런히 있는 경우는 부귀가 가볍지 않다. 세 가지에서 하나가 없으면 운의 도움을 받아야 하고, 세 가지 모두 없으면 빈천한 명조이다.

總之土旺水涸之時, 要辛金相生, 無辛用庚. 金水旺相, 方可用丙, 否則, 總以金爲用也.

총괄하자면, 토가 왕성하여 수가 말라버릴 때에는 신금辛金이 서로 생해 주어야 하고, 신금辛金이 없으면 경금을 용신으로 한다. 금수가 왕旺·상相하면 병화를 용신으로 해야 하고, 그렇지 않으면 모두 금을 용신으로 한다.

(10) 10월의 계수[拾月癸水]

癸水至亥, 不旺自旺, 但其中甲木長生, 暗洩元神, 旺中有弱, 看法宜分爲二.

계수가 해亥월에는 왕성하지 않아도 저절로 왕성하게 되는데, 다만 시장산의 갑목이 장생하여 암암리에 원신을 누설함으로 왕성한 가운데 약함이 있으니, 보는 법을 두 가지로 해야 한다.

癸爲弱水, 支見亥卯未會成木局, 木旺, 則癸水洩弱無神, 宜用庚辛制木以發水源. 庚辛兩透, 無丁傷剋, 富貴顯達. 無庚辛, 得西方運補救, 亦主異途顯達, 但較小耳. 如干透丁火, 制住庚辛, 使金不能破木局以生水, 單寒之極, 須得癸水比肩制丁爲救. 丁爲病, 癸爲藥, 有救則 格局無傷,無救單寒之命. 若一派金, 又須丁火爲制, 丁出破金, 名利兩全, 無丁, 孤貧之命.

　계수는 약한 수인데, 지지에 해亥·묘卯·미未가 모임으로 목국木局을 이뤄 목이 왕성하면, 계수가 누설되어 약함으로 정신이 없으니, 경庚·신辛을 용신으로 목을 제압해 수원 근원을 열어야 한다. 경신이 모두 투간되었는데 정화가 해치고 극함이 없다면 부귀하게 되고 출세한다. 경庚·신辛이 없는데 서방의 운을 얻어 보완하여 구제하더라도 명주가 길을 달리하여 출세하는데 다만 그것이 비교적 작을 뿐이다. 천간에 정화가 투간됨으로 경庚·신辛을 제재하여 묶어놓고 그것들이 목국을 파괴하지 못하게 하여 수를 낳게 한다면 출신이 극도로 한미하니, 반드시 비견 계수를 얻어 정화를 제압함으로 구제해야 한다. 정화는 병이고 계수는 약이니 구제함이 있으면 격국이 상하지 않고 구제함이 없으면 출신이 한미한 명조임 금이 무리지어 있으면 반드시 정화가 제압해야 하는데, 정화가 나와서 금을 파괴하면 명리가 모두 온전하고, 정화가 없으면 외롭고 가난한 명조이다.

支見酉丑, 癸水生旺. 三冬水性沉寒, 宜用丙火. 見丙出干, 或藏巳得祿, 富貴兩全, 無丙寒苦之命. 除非合外格取貴, 如潤下飛天祿馬之類. 若四柱多火, 癸水無印比爲助, 名才多身弱, 貧賤到老.

　지지에 유酉·축丑이 있으면 계수가 생生·왕旺하다. 삼동에는 수의 성질이 가라앉아 차가우니 병화를 용신으로 해야 한다. 병화가 천간에 있고 혹 사巳를 지장간으로 두어 건록이라면 부귀가 모두 온전하고, 병화가 없다면 빈천하고 고생하는 명조이다. 합이 아닌 것 이외에 격으로 귀함을 취하는 것은 이를테면 윤하潤下·비천녹마飛天祿馬의 종류임 사주에 화가 많은데 계수가 인성과 비견의 도움이 없으면 재다신약才多身弱으로 늙어죽을 때까지 빈천하다.

癸水不宜用戊. 如柱見壬子, 氣轉生旺, 不能不用戊土, 與十月壬水同看. 無戊, 名冬水汪洋, 奔波到老. 得戊透制水, 或己透戊藏淸貴. 有丙佐戊, 富貴兩全.

계수는 무토를 용신으로 하지 말아야 한다. 이를테면 사주에 임자壬子가 있어 기운이 생생·왕왕旺으로 변하면 무토를 용신으로 하지 않을 수 없으니, 10월의 임수와 동일하게 본다. 무토가 없으면 동수冬水가 흘러넘친다고 하니, 늙어죽을 때까지 분주하게 노력한다. 무토가 투간되어 수를 제압하거나 혹 기토가 투간되고 무토가 지장간에 있다면 맑고 귀하게 된다. 병화가 있어 무토를 돕는다면 부귀가 모두 온전하다.

(11) 11월의 계수[十一月癸水]

仲冬癸水, 嚴寒冰凍, 雨露化爲霜雪, 專用丙火解凍. 無壬不必用戊,癸水雖旺, 無冲奔之性也. 火土太多, 方用辛金滋扶, 倘無丙火, 雖見辛金, 亦不爲美. 丙辛兩透不合, 兩兩相生, 金溫水暖, 富貴極品. 此理至驗.

중동仲冬의 계수는 혹한에 얼어붙어 비와 이슬이 서리와 눈으로 변한 것이니, 오로지 병화를 용신으로 하여 얼어붙은 것을 녹인다. 임수가 없으면 굳이 무토를 용신으로 할 필요가 없으니, 계수는 왕성할지라도 충하고 내달리는 특성이 없다. 화토가 너무 많으면 신금을 용신으로 하여 도우니, 혹 병화가 없으면 신금이 있을지라도 아름답지 않다. 병丙·신辛 모두 투간되었는데도 합하지 않아 쌍쌍으로 서로 생하면 금수가 따스하게 되어 부귀가 최고에 이른다. 이런 이치는 아주 증험이 있다.

一派壬癸, 宜用丙戊. 無丙照暖, 貧賤之士, 如運行火地, 頗吉. 若支聚亥申子辰, 柱多壬癸. 雖行火運, 亦不吉, 蓋見巳寅午戌之運, 多冲激也. 支多金水, 干透二丙, 當以富貴推之. 但貴不及富.

임壬·계癸가 무리지어 있으면 병丙·무戊를 용신으로 해야 한다. 병화가 따스하게 하지 않으면 가난한 선비인데, 운이 화지火地로 흐른다면 다소 길하다. 지지에 해亥·신申·자子·진辰이 모여 있으면 사주에 임계가 많음 화운으로 흐를지라도 길하지 않으니, 사巳·인寅·오午·술戌의 운을 만나면 충으로 부딪히는 것이 많기 때문이다. 지지에 금金·수水가 많고 천간에 투출된 두 개의 병화가 있으면 부귀한 것으로 추리해야 한다. 다만 귀함이 부유함에 미치지 못한다.

無壬而見一派戊土, 爲煞重身輕, 貧夭之人.

임수가 없이 무토가 무리지어 있다면 살이 무겁고 자신이 가벼우니, 빈천하게 살다가 요절할 사람이다.

(12) 12월의 계수[十二月癸水]

嚴寒冰雪, 又値丑宮濕泥互凍, 萬物不能生長, 專用丙火解凍. 變化雖多, 不離丙火, 並須通根寅巳爲妙.

혹한의 얼음과 눈보라에 또 축丑궁의 진흙이 서로 얼어붙은 것을 만나니, 만물이 생장할 수 없어 오로지 병화를 용신으로 하여 얼어붙은 것을 녹인다. 변화가 많을지라도 병화를 떠나지 못하니, 아울러 인寅·사巳에 뿌리를 내린 것이 묘하다.

丙透見壬, 丙火通根寅巳, 壬水通根申亥, 名水輔陽光, 富貴極品, 忌丁火合壬.

병화가 투간되고 임수가 있음에 병화는 인寅·사巳에 뿌리를 내리고 임수는 신申·해亥에 뿌리를 내렸으면 수가 양광陽光을 돕는다고 하고, 부귀가 더할 수 없을 정도인데, 정화가 임수와 합하는 것을 꺼린다.

丙透見癸(比肩), 地支見子合丑, 名凍雲蔽日, 不能解凍, 平常之人. 用丙忌見辛合, 須丁火制辛爲妙.

병화가 투간되고 (비견) 계수가 있고 지지에 자子·축丑합이 있으면 겨울의 구름이 해를 가렸다고 하는데, 얼어붙은 것을 녹이지 못하니 평범한 사람이다. 병화를 용신으로 함에 신辛이 있어 합하는 것을 꺼리니, 반드시 정화가 신금辛金을 제재하는 것이 묘하다.

支見水局, 柱多壬癸同論. 水寒不流, 無丙解凍, 雖見戊土, 不過尋常奔流之輩.

지지에 수국水局이 있으면 사주에 임壬·계癸가 많은 것과 같은 것으로 논함 수가 얼어붙어 흐르지 못하고, 병화가 없어 얼어붙은 것을 녹이지 못하면 무토가 있을지라도 평범하게 떠도는 무리에 불과하다.

支成金局, 柱多庚辛同論. 丙透得地(寅巳), 名金溫水暖, 雖不貴, 亦拔萃超群. 無丙, 才學雖富, 終不成名, 且無承受.

지지에 금국金局이 있고 사주에 경庚·신辛이 많은 것과 동일하게 논함 투간된 병화가 (인寅·사巳의) 제자리에 있으면 금과 수가 따스하다고 하니, 귀하게 되지 않을지라도 무리에서 뛰어나게 된다. 병화가 없으면 재주와 학식이 풍부할지라도 끝내 이름을 이루지 못하고 또 계승하여 받는 것이 없다.

支成木局, 柱多木同論. 洩癸元神, 須有金爲救, 仍以丙火爲用. 有金破木, 讀書雖未必成名, 可以成家立業. 無金殘疾之人.

지지에 목국木局이 있어 사주에 목木이 많은 것과 같이 논함 계수의 원신元神을 누설하면, 반드시 금이 있어 구제해야 하고 이어 병화를 용신을 삼는다. 금이 있어 목을 파괴하면 반드시 이름을 날리지는 못할지라도 가업을 일으킬 수 있다. 금이 없으면 병이 있는 사람이다.

支成火局, 柱多木火同論 得一金一水透, 主有衣祿. 庚壬不透, 莫問妻子. 此以丙火太多, 故反用金水也.

지지에 화국火局이 있고 사주에 목木·화火가 많은 것과 같이 논함 하나의 금과 하나의 수가 투출되어 있으면 명주에게 봉록이 있다. 경庚·임壬이 투간되지 않았으면 처자에 대해 물을 것이 없으니, 이것은 병화가 너무 많기 때문에 노리어 금金·수水를 용신으로 하는 것이다.

三冬調候爲主, 專用丙火. 然丑宮己癸辛同宮, 如見己辛出干, 名癸己會黨. 有己制癸便可用丁. 見丁火透者, 名雪夜燈光. 科甲富貴無疑, 但以夜生者爲貴. 如譚延闓命, 己卯丁丑癸丑乙卯, 大寒時節, 日出辰初, 卯時天尚未明, 合于夜生之說. 加以年月夾戊寅, 日時夾甲寅, 大運至申, 暗沖寅宮丙火, 位至行政院長, 爲奇格大貴也.

삼동三冬에는 조후가 근본이니 오로지 병화를 용신으로 한다. 그러나 축丑궁의 기己·계癸·신辛이 같은 궁에 있는데 기己·신辛이 천간에 있다면 계癸·기己가 모여 한편이 된 것이라고 한다. 기토가 있어 계수를 제재하면 정화를 용신으로 해야 한다. 정화가 투간되었을 경우에는 눈 내리는 밤에 등불이라고 한다. 과거에 장원으로 급제하고 부귀를 의심할 것이 없는데, 다만 밤에 태어난 경우가 귀하게 된다. 이를테면 담연개譚延闓의 명조 기묘己卯 정축丁丑 계축癸丑 을묘乙卯로 혹독하게 추운 시절에 해가 진시辰時 초기에 떠올라 묘시에는 하늘이 아직 밝지 않으니, 밤에 태어난다는 설명과 합한다. 연월에 무인戊寅을 끼고 있고 일시에 갑인甲寅을 끼고 있는데, 신申 대운이 오면 암암리에 인寅궁의 병화를 충하여 지위가 행정원장에 이르렀으니, 기이한 격으로 아주 귀한 것이다.

凡冬月用丙, 須丙火得地方妙. 通根寅巳, 運行南方, 皆爲得地. 否則, 卽重重丙火出干, 安能輕許富貴哉.

동월에 병화를 용신으로 함에 병화가 제자리를 얻은 것이 묘하다. 인사에 뿌리를 내리고 남방으로 운이 흐르는 것이 모두 제자리를 얻은 것임 그렇지 않으면 거듭 중복되게 병화가 천간에 있을지라도 어떻게 부귀를 가볍게 허락하겠는가?

제7편

몸체를 밝혀 용신을 세움 중
(「1. 용신」을 이어서) [明體立用 中 (續一用神)]

(丙) 용신을 취하는 방법 『자평진전평주』 참고
[取用之方式 參考『子平眞詮評註』].

1. 일원日元의 도움[扶]·억제함[抑]으로 용신을 취하는 방법[扶抑日元之取用法]

日干配合月令而成體性, 合于體性之需要者, 爲用神, 已詳上論. 取用之方式, 歸納之約分五種.

일간日干이 월령月令과 배합하여 몸체의 특성을 이루니, 그것의 수요에 합하는 것이 용신이다. 이미 이상의 논의는 자세히 설명했는데, 용신을 취하는 방식은 귀납적으로 대략 다섯 종류이다.

扶有二, 印綬以生之, 比劫以助之是也, 又名生助. 抑亦有二, 官煞以勉之, 食傷以洩之是也. 日元何以有宜扶宜抑, 即由于體性之不同. 春木夏火秋金冬水, 體性太旺, 取食傷以洩之, 或官煞以剋之, 此以抑爲用也, 春金夏水秋木冬火, 體性太弱, 印綬以生之, 或比劫以助之, 此以扶爲用也. 此類取用法, 最爲簡單. 舊式命書體用不分, 包合 于印格, 歸祿格, (用劫)食傷格, 正偏官格之中, 茲列程式于下.

도움[扶]은 두 가지로 인수로 낳아주는 것과 비겁으로 돕는 것이 여기에 해당하니, 또 생조生助라고 이름붙이겠다. 억제함[抑]도 두 가지로 관살로 극하는 것과 식상으로 설기시키는 것이 여기에 해당한다. 일원을 어떻게 돕고 억제하는가? 곧 몸체의 특성이 다르기 때문에 봄의 목・여름의 화・가을의 금・겨울의 수는 몸체의 특성이 너무 왕성해서 식상으로 설기시키고, 혹 관살로 극하니, 이것은 억제함으로 용신을 삼은 것이다. 봄의 금・여름의 수・가을의 목・겨의 화는 몸체의 특성이 너무 약해서 인수로 낳아주고 혹 비겁으로 도우니, 이것은 도움으로 용신을 삼은 것이다. 이렇게 용신을 취하는 법이 가장 간단한데, 옛날 방식의 명리학 책에서는 몸체와 용신을 나누지 않고, 인격印格・귀록격歸祿格(용겁用劫)・식상격食傷格・정편관격正偏官格 중에 포함시켰으니, 이 때문에 아래에 정식程式을 나열한다.

1) 일원日元을 도움으로 용신을 취하는 방법[扶日元之取用法]

官　財
己　壬　丙　丁　　才官旺用印
酉　寅　午　亥　　재성과 관성이 왕성하면 인성을 용신으로
印　　官財比

壬水生五月, 絕胎之地, 體性極弱. 見時支酉金, 如子得母. 專用印綬, 寅午會局, 丙丁出干, 財旺破印, 故兼取亥宮壬水制火, 方能顯酉金之用也. 前外交部長伍朝樞命造. 夏水爲體, 印爲用神.

임수壬水가 5월에 태어나 절지와 태지로 몸체의 특성이 극히 약하니 시지의 유금酉金을 보고는 자식이 어미를 만난 것처럼 오로지 인수를 사용하려고 한다. 그러나 인寅과 오午가 모여 있는 상황이고 병丙과 정丁이 천간에 나와 있음으로 재성이 왕성해 인수를 파괴했기 때문에 해궁亥宮의 임수를 함께 취하여 화를 조절함으로써 유금의 용신을 드러낼 수 있다. 이전에 외교부장관 오조추伍朝樞의 명조이다. 여름의 수가 몸체이고 인성이 용신이다.

```
        官 劫
戊 丙 癸 丁      官煞旺用印
子 申 丑 卯      관살官煞이 왕성하면 인성을 용신으로
官 煞    印
```

丙火生十二月, 雖氣進二陽, 而子申會局, 癸水出干, 凍云蔽日, 丙火弱極, (養位)喜得戊土合癸丁火燦乙, 方能取卯中乙木生丙火也. 此中央研究院院長蔡子民命造. 冬火爲體印爲用神.

병화丙火가 12월에 태어나 기운이 '두 양[ ]'까지 나아갔으나 자子와 신申이 모여 있는 상황에다가 계수癸水가 천간에 나와 있어 얼

어 있는 구름이 태양을 가렸으니 병화가 극히 약하다.(양養의 자리임) 무토戊土가 계癸와 합하고 정화丁火가 을乙木을 비추는 것이 반가운 것은 묘卯 중의 을목乙木을 취해 병화丙火를 낳을 수 있기 때문이다. 이것은 중앙연구원원장 채혈민蔡孑民의 명조이다. 겨울의 화가 몸체이고 인성이 용신이다.

以上兩造, 雖劫印並取, 因官煞太旺, 故以印爲主, 以劫爲助.

이상의 두 명조에서 겁재와 인성을 함께 취한 것은 관살이 너무 왕성했기 때문이므로, 인성을 위주로 하고 겁재를 보조로 했다.

```
 印    財 財
 丁 戊 癸 癸      才旺用劫
 巳 子 亥 酉      재성이 왕성하면 겁재를 용신으로
 祿 比    才
```

此造歸祿格. (日祿歸時)戊土生于十月, 財星當旺, 兩癸出干, 水旺土蕩, 印被財破, 故不能用印, 只能用劫. 以時上歸祿爲用, 印爲劫之助而已. 財旺用劫, 富格也. 元理賦云, 歸祿得財而獲福, 無財歸祿必須貧, 此某巨商命造. 冬土爲體比祿爲用

이 명조는 귀록격歸祿格이다.(일간의 건록[祿]이 시주로 돌아감) 戊土무토가 10월에 태어나 재성이 당연히 왕성한데 두 계癸가 천간

에 나와 있다. 수가 왕성하고 토가 흩어져서 재성이 인성을 파괴하므로, 인성을 용신으로 할 수 없고 다만 겁재를 용신으로 할 수 있을 뿐이라 시상時上에서 건록으로 돌아가는 것을 용신으로 하니, 인성은 겁재의 보조일 뿐이다. 재성이 왕성하여 겁재를 용신으로 하였으니 부격富格이다. 「원리부元理賦」에서 "귀록격이 재성을 얻으면 복을 얻고, 재성 없이 귀록격이면 반드시 가난하다"고 하였다. 이것은 어떤 거상의 명조이다. 겨울의 토가 몸체이고 '비견과 건록[比祿]'이 용신이다.

比
甲 甲 甲 甲
戌 辰 戌 辰
　才　才

此造秋木爲體, 天元一氣, 支衆四庫, 月令財星當旺, 甲木生戌月, 爲養位, 枝叶凋零, 喜得甲木坐辰, 水土培根, 乃活木非死木也. 財旺用比, 富貴壽考之命也.

이 명조는 가을의 목이 몸체이다. 천원天元이 하나의 기운이고 지지에 사고四庫가 모여 있으니, 월령 재성이 당연히 왕성하다. 갑목이 술월에 나와 양養의 자리라 가지와 잎이 시들고 떨어지나 갑목이 진辰에 앉아 있어 젖은 흙이 뿌리를 북돋우는 것이 반가우니, 살아있는 나무는 죽은 나무가 아니기 때문이다. 재성이 왕성하여 비견을 용신으로 하였으니, 부귀하고 장수하는 명조이다.

2) 일원日元을 억제함으로 용신을 취하는 방법[抑日元之取用法]

```
        傷
   辛 戊 辛 戊        상관격傷官格
   酉 戌 酉 戌
        傷
```

此傷官格, 又名兩干不雜蝴蝶雙飛格. 戊戌魁罡, 喜重見生旺, 生于八月, 金神秉令, 專取辛金洩土之秀, 乃日元太旺而抑之也. 秋土爲體, 傷官爲用. 上造財旺用比, 此造土旺用金, 皆名一體一用, 體卽是用, 用在體之中, 乃取用訣之變也. 體用最易混雜, 宜細辨之. (兩干不雜, 蝴蝶雙飛及天元一氣, 日祿歸時, 皆雜格名稱, 見下格局高低篇.)

이것은 상관격傷官格인데, 또 두 천간이 섞이지 않아 '나비가 쌍으로 날아다니는 격[蝴蝶雙飛格]'이라고 명명한다. 무술戊戌은 괴강魁罡으로 생지生地와 왕지旺地를 거듭 보는 것이 반가운데, 팔월에 태어나 금신金神이 권력을 잡고 있어 오로지 신금辛金이 토土를 누설하는 정수를 취하니, 일원이 너무 왕성하여 억제한 것이다. 가을의 토가 몸체이고 상관이 용신이다. 앞의 명조는 재성이 왕성하여 비겁을 용신으로 하였고, 이 명조는 토가 왕성하여 금을 용신으로 하였는데, 모두 하나는 몸체이고 하나는 용신이니, 곧 몸체가 곧 용신이고 용신이 몸체 속에 있다고 명명한다. 몸체와 용신은 아주 쉽게 뒤섞이니, 세세히 분변해야 한다. (두 천간이 섞이지 않아 나비가 쌍으로 날고, 천원이 하나의 기운이어서 일간의 건록이 시주로 돌아가는 것은 모두 잡격雜格의 명칭이니, 아래의 「격국의 높음과 낮음」편을 참고하라.)

```
煞  刃
壬 丙 丙 丁           살인격煞刃格
辰 子 午 卯
   官 刃
```

此煞刃格. 丙生午月, 陽刃秉令, 丙丁乘旺, 炎威莫當. 好在子辰會局, 不冲午刃, 七煞高透, 以煞制刃爲用, 因丙火太旺, 用壬水抑之也. 書曰 陽刃合煞, 威權萬里. 此前兩廣巡閱使龍濟光命造. 夏火爲體, 煞爲用.

이것은 살인격으로 병丙이 오午월에 태어나 양인이 권력을 잡고 있다. 병丙과 정丁이 왕성한 것을 타고 있어 화火의 위엄을 아무도 감당할 수 없으니, 자子와 진辰이 모인 형국으로 오午의 인刃을 충하지 않는 것이 좋다. 칠살이 높이 투간되어 인刃을 제압하는 것으로 용신을 삼는 것은 병화가 너무 왕성하기 때문에 여 임수로 억제하는 것이다. 책에서 "양인이 칠살과 합해 권위가 만리에 떨친다"고 하였다. 이것은 전에 양광兩廣 곧 광동廣東과 광서廣西의 순열사巡閱使 용제광龍濟光의 명조이다. 여름의 화가 몸체이고 칠살이 용신이다.

2. 도움[扶]·억제함[抑]으로 용신을 취하는 방법
[扶抑用神之取用法]

扶弱者, 我所需用之神太弱而扶之也, 抑强者, 需用之神太强, 不爲我用, 反爲我敵, 裁之仰之, 方能爲我所用也. 扶弱之中, 所包合之格局, 如才生官才滋弱煞格 (煞弱爲偏官), 官生印格, (煞生印同) 食傷生財格之類, 皆是也, 抑强之中, 所包合之格局, 如食傷制煞格, (官多卽煞) 才破印格, 才洩食傷格, 印洩官煞印制食傷格之類, 皆是也. 列式如下.

약한 것을 돕는 것은 내가 수용하는 신이 너무 약해서 그렇게 하는 것이다. 강한 것을 억제하는 것은 수용하는 신이 너무 강해서 나의 용신이 되지 않고 도리어 적이 되니, 재제함으로 그렇게 하면 나에게 용신이 되기 때문이다. 약한 것을 돕는 가운데 포함되는 격국은 이를테면 재성이 관성을 생하고 재성이 약한 칠살을 돕는 것이다. 칠살이 약한 것이 편관임 관성이 인성을 낳아주는 격(관살이 인성을 낳아주는 것도 같음)과 식상이 재성을 낳아는 주는 격들이 모두 여기에 해당한다. 강한 것을 억제하는 가운데 포함되는 격국은 이를테면 식상이 칠살을 제압하는 격이다. 관이 많은 것이 칠살임 재성이 인성을 파괴하는 격·재성이 식상으로 설기되는 격·인성이 관살을 설기하고 인성이 식상을 제재하는 격들은 모두 여기에 해당하니, 아래처럼 그 방식을 나열한다.

1) 도움으로 용신을 취하는 방법[扶用神之取用法]

官　　印　官
甲　己　丙　甲　　　官印相生格
子　丑　寅　子　　　관성과 인성이 서로 생하는 격
　　印　官

己土生于正月, 田園猶凍, 支聚子丑, 濕土互凝, 專取丙火爲用. 正月丙火初生, 其氣未旺, 喜得寅宮甲丙並透, 官旺生印, 轉生己土, 運行 東南, 太平宰相. 此爲前淸劉墉命造. 初春寒土爲體, 官印爲用, 煞印 相生同.

기토己土가 정월에 나와 논밭과 동산이 아직 얼어붙어 있다. 지지가 자子와 축丑으로 모여 있어 축축한 토土가 차갑게 엉겨 있으니, 오로지 병화를 용신으로 삼는다. 정월은 병화가 처음으로 나와 그 기운이 아직 왕성하지 않은데, 인寅의 궁宮에서 갑과 병이 나란히 투출되어 있다. 관성이 왕성하여 인성을 낳고 이어 기토를 낳으며 연이어 동쪽과 남쪽으로 흘러가니 태평재상이다. 이것은 전에 청淸 유용劉鏞의 명조이다. 이른 봄에 차가운 토가 몸체이고, 관성과 인성이 용신이다. 칠살과 인성이 서로 생하는 것도 같다.

```
        煞
戊 戊 戊 甲     才滋弱煞格
午 申 辰 午     재성이 약한 관살을 돕는 격
      才 財
```

戊土生于三月, 土旺秉令, 三戊並透, 有填江塞海之勢, 非甲木不能 疏土, 三月陽壯木渴, 土重木摺, 妙在申辰會局, 財滋弱煞爲用. 此前清 康熙帝命造. 辰午申夾祿夾貴, 見下格局高低篇. 三春濕土爲體, 煞爲用.

무토가 삼월에 태어나 왕성한 토가 권력을 휘두른다. 세 개의 무가 나란히 투출하여 강과 바다를 메우고 막는 기세가 있으니, 갑목이 아니고는 도를 소통시킬 수가 없다. 삼월은 양이 장성하여 목이 메마른데 목이 중첩되어 나무가 부러진다. 묘함이 신申과 진辰이 모인 형국에 있으니, 재가 약한 관살을 도와 용신이 된다. 이것은 전에 청淸 강희제康熙帝의 명조이다. 진辰·오午·신申이 건록 사巳와 천을귀인 미未를 끼고 있다. 아래의「격국의 높음과 낮음」편을 참고하라. 삼월 봄의 축축한 토가 몸체이고 관살이 용신이다.

```
官   財 才
庚 乙 戊 己         才旺生官格
辰 卯 寅 卯         재성이 왕성하여 관살을 낳는 격
財
```

乙木生于正月, 寅爲木神臨官祿位, 支全寅卯辰, 東方一氣, 木旺極矣. 旺者喜抑, 必取庚金爲用, 無如庚金至寅爲絶地, 木堅金缺必須戊己財以生之. 更喜庚金臨辰, 財旺生官. 此爲明代董其昌命造. 春木爲體, 才官爲用.

을목이 정월에 태어나 인寅이 목신木神으로 관대와 건록의 자리에 있다. 지지는 온전히 인寅·묘卯·진辰이어서 동방의 한 기운이고 목의 왕성함이 끝까지 간 것이다. 왕성한 것은 억제하는 것이 반가워서 반드시 경금庚金으로 용신을 삼아야 하나 경금이 인에서 절지라 목이 견고하고 금이 모자라니 반드시 무戊·기己의 재성으로 낳아주는 것만 못하다. 다시 경금이 진辰에 있고 재의 왕성함이 관성을 낳아주는 것이 반갑다. 이것은 명대明代 중기창董其昌의 명조이다. 봄의 목이 몸체이고 재성과 관성이 용신이다.

```
     才 食
庚 壬 丙 甲         食神生才格
子 申 寅 申         식신이 재성을 낳는 격
     才 食
```

天地之氣, 水火而已, 故壬喜用丙, 丙喜用壬, 如江湖日照, 輔映光暉.
此造壬水生正月, 寅爲水之病地. 春水氣竭, 有庚金生之, 子申會局, 弱變
爲强, 專用丙火, 喜得寅宮甲丙並透, 食神得祿, 洩水之氣以生才, 壬丙相
映成輝, 爲食神生才格. 此前清阮元命造. 春水爲體, 木火 爲用.

천지의 기운은 수·화뿐이기 때문에 임壬은 병丙을 용신으로 하는 것이 반가우니, 이를테면 강과 호수에 해가 비춰 빛을 더 반짝이게 하는 것이다. 이 명조는 임수가 정월에 태어나 인寅이 수水의 병지病地이다. 봄에는 수기가 고갈되는데 경금이 낳아주고 자子·신申이 모인 형국이어서 약한 것이 강한 것으로 변했으니, 병화를 오로지 용신으로 인궁寅宮에서 갑甲·병丙이 나란히 투출된 것이 반갑다. 식신이 건록을 수의 기운을 누설해 재성을 낳고, 임과 병이 서로 비춰 빛을 이루니, 식신이 재성을 낳는 격이다. 이것은 전에 청의 완원阮元의 명조이다. 봄의 수가 몸체이고 목화가 용신이다.

2) 억제함으로 용신을 취하는 방법[抑用神之取用法]

```
        印
戊 丁 甲 戊      印旺用才格
申 卯 寅 辰      인성이 왕성하여 재성을 사용하는 격
財 偏 印 印 偏印
```

丁火生正月, 不旺不烈. 甲木秉權, 寅卯辰氣全東方, 有木多火塞之
象, 印成象而太强, 取才破印爲用, 專用申宮一點庚金, 此國民政府主席
林森命, 春火爲體, 才破印爲用. 此造或云己酉時, 取用相同.

   정화丁火가 정월에 태어나 왕성하지도 않고 뜨겁지도 않은데, 갑
목甲木이 권력을 휘두르고 있다. 인寅·묘卯·진辰의 기운이 온전히 동
쪽이어서 목木이 많아 화火가 막히는 상이 있다. 인성이 형상을 이룸
으로 너무 강해 재성을 취해 인성을 파괴하는 것을 용신으로 하니,
오로지 신궁申宮의 경금庚金 하나를 사용한다. 이것은 국민정부의
주석 임삼林森의 명조이다. 봄의 화가 몸체이니, 재성을 취해 인성을
파괴하는 것으로 용신을 삼았다. 이 명조에 대해 어떤 이는 기유己酉
시라고 하는데 용신을 취하는 것은 서로 같다.

   食   煞

   丁 乙 辛 癸   煞旺食制格

   亥 酉 酉 亥   칠살이 왕성하여 식신으로 제압하는 격

木至八月爲胎位, 生氣內飮, 外象枯萎, 爲乙木之本性, 支得亥未會 局,
根株深固, 不畏剋削, 辛金七煞乘權金氣太强, 取丁火制之, 食神制 煞爲用,
此山西主席閻錫山命造. 秋木爲體, 食神制煞爲用.

   목은 팔월에 태의 자리이고 생기가 안으로 거둬 들어가서 바깥 모
양이 바짝 말라 있으니, 을목의 본성이다. 지지에 해亥·미未가 모

인 형국으로 뿌리가 깊고 단단하니 극하여 해치는 것을 두려워하지 않는다. 신금辛金 칠살이 권력을 휘두를 정도로 금의 기운이 너무 강하여 정화를 취하여 제재하니, 식신이 칠살을 제재하는 것으로 용신을 삼는다. 이것은 산서山西의 주석 염석산閻錫山의 명조이다. 가을의 목이 몸체이고 식신이 칠살을 제재하는 것이 용신이다.

```
 印     煞 煞
 乙 丙 壬 壬        印洩官煞格.
 未 子 寅 申        인성으로 관살을 설기하는 격
    官 偏印 煞
```

此與上文官煞旺用印, 同爲煞印相生, 特煞旺用印者, 日元太弱, 非 印爲救不可也. 此則日元不弱, 故以洩煞爲用也.

이것과 위의 '관살이 왕성하면 인성을 용신으로'하라는 것은 동일히게 칠살과 인성이 서로 생하는 것이다. 특히 칠살이 왕성하면 인성을 용신으로 하는 것은 일원日元이 너무 약해 인성이 아니면 구제할 수 없기 때문이다. 이것은 일원이 약하지 않은데 칠살이 너무 왕성하기 때문에 칠살을 설기시키는 것으로 용신을 삼았다.

丙火生正月, 固以用壬水爲貴. 但兩壬並透, 子申會局, 春水汪洋, 丙火氣爲憚. 喜得生于正月, 甲木得祿, 乙木出干, 取印化煞爲用, 洩壬 水而生丙火也. 此前淸名臣鐵保命造. 春火爲體印爲用.

　병화丙火가 정월에 태어나 임수壬水를 용신으로 삼아야 귀한데, 다만 임수 두 개가 나란히 투출되고 자子와 신申 모이는 형국이어서 봄의 물이 바다처럼 끝이 없다. 병화丙火의 기운은 그것을 두려워하나 정월에 태어나 갑목甲木이 건록지를 얻었고, 을목乙木이 천간에 있어 인성을 취하여 칠살을 따르게 하는 것으로 용신을 삼는 것이 반가우니, 임수를 설기시켜 병화를 낳기 때문이다. 이것은 전에 청의 명신 철보鐵保의 명조이다. 봄의 화가 몸체이고 인성이 용신이다.

```
           印
 戊 戊 戊 丁        印制食傷格
 午 申 申 酉        인성이 식상관을 제재하는 격
 印 食 食 傷
```

　戊土生于七月, 庚金秉令之時, 秋金洩土之氣, 子旺母衰, 喜午宮丁 火出干, 取丁火制金暖土, 爲食神佩印格. 此前淸名臣張之洞命造. 地支 午申酉聯珠夾貴. 見下局高低篇. 土金傷官爲體, 印爲用, 卽食神佩印, 或傷官佩印.

　무토戊土가 칠월에 태어났으니, 경금庚金이 권력을 휘두르는 때이다. 가을의 금은 토의 기운을 빠지게 하여 자식이 왕성함으로 어미가 쇠약해지니 오궁午宮의 정화丁火가 천간에 있어 그것을 취하여

금金을 제재하고 토土를 응원하는 것이 반갑다. 이것은 전에 청의 명신 장지동張之洞의 명조이다. 지지의 오午·신申·유酉가 잇달아 있는 구슬로 천을귀인 미未를 끼고 있다. 아래의「격국의 높음과 낮음」편을 참고하라. 토금상관이 몸체이고 인성이 용신으로 곧 식신 혹 상관이 인성을 차고 있는 것이다.

```
  才   傷 食
  庚 丙 己 戊
  寅 子 未 戌
       傷 食
```

丙火生六月, 炎威未退, 氣勢將衰時逢寅長生, 年支戌墓地, 三處通根, 固不爲弱, 無如柱見四土, 食傷太重. 戊己並透, 晦火之光, 專取 一點庚金洩土之氣, 所謂用神多者, 宜洩不宜剋是也. 子寅夾丑爲財庫. 見下格局高低篇. 火土傷官體, 庚金才爲用.

병화丙火가 유월에 태어나 화염의 위엄이 아직 물러나지 않았다. 기세가 쇠퇴하려고 하나 시지에 인寅이라는 장생지가 있고 연지에 술戌 묘지가 있음으로 세 곳에 뿌리를 두고 있어 진실로 약하지 않은데, 유감스럽게도 사주에 네 개의 토가 드러남으로 식상관이 너무 중첩되고 무戊·기己가 나란히 투출되어 화의 빛을 가리니, 오로지 경금庚金 하나를 취해 토의 기운을 누설시킨다. 이른바 '용신은 많은 것을 설기시키는 것이지 극하지 않는 것이다'는 것이 여기에 해당한다. 자子와 인寅이 재성의 창고인 축丑을 끼고 있다.「격국의 높음과 낮음」편을 참고하라. 화토상관이 몸체이고 경금 재성이 용신이다.

3. 통관通關으로 용신을 취하는 방법[三通關 之取用法]

通關者, 日主之外, 兩神對峙, 勢均力敵, 輕重親疏相等, 不能有所 取舍, 惟有貫通其氣, 使歸于一致, 方能爲我所用也. 宜忌需要, 暫作緩圖, 非不論也, 先其所急耳. 列式如下.

통관은 일주日主 외에 대치하는 두 신神의 세력이 균등하여 경중과 친소가 서로 대등함으로 취사할 수 없을 때에 오직 그 기운을 관통하는 것으로 일치하게 하게 하여 나에게 쓰일 수 있게 하는 것이다. 마땅히 바라는 것을 꺼리고 잠시 천천히 기도하는 것은 논하지 않으려는 것이 아니라 급한 것을 먼저 하려는 것일 뿐으로 아래처럼 그 방식을 나열한다.

官　　傷
甲 己 庚 戊　　　官傷兩停用才

子　丑　申　　　　　관성과 상관이 멈추고 있어 재성을 용신으로
　　　財　傷

秋土氣寒, 宜用丙火, 無如寅申一冲, 印被才破, 不能爲用. 庚金爲月令當旺之氣, 透出天干, 甲木坐子, 臨官在寅且與日主相合, 官傷勢均力敵, 我疏輕重相等, 不能取舍. 惟有用申宮壬水, 洩傷官之氣以生官星, 運行水木, 最爲得意. 秋土爲體, 才官爲用.

가을의 토는 기운이 차가워 병화丙火를 용신으로 하는 것이 당연하나 유감스럽게도 인寅과 신申이 충으로 재성이 인성을 파괴해 용신으로 할 수 없다. 경금庚金이 월령으로 왕성한 기운에 해당하고 천간에 투출되어 있다. 갑목甲木은 자子에 있고 임관臨官이 인寅에 있어 일주日主와 서로 합한다. 관성과 상관의 기세가 서로 균등하고 친소와 경중이 서로 같아 취사를 할 수 없으니, 신궁申宮의 임수壬水를 용신으로 상관의 기운을 누설시켜 관성을 낳을 뿐이다. 운이 수水와 목木으로 흘러가면 최고로 뜻을 얻게 된다. 가을의 토가 몸체이고 재성과 관성이 용신이다.

　　　　印
　　庚　己　丙　己　　　　財印兩停用官
　　午　巳　子　亥　　　　재성과 인성이 멈추고 있어 관성을 용신으로
　　偏印　印　才　官財

己土生于仲冬, 凍土固當用丙, 然已午成方, 丙火出干, 陽和已遍大地, 月令財星秉令, 亥子成方, 財旺損印, 惟有取亥宮甲木官星, 通才印之氣. 上造爲官傷力均用財, 此造爲才印力均用官, 皆以通關爲用也. 此爲杜哲君命造. 冬土爲體, 官印爲用.

기토가 십일월에 태어났으니 얼어 있는 토에는 진실로 병화를 용신으로 해야 하나 사巳·오午가 한쪽 방향을 이루고 병화가 천간에 있어 양의 화합이 이미 대지에 두루 퍼졌다. 그런데 월령 재성이 명령권을 쥐었고 해亥·자子가 한쪽 방향을 이뤄 왕성한 재성이 인성을 손상시키니, 해궁亥宮의 갑목 관성을 취해 재성과 인성의 기운을 통하게 한다. 앞의 명조는 관성과 상관의 힘이 대등해 재성을 용신으로 했고, 여기의 명조는 재성과 인성의 힘이 균등해 관성을 용신으로 했으니, 모두 통관으로 용신을 삼은 것이다. 이것은 두철군杜哲君의 명조이다. 겨울의 토가 몸체이고 관성과 인성이 용신이다.

```
    食 煞
戊 丙 戊 壬        制過七煞用才
戌 戌 申 寅        칠살을 제재함이 지나쳐 재성을 용신으로
    煞 才
```

丙火生于七月, 炎成初熾, 日時兩戊, 通根身庫. 年支寅, 又值長生, 丙火雖衰而不弱. 月令庚祿壬生, 壬水出干, 當然以壬爲貴. 無如天干兩戊,地支兩戌, 制煞太過, 且晦火之光, 專取庚金化食生煞爲用, 貫通戊 壬食煞之氣, 亦通關之意也. 秋火爲體, 才煞爲用.

병화丙火가 칠월에 태어나 화염의 위엄이 처음으로 꺼지나 일지와 시지에 두 개의 술戌이 있어 자신의 창고에 뿌리를 두었고 연지의 인寅에서 또 장생지를 만났으니 병화가 쇠했을지라도 약하지 않다. 월령의 경금庚金은 건록지이고 임수壬水는 장생지인데 임수가 천간에 있어 당연히 임수가 귀하나 안타깝게도 천간에 두 개의 무戊가 있고 지지에 두 개의 술戌이 있어 칠살을 너무 지나치게 제재함으로 또 화火의 빛을 가리니, 오로지 경금을 취하여 식신을 따르게 함으로 관살을 생하는 것을 용신으로 한다. 무토戊土 식신과 임수 관살의 기운을 관통시키니 또한 통관通關의 의미이다. 가을의 화가 몸체이고 재성과 칠살이 용신이다.

```
  食    劫 比
  己 丁 丙 丁         比劫奪財用食神
  酉 酉 午 酉         비겁이 재성을 약탈해 식신을 용신으로
  才 才 食比 才
```

丁火生午月, 月令建祿, 支聚三酉, 人長夏天, 金疊疊格也, 比劫出干, 爭財爲病, 專取己土食神化劫生才爲用, 亦通關之意也. 夏火爲體, 食神爲用.

정화丁火가 오월에 태어나 월령이 건록지이다. 지지에 유酉가 셋 있어 화火가 장성한 여름 하늘에 금金이 중첩된 격이다. 비겁이 천간에 있어 재성을 다투는 것이 병病이니, 오로지 기토 식신으로 겁재를 따르게 하여 재성을 낳는 것을 용신으로 하니, 또한 통관의 의미이다. 여름의 화가 몸체이고 식신이 용신이다.

4. 병병에 약藥을 용신으로 취하는 방법[病藥之取用法]

　　五言獨步云, 有病方爲貴, 無傷不是奇, 格中如去病, 財祿自相隨. 神峰演之爲病藥說. 要之八字, 須要中和, 貴賤豈在病藥. 獨步之意, 謂有病未足爲害, 得藥爲救, 無礙其貴, 豈眞以病爲貴哉. 太强太弱, 病也. 扶之抑之, 卽藥也. 扶抑之用, 已詳上論. 此言應病與藥之用, 乃原局有 適合需要之用神, 而爲別干所制, 是爲之病, 不能用需要之神, 而須以去 病之神爲用, 是爲之藥. 譬如夏木喜印, 原局見壬癸, 極合夏木之需要, 無如別干透戊, 剋制壬癸, 此戊土乃病神也. 又名忌神. 不能再以壬癸 爲用, 而須以能去戊土之甲木爲用, 甲木乃藥也. 有甲制戊, 壬癸方顯潤澤之功. 此去病之藥, 原局有之, 終身獲福, 大運遇之則此五年十年獲 其益, 列式如下.

　　『오언독보五言獨步』에서 "병이 있으면 귀하게 되고, 상해가 없으면 의지하지 않으며, 격국에서 병을 제거하면 재록이 서로 따른다"고 하였다. 장신봉張神峯이 그것을 병약설病藥說로 자세히 풀이하였으니, 요약하자면 팔자는 반드시 중화中和를 이뤄야 하고, 귀천에 어찌 병과 약이 있겠는가라는 것이다. 『오언독보』의 의미는 병이 있을지라도 그다지 해로울 것이 없고, 약을 얻어 치료하면 그 귀함을 얼어붙게 하지 않으니 어찌 진실로 병을 귀함으로 여기겠는가라는 말이다. 너무 강하거나 너무 약한 것은 병이고, 돕거나 억제하는 것이 바로 약이다. 돕거나 억제하는 것은 이미 앞에서 자세히 설명했다. 그러니 여기에서는 병에 따라 약을 처방하는 행위에는 바로 필요에 적합한 용신이 있는데, 다른 천간이 제재하면 그 병 때문에 필요한 용신을 쓸 수 없어 반드시 병을 제거하는 것으로 용신을 삼는다는 것을 말하겠다. 이것이 약이다. 이를테면 여름의 목은 인성을 반기고 원국에 임壬과 계癸라는 인성이 있으면 여름의 목에 아주 잘 합한다. 그런데 안타깝게도 다른 천간 무토가 투출되어 임수를 극하고 제재하면 이것은 무토가 바로 병이 되는 신이다. 기신忌神이라고 명명하기도 힘 다시 임과 계로 용신을 삼을 수 없어 반드시 무토를 제거하는 갑목을 용신으로 삼으니, 갑목이 바로 약이다. 갑이 있어 무를 제재하면 임과 계가 촉촉이 적셔주는 공을 드러낼 수 있으니, 이것이 병을 제거하는 약이다. 원국에 있으면 종신토록 복을 얻고 대운에서 만나면 그 오년이나 십년동안 이익을 얻는다. 그 방식을 다음처럼 나열한다.

```
印　官
甲 丁 己 壬        以印去食爲用
辰 丑 酉 戌        인성이 식신을 제거하는 것을 용신으로
   才
```

丁火昭融, 雖生于八月, 不以衰竭爲忌. 原局有印相生, 月令財旺生官, 富貴並全之造也. 如己土出干, 混濁壬水, 只能取甲木制己爲用, 而不能以才官爲用矣. 好在甲己隔位不合, 可以相制, 酉丑會局, 富重貴輕, 此浙西巨富劉某命造. 秋丁爲體, 以印去食爲用.

정화가 밝게 융합하여 팔월에 태어났을지라도 쇠하여 다하는 것을 꺼리지 않는다. 원국에서 인성이 서로 생하여 주고, 월령의 왕성한 재성이 관성을 생하여 부귀가 함께 온전한 명조이다. 그런데 안타깝게도 기토가 천간에 있어 임수를 혼탁하게 하니, 단지 갑목을 취하여 기를 제재하는 것으로 용신을 삼고 재성과 관성으로 용신을 삼을 수 없다. 아름답게도 갑甲과 기己의 자리가 떨어져 있어 합하지 않으니 서로 제재할 수 있다. 유酉와 축丑은 모여 있는 형세로 부유함은 커지만 귀함은 가볍다. 이것은 절서浙西의 거부 유劉 아무개의 명조이다. 가을의 정丁이 몸체이고 인성이 식신을 제거하는 것이 용신이다.

```
  印 才
庚 甲 壬 戊
午 寅 戌 子
```

秋木枯凋, 寅午戌又會火局, 《滴天髓》云, 虎馬犬鄉, 甲來成滅, 此之謂也. 枯朽之木, 雖見庚金無取, 必須用壬癸破火局, 方可云富貴. 無如戊土出干爲病, 必須用甲木比肩去土爲救. 原局無比肩, 名有病無藥, 終身受損. 雖行比肩之運, 發福亦不足也. 另詳歲運篇. 此爲用神被傷.

가을의 목은 바싹 말라 시들었는데, 인寅·오午·술戌이 또 화의 형국을 이루었으니, 『적천수』에서 "호랑이·말·개가 모여 있는데 갑甲이 와서 멸망하였다"고 하는 것은 이것을 말한다. 마르고 썩은 나무는 경금을 볼지라도 취하지 않으니, 임壬과 계癸로 화의 형국을 부숴버려야 부귀하다고 할 수 있다. 안타깝게도 천간의 무토가 병으로 반드시 비견 갑목으로 토를 제거해야 치료할 수 있는데 비견이 없으니, 약이 없는 병으로 종신토록 손상을 당한다고 이름 붙인다. 비견의 운으로 흘러갈지라도 발복하기에는 또한 부족하다. 따로 「세운」편에서 자세히 설명하겠다. 이것은 용신이 손상을 당한 것이다.

5. 조후調候로 용신을 취하는 방법[調候之取用法]

五行生剋之理, 本是氣候相勝相制之代名詞, 僅言生剋, 不足以盡其變, 乃有反生剋之理. 譬如土能生金, 而夏令燥土, 不能生金, 得水潤之土潤金生, 金能生水, 秋冬寒燥之金, 不能生水, 得火溫之, 水暖金溫; 水能生木, 寒冬冰凍之水, 不能生木, 得火照暖, 木乃敷榮, 木能生火, 春夏陽壯木渴, 木火自焚, 得水潤其根, 乃有通明之象. 質言之, 夏令不 可無水, 冬令不可無火, 不僅相生爲生, 剋洩亦是生. 此卽滴天髓兒能生母之意也. 在需要調候之時, 只以調候爲重. 其餘槪置緩論, 先其所急也. 五行皆需要調候. 列式如下.

오행이 상생相生하고 상극相剋하는 이치는 본래 기후가 상승相勝하고 상제相制하는 것의 대명사이다. 그런데 겨우 상생과 상극만 말해서는 그 변화를 다 표현하기에 부족해서 거꾸로 상생하고 상극하는 이치까지 포함시켰다. 비유하자면, 토가 금을 생할 수 있으나 여름 월령의 마른 토는 금을 생할 수 없으니, 수를 얻어 촉촉해져야 토가 젖어 금을 생한다. 금이 수를 생할 수 있으나 가을과 겨울의 차고 건조한 금은 수를 생할 수 없으니, 화를 얻어 뜨거워져야 수가 데워지고 금이 따뜻해진다. 수는 목을 생할 수 있으나 찬 겨울의 얼어있는 물은 목을 생할 수 없으니, 화를 얻어 따스하게 비춰야 목이 개화할 수 있다. 목이 화를 생할 수 있으나 봄과 여름의 양陽이 장성한 목과 바싹 말라있는 목은 화가 저절로 타오르니, 수를 얻어 그 뿌리를 적셔주어야 밝음에 통하는 상이 있다. 실질적으로 말하면 여름의 월령은 수가 없어서는 안 되고, 겨울의 월령은 화가 없어서는 안 되어 조금 생하는 것으로는 생이 될 수 없으니, 극하고 설기하는 것도 생이다. 이것이 바로 『적천수』에서 "아이가 어머니를 생한다"는 의미이다. 조후가 필요한 때에는 오직 조후를 중점으로 삼고, 놔두고 천천히 논하니 시급한 것을 먼저 하기 때문이다. 오행은 모두 조후를 필요로 하니 아래처럼 그 방식을 나열한다.

辛 乙 癸 壬
巳 丑 丑 申
傷

乙木生十二月, 水凍木枯口天干金水相生, 然寒金寒水不足以爲木之輔助, 反而凍木. 金之氣洩, 不能剋木, 水亦不能生木. 惟己宮丙火暗藏, 木得陽和之氣乃能敷榮, 名寒木向陽. 調和氣候, 非此不可也. 煞印槪置緩論. 寒木爲體. 丙火傷官爲用.

을목乙木이 12월에 태어나 수는 얼어 있고 목은 말라있다. 천간의 금과 수가 서로 생하나 차가운 금과 차가운 수는 목의 도움이 되기에 부족하고 도리어 목을 얼린다. 금의 기운이 누설되어 목을 극할 수 없고, 수도 목을 생할 수 없음 오직 사궁巳宮의 병화丙火가 암장되었으니, 목이 양의 화사한 기운을 얻어 개화할 수 있다. 차가운 수가 양을 향해 기후를 어울리게 하려면 이것이 아니면 안 된다고 이름 붙인다. 급살과 인성은 놔두고 천천히 논한다. 차가운 물이 몸체이고 병화상관이 용신이다.

己 己 乙 癸
巳 亥 丑 卯
印

己土生于十二月, 冰結池塘. 凍水枯木, 何能剋土. 惟有取己宮丙火, 不僅暖土, 得此一點陽和, 才官方有生意, 故非用丙火不可也. 冬土見丙, 名寒谷回春, 調候爲急, 才官槪從緩論. 寒土爲體. 丙火印爲用.

기토己土가 12월에 태어나 얼어붙은 못이다. 얼어붙은 수와 마른 목으로 어떻게 토를 극할 수 있겠는가? 오직 사궁巳宮의 병화를 취할 뿐이니, 토를 조금 따뜻하게 할 뿐만이 아니라 화사한 양 이 하나를 얻어 재才와 관官이 비로소 생하려는 의지가 있기 때문에 병화를 용신으로 하지 안 된다. 얼어붙은 토가 병丙을 본 것으로 차가운 계곡에 봄이 돌아오니 조후가 시급하다고 이름 붙인다. 재와 관은 놔 두고 천천히 논한다. 차가운 토가 몸체이고 병화와 인성이 용신이다.

財
甲 辛 癸 壬
午 丑 丑 辰
煞

辛金生十二月, 丑宮辛癸並透, 爲金水眞傷官. 金寒水冷, 非火溫暖, 不爲功. 書云, 金水傷官喜見官, 卽調候之意也. 好在時逢甲午, 甲木引丁, 金溫水暖, 此湘鄕王湘綺命造. 金水爲體, 木火爲用.

신금辛金이 12월에 태어나고 축궁丑宮의 신辛과 계癸가 함께 투출되어 금과 수가 진실로 상관이다. 금은 차고 수는 얼어붙어 화의 따뜻함이 아니면 공이 되지 않아 책에서 "금수상관은 관을 보는 것이 반갑다"고 했으니, 곧 조후의 의미이다. 시주에서 갑오를 만난 것이 좋으니 갑목이 정화를 끌어당겨 금과 수가 따뜻해진다. 이것은 상향湘鄕 왕상기王湘綺의 명조이다. 금수가 몸체이고 목화가 용신이다.

丁 乙 丙 丁

亥　丑　午　丑

　乙木生仲夏, 木火眞傷官, 丙丁齊透, 火旺木焚. 木性枯焦, 非水潤澤, 不足以救濟. 喜得時支見亥, 壬水得祿, 制火潤土, 木自繁榮. 夏令木火傷官, 非用印不可, 卽調候之意也. 夏木爲體. 印爲用.

　을목이 5월에 태어나 목화가 진실로 상관이다. 병과 정이 가지런히 투출되어 있음으로 화가 왕성하고 목이 타올라 목이 본성적으로 바짝 말라 있으니, 수가 촉촉이 적셔주지 않으면 구제하기에 부족하다. 시지에서 해亥를 본 것이 반가우니, 임수가 건록지를 얻음으로 화를 제압하여 토를 적셔줄 수 있으면 목이 저절로 번영한다. 여름 월령에 목화 상관은 인성을 용신으로 하지 않으면 안 되니, 조후의 의미이다. 여름의 목이 몸체이고 인성이 용신이다.

　以上取用方式, 大致咸備, 神而明之, 存乎其人已.
　이상으로 용신을 취하는 방식은 대체로 모두 설명했으니, 신묘하게 하고 밝히는 것은 그 사람에게 달렸을 뿐이다.

제8편

몸체를 밝혀 용신을 세움 하
[明體立用 下]

1. 몸체와 용신의 변화.『적천수미의와 보주補註』참고

[體用之變參考滴天髓微義及補註]

體用之變者, 全局氣勢偏旺于一方, 不以日干配月令爲主, 而以全局 氣勢爲主. 用隨體變, 不以抉抑爲用, 而以順其氣勢爲用特順氣勢之中, 有宜印劫, 有宜食傷各有不同耳, 約分爲三, (甲)專旺, (乙)從旺, (丙)合化. 星平大成以專旺爲從旺, 從旺爲從强, 名異實同.

몸체와 용신의 변화는 전체 원국의 기세가 한쪽으로 치우치게 왕성해 일간이 월령을 짝하는 것을 근본으로 할 수 없으면 전체 원국의 기세를 근본으로 한다. 용신이 몸체를 따라 변해 도움과 억제함으로 용신을 삼지 못하면 기세를 따르는 것을 용신으로 하는데, 다만 기세를 따르는 가운데 당연히 인성과 비겁이 있고 식상관이 있는 것이 각기 다를 뿐으로 대략 세 가지 (甲) 전왕專旺, (乙) 종왕從旺, (丙) 합화合化로 나눈다.『성평대성星平大成』에서는 전왕專旺을 종왕從旺으로, 종왕從旺은 종강종강從强으로 하였으니, 이름은 다르나 실질은 같다.

1) 전왕 專旺

專旺者, 日干與全局地支, 同爲一類, 氣勢偏旺于一方也, 木旺于春, 支成木局, 或東方, 爲曲直仁壽格, 火旺于夏, 支成火局或南方, 爲炎上格, 土旺四季, 支聚四庫, 爲稼穡格, 金旺于秋, 支成金局, 或西方, 爲從革格, 水旺于冬, 支成水局或北方爲潤下格.

전왕은 일간과 전체 원국의 간지가 동일하게 한 종류여서 기세가 한쪽으로 치우친 것이다. 목이 봄에 왕성한데 지지에 목국木局이나 혹 동방을 이루면 곡직인수격曲直仁壽格이다. 화가 왕성한데 지지에 화국火局이나 혹 남방을 이루면 염상격炎上格이다. 토가 네 계절의 끝에 왕성한데 지지에 사고四庫가 모여 있으면 가색격稼穡格이다. 금이 가을에 왕성한데 지지에 금국金局이나 혹 서방을 이루면 종혁격從革格이다. 수가 겨울에 왕성한데 지지에 수국水局이나 북방을 이루면 윤하격潤下格이다.

滴天髓云, 一者爲獨, 又云獨象, 喜行化地, 而化神要昌. 獨象者, 干支同屬一類, 卽專旺格也. 化神者, 引化之神卽食傷也. 旺之極者, 以洩其氣爲秀, 專旺格局固喜食傷爲用, 然非無例外, 亦有喜印者, 蓋體性雖變, 而取用之法, 仍當配合氣候, 論其宜忌. 同一格局有高低之分, 亦有雖成格而不貴, 其中辨別卽在格局之雜, 與用神之是否適合于需 要而已. 總之, 專旺格局, 用神不外乎印與食傷然. 有宜印而見食傷或 宜食傷而見印, 則格局之高低分矣.

『적천수』에서 "하나로 되어 있는 것은 홀로 있는 것이다"라고 하고, 또 "홀로 있는 상은 변화하는 곳을 흘러가서 변화한 신이 창성하기를 바란다"고 하였다. 홀로 있는 상은 천간과 지지가 같은 무리로 한 종류 곧 전왕격이다. 변화한 신은 끌어당겨 변화한 신 곧 식상이다. 왕성한 것의 끝은 그 기운을 누설하는 것으로 뛰어남을 삼는다. 전왕의 격국은 진실로 식상이 용신인 것을 반기나 예외가 없는 것이 아니어서 또한 인성을 반기는 것도 있다. 몸체의 특성이 변할지라도 용신을 취하는 법은 거듭 기후에 합당해야 한다. 좋은 것과 나쁜 것을 논하면 동일한 격국에 고저의 구분이 있어 또한 격을 이룰지라도 귀하지 않은 것이 있다. 그것들을 변별하면 격국의 순수함과 용신이 수요에 적합한지 여부일 뿐이다. 충괄히면 전왕의 격국은 용신이 인성과 식상을 벗어나지 않으나 인성이 마땅한데 식상을 보는 것이 있고 식상이 마땅한데 인성을 보는 것이 있으니, 격국의 고저로 나눈다.

所透之神爲官煞則破格, 當以官煞爲重. 而另取用, 所透爲財雖不破格, 亦以去之爲美. 所謂强衆敵寡, 須去其寡也. 所透爲印與食傷, 則成格. 透印者, 以印爲用. 透食傷者, 以食傷爲用. 然有宜印而見食傷者, 有宜食傷而見印者, 雖成格, 不以貴論. 然專旺局, 以宜用食傷, 爲通例. 宜印爲氣候之調和, 乃例外也.

투출된 신이 관살이면 파격破格이니 관살을 중하게 여겨 따로 용신을 취한다. 투출된 신이 재성이면 파격은 아닐지라도 그것을 제거하는 것이 아름다우니, 이른바 강한 것들이 많이 있는데 대적할 것들이 적으면 그 적은 것들을 제거해야 한다는 것이다. 투출된 것이 인성과 식상이면 격을 이루니, 인성이 투출된 것은 인성으로 용신을 삼고 투출된 것이 식상이면 식상으로 용신을 삼는다. 그런데 인성이 마땅한데 식상을 보는 경우가 있고, 식상이 마땅한데 인성을 보는 경우가 있으니, 격을 이룰지라도 귀한 것으로 논하지 않는다. 그러나 전왕의 격국은 당연히 식상을 용신으로 하는 것이 통상적인 사례이고, 인성으로 기후의 조화를 삼는 것은 특별한 사례이다.

(1) 곡직인수격曲直仁壽格

曲直格專取乙木, 不取甲木, 蓋甲 木太旺, 宜剋宜洩, 剋者用財官也, 洩者用食傷也, 不以專旺格論.

곡직격은 오로지 을목乙木을 취하고 갑목甲木을 취하지 않는다. 갑목이 너무 왕성해 극하고 설기해야 한다. 극하는 경우에는 재성과 관성을 용신으로, 설기하는 경우는 식상을 용신으로 해야 하니, 전왕격으로 논하지 않는다.

```
    印
己 乙 甲 癸
卯 亥 寅 未
```

李文忠公鴻章命, 正月乙木, 不離丙癸. 生于雨水前四日, 月令寅宮有丙火解凍, 干透癸水養木, 爲上上之命. 癸透卽以癸印爲用, 用印故不忌官煞, 運行西方, 封侯拜相. 人以仁壽格行金運得意爲奇, 不知印綬引化之故也. 午運木之死地, 辛丑年卒, 壽七十九.

이홍장李鴻章 문충공文忠公의 명조이다. 정월의 을목乙木이 병丙·계癸와 떨어져 있지 않다. 우수雨水 사일 전에 태어나 월령이 인궁寅宮이어서 丙火의 해동解凍이 있고, 천간에 투출된 계수癸水가 목을 기르니 상급 중에 상급의 명조이다. 계수가 투출되어 바로 인성 계수로 용신을 삼았다. 용신이 인성이기 때문에 관살을 꺼리지 않는데 운이 서방으로 흘러 제후와 정승이 되었다. 인수격으로 운이 금으로 흘러 뜻을 이뤄 뛰어나게 되었으니, 모르겠으나 인수가 끌어당겨 변화했기 때문이다. 오운午運은 목의 사지死地이니 신축辛丑년에 세상을 떠나니 79세이다.

```
    印
癸 乙 己 乙
```

未 亥 卯 丑

段執政祺瑞命, 生于二月, 陽壯木渴, 得癸水出干養木, 大貴之命. 以適合于正二月乙木之需要也卽取癸印爲用, 運行西方, 位至執政, 七旬後轉南方運, 丙子年卒, 壽七十二. 金聲玉振賦云, 曲直兼資乎印綬, 仁聲播九有以無窮. 李段兩造, 皆透癸印, 故勳業鼎盛.

단기서段祺瑞 집정執政의 명조이다. 2월에 태어나 양陽이 장성함으로 목木이 말라 있는데 천간의 계수癸水가 있음으로 목을 기를 수 있으니 아주 귀한 명조이다 정월과 2월 을목乙木의 수요에 적합한 명조로 곧 인성 계수를 취해 용신으로 하였다. 운이 서방으로 흘러 지위가 집정에 이르렀다. 칠순 이후에 남방운으로 흘러 병자년에 세상을 떠나니 72세이다. 『금성옥진부金聲玉振賦』에서 "곡직이 인수를 아울러 바탕으로 하면 어진 명성이 온 세상에 퍼져 끝이 없다"고 하였다. 이홍장과 단기서 두 명조는 모두 인성 계수가 투출되어 공업이 흥성했던 것이다.

   食
己 乙 丁 己
卯 未 卯 亥

法學家吳經熊博士命, 二月乙木, 見丁火出干, 名木火文星. 若在前清, 必斐聲翰苑, 爲文學侍從之臣, 勛名事業. 則不如用癸, 以陽壯木渴 缺水潤澤故也. 兩己洩丁非美, 然不礙其成格.

법학자 오경태吳經態 박사의 명조이다. 2월의 을목乙木이 투출된 정화丁火를 보았으니 목木 · 화火의 문성文星이라고 이름 붙인다. 만약 전의 청나라에 있었다면 반드시 명성이 자자하여 한원翰苑의 문학시종의 신하가 되었을 것이다. 공명과 사업은 계癸를 용신으로 하는 것만 못하니, 양이 장성함으로 수가 고갈되어 부족한 것을 적셔주기 때문이다. 두 기토己土가 정화를 누설시키는 것이 아름답지 않으나 격을 이루는 데에 방해되지는 않는다.

```
   食
己 乙 丁 乙        丙 乙 乙 己      王鴻儒命
卯 未 亥 丑        戌 未 亥 卯      왕홍유의 명조
```

亦曲直仁壽格. 丁火出干, 木火文星, 但生于十月, 支雖得局而失垣. 曲直失時, 不能取貴, 幸格局純粹, 雖爲一鄕農, 而小康之家, 子孫繞膝 壽臻耄耋, 福澤之厚仁壽之征也. 乙木生十月, 壬水當旺, 不能無丙戊, (見乙木選用法) 若得丙戊出干, 必貴. 如明王鴻儒命, 己卯乙亥乙未丙戌, 得力在時上, 丙戌見丁巳不貴.

역시 곡직인수격이다. 정화가 천간에 있어 목화의 문성文星이다. 다만 시월에 태어남으로 지지에 국局을 이루었으나 울타리를 잃어 곡직이 때를 만나지 못했으니 귀함을 취할 수 없다. 다행이 격국이 순수하여 한 마을의 농부가 될지라도 먹고 살만한 집안으로 자손 번성에 장수하고 복이 많으니 인수의 징험이다. (을목이 용신을 선택하는 것을 보라.) 병화가 천간에 있었다면 반드시 귀하게 되었을 것이다. 이를테면 위에서 명명의 왕홍유의 명조 기묘己卯 을해乙亥 을미乙未 병술丙戌은 힘을 얻은 것이 시주의 丙戌에 있으니, 정사丁巳를 보았다면 귀하지 않다.

(2) 염상격炎上格

書曰, 木能生火. 到寅卯方而生燄, 不利于西, 遇申酉而必死. 生居 離位(南方)果斷有爲, 若居坎宮(北方)謹畏守禮. 蓋火性炎上, 運程順行東南, 則烈烈轟轟不可一世. 逆行西北, 拘謹異懦, 亦異乎尋常. 凡格局純粹而眞, 運雖稍遜, 無礙其貴. 獨炎上格專重運程. 如不行東南, 雖成格無取. 此性質之特殊者也. 如戊戌甲寅丙午甲午, 甲戌丙寅丙午庚寅.

책에서 "목이 화를 생할 수 있음에 인寅·묘卯 방향에 이르러 화염을 내놓으니, 서쪽에서 신申·유酉를 만나 반드시 죽는 것은 이롭지 않다. 생생이 남방 리괘(離卦☲)의 자리에 있으면 과감하게 큰일을 결단한다. 북방 감괘(坎卦☵)의 자리에 있으면 삼가 두려워서 예를 지킨다. 화의 특성은 타올라 운의 경로가 동남으로 순행하면 기세가 드높은 것이 한 세대로 끝나지 않고, 서북으로 역행하면 고지식하고 나약한 것이 보통보다 다르다. 격국이 순수하여 참된 것은 운이 조금 따를지라도 그 귀함에 장애되지 않는데, 유독 염상격은 오로지 운의 경로가 중요해 동남향으로 가지 않는다면 격을 이루었을지라도 취하지 않으니, 이런 성질의 특수한 것으로 이를테면 다음의 두 명조를 보자.

```
甲 丙 甲 戊      庚 丙 丙 甲
午 午 寅 戌      寅 午 寅 戌
```

兩造錄自八法關鍵. 生于正月, 炎上失時, 然以運行東南, 皆爲宰相命. 可見一般.

두 명조는 『필법관건八法關鍵』에서 채록하였다. 정월에 태어나 타오르는 불이 때를 잃었지만 운이 동남으로 흘러 모두 재상의 운명이 되었으니 한 무리임을 알 수 있다.

復次炎上格, 必須用印, 若見食傷, 富耐不貴, 蓋土能晦火之光, 不 以貴取. 土能生金, 爲食傷生財, 故轉爲富格. 若土多晦火, 用才以洩土 之氣, 名火炎土燥, 不作炎上格論. (見抑强節)

다시 다음의 염상격은 반드시 인성을 용신으로 해야 하는데, 식상을 보았다면 부유하나 귀하지 않다. 토는 화의 빛을 어둡게 하여 귀함으로 취할 수 없고, 토가 금을 생할 수 있어 식상이 재성을 생하기 때문에 부격富格으로 바뀐다. 토가 많아 화를 어둡게 하면 재성을 용신으로 하여 토의 기운을 누설시켜야 하니, 화가 불타올라 토가 바싹 마른 것은 염상격으로 논하지 않는 것으로 이름 붙인다. 「강함을 억제함」을 참고하라.

戊　丙　甲　戊
戌　午　寅　戌

眞炎上格, 借戊土出干, 晦火之光, 又時逢華蓋, 藝術之星, 故以藝術名世. 運行東南, 卽由藝術而致富. 蓋年上之戊, 有甲木破之, 時上之 戊, 丙火間隔, 甲不能破故. 富而不貴也. 參閱戊戌甲戌兩造.

진정한 염상격이나 애석하게도 무토戊土가 천간에 있어 화의 빛을 흐렸다. 또 시주에서 화개華蓋를 만나 예술의 별이기 때문에 예술로 세상에 이름을 날린다. 운이 동남쪽으로 흘러 곧 예술로 부를 이루었다. 연간의 무戊를 갑목甲木이 파괴할 때가 있으니 시간의 무戊는 병화丙火 때문에 간격이 생겼기 때문에 부유하나 귀하지는 않다. 무술戊戌 갑술甲戌 두 명조를 살펴보면 저절로 분명해진다.

```
甲 丙 庚 甲
午 午 午 午
```

眞炎上格. 得時秉令, 格局完備, 毫無缺點, 唯運程西北, 火勢下熠, 逆其性矣. 故巽懦怯弱, 毫無作爲. 火性無情, 雖成格無所取也. 丁火衰退, 無炎上之理, 故丁火無炎上格. 如支聚火局或南方, 則從 其旺勢, 看法相同, 特貴較遜耳.

진정한 염상격으로 시에서 권력을 휘두를 수 있어 격국이 완전히 갖추어졌으니, 조금의 흠도 없다. 다만 운의 경로가 서북방향이어서 화의 기세가 약해지는 것은 그 본성과 역행하기 때문이다. 그러므로 고지식하고 유약해서 조금도 큰일을 하지 못한다. 화의 특성은 무정하니 격을 이루었으나 취할 것이 없다. 정화는 쇠퇴해서 염상의 이치가 없기 때문에 정화에는 염상격이 없다. 이를테면 지지에 화국이나 남방을 이루었다면, 그 왕성한 기세를 따른다. 보는 법은 서로 같다. 귀할 뿐이고 비교적 겸손하다.

(3) 가색격稼穡格

稼穡格生于六月, 宜用庚辛金, 生于九十二月, 宜用丙丁火, 生于三月, 木有餘氣, 多作雜氣財官論. 成格者, 不多見也.

가색격은 6월에 태어났으면 경庚·신辛 금을 용신으로 해야 하고,

9월 12월에 태어났으면 병丙·정丁 화를 용신으로 해야 하며, 辰월에 태어났으면 목木에 남아 있는 기운이 있어 대부분 잡기雜氣 재관財官으로 논하니, 격을 이룬 것은 흔하지 않다.

```
庚 己 壬 癸
午 丑 戌 未
```

　此何應欽命, 三秋寒土, 專用午宮丁火, 早年西方運, 困苦. 中年後 運轉南方, 戊午丁巳丙辰, 步步增勝, 貴爲參謀總長. 此造如無午宮丁火, 用庚金壬癸, 即不足取.

　이것은 하응흠何應欽의 명조이다. 구월에 차가운 토여서 오궁午宮의 정화丁火를 오로지 용신으로 한다. 초년에는 서방의 운이라 곤고했고, 중년 이후에는 운이 남방으로 바뀌어 무오戊午 정사丁巳 병진丙辰이니, 행보마다 승리를 해서 귀함이 참모총장이 되었다. 이 명조에서 오궁의 정화가 없었다면 경금庚金을 용신으로 하니, 임계壬癸는 곧 취하기에 부족하다.

```
傷
庚 己 己 戊
午 未 未 辰
```

此女造也. 書云, 土臨旺未月, 見金結局者, 不貴卽富. 又土逢季月 見金, 終爲貴論. 此造年月日純土, 時逢庚午, 火生土旺, 見庚出干, 洩土之秀, 福澤之厚, 無與倫比. 夫榮子貴, 良有以也.

이것은 여자의 명조이다. 책에서 "토가 왕성한 미월에 경금이 형국을 갖추면 고귀하지 않으면 부자이고, 또 토가 진辰 · 술戌 · 축丑 · 미未의 월에 금金을 보면 마침내 귀한 것으로 논한다"고 하였다. 이 명조는 연 · 월 · 일이 순수한 토이고 시주에서 경오를 만남으로 화가 토를 낳아 왕성한데, 경庚이 천간에 있어 토가 높이 솟은 것을 누설하여 복과 은택이 많은 것을 비교할 것이 없을 정도이다. 남편이 영화롭게 되고 자식이 귀하게 되는 것은 진실로 그 때문이다.

稼穡格以己土爲正, 如戊土, 多作火炎土燥看. 更無適宜之用神, 卽不足貴矣.

가색격은 기토己土로 바름을 산는다. 이를테면 무토가 많음으로 불꽃이 타올라 토가 말라버린 것으로 보면 적절하고 마땅한 용신이 없으니 곧 별로 부귀하지 않다.

印
丙 戊 己 戊
辰 戌 未 戌

滿槃皆土, 生于六月, 不透食傷而透印, 卽以印爲用. 然三夏土旺宜洩, 見丙火非所需要, 故生僅享蔭庇之福, 無所作爲. 運行庚申辛酉優 遊蔭庇之下, 一生惟戌運較活動, 至亥運乙亥年丙火絶地而歿, 年僅卅八. 此造如生于丑月, 卽以貴取.

전체가 모두 토이고 6월에 태어났는데, 식상이 투출되지 않았고 인성이 있어 그것으로 용신을 삼았다. 그러나 6월에는 토가 왕성하여 설기해야 하니, 병화가 필요한 것은 아니다. 그러므로 평생 겨우 감싸주는 복을 누리며 하는 일이 없었다. 운이 경신庚申 · 신유辛酉로 흘러 조금 감싸주는 그늘 아래에서 한가롭게 놀며 지냈다. 평생토록 단지 술운戌運에 다소 활동하고 해운亥運의 을해乙亥년에 병화丙火가 절지여서 세상을 마쳤으니 겨우 38세였다. 이 명조가 축월丑月에 태어났다면 귀함을 취하였을 것이다.

(4) 종혁격從革格

```
         食
庚  庚  己  壬
辰  申  酉  辰
```

庚金生八月, 柱無甲乙丙丁, 支成金局, 名從革格. 運程西北爲美, 東南爲忌, 火鄕必死. 用神雖有取印取食傷之別, 總以洩秀爲美. 所謂强金得水, 方挫其鋒是也, 此造壬水出干爲用, 惜己土並透, 有沙水同流之 象, 略見微疵. 運行北方, 貴顯必矣.

경금이 8월에 태어나고 사주에 갑갑·을乙·병丙·정丁이 없으면서 지지에 금국을 이루면 종혁격이라고 이름 붙인다. 운이 서북으로 흐르면 아름답고, 동남으로 흐르면 꺼리고, 화의 고향이면 반드시 죽는다. 용신은 인수를 취하고 식상을 취하는 구별이 있지만 총괄하자면 높은 것을 설기하는 것이 아름다우니, 이른바 강한 금이 수의 방향을 얻어 그 날카로움을 꺾는다는 것이 이런 경우이다. 이 명조는 임수가 천간에 있어 용신이지만 애석하게도 기토가 함께 투출되어 있어 모래와 물이 함께 흐르는 상이다. 작은 흠이 있으나 운이 북방으로 흘러 반드시 귀함이 드러난다.

己 辛 戊 丁
丑 丑 申 酉

此女造, 亦從革格, 又名白虎格. 雖丁火出干, 喜戊土間隔引化, 不 致破格, 以土爲用運行北方水鄕, 夫榮子貴, 誥封一品. 至甲寅運傷用剋 夫, 家況亦一落千丈矣, 丙辰運己未年歿, 壽八十三.

이것은 여자의 명조로 역시 종혁격인데, 또한 백호격白虎格으로 이름 붙인다. 천간에 정화丁火가 있을지라도 무토戊土가 사이에 있으면서 끌어당겨 바뀌게 함으로써 파격이 되지 않게 하는 것이 반갑다. 토로 용신을 삼고 운이 북방 수의 고향으로 흘러 남편은 영화롭게 되고 자식은 귀하게 되었으니, 1품의 작위를 받았다. 갑인운甲寅運에 용신을 해치고 남편을 극함에 집안도 이에 또한 대번에 몰락하였다. 병진운丙辰運 기미년己未年에 83세로 세상을 떠났다.

(5) 윤하격潤下格

專旺格局, 以得時得地氣勢純一爲貴. 壬癸生于三冬, 氣候嚴寒, 凍水不流. 以理論之, 必須丙火調候, 然丙丁, 財也. 潤下成格, 比劫必多, 丙丁雖有調候之功, 寧無引起爭財之患. 不僅火土相連, 逆其旺勢己也. 故潤下成格, 未必富貴, 取用之法, 須看格局純粹與否. 如原命金水純粹, 喜行東方木運以洩其旺氣, 若原命帶木火, 格局不純, 則宜西北金水運以 助成其旺.

전왕專旺의 격국은 시時와 지지地를 얻어 기세가 순일한 것을 귀하게 여긴다. 임壬과 계癸가 삼동三冬에 태어나 기후가 아주 추워 얼어붙은 물이 흘러가지 않으니, 이치로 논하면 반드시 병화의 조후를 기다리는데 병丙과 정丁은 재성이다. 윤하가 격을 이루기 위해서는 비겁이 반드시 많아야 한다. 병과 정이 조후의 공은 있을지라도 재성을 다투는 우환을 일으키지 않아야 함은 물론 화와 토가 서로 연결되어 그 왕성한 기세를 거역하지 말아야 한다. 그러므로 윤하가 격을 이루더라도 반드시 부귀한 것은 아니다. 용신을 취하는 법은 반드시 격국이 순수한지 여부를 봐야 한다. 이를테면 원국의 금金·수水가 순수하고 운이 동방의 목으로 흐르면 그 왕성한 기운을 누설시켜야 한다. 원국에 목화가 있어 격국이 순수하지 않으면 서북의 금·수운으로 흘러 그 왕성한 기운을 도와서 이루어야 한다.

```
庚 壬 壬 壬
子 申 子 子
```

壬水冲奔, 子申又會局, 生于仲冬, 旺之極矣. 四柱無一點火土, 潤下成格, 運行甲寅乙卯東方, 洩旺水之氣, 斐聲庠序之中, 爲最得意之時也.

임수壬水가 아무 것도 없는 데로 내달리고 자子와 신申이 모여 있는 형국인데, 11월에 태어났으니 극도로 왕성하다. 사주에 화와 토가 전혀 없어 윤하격이 이루어졌다. 운이 갑인甲寅 을묘乙卯의 동방으로 흘러 왕성한 수의 기운을 누설시키니, 명성이 학교에서 자자하여 최고로 뜻을 얻은 시기였다.

```
壬 癸 辛 壬
子 丑 亥 辰
```

此造亥子丑成方, 壬癸並透, 亦是潤下成格. 早年壬子癸丑運, 享蔭 下之福, 轉甲寅乙卯東方運, 出宰名區. 至卯運末, 戊寅年, 被狙擊損命. 蓋後運丙字之氣, 爲戊寅流年所引起也. 凡論命後運已絶者, 往往見于前 一運之末. 試之屢驗.

이 명조는 해亥·자子·축丑으로 방향을 이루고, 임壬·계癸가 나란히 투출되어있어 또한 윤하격을 이루었다. 초년의 임자壬子 계축癸丑 운에 감싸주는 복을 누렸고, 갑인甲寅 을묘乙卯의 동방운으로 바뀌자 지방의 수령으로 나가 이름을 날렸는데, 묘운卯運의 말기 무인戊寅년에 저격을 당해 세상을 떠났으니, 이어지는 운에서 병丙의 기운을 무인戊寅의 세운이 끌어당겼던 것이다. 운명을 논하면서 이어지는 운에 세상을 떠나는 경우를 앞선 어떤 운의 끝에서 자주 본다. 시험해 보면 자주 경험하게 될 것이다.

```
甲 壬 壬 丁
辰 申 子 卯
```

壬水生仲冬, 支全申子辰合于潤下格局. 丁火被壬水合去, 甲與卯皆爲凍木, 潤下成格, 惟原命木氣重洩水之氣, 潤下不純, 運行西北金水之 地, 富甲一方. 境遇順適, 地位亦高. 運至南方, 老境頹唐. 歿于巳運乙亥年. 此造雖見木而不能以木爲用, 反宜金水助其旺勢, 其爲潤下格确矣, 惟爲一富紳而己, 非貴格也.

임수가 11월에 태어났고 지지에 완전히 신申·자子·진辰이 이루어졌으니 윤하의 격국이다. 정화가 임수에게 합을 당해 없어졌고, 갑甲과 묘卯는 모두 얼어붙은 목이어서 윤하격이 이루어졌다. 단지 원국에 목기木氣가 거듭 수의 기운을 누설시켜 윤하가 순수하지 않다. 운이 서북 금金·수水로 흘러 어느 지방의 갑부로 경우가 바르고 지위도 높았다. 운이 남방으로 흘러 노년에 몰락하고, 사운巳運의 乙亥년에 세상을 떠났다. 이 명조는 목이 있으나 그것으로 용신을 삼을 수 없고, 도리어 금金과 수水가 그 왕성한 기세를 도왔으니 확실히 윤하격이다. 다만 크게 부자가 되는 것만 갖추었을 뿐이고 귀격은 아니다.

2) 종왕從旺

全局氣勢偏旺于一方, 而獨有日干逆其旺氣, 日干無生無助, 不得不棄原有之性質, 而從旺神, 名爲從格. 蓋以全局氣勢爲主體, 而不以日干爲主體也. 分四, (子)從官煞, (丑)從才, (寅)從兒, (卯)母旺子衰.

전체 원국의 기세가 한쪽으로 치우쳐 있고, 유독 일간이 그 왕성한 기운을 거스름에도 일간에 생해주는 것도 도와주는 것도 없어 원래의 성질을 버리고 그 왕성한 신神을 따라가지 않을 수 없으니, 이것을 종격從格이라고 이름 붙인다. 전체 원국의 기세를 주체로 하고 일간을 주체로 하지 않는 것으로 종관살從官煞・종재從才・종아從兒・모왕자쇠母旺子衰 네 가지로 나눈다.

　滴天髓云, 陽干從氣不從勢, 陰干從勢無情義. 論理甚精. 蓋陽干本爲生旺之氣, 非至氣絶之地, 不能言從. 陰干本爲衰竭之氣, 見全局 偏旺何方, 卽棄其原來性質, 而從旺神. 陰干易從, 陽干難從, 卽因原來 氣質有衰旺之別也. 然此爲難易之辨而已, 成格與否, 須合下列各點觀察之.

　『적천수』에서 "양간은 기氣를 따르고 세勢를 따르지 않으며, 음간은 세勢를 따라 인정과 의리가 없다"고 하였는데 논리가 아주 정교하다. 양간은 본래 낳고 왕성한 기운이지 기氣가 절지絶地에 이른 것이 목화는 가을과 겨울에 이른 것이고 금수는 봄과 여름에 이른 것임 아니니, 따른다고 말할 수 없다. 음간은 본래 쇠약하고 다한 기운이니, 전체 원국이 어느 쪽으로 왕성하게 치우쳐 있는지 보고는 바로 원래의 성질을 버리고 왕성한 신神을 따른다. 음간은 따르기 쉽고 양간은 따르기 어려운 것은 곧 원래 기질에 쇠약하고 왕성한 것의 구별이 있기 때문이다. 그러나 이것은 쉽고 어려운 것에 대한 구분일 뿐이다. 격을 이루었는지의 여부는 아래의 방식에 합해야 하고 각각의 관점에서 관찰해야 한다.

　　(一)　旺神成方成局. 得時秉令, 而日干氣絶無根. 如旺神雖成方局 而月令非當旺之時, 或日干未至衰絕之地, 支有微根, 此在陰干爲眞從, 陽干爲假從也. 或不從卽從, 氣從勢之別也.

(1) 왕성한 신神이 방향[方]과 국局을 이루고 시時를 얻어 권력을 휘두르는데, 일간은 기운이 끊어지고 뿌리가 없다. 이를테면 왕성한 신神이 방향과 국局을 이루었으나 월령이 왕성한 때가 아니거나, 혹 일간이 쇠약하여 끊어진 곳에 이르지 않았고 지지에 미약한 뿌리가 있다면, 음간에서는 진종眞從이나, 양간에서는 가종假從이거나 부종不從이다. 이것이 곧 '기를 따르는 것[從氣]'와 '세를 따르는 것[從勢]'의 구분이다.

(二) 天干必有損抑日干之神, 如從官煞必透煞, 從論才者, 必透食傷, 倘無損抑. 日干兀立無傷, 雖無根, 亦難作從論.

(2) 천간에 반드시 일간을 덜어내거나 억제하는 신이 있다. 이를테면 관살을 따르는 경우는 반드시 관살이 투간되어 있고, 재를 따르는 경우는 반드시 식상이 투간되어 있는데, 혹 덜어내거나 억제하는 것이 없어 일간이 상처 없이 우뚝하게 서 있으면, 뿌리가 없을지라도 종격으로 논하기 어렵다.

(三) 四柱無印出干. 印者, 日元之根也. 從官煞而見印, 則印能洩官煞之氣_以生日元. 從才見印, 則印能制食傷以護日元. 故四柱見印, 決定不以從論.

(3) 사주에 인성이 나와 있지 않다면, 천간의 인성이 일원日元의 뿌리이다. 관살을 따르는데 인성을 본다면, 인성이 관살의 기운을 누설해서 일원을 생할 수 있다. 재성을 따르는데 인성을 본다면, 인성이 식상을 제재해서 일원을 보호할 수 있다. 그러므로 사주에 인성을 본다면 종격으로 결정하여 논하기 어렵다.

(四) 從局以全周氣勢爲主, 必須純粹專一. 若散漫雜亂, 或見剋洩 旺神之物, 則日主雖無根亦難作從論.

(4) 국국에 따라 전체 격국의 기세를 주체로 함에 반드시 순수하고 전일해야 한다. 만약 산만하고 혼잡하여 혹 왕성한 신을 극하고 누설하는 것이 있다면 일주가 뿌리가 없을지라도 종격으로 논하기 어렵다.

從有眞假. 假從者, 具備從之條件, 不能不從. 而旺神失時, 或見微 疵, 不能不藉運助以補其缺點也. 故眞從之格, 一成不變, 運程不助不能 撼動其格局, 雖少進展不失其富貴. 假從格局, 全侍運助以成其格. 運程 不助, 卽不能保有其地位. 此眞假不同之點也. 書云, 生而不生, 過房人 繼之命. 見印爲生, 印無根則不能生. 印主父母, 過房人繼者, 言本生父 母蔭庇不足恃, 須待別人蔭庇之力以成立, 卽指假從格局而言, 其中亦有 極富極貴之命. 非過房入繼皆爲下格也.

　종격에는 진眞과 가假가 있고, 가종假從이 있는 것은 종從의 조건을 갖추어 따르지 않을 수 없으나 왕성한 신이 혹 시를 잃거나 혹 작은 흠이 있어 그 운의 도움을 받아 그 결점을 보완해야 하기 때문이다. 그러므로 진종격은 한 번 성립하면 변하지 않으니, 운의 경로에서 돕지 않아도 그 격국을 흔들어 움직일 수 없고 다소 흔들려도 그 부귀를 잃지 않는다. 가종격은 온전히 운의 도움에 의지하여 격이 성립되기 때문에 운의 경로에서 돕지 않으면 그 지위를 유지할 수 없다. 이것이 진종격과 가종격의 같지 않은 점이다. 책에서 "생해도 생하지 않으니 과방입계過房入繼의 명조이다"라고 하였으니, 인성을 보면 생이 되나 인성에 뿌리가 없으면 생할 수 없는 것이다. 인성은 주로 부모인데, 과방입계過房入繼는 본래 낳아준 부모의 보살핌이 그다지 믿을 것이 못되어 반드시 다른 사람의 보살피는 힘에 의지하여 성립하는 것이니 곧 가종격을 가리켜서 말한 것이다. 그 가운데도 아주 부자이고 귀한 명조가 있으니 과방입계가 모두 하격下格인 것은 아니다.

　從格皆以所從之神爲用. 逆其旺　氣固非吉, 洩其旺氣亦非美. 眞從之格, 極不易得. 玆略擧兩造于下.

　종격은 모두 따르는 신으로 용신을 삼으니, 왕성한 기운을 거슬려도 진실로 좋지 않고 그 왕성한 기운을 누설하여도 아름답지 않다. 진종격은 격을 얻기가 아주 어려우니 대략 아래에 두 명조를 사례로 든다.

(1) 종살격從煞格

官多化煞, 從官卽從煞也

관성이 많으면 관살로 변하니, 종관격이 곧 종살격이다.

乙 己 丁 壬
亥 卯 未 印

伍廷芳命, 己土生未月, 土旺之時, 然亥卯未支成木局, 年支見寅丁 壬化合, 四柱全木, 更見乙木出干, 剋制己土, 不能不棄命從煞矣. 此所謂 從勢無情義也. 且未月木墓, 非當旺之時, 此在陰干爲眞從. 若爲陽干, 易日元爲戊寅, 決不以從論, 以火土皆有氣也.

오정방伍廷芳의 명조이다. 기토己土가 미월未月에 태어나 토가 왕성한 때이다. 그러나 해亥·묘卯·미未가 지지에서 목국木局을 이루었고, 연지에 인寅이 있고 정임丁壬합을 하여 변하여 사주가 온통 목인데 다시 을목乙木이 천간에 있어 기토己土를 극하니 자신의 명을 포기하고 관살을 따르지 않을 수 없다. 이것이 이른바 "음간은 세勢

를 따라 인정과 의리가 없다"는 것이다. 또 미월은 목의 묘지여서 왕성한 때에 해당하지 않으니, 이것이 음간에서 진종격이다. 양간이라면 일원日元 무인戊寅으로 바꾼다면 절대로 종격으로 논할 수 없다. 화와 토에 모두 기가 있기 때문이다.

(2) 종재격從才格

甲 癸 丙 壬
寅 巳 午 午

浙西巨富某命, 壬癸無根, 生于五月, 才星秉令, 更得甲木出干, 洩水生火, 從才格眞. 且巳宮有戊, 午宮有丁, 上下相合, 從而兼化, 氣勢純粹, 行西方運, 反增其財. 從全局氣勢言見金爲財. 北方運逆其旺氣, 乃見衰退. 然而百足之蟲, 至死不僵也.

절서浙西의 거부 명조이다. 임壬과 계癸에 뿌리가 없고 5월에 태어나 재성이 권력을 휘두르는데, 다시 갑목이 천간에 있어 수를 누설해 화를 생하니, 진종재격眞從才格이다. 또 사궁巳宮에 무戊가 있고 오궁午宮에 정丁이 있음으로 상하가 서로 합해 따라가면서 함께 변해 기세가 순수하다. 운이 서방으로 흘러 도리어 그 재를 더하였다. 원국의 기세를 따라 온전히 하였으니, 금金이 재財가 된 것이다.

북방운은 그 왕성한 기세를 거역하여 쇠퇴하였다. 그러나 발이 백 개나 되는 벌레여서 죽어도 쓰러지지 않았다.

　以上兩造, 皆眞從, 極不易得. 普通所見, 假從爲多, 亦不乏富貴之 命, 舉例于下.

　이상의 두 명조는 모두 진종격으로 얻기가 아주 어렵다. 보통 보는 것은 대부분 가종격인데도 부귀가 모자라지 않으니 아래에 그 예를 든다.

甲 乙 癸 己
申 丑 酉 巳

　皖南吳星垣命, 木至八月氣勢已絶. 巳酉丑會局, 時又逢申, 從煞必矣. 干透癸洩金生木, 幸得己土貼身破癸, 甲木在時, 不能制己土, 故 爲假從. 運行南方, 商業失敗, 歲至破産. 戊辰十年, 破癸生金, 重振旗 鼓, 致富 數十萬, 丁運逝世.

　환남皖南의 오성원吳星垣의 명조이다. 8월의 목은 이미 기세가 끊어졌고 사巳 · 유酉 · 축丑이 모인 형세에다 또 시주에서 신申이 있으니, 반드시 종살격이다. 천간에 계癸가 투출되어 있어 금기를 누설해 목을 생함에 다행이 기토己土가 있어 계癸를 파괴했다. 갑목이 시주에 있어 기토를 제압할 수 없기 때문에 가종격이다. 운이 남방으로 흘러 사업에 실패하여 거의 파산지경이었다. 무진戊辰 대운 10년에 계를 파괴하고 금을 생하니 세상이 요란할 정도로 수십만금을 모았다. 정丁운에 세상을 떠났다.

丙 壬 甲 戊
午 戌 寅 辰

浙東施再邨命, 壬水生寅月, 氣已衰退, 而有甲木洩之, 支全寅午戌火局, 丙火出干, 從才格成矣. 無如正月丙火, 並非當旺, 從局失時, 更有戊土洩火之氣. 干戊, 雖有甲木剋制, 支辰, 爲壬水墓地, 故爲假從. 運行南方, 致富數百萬. 己未運漸見衰退, 庚申運一落千丈矣.

절동浙東의 시재촌施再邨의 명조이다. 임수壬水가 인월寅月에 태어나 기운이 이미 쇠퇴했는데, 갑목이 누설시키면서 지지가 완전히 인寅·오午·술戌 화국에다 병화丙火가 천간에 있으니 종재격이 성립된다. 안타깝게도 정월의 병화여서 모두 왕성하지 않으니, 격국을 따르자면 때가 맞지 않는다. 다시 무토戊土가 화기를 누설함에 천간의 무戊를 갑목甲木이 극하여 제재할지라도 지지의 진辰이 임수壬水의 묘지이기 때문에 가종격이다. 운이 남방으로 흘러 수백만금의 부를 이루었고 기미己未운에 점점 쇠퇴해 경신庚申운에 몰락하였다.

己 丙 辛 戊
丑 申 酉 子

丙火生八月, 氣勢垂絕, 更有戊己出干, 洩火之氣以生金, 從格成矣. 但辛金氣勢不純, 子申又會水局洩金之氣, 從才不眞. 又無西方運似補其缺, 故不能大得意也. 從才成格, 氣勢猶嫌不專不旺.

병화丙火가 8월에 태어나 기세가 끊어지기 직전인데 다시 무戊와 기己가 천간에 있어 화의 기운을 누설시켜 금을 낳으니 종격이 성립된다. 다만 신금辛金의 기세가 순수하지 않고 자子와 신申마저 또 수水의 형국을 만듦으로 금의 기운을 누설시켜 종재從才격이 참되지 않고 또 서방의 운이 그 부족한 것을 보충시켜 주지 않기 때문에 크게 뜻을 이룰 수 없다. 종재로 격을 이루었으나 기세가 여전히 불만스럽게도 오로지 함이 없고 왕성하지 않다.

以上三造皆假從. 滴天髓云, 强衆敵寡者, 勢在去其寡. 從全局 論之, 日主孤單無助, 卽在應去之列.

이상 세 명조는 모두 가종격이다. 『적천수』에서 "강한 것이 많고 적이 적을 경우 세력이 그 작을 것을 제거한다"고 하였으니, 전체 원국으로 논하면, 일주가 외롭게 홀로 있음으로 곧 제거해야 될 것에 있게 된 것이다.

辛 乙 辛 癸
巳 丑 酉 酉

皖南許世英命, 八月金神秉令, 巳酉丑會成金局, 辛金出干剋乙, 有從煞之傾向. 無如癸水出干, 洩金生木, 故不以從論. 乙木本性衰竭, 不畏剋制, 取巳宮丙火制煞爲用. 如爲陽干甲子日元, 則不能不用印, 此陰陽干性質之別也.

환남皖南의 허세영許世英의 명조이다. 8월의 금신金神이 권력을 휘두르고, 사巳·유酉·축丑이 합쳐 금金의 형국을 이루었으며, 신금辛金이 천간에 있어 을목乙木을 극하여 종살격從煞格의 경향이 있는데, 안타깝게도 계수癸水가 천간에 있어 금金을 누설시켜 목木을 생하기 때문에 종격으로 논하지 않는다. 을목의 본성이 쇠약하여 다했으니 극하여 제재하는 것을 두려워하지 않고 사궁巳宮의 병화丙火를 취하여 관살을 제재하는 것으로 용신을 삼는다. 양간으로 갑자甲子 일원日元이라면 인수를 용신으로 하지 않을 수 없다. 이것은 음간과 양간의 성질이 다르기 때문이다.

己 庚 丙 丁
卯 午 午 卯

浙東虞洽卿命, 庚金生五月, 火旺金敗, 午宮丁己並透, 有己土洩火 生金, 不作從論. 書云, 庚金生午又爲提, 丁己齊明兩可宜. 于支無丙來 混雜, 水絕肩多作富推. 三夏火土當旺, 必須以水爲用功成. 無水不得己 用己土, 故取富不取貴. 宜行北方濕土運, 以生扶庚金也.

절동浙東의 우흡경虞洽卿의 명조이다. 금이 5월에 태어나 화의 왕성함으로 망가졌다. 오궁午宮의 정丁과 병丙이 함께 투출되어 있고, 기토己土가 화를 설기하여 금을 생하니, 종격으로 할 수 없다. 책에서 "경금이 5월에 태어나고 또 끊어져서 정丁과 기근가 가지런히 밝고 짝지어 있어 마땅하다. 천간에 병丙이 와서 혼잡하게 하지 않았다면, 수가 끊어지고 약해 대부분 부유한 것으로 미룬다. 삼하三夏는 화火와 토土가 왕성함에 해당함으로 반드시 수水로 용신을 삼으면 공이 이루어지고 도리어 살게 되는데, 수水가 없어 어쩔 수 없이 기토己土를 용신으로 하였다. 그러므로 부유함은 취해도 귀함은 취하지 못하니, 운이 북방의 젖어 있는 토로 흘러서 경금을 낳아서 도와야 한다.

壬 壬 庚 丙
寅 午 寅 午

此遜帝宣統命, 壬水無根, 庚金亦無根. 丙火出干, 有壬水制丙護庚, 所謂生而不生, 過房人繼之命是也. 不能以從才論. 或云丙午時, 則爲假從, 寅午雖成火局, 而生正月, 從才失時, 卽使格成假從, 亦虛名虛利而已.

　이것은 손제遜帝 선통宣統의 명조이다. 임수壬水도 뿌리가 없고, 경금庚金도 뿌리가 없는 상태에서 병화丙火가 천간에 있는데, 임수가 병화를 제압하여 경금을 보호하니 이른바 "생해도 생하지 않는다"는 것이다. 과방입계의 명조가 여기에 해당하니 종재격으로 논할 수 없다. 어떤 이는 "병오丙午시라면 가종격이다"고 하는데, 인寅 · 오午가 화火의 형국을 이루나 정월에 태어나 종재격으로는 때를 잃었다. 곧 가종격을 이룰지라도 헛된 이름과 실속 없는 이로움일 뿐이다.

　以上三造皆非從格, 不乏富貴之命, 特附錄之以供參考. 蓋格局高低, 爲另一問題, 不以眞假及成格與否爲分別也. 從與化本爲一格. 更有似從非從似化非化, 而又不能不以從化論, 斯爲下耳. 見下化合節.

　이상의 세 명조는 모두 종격이 아니다. 부귀가 결핍되지 않은 명조여서 단지 덧붙여 기록했으니 함께 참고하길 바란다. 격국의 높음과 낮음은 하나의 다른 문제이니, 진종과 가종 및 격국을 이루었는지의 여부로는 구별하지 않는다. 종격從格과 화격化格은 본래 하나의 격이나, 다시 종격과 비슷한지 종격이 아닌지 화격과 비슷한지 화격이 아닌지 하는 점이 있으면 또 종격과 화격으로 논할 수 없다. 이것은 하격일 뿐으로 아래의 「합화合化」절을 참고하라.

(3) 종아격從兒格(자식이 왕성하여 어미가 쇠약해짐)

從兒格者, 傷官格之變也. 全局皆食傷, 以全局論之, 當以食傷爲主體, 名爲順局從兒. 食傷者, 我所生也, 日元與食傷一順相生, 實不能以從論, 乃取用程式中之抑强法也. 書云, 用神多者, 宜洩不宜剋. 食傷太 重, 宜洩之. 滴天髓云, 從兒不論身强弱, 只要吾兒又見兒. 食傷爲兒, 兒又見, 謂喜財星洩食傷之氣也. 凡從格皆忌比劫忌通根, 見之爲破格, 獨有從兒格不忌. 不論身强弱, 已失棄命相從之意. 從格以所從之 神爲用, 而從兒格以財爲用, 亦與從旺之理相違. 特以日主孤單, 食傷成方局, 格局相類, 列人從格耳. 貴賤高低, 當論宜忌, 不能以成格與否爲斷也.

종아격은 상관격으로 변한 것이다. 전체 원국이 모두 식상이어서 전체 원국으로 논함에 식상을 주체로 해야 하니, 원국에 따라 아이를 따르는 것으로 이름 붙인다. 식상은 내가 생하는 것이다. 일원日元은 식상과 하나로 따르고 서로 낳음으로 실로 종격으로 논할 수 없으니, 이에 정식 가운데 강함을 억제하는 법을 취하여 사용한다. 책에서 "용신은 많은 것을 설기시키고 극하지 않는다"라고 하였으니, 식상이 너무 중첩되었으면 설기시켜야 한다. 『적천수』에서 "종아격은 자신의 강약을 논하지 않는다"고 하였으니, 오직 나의 아이가 아이를 보는 것을 중요하게 여긴다. 식상이 아이이니, 아이가 또 아이를 본다는 것은 재성이 식상의 기운을 누설시키는 것을 반긴다는 말이다. 종격에서는 모두 비겁比劫과 통근通根을 꺼리니, 그것들이 있으면 파격破格이다. 그런데 오직 종아격에서는 꺼리지 않아 자신의 강약을 논하지 않으니, 이미 자신의 명을 잃고 포기하여 서로 따른다는 의미이다. 종격은 따르는 신神으로 용신을 삼고, 종아격은 재성으로 용신을 삼으니, 또한 종왕의 이치와는 서로 어긋난다. 다만 일주가 외롭게 홀로 있고 식상이 방국方局을 이루면, 격국이 서로 유사하여 가지런히 종격에 넣을 뿐이다. 귀천의 높음과 낮음은 마땅함과 꺼림을 논해야 하니, 격을 이룬 여부로 단정할 수 없다.

又專旺格局, 喜用食傷, 與從兒格喜用財, 同爲旺者宜洩, 理固一貫. 但從兒格旣爲傷官格之變, 當觀所變格局而論其宜忌, 不能拘執以財爲用. 如

또 전왕의 격국이 식상을 용신으로 하는 것을 반기는 것과 종아격이 재성을 용신으로 하는 것을 반기는 것은 마찬가지로 왕성한 것을 설기해야 하기 때문이니, 이치는 진실로 하나로 관통되어 있다. 다만 종아격은 이미 상관격으로 변한 것이어서 변한 격국을 보고 마땅함과 꺼림을 논해야 하니, 재성으로 용신 삼는 데에 얽매일 필요는 없다. 이를테면,

戊 丙 乙 戊
戌 辰 丑 戌

此陶文毅公樹命, 丙火日元, 滿槃皆土, 格成從兒, 然以全局論之, 火土傷官變爲稼穡. 生于大寒前三日, 天寒地凍, 喜冬日溫和, 卽以丙火爲用. 乙木三冬枯草, 不足以破格, 反助丙火之熱燄. 乃滴天隨子旺 母衰之局, 宜助其母也. 寒土得太陽照暖, 萬物得遂其生, 運行東南, 卽是春夏陽和之候, 宜乎霖雨蒼生, 有萬家生佛譽. 己運壬午年任皖撫, 午運庚寅年督兩江, 土暖而生, 顯然可見. 卒于未運末, 蓋以下壬申運不能 行, 運至未末絶矣. 按, 此造雖滿槃皆土, 而丙火有氣, 故爲大貴之格.

이것은 문의공文毅公 도주陶澍의 명조이다. 병화丙火 일원日元에 토가 가득하니 종아격이 된다. 그러나 전체 원국으로 논하면 화에서 토의 상관이 가색稼穡으로 변하였다. 대한大寒 3일 전에 태어남으로 하늘과 땅이 춥고 얼어붙어 겨울에 따뜻한 것을 반기니, 곧 병화로 용신을 삼는다. 을목乙木은 삼동三冬에 메마른 풀이어서 격을 파괴하지 못하고, 도리어 병화가 타오르는 것을 돕는다. 『적천수』의 자식이 왕성하여 어미가 쇠퇴한 형국으로 그 어미를 도와야 한다. 차가운 토가 태양의 따뜻한 온기로 만물이 그 삶을 얻는다. 운이 동남으로 흘러 곧 봄과 여름의 양陽의 온화한 날씨를 얻었으니, 당연히 사람들에게 은택을 베풀어 대대로 부처를 낳는 명예가 있다. 기사己巳 대운 임오壬午년에 환무皖撫에 임용되고 경오庚午 대운 경인庚寅년에 양강兩江을 다스렸으니, 토가 따뜻해져 삶이 환하게 드러난 것이다. 신미辛未 대운 끝에 세상을 떠남으로 아래 임신운壬申運으로 흘러가지 못하고 그때에 끝났다. 살펴보건대 이 명조는 가득히 모두 토이나 병화가 기운이 있기 때문에 아주 귀한 격이 되었다.

乙 癸 丁 甲
卯 卯 卯 寅

此女命也. 癸水無根, 全局皆木, 格成從兒. 然水木傷官宜佩印, 春 木 太旺, 洩弱癸水之神. 四柱無金, 癸水毫無根氣, 幸是女命. 以淸純取 貴. 運行西北, 金水幫身, 誥封一品. 唯爲人巽儒, 柔弱無能. 窮通寶鑒云, 支 成木局, 月時又見木者, 爲洩水太過, 定主貧困多灾. 卽運入 西方, 亦屬 無用, 正謂此也. 見上十干選用法.

이것은 여자의 명조이다. 계수癸水가 뿌리가 없는데 전체의 원국이 모두 목이라 종아격이다. 그러나 수水에 목木 상관은 당연히 인성이 있이야 하는데 춘목春木이 아주 왕성해 약한 계수의 신神을 누설하고 있다. 사주에 금이 없어 계수에 조금도 근기根氣가 없다. 다행이 여자의 명조라 청순으로 귀함으로 취했고, 운이 서북으로 흘러 금과 수가 자신을 도와 벼슬이 1품에 올랐다. 다만 사람됨이 유순하고 부드러우며 유약하고 무능하다. 『궁통보감』에서 "지지에 목의 형국을 이루었는데 월과 시에 목이 있으면 수를 누설하는 것이 너무 지나쳐 반드시 빈곤하고 재앙이 많으니, 곧 운이 서방으로 흐를지라도 무용하다"고 하였으니 바로 이것을 말한다. 위의 십간 선용법을 참고하라.

丙 甲 丙 丁
寅 午 午 未

甲木雖得祿于寅, 而寅午會局, 丙丁並出, 滿槃皆火, 四柱無印, 木 火 傷官, 變爲炎上, 亦從兒格也. 看法與炎上格同. 運行東南, 富貴, 西 北 孤窮. 《窮通寶鑒》云, 滿柱丙火, 又見丁火, 不見官煞, 謂之傷官 傷盡 最爲奇. 反成清貴, 但歲運不宜見水, 若柱中有壬水, 運又逢水, 必 貧夭 死. 正指此變格言也. 按木火傷官, 以用印爲正, 無印方論此格.

갑목甲木이 인寅에서 건록을 얻을지라도 인寅·오午가 모인 형국이고 병丙·정丁 나란히 나와 있어 온통 화인데 사주에 인성이 없고 목木에 화火 상관염상炎上으로 변하여 또한 종아격이니 보는 법은 염상격과 같다. 운이 동남으로 흐르면 부귀하고 서북으로 흐르면 외롭고 곤궁하다. 『궁통보감』에서 "사주에 병화가 가득하고 또 정화가 있는데 관살이 있지 않다. 이것을 상관의 해침이 극진하여 아주 기이한 것이라고 한다"고 했으니, 도리어 맑아서 귀한 격을 이룬 것이다. 다만 세운에서 수水를 보지 않아야 한다. 만약 사주에 임수壬水가 있고 운에서 또 수水를 만나면 반드시 가난하고 일찍 죽으니, 바로 이렇게 변한 격을 가리켜 말한 것이다. 살펴보건대, 목木에 화火 상관은 인성을 용신으로 하는 것이 올바른데, 인성이 없어 이런 격으로 논했다.

癸 辛 壬 壬
巳 亥 子 申

此傳筱庵命, 辛金生十一月, 壬癸並透, 子申會局, 金水汪洋, 格同潤下. 從全局論之, 以壬水爲主, 不以辛金爲主也. 凡金水傷官, 無用戊土之法, 因金水忌混濁也. 唯其以壬水爲主, 用巳宮丙戊, 同于壬水日主 之用才官, 若壬辰時, 卽與潤下格同論. 是亦從兒格也.

이것은 전소암傳筱庵의 명조이다. 신금辛金이 11월에 태어나고 임 壬과 계癸가 함께 투출되어 있으며, 자子와 신申이 모인 형국이라 금 金과 수水가 끝없이 펼쳐져 있으니, 격이 윤하潤下와 같다. 전체 원 국을 따라 논하면 임수壬水가 주인이고 신금辛金이 주인이지 않다. 금金에 수水 상관은 무토戊土를 용신으로 하는 법은 없으니, 금金과 수水는 혼탁한 것을 꺼려 오직 임수를 주인으로 하기 때문이다. 사궁 巳宮의 병丙과 무戊는 임수壬水 일주가 재와 관을 용신으로 하는 것 과 같다. 만약 임진壬辰시라면 윤하격과 함께 논하니 이것도 종아격 이다.

以上四造皆從兒格, 俱不以財爲用, 喜用財者, 必以原命有財洩食傷 之氣, 方可用之. 如楊秀瓊女士命.

이상의 네 명조는 모두 종아격으로 모두 재성을 용신으로 하지 않았다. 재성이 용신인 것을 반기는 경우는 원국에서 재성이 식상의 기운을 누설하여 용신으로 할 수 있어야 한다. 이를테면 다음 양수경楊秀瓊 여사의 명조이다.

戊 丁 戊 己
申 未 辰 未

八箇字中, 土占其六, 又生于三月, 土旺之時, 旺之極矣. 得時支一 點申金洩土之氣, 正滴天髓所謂, 從兒不論身强弱, 只要我兒又遇兒也. 更喜辰與未申之間, 夾己午, 丁己戊土同得祿, 庚金財屋亦得祿, 用多宜洩, 格之正也.

팔자에 토 다섯에 또 3월에 토가 왕성한 시절에 태어나 토가 극도로 왕성하다. 시지의 신금申金이 토의 기운을 누설하니 바로 『적천수』에서 이른바 "종아격은 자신의 강약을 논하지 않고 나의 자식이 또 자식을 만나는 것이 필요할 뿐이다"라고 한 것이다. 다시 진辰과 미未·신申의 사이에 사巳·오午가 끼여 있고, 정丁과 무戊·기己 토가 건록을 얻었고 경금庚金의 재성도 건록을 얻었으니, 용신은 많은 것을 설기해야 하는 것이 격의 바름이다.

又上文抑用神取用法節, 財洩食傷格. 戊戌己未丙子庚寅一造. 專取庚金洩土之氣爲用, 亦是此類. 窮通寶鑒云, 用神多者宜洩之. 言用多者, 非三四用神雜亂之謂, 正以食傷太重, 宜財以洩之也. 滴天髓云, 從兒不論身强弱, 只要我兒又遇兒. 兒者, 食傷也, 又見兒者, 財星也. 可見用財洩食傷, 乃從兒格最普通之看法

또 앞의 「억제함으로 용신을 취하는 방법」의 구절에서 무술戊戌 기미己未 병자丙子 경인庚寅의 한 명조에서 경금庚金이 토의 기운을 누설하는 것으로 용신을 삼은 것도 이런 종류이다. 『궁통보감』에서 "용신은 많은 것을 설기해야 한다"라고 했는데, '많은 것을 설기해야 하는 것'은 서너 개의 용신이 혼잡되어 어지러운 것을 말하는 것이 아니라 바로 식상이 너무 중첩되어 재성으로 설기해야 하는 것이다. 『적천수』에서 "종아격은 자신의 강약을 논하지 않는다"라고 한 것은 단지 나의 자식이 또 자식을 만나는 것을 필요로 한다는 것이다. 자식은 식상이고, 또 자식을 만나는 것은 재성이니, 재성을 용신으로 식상을 누설시킴을 알 수 있다. 이것이 종아격에 대한 가장 일반적인 견해이다.

(4) 모왕자쇠母旺子衰

癸水日干, 全局皆印, 爲體全格, 與從兒同. 一順相生, 不能以從論, 特以格局相類, 附于從格之後耳. 書云, 獨水三犯庚辛, 號曰體全之象. 三犯者, 四柱之中, 除日主爲水外, 其餘三干皆金也. 旺者喜洩, 印太旺宜行比劫之地, 以洩印之旺氣, 全局氣勢爲主, 其理固一貫也. 金水號體全格. 水木木火, 火土土金, 雖不名體全. 同爲母旺子衰, 宜助其子, 其理相同, 可以類推.

계수 일간의 전체 원국이 모두 인성이라 몸체가 온전한 격이면 종아격과 동일하게 한쪽으로 순서대로 서로 생하나 종격으로 논할 수 없다. 다만 격국이 서로 같아 종격의 뒤에 두었을 뿐이다. 책에서 "홀로 있는 물이 세 번 경庚ㆍ신辛을 만나면 몸체가 온전한 상이라고 한다"라고 하였다. 세 번 만나는 것은 사주에 일주가 수인 것을 제외하고 그 나머지가 모두 금인 것이다. 왕성한 것은 설기하는 것이 반가우니, 인성이 너무 왕성하면 비겁으로 흘러감으로 인성의 왕한 기운을 누설한다. 전체 원국의 기세를 근본으로 하는 것은 그 이치가 진실로 일관되기 때문이다. 금에 수는 몸체가 온전한 격이라고 한다. 수에 목, 목에 화, 화에 토, 토에 금은 몸체가 온전한 것이라고 하지 않는다. 마찬가지로 어미가 왕성하고 자식이 쇠약한 것은 그 자식을 도와야 하는 것으로 이치는 서로 같아 같은 종류로 미룰 수 있다.

庚 癸 乙 庚
申 卯 酉 辰

孔祥熙命, 乙從庚合, 卯從申合, 辰從酉合, 全局皆金. 又生于八月, 酉金秉令, 金白水淸, 惟餘日元一癸, 洩金之氣, 固當以癸爲用, 更宜行水鄕以洩金神之秀, 正體全格也.

행정원장 공상희孔祥熙의 명조이다. 을乙이 경庚을 따라, 묘卯가 신申을 따라, 진辰이 유酉를 따라 합을 해서 전체가 모두 금이고 또 8팔월에 태어나 유금酉金이 권력을 휘두르고 있다. 금이 희고 수가 맑은데, 오직 나머지 일원인 하나의 계癸가 금의 기운을 누설시키니, 진실로 계수를 용신으로 해야 하고, 다시 수의 고향으로 흘러가 금신의 높은 기운을 누설시켜야 하는 것이 바른 몸체이고 온전한 격이다.

乙 丙 丁 乙
未 寅 亥 未

十月壬水秉令, 丙火絶地, 然兩乙出干, 亥未會局. 拱乙, 滿局皆木 之分野, 壬水之氣盡洩于木, 四柱無一點財星, 不能用才破印, 乃母旺子 衰之局, 格之變也. 用火洩木之氣, 喜行比劫運, 子旺則母自安, 所惜木 火皆不秉令, 體用失時, 享蔭庇福而已.

　10월의 임수壬水가 권력을 휘두르고 있는데, 병화丙火는 절지이나 두 乙이 천간에 있고 해亥와 미未가 합한 형국으로 그것을 받들고 있어 원국 가득히 모두 목의 영역이다. 임수의 기운이 목에서 모두 누설되는데, 사주에 하나의 재성도 없어 재를 용신으로 인성을 파괴할 수 없으니, 바로 어미가 왕성해 자식이 쇠약한 형국으로 격이 변했다. 화를 용신으로 목의 기운을 누설하고 비겁으로 운이 흘러가는 것을 반기니, 자식이 왕성하면 어미가 저절로 편안해진다. 안타까운 점은 목과 화가 권력을 휘두르지 못해 몸체와 용신이 모두 때를 잃어 도와주는 복을 누릴 뿐인 것이다.

3) 합화合化

　合化者, 天干五運之氣, 生于當旺之時, 更見辰字而生變化也. 古人論命, 以年爲主, 五運合化, 亦從年看, 與納音並重. 子平法以日爲主, 化與從相似, 皆以全局氣勢爲轉移, 而統名之爲從化. 譬如用木日主, 見己化土, 生于四季, 與從才同. 乙木日元, 見庚化金, 生于秋令, 與從煞 同. 丙火日元, 生于冬令, 辛生水旺, 而丙從之. 丁壬相合, 生于春令, 水火相濟, 而化木. 戊癸相合, 生于夏令, 滴水燥土, 並化爲火, 全局氣 勢偏旺于一方, 日月(或日時)兩干自隨之而化也. 分五, (一)甲己化 土, (二)乙庚化金, (三)丙辛化水, (四)丁壬化木, (五)戊癸化火.

'합하여 변화하는 것[合化]'은 천간 오운의 기운이 왕성할 때에 나와 다시 진辰자를 보고 변화한다. 옛사람들이 명조를 논할 때에 연을 위주로 하고 오운이 합하여 변화하는 것도 연에 따라 보면서 납음과 함께 중시하였다. 자평의 법은 일을 위주로 변화와 종격이 서로 비슷하니, 모두 전체 원국의 기세를 돌아가며 변하는 것으로 하면서 통합하여 종화(從化)라고 이름 붙였다. 비유하자면 갑목甲木 일주가 기토己土를 보고 토土로 변화함에 네 계절의 마지막 달에 생하면 종재격과 같고, 을목乙木 일원日元이 경庚을 보고 금金으로 변화함에 가을철에 생하면 종살격과 같으며, 병화丙火 일원이 겨울철에 태어나 신辛이 생하고 수水가 왕성하여 병丙이 그것을 따라가고, 정丁과 임壬이 서로 합하여 봄철에 태어남에 수水와 화火가 서로 구제하여 목木으로 변하며, 무戊와 계癸가 서로 합하여 여름철에 태어남에 극히 작은 수와 마른 토가 함께 화로 변화하는 것이다. 전체 원국의 기세가 한쪽으로 왕성하여 일과 월 혹 일과 시의 두 천간이 저절로 따라서 변화함으로 다섯 가지로 나누니, (1) 갑甲과 기己가 토土로 변화하는 것, (2) 을乙과 금金이 금金으로 변화하는 것, (3) 병丙과 신辛이 수水로 변화하는 것, (4) 정丁과 임壬이 목木으로 변화하는 것, (5) 무戊와 계癸가 화火로 변화하는 것이다.

化神喜行旺地, 專取生我化神爲用. 甲己化土以火爲用, 乙庚化金, 以土爲用, 丙辛化水, 以金爲用, 丁壬化木, 以水爲用, 戊癸化火, 以木爲用, 此化格之定法也. 與從格不純同看.

변화한 신신은 완성한 곳으로 흘러가는 것을 반기니, 오로지 내가 변화한 신신을 취하여 용신으로 삼는다. 갑과 기는 토로 변화하니, 화를 용신으로, 을과 경은 금으로 변화하니 토를 용신으로, 병화 신은 수로 변화하니 금을 용신으로, 정과 임은 목으로 변화하니 수를 용신으로, 무와 계는 화로 변화하니 목을 용신으로 한다. 이것이 화격의 정식이니, 종격과 순수하게 같이 보지는 않는다.

化格必須見辰字, 辰者化氣元 神所臨之支也. 甲己化土, 遁干見辰, 爲戊辰, 乙庚化金, 遁干見辰爲庚 辰, 餘可類推.

화격은 반드시 진辰자를 봐야 하니, 진자는 화격의 원신元神이 군림하는 지지이다. 갑甲과 기己는 토로 변화하니 둔간遁干에서 진辰을 보면 무진戊辰이고, 을乙과 경庚이 금으로 변화하니 둔간에서 진辰을 보면 경진庚辰이다. 나머지는 종류대로 미루면 된다.

必見辰字, 指陽干而言. 內經五運大論曰, 五運皆起于角軫, 甲己之歲戊己, 齡天之氣, 經于角軫, 角屬辰, 軫屬巳, 其歲月建, 得戊辰巳, 干皆土, 故爲土運. 乙庚之歲, 庚辛, 素天之氣, 經于角軫, 其歲月建, 得庚辰辛巳, 干皆金故爲金運. 餘類推. (洋命理尋源) 必見辰字, 化氣方眞, 卽根据于此. 陽干見辰, 陰干見已, 同爲五運氣化之所經也. 總之, 全局氣勢若不旺盛則不足以轉移變化, 不能成格, 雖見辰巳亦無益也. 生我化神爲用, 化氣元神出干, 無非生助化神而已. 既以生旺爲喜, 必以剋洩爲忌. 逆旺氣者, 破格. 瀉化神之氣暮者, 暗損格局, 其害有甚 于明剋也.

　반드시 진진辰자를 봐야 하는 것은 양간을 가리켜서 말하였다. 『내경內經·오운대론五運大論』에서 "오운은 모두 각진角軫에서 일어난다. 갑甲과 기己의 해에는 무戊와 기己 금천黅天의 기운이 각진을 지나간다. 각角은 진辰에 속하고 진軫은 사巳에 속한다. 그 해의 월건月建이 무진戊辰과 기사己巳로 천간이 모두 토이기 때문에 토의 운이다. 을乙과 경經의 해에는 경庚과 신辛 소천素天의 기운이 각진을 지나간다. 그 해의 월건이 경진庚辰과 신사辛巳로 천간이 모두 금이기 때문에 금의 운이다. 나머지는 종류대로 미루면 된다. (『명리심원命理尋源』에서 자세히 설명하였음) 반드시 진辰자를 봐야 변화한 기운이 참되다. 곧 여기에 근거해서 양간에서 진辰자를 음간에서 사巳자를 보면, 동일하게 오운의 기운으로 변화한 것이 지나가는 것이다. 총괄하자면 전체 원국의 기세가 왕성하지 않으면 바뀌어 변화하기에 부족하니 곧 격을 이룰 수 없으니, 진辰과 사巳를 볼지라도 무익하다. 나를 낳아주며 변화한 신神이 용신이고 변화한 기운의 원신元神이 천간에 있으면 변화한 신을 생하고 도와주지 않음이 없다. 생하고 왕성하게 하는 것을 반기면, 반드시 극하고 설기하는 것은 꺼린다. 거꾸로 기운을 왕성하게 하는 경우는 파격이고, 변화한 신의 기운을 누설시키는 경우는 암암리에 격국에 손해를 끼치니, 그 피해가 분명히 극하는 것보다 해롭다.

化合與從格相似, 成格與否, 必合下列數點觀之.
변화하여 합하는 것은 종격과 서로 비슷하니, 격을 이룬 여부는 반드시 아래에 제시한 사례에 합하는 여러 관점으로 본다.

一, 日主無根, 而化神成方成局, 得時令當旺之氣, 方成化格.
1. 일주가 뿌리가 없고 변화한 신神이 방향을 이루고 격을 이룸에 시령時令을 얻어 왕성한 기운에 해당한다면 화격이 성립한다.

化神不旺, 則不成化, 成方局而不得月令之氣, 名化氣失時, 雖成格 無取.
변화한 신이 왕성하지 않다면 화격이 성립하지 않고, 방향과 격을 이루었으나 월령의 기운을 얻지 못하였다면, 변화한 기운이 때를 잃음으로 격을 이루어도 취할 것이 없다고 명명한다.

二, 化神之氣, 必須純粹專一, 若雜亂散漫則不成化.
2. 변화한 신의 기운이 반드시 순수하고 전일해야 한다. 혼잡하여 어지럽고 산만하다면 화격으로 성립하지 않는다.

三. 化氣元神(辰巳)及生我化神之用, 均須出干, 方爲化之眞.

3. 변화한 원신(진辰과 사巳)과 나의 변화한 신을 생하는 용신이 모두 반드시 천간에 있어야 참된 화격이다.

化合有變爲從旺者, 譬如甲己相合. 生于季月, 支聚四墓, 夫從妻化, 爲化土格. 若生于正二月, 木旺成方局, 妻從夫化, 卽是從旺格. 甲木日主, 同專旺, 宜行火地, 己土日主, 同從煞.

변화하여 합한 것이 왕성함을 따르는 것으로 변할 경우, 이를테면 갑과 기가 서로 합하고, 네 계절의 마지막 달에 태어나고 지지에서 네 개의 묘지를 취한다면 남편이 처를 따라 변화한 것으로 토로 변화한 격이다. 2월에 태어나 목의 왕성함이 방향과 형국을 이루면 처가 남편을 따라 변화하니 곧 종왕격이다. 갑목 일주가 동일하면 전왕격으로 화의 영역으로 흘러가야 한다. 기토 일주가 동일하면 종살격이다.

乙庚相合, 生于秋月, 金旺成方局, 妻從夫化, 爲化金格. 生于正二月, 木旺成方局, 夫從妻化, 卽是從旺格. 庚金日柱, 同從才. 更有返象, 兩皆無氣, 四柱散漫, 隨運轉移者, (見八法關鍵) 特此類總非上格耳.

을과 경이 서로 합하고 가을에 태어났으며 금이 왕성하여 방국을 이루었다면, 처가 남편을 따라 변화한 것으로 금으로 변화한 격이다. 1월이나 2월에 태어나 목이 왕성하여 방향과 형국을 이루었다면 남편이 처를 따라 변화하니 곧 종왕격이다. 경금 일주가 동일하면 종재격이다. 다시 되돌리는 모양이 있고 둘 모두 기운이 없음으로 사주가 산만하여 운에 따라 바뀌는 경우(『팔법관건八法關鍵』을 참고) 오직 이런 종류는 상격이 아니다.

己 甲 甲 己
巳 子 戌 丑

兩甲兩己, 各自配合, 不爭不妒, 生于土旺之月, 更喜見己土, 化土必矣. 坐下子水, 得巳戌兩戊夾剋, 不足以破格. 取巳宮丙火爲用, 運行南方, 貴爲軍長. 此陳銘樞命造也.

두 갑甲과 두 기己가 각기 스스로 짝지어 합해 싸우지도 않고 투기하지도 않는데, 토가 왕성한 달에 태어나 다시 기토를 보는 것을 반기니, 반드시 토로 변화한다. 아래로 자수子水에 앉아 있으나 사巳와 술戌의 두 무戊가 극하는 것을 끼고 있어 파격이 되지 않는다. 사巳궁의 병화를 취하여 용신으로 하는데 운이 남방으로 흘러 장군이 될 정도로 귀하다. 이것은 진명추陳銘樞의 명조이다.

丙 辛 辛 壬
申 亥 亥 辰

清太宗命, 丙辛化水, 生于十月, 水旺秉令, 支聚申亥, 更得辰字, 壬水元神出干, 辛金生助爲用, 格局純粹, 不能動搖. 雖運行東方洩氣之 地, 而東征西討, 所向有功, 卒開淸室三百年之基.

청 태종의 명조이다. 신辛이 수로 변하였고, 10월에 태어나 왕성한 수가 권력을 휘두르고, 지지에 신申과 해亥가 모여 있는데 다시 진辰자가 있다. 임수의 원신이 천간에 있고 신금이 낳고 도와 용신이 됨으로 격국이 순수하여 동요하지 않는다. 운이 동쪽의 기를 설기하는 곳으로 흘러갈지라도 동쪽으로 정벌하고 서쪽으로 토벌함으로 향하는 곳마다 공이 있어 마침내 300년 동안 청나라를 여는 토대를 열었다.

按, 此造金水汪洋, 應作潤下格看. 所喜丙辛相合而化, 不破格局. 運行東方, 洩水之旺, 總之以全局爲主, 其理一貫相通.

살펴보건대 이 명조는 금과 수가 왕성하여 윤하격으로 해야 한다. 병과 신이 서로 합하여 변화하여 격국을 파과하지 않고, 운이 동방으로 흘러 수의 왕성한 기운을 설기하는 것이 반갑다. 전체 원국을 기본으로 총괄하자면 그 이치가 하나로 일관되어 서로 통한다.

丁 戊 癸 丙
巳 午 巳 戌

戊土日元, 生于四月, 火旺秉令, 支聚午戌, 干透丙丁, 生助火旺, 更喜見已元神出干, 一滴癸水入于洪爐之中, 合戊化火, 自無疑義. 此造錄自八關鍵, 自是大貴之命. 唯化火同于炎上, 運宜東南, 不利西北, 火之性然也.

무토戊土 일원이 4월의 왕성한 화가 권력을 휘두루고 있을 때에 태어났는데 지지에 오午·술戌이 모여 있고 천간에 투출된 병丙과 정丁이 왕성한 화를 생하여 돕는다. 다시 자신의 원신이 천간에 있고 미약한 수가 타오르는 불길 속으로 들어와 무戊와 합하여 화로 변하면서 스스로 의심하는 의미가 없다. 이 명조는 『팔법관건』에 가져온 것으로 본래 아주 귀한 명조이다. 다만 화로 변화한 것이 염상과 같아 운이 동남으로 흘러야 하고 서북으로 흐르면 이롭지 않으니, 화의 특성이 그러한 것이다.

化氣以眞, 而純粹爲貴, 然極罕見, 雜而有疵病者, 皆爲假化. 運程助化則興, 運程不助則敗, 故假化格局, 非無大富大貴之命, 得一派旺運助化, 固無殊于眞, 若眞化之命, 氣勢純粹, 格局已成. 非運歲所能動搖. 故雖無運程扶助, 其本身之地位崇高, 終必達到而後已. 進展雖艱, 無礙 其貴, 此眞假不同之點也.

변화한 기운은 참되고 순수한 것이 귀하나 아주 드물게 나온다. 혼잡해서 병이 있는 것은 모두 가화로 운의 경로가 도와주어 변화하

면 일어나고 운이 경로가 도와주지 않으면 망한다. 그러므로 가화의
격국은 큰 부자와 아주 귀한 명조가 없는 것은 아니어서 하나의 왕성
한 운이 만나 그 도움으로 변화하면 진실로 진격과 차이가 없다. 진
화의 명조는 기세가 순수하여 격국이 이미 이루어져 운세 동요시킬
수 없기 때문에 운의 경로에서 돕는 것이 없을지라도 그 본래 몸의
지위가 높음에 마침내 도달하고 마니, 나아가는 것이 어려울지라도
그 귀함에 장애가 되지 않는다. 이것이 진화와 가화가 같지 않은 점
이다.

戊 辛 丙 癸
子 亥 辰 丑

前淸駱秉章命, 丙辛化水, 生于三月, 失時. 癸水出干, 逼丙火合于辛.
(官星被傷不能用)戊土遙隔, 不能制癸, 格成假化. 所喜運程癸丑壬子辛亥
庚戌, 一派北方水旺之運, 助化功成, 貴爲總督. 勛名鼎盛, 爲中興一代名
臣.

전에 청의 낙병장駱秉章의 명조이다. 병화가 수로 변화하고 때를
잃은 삼월에 태어났으며 가까이 있는 병화가 신辛과 합하는데,(관성
이 손상을 당해 용신으로 할 수 없음) 무토戊土가 멀리 떨어져 있음
으로 계癸를 제압할 수 없어 가화격이 이루어지니, 운이 계축癸丑 임

자壬子 신해辛亥 경술庚戌로 흘러가는 것을 반긴다. 북방의 수가 왕성한 운으로 한 갈래를 이룸으로 공적과 위엄을 도와 변화시켜 총독이 될 정도로 귀하니, 공훈의 이름이 정성鼎盛으로 중흥의 1대 명신이다.

戊 己 甲 丁
辰 酉 辰 未

甲己化土, 生于三月, 土旺秉令時逢戊辰, 化氣元神出干, 年透丁火印綬生助爲用, 化氣之條件俱備. 無如日支坐酉, 洩土元神, 名爲竊氣. 外强中干, 格成假化, 如運南方以補其缺, 亦必貴顯. 惜乎運行北方, 碌 碌庸常, 無能爲力.

갑과 기가 토로 변화하였다. 3월에 태어나 왕성한 토가 권력을 휘두르고 시주에서 무진戊辰을 만났으며 변화한 기운의 원신이 천간에 있고 연에 투출된 정화 인수가 낳고 도와 용신이 되었으니, 변화하는 기운의 조건이 모두 갖추어졌다. 그러나 안타깝게도 일지가 유酉에 있어 토의 원신을 누설하니 '훔치는 기운[竊氣]'으로 이름 붙이고, 밖은 굳센데 속이 모자라 가화격이 성립한다. 만약 운의 경로가 남방으로 흘러 그 결함을 보완하면 반드시 귀하게 될 텐데 애석하게도 운이 북방으로 흘러 평범하고 무능력했다.

壬 壬 丁 丁
寅 寅 未 巳

此女造也. 生于大暑後, 兩丁兩壬, 各自相合. 月令未木庫也, 丁壬化木失時, 喜逢日時兩寅, 格成假化. 己未夾午爲財祿, 火旺洩木之氣, 運行北方, 二十年水旺之運, 居積致富. 交入甲運, 洩水生火, 不祿, 壽七十.

이것은 여자의 명조이다. 대서大暑 뒤에 태어나고 두 정丁과 두 임壬이 각기 서로 합하며 월령 미未는 목의 창고이다. 정과 임이 목으로 변함에 때를 잃어 일과 시에서 두 인寅을 만나는 것이 반가우니 가화격이 성립된다. 사巳와 미未가 오午를 끼고 있어 재성의 건록인데, 왕성한 화가 목의 기를 누설한다. 운이 북방으로 흘러 20년 동안 수가 왕성한 운이니, 부자가 되었다. 목운으로 교차해 들어가 수를 누실함으로 화를 생해 세상을 떠나니 70세였다.

此造財旺, 生大暑後, 金水進氣, 作財多身弱看. 其理相同, 固不必 定作化氣論也. 凡格局疑似之間, 每非眞正成格, 如此類耳.

이 명조는 대서 뒤에 태어나 금수로 나아가는 기운이라 재다신약財多身弱으로 본다. 그 이치는 서로 같으나 굳이 화기化氣로 논할 필요는 없다. 격국이 비슷한 것들은 이렇게 진정으로 격이 성립하는 것은 아니니, 이와 같은 종류들일 뿐이다.

書云, 化之眞者, 王公巨卿, 化之假者, 孤兒異姓. 今人每作孤苦飄零解, 殊誤. 蓋孤兒異姓者, 卽生而不生, 過房入繼之意也. (恃他人蔭芘以成立, 不必定過人繼.) 其中頗多富貴之命. 又云, 有用先論用, 無 用方論格, 假化格局, 如有用可取, 卽當棄格論用, 蓋從化本爲體用之變, 無用可取, 不得已論其變也. 如有用可取, 乃體用之正. 豈能舍正而取變, 亦無所謂破格也.

책에서 "진화격은 왕공과 대신이고, 가화격은 고아와 다른 성이다"라고 하였다. 요즘 사람들이 매번 고아 몰락한 사람으로 해석한 것은 아주 잘못된 것으로 고아와 다른 성은 생해도 생하지 않는 과방입계過房入繼의 의미인데, 타인이 남몰래 돕는 것에 의지하여 성립하니 반드시 과방입계로 정할 필요는 없다. 그 중에는 부귀한 명조가 자못 많다. 또 "용신이 있으면 먼저 용신을 논하고 용신이 없으면 격을 논한다"고 하였으니, 가화의 격국에 용신이 있으면 취해야 된다. 곧 격을 버리고 용신을 논해야 한다. 종화격은 본래 몸체와 작용의 변화이니 용신을 취할 수 없으면 어쩔 수 없이 그 변화를 논해야 한다. 용신을 취할 수 있으면 바로 몸체와 용신의 바름이나, 바름을 버리고 변화를 취하는 것도 파격이라고 말할 것이 없다.

壬 丁 庚 丙
寅 酉 寅 午

一造丙午庚寅, 丁酉壬寅. 丁壬相合, 逢月時兩寅, 可以化木矣. 見庚酉才星, 不作化論, 才生官旺爲用, 無所謂破格也. (以未成格, 故不爲破.) 唯有一類命造, 從化不眞, 而又無用神可取, 不能不以化論, 斯爲下耳. 書云, 生而不生, 過房入贅之人, 化而不化, 蹲蹬淹留之子. 生而不生者, 言有印也, 而印亦無根, 不能爲生身之本. 此句兼從化言, 化而不化者, 別無用神可取, 而化又不眞也. 擧例如下.

어떤 명조 병오丙午 경인庚寅 정유丁酉 임인壬寅은 정丁과 임壬이 서로 합하고 월과 시에 두 인寅이 있어 목으로 변할 수 있으나 경庚과 유酉 재성이 있어 화격化格으로 논하지 않는다. 재才가 생하여 관官이 왕성한 것이 용신이니 파격이라고 말할 것이 없다.(격이 성립하지 않기 때문에 파격이 아님) 다만 어떤 종류의 명조에는 종화격이 참되지 않은 것이 있으나, 또 용신을 취할 수 없어 화격으로 논하지 않을 수 없으니, 이런 것은 하격일 뿐이다. 책에서 "생해도 생하지 않으니 과방입췌過房入贅의 사람이고, 변화해도 변화하지 않으니, 곤궁하여 오래 동안 머무는 자식이다"라고 했으니, '생해도 생하지 않는다'는 것은 인성이 있으나 그것이 뿌리가 없어 자신을 생해주는 근원이 될 수 없음을 말한다. 이 구절은 종화격을 아울러서 말하였다. '변화해도 변화하지 않는다'는 것은 별도로 취할 수 있는 용신이 없어 변화해도 또 참되지 않음을 말한다. 다음처럼 예를 든다.

丙 甲 己 戊
寅 寅 未 辰

此一鄉農之命, 甲己旺土, 生于大暑後, 土旺秉令, 年逢戊辰, 化氣 元神出干. 時逢丙火, 生助化神爲用, 化之條件具備矣. 無如日時兩寅, 甲木臨官, 不能化土, 生于季夏, 火炎土燥, 不能再用火土. 四柱不見金水, 無用可取, 此所謂化而不化也.

이것은 어느 시골 농부의 명조이다. 갑과 기로 왕성한 토가 대서大暑 뒤에 태어나 왕성한 토가 권력을 휘두르고 있다. 연주에 무진戊辰이 있음으로 변화한 기운의 원신이 천간에 있다. 시주에 병화丙火가 있어 변화한 신을 생하여 도움으로 용신이니, 화격의 조건이 구비되었다. 그러나 안타깝게도 일주와 시주의 두 인寅은 갑목의 임관이어서 토로 변화할 수 없다. 계하에 태어나 화가 타올라 토가 건조하니 화와 토 둘을 용신으로 할 수 없다. 사주에 금과 수가 없어 용신으로 취할 수 없으니, 이것이 이른바 변화해도 변화하지 않는다는 것이다.

庚 辛 己 丙
寅 卯 亥 子

丙辛相合, 生于十月, 水旺之時, 似可化水. 無如己土出干, 洩火生 金,地支亥卯成局, 時又見寅, 爲才旺身弱. 此所謂生而不生, 過房入繼 之人也. 乃一商人之造, 懦弱無能.

병丙과 신辛이 서로 합하였는데, 10월에 태어남으로 수가 왕성한 때이니 수로 변화할 수 있을 것 같다. 그런데 안타깝게도 기토己土가 천간에 있어 화를 누설하여 금을 생하는데, 지지에 해亥와 묘卯가 형국을 이루고 또 인寅이 있음으로 재성이 왕성하여 자신이 약하다. 이것이 이른바 생해도 생하지 않으니 과방입계過房入繼의 사람이라는 것이다. 어떤 상인의 명조로 유약하고 무능하다.

凡此類命造, 從化不成, 而又無用可取, 決爲下格也.
이런 종류의 명조들은 종화격이 성립하지 않고 또 용신을 취할 수 없으니, 반드시 하격이다.

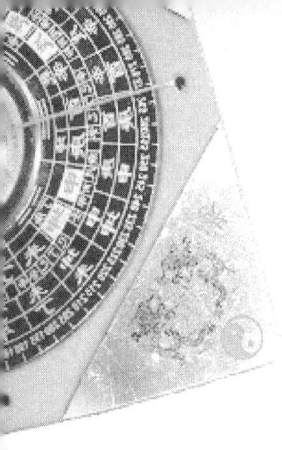

子平粹言 제2권

초판 1쇄 인쇄 _ 2016년 5월 16일
초판 2쇄 발행 _ 2020년 9월 21일

지은이 _ 서락오
옮긴이 _ 김학목 ㅣ 이진훈 ㅣ 김규승 ㅣ 오청식
펴낸이 _ 김규승
펴낸곳 _ 도서출판 **어은**
주　소 _ 서울특별시 강남구 도곡동 대림 아크로텔 c동 2911호
전　화 _ 010-9304-9692
전자우편 _ pommard1515@naver.com
등록번호 _ 제2015-000130호(2015.2.16)

디자인 _ 박상헌
표　지 _ 미가디자인 박종숙

ISBN _ 979-11-955408-2-2 (94180)
979-11-955408-1-5 (세트)

정　가 _ 25,000원

* 저자와의 협약에 의해서 인지를 생략합니다.
* 이 책은 도서출판 어은이 저작권자와의 계약에 따라 발행한
  것이므로 허락 없이 어떠한 형태나 수단으로 복제할 수 없습니다.
* 파본이나 잘못 인쇄된 책은 구입하신 서점에서 교환해드립니다.

子平粹言